A ESPUMA DO TEMPO

Memórias do Tempo de Vésperas

ADRIANO MOREIRA

A ESPUMA DO TEMPO

Memórias do Tempo de Vésperas

REIMPRESSÃO

ALMEDINA

A ESPUMA DO TEMPO
Memórias do Tempo de Vésperas

AUTOR

ADRIANO MOREIRA

REVISÃO

MADALENA REQUIXA
ALVES FERNANDES

EDITOR

EDIÇÕES ALMEDINA. SA
Av. Fernão Magalhães, n.º 584, 5.º Andar
3000-174 Coimbra
Tel.: 239 851 904
Fax: 239 851 901
www.almedina.net
editora@almedina.net

PRÉ-IMPRESSÃO | IMPRESSÃO | ACABAMENTO
G.C. – GRÁFICA DE COIMBRA, LDA.
Palheira – Assafarge
3001-453 Coimbra
producao@graficadecoimbra.pt

Janeiro, 2009

DEPÓSITO LEGAL
284746/08

Os dados e as opiniões inseridos na presente publicação
são da exclusiva responsabilidade do(s) seu(s) autor(es).

Toda a reprodução desta obra, por fotocópia ou outro qualquer
processo, sem prévia autorização escrita do Editor, é ilícita
e passível de procedimento judicial contra o infractor.

Biblioteca Nacional de Portugal – Catalogação na Publicação

MOREIRA, Adriano, 1922-

A espuma do tempo : memórias do tempo
de vésperas
ISBN 978-972-40-3676-2

CDU 32Moreira, Adriano
      929Moreira, Adriano
      821.134.3-94"19/20"

Para a Mónica,
nos quarenta anos de amor,
e sempre de tempo de vésperas

I

Uma Simples Carta
(Abril de 1974)

Talvez não haja muito que contar, meus filhos, porque não são muitas as coisas que aconteceram, no espaço de uma sempre breve vida, que valha a pena reter e transmitir. Ao contrário, a arte de esquecer a inutilidade em que se traduz a maior parte das inquietações que consomem o nosso tempo, reduz as recordações a tão pouco que muitas vezes se contam num gesto, e sem palavras.

É assim que os que se amam, e até os que se odeiam, adoptam uma espécie de código secreto e breve que resume num instante anos de convívio. Porque quase tudo se concentra num resumo sem grande importância, depois de ter parecido que justificava canseiras demoradas, debates prolongados, vigílias de angústia, pontos finais. Nisso se gasta a maior parte daquilo que chamam o nosso tempo, e que é simplesmente a nossa vida, porque é em unidades de vida que o tempo se mede. Entretanto, descura-se o essencial nos nadas a que não sabemos quem nos obriga. É por isso que os livros de memórias tantas vezes parecem mais um protesto do que um testemunho, às voltas com a espuma do tempo, tempo perdido, tempo doado, unidades de vida.

Páginas consagradas ao tempo perdido, repletas das anotações raivosas do que não valia a pena ter sido dito ou feito, e que teimam em nos fazer partilhar numa espécie de vingança indiscriminada contra as gerações futuras. Não gostaria de recordar nada que se inspirasse numa fraqueza humana, nem de contar senão aquilo que anda ligado, na minha experiência, às pessoas e coisas que me pareceram tocadas pelo sopro da sobrevivência.

A primeira recordação em que tropeço, sempre que pretendo encontrar registo inicial do fio da memória, é um marco de pedra, na esquina do beco de Estevam Pinto, onde gostava de me sentar. Tinha chovido, e havia um cheiro de água parada onde batia um sol de Inverno. O marco ainda lá está, e pude ver que há sempre um menino que gosta daquele poleiro para as primeiras meditações.

Naquela esquina vi passar gente que depois reconheci, sem importar o nome, em muitos lugares. Eram pobres, uma espécie que entretanto foi remetida para o esquecimento dos doutos, que apenas se interessam hoje pelo que chamam proletários, ou, mais amenos, por trabalhadores. Estes não são todavia os que ali aprendi a conhecer, só mais tarde os encontrei, desembaraçados, organizados, com sindicatos, com partidos, com dirigentes, conscientes da sua força e da sua capacidade de intervenção. Mas os pobres continuam a existir, e deles poucos se ocupam, porque também não se fazem lembrados.

Pobre era a tia Emília, que vendia leite, esfregava a casa, lavava a roupa, cheirava a lixívia, morava num primeiro andar pequeno, não tinha marido, era já velha, e não deixava que à sua neta menina, com quem brinquei, faltassem as coisas básicas do comer e vestir, porque não tinha mais ninguém no mundo. Feia e magra, cantava alegremente e mal, não tinha raivas, e só tinha faltas que não mencionava. Nunca ouvi dizer de onde viera, esteve sempre ali, e apesar disso encontrei-a em muitas partes do mundo, ao longo dos anos.

Assisti a várias inquietações colectivas, a tumultos, à guerra, e a tia Emília lá aparecia com a bilha do leite, sem dinheiro e a fiar, correndo para a barrela, para a ceguinha, para a vizinha aflita, para a sua menina. Sei hoje que, além dela, havia políticos influentes, estadistas inconscientes, militares decididos, todos a comandar as coisas que se traduziam nas inquietações, e nos tumultos, e nos tiros que assobiavam de quando em vez por cima da nossa rua.

Mas a tia Emília é que me fica na recordação dessa década de 1920, vizinha do andar de cima, igual a muitas outras que ainda tinham comida de sobra para levar aos pobres diabos dos soldados que se deitavam atrás de molhos de palha, lá para as bandas de Caçadores 5, em Lisboa, à entrada da rua, sem vontade de matar ninguém e a pedir às almas que nenhuma bala perdida os matasse a eles. Pobre era o sapateiro amargo que, numa loja

UMA SIMPLES CARTA

aberta, e cheio de filhos, batia na sola como quem esmaga a cabeça dos inimigos, e por cada tiro que ouvia desfiava um rosário de palavrões. O sapateiro Ruivo, como lhe chamavam, nem cantava, nem ria, só cuspia no fio de cozer, e cada vez que empurrava a sovela parecia que dava uma facada em alguém. Mas os filhos todos criados, cada um no seu ofício, sem faltas nem sobras, porque as exigências não eram muitas.

Pobre era a Maria, professora das primeiras letras, bonita e solteira, que vivia no Pátio e tinha sempre um livro de histórias para nos emprestar, uma mãe de encargo, e um irmão mais novo para estudar no liceu.

Pobre era a velha professora do Colégio de Stº. António, que ensinava a todos por pouco dinheiro, a suprir a falta de escola oficial, às voltas com o filho epiléptico, e sempre atenta aos filhos dos outros.

Raivas de classe não havia, não se pregavam contra ninguém. Sabíamos que numa casa grande vivia um homem que nos parecia rico, mas que tinha um mistério: chamava-se Roque Gameiro, pintava, e deixava-nos ver o que nos pareciam maravilhas que lhe nasciam de um pincel. Mais tarde encontraria as suas aguarelas reproduzidas nos livros, tive uma no meu escritório, e soube que tinha aprendido com elas um primeiro sentido da dimensão portuguesa no mundo.

Estes pobres ainda existem, não querem mais do que o pão de cada dia, falam à noite pelas soleiras das portas, trocam experiências, comentam a vida sem ódio e sem paixão. Não são proletários, não cabem em definições que se repetem de livro em livro, não pretendem colaborar com o vento da história. As suas críticas andam mais ao redor da vida de cada um, julgam de tudo o que acontece na comunidade ocasional a que pertencem, são impiedosos nos adjectivos, mas suspeitam que o mundo não é obra da intenção malévola de ninguém.

Os proletários de então acreditavam que eles estão enganados, que são marginais alienados, um peso que a revolução deveria arrastar. Nas esquinas das ruas de cada cidade continuará porém sempre a haver um menino que lhes pertence (George Fink), que os continua, que os representa, que poderia ser um S. Francisco se as coisas não tiverem ido no sentido de acabar com os altares. É a gente que assegura rotinas ocultas de uma sociedade tumultuada, exigente, rigorosa, cheia de reivindicações, e que não repara na mulher que assegura a limpeza das escadas, no garoto que transporta os papéis de escritório em escritório, na rapariga que apenas atende quem chega, no porteiro que se gasta a abrir e fechar as portas, todos felizes porque o pai chegou finalmente a jardineiro, porque o marido se aguentou como guarda-livros, porque o avô conseguiu sempre ir e voltar em pesquisas de aventura sem mais ambições.

São eles que fazem a cidade grande por uma espécie de subvenção nacional, e que, na primeira geração dos deslocados, já não são nem da província nem da capital, plebe sem âncora nem amarras, que não está nem emigra.

No meio desta gente pobre, os meus eram ainda estrangeiros, porque se mantinham intimamente amarrados à aldeia transmontana. Nesta passei meses dos mais decisivos dias da minha vida, entrei precariamente pela vez primeira na escola, repartido entre Lisboa e o Grijó de origem, e sempre a ouvir falar das coisas e da gente transmontana, muito solidária e unida, promovendo como que colónias interiores em toda a parte. Não fazia muita diferença qual a terra onde os acasos abrigavam estas colónias, porque os temas, as comidas, os factos, os rituais, eram os da aldeia. De maneira que o Portugal que primeiro conheci e amei, era transmontano e tinha a sede principal em Grijó de Vale Benfeito, embora vivendo em Campolide.

Para ir e voltar era uma fadiga. Um comboio lento que parava na estação da aldeia pelas sete da manhã, parava antes em todo o lugar, abrandava para deixar algum recado pelo caminho, e chegava ao Tua na hora em que o sol abrasava tudo. A mudança para a linha do Douro, a demorada e lenta corrida até ao Porto, e de novo o transbordo para o correio que vinha para Lisboa. As carruagens vinham sempre apinhadas na terceira classe onde

UMA SIMPLES CARTA

viajávamos, e descanso não havia porque as cantigas, as risadas, os protestos, as comezainas, o vinho a correr, tudo convergia numa algazarra que só tinha finais com a própria viagem.

A mais amarga das viagens foi para ver morrer o avô Valentim Alves. Tinha chegado a Lisboa, vindo das férias do liceu passadas em Trás-os-Montes, e logo no dia seguinte tive de voltar porque ele estava a despedir-se. Era o meu avô materno, e não conheci os pais do meu Pai, moleiros de profissão, cujo moinho alugado nunca consegui comprar. Viveu lá até morrer a Maria Boleira, tão linda que era por esse tempo, amiga de todos os meus tios e primos, sorridente e bondosa, alegre e prestante.

O avô Valentim foi das pessoas que valeu a pena ter vivido para conhecer. Não falava nunca de si próprio, mas sabíamos que tinha andado pelo Brasil, fugido das consequências de um tumulto popular republicano, do qual não deve ter entendido muito com os seus dezoito anos.

Parecia-me que sabia de tudo, leitor insaciável de jornais e livros, muitos dos quais ainda se conservam entre os meus. Quando o reconheci como avô era um homem velho, de bigodes brancos amarelados pelo tabaco, dono de um soto onde passava o dia, e de uns oito hectares de terra dividida em quatro leiras.

Tinha uma larga influência nas aldeias em redor, e nos dias de feira eram mais os visitantes do que os fregueses, a pedir orientação e conselho. Pai de oito filhos, viu morrer cinco durante a sua vida, e nunca se lhe escutou uma queixa. Por então, a tuberculose fazia as suas razias rituais, e ninguém se acautelava para lhe escapar.

Não parecia possível aos familiares separar a loiça, as roupas, as comidas, por muito que as recomendações nesse sentido fossem já vulgarmente conhecidas. Tudo isto parecia uma excomunhão familiar, e todos se mostravam de acordo em correr o risco da doença para não se privarem do carinho.

O irmão dele, o tio José da Mina, procedia exactamente do mesmo jeito, e assim foram desaparecendo os rapazes e raparigas da família, a maior parte deles já ultrapassando a puberdade.

De nossa casa, e que conheci ainda, o Tim, a Maria Antónia, a Maria Eugénia, a Conceição, e o querido Paulo, já pelos vinte e cinco anos, companheiro de todos, amigo de toda a gente, amado da gente moça que tinha um palmo de cara e um rabo de saia.

O avô Valentim, solidamente apoiado na avó Olívia, resistia a tudo como uma das rochas da serra. Anticlerical por tradição, e católico por convencimento, lá estava sempre até ao fim, naquele cemitério da volta da estrada, onde finalmente descansou em paz, e posso conversar com ele de tempos a tempos.

Um dos problemas que por vezes afecta o meu espírito, porque lhe não encontro solução, é o de saber como é que vou poder ficar junto deles, porque os meus filhos me obrigam a ter a âncora noutro lugar. Parece-me mais intolerável este afastamento que pressinto, do que ter assistido à morte desse homem valoroso, porque assim nascemos e fomos criados, no amor à terra que não tem apenas um valor simbólico, é fisicamente a terra em que nos tornaremos, solidários no pó como na vida. Foi o primeiro homem que vi morrer, e, tendo-lhe tanto amor, lembro-me de ter sentido a dolorosa vontade de que acabasse depressa, porque me parecia imerecido o sofrimento prolongado que se lhe estampava no rosto venerando.

Nunca lhe ouvi levantar a voz para repreender, ou a mão para castigar. Encontrava sempre o tom e o gesto convenientes para que a advertência não pudesse ser esquecida.

Na escola da aldeia, que poucos meses frequentei, viriam a surgir pelas paredes uns cartazes que diziam que Portugal não era um país pequeno, projectando sobre o mapa da Europa os territórios ultramarinos. Não era isso que fazia sentido para as crianças cujo horizonte era o de aldeias. Mas o que lhes fazia sentido eram as histórias dos portugueses exemplares que nos contavam em todas as escolas, e que imaginávamos em cenários descritos pelos professores, sempre com emoção renovada.

Tratava-se de facto de receber uma herança, que foi transmitida por uma geração de professores primários que acreditavam na Pátria dos seus maiores.

No modesto Colégio de St°. António, em Campolide, onde de facto cursei a instrução primária, o fervor era igual. Mais tarde, havia de saber de análises doutas a explicar que se tratava de um processo de alienação, de uma conspiração antiga de classes detentoras dos meios de produção, para amarrar solidamente as gerações aos seus interesses dominantes.

Nunca consegui entender como é que os santos, mártires e sábios, que nos davam de exemplo, e que dispuseram do sofrimento, da constância, da coragem, da persistência e da vida, passaram a deixar de ser exemplos por causa das análises.

Não eram porém as teorias e hipóteses desses sábios ainda distantes do meu interesse, que moldavam a geração a que pertenci. Era a maneira de viver, e não a maneira de pregar, que dava carácter a toda a comunidade. Portugal não estava apenas nos mapas escolares, e nas histórias cívicas. Também se encontrava nas rezas familiares, repetidas de século em século, ao tocar das trindades, e que se mantinham nas comunidades da emigração.

Depois da ceia, quando o sino da aldeia chamava gravemente às devoções da fé, a mulher mais velha convidava às orações pelo descanso dos mortos, pelas almas do purgatório, pela paz na terra, e pela segurança dos marinheiros que andavam nos perigos do mar.

A maior parte dos que se reuniam na oração, nunca tinham abandonado a aldeia perdida na serra de Bornes, não sabiam de ver o que era um barco, nem uma só vez tinham tocado água salgada. Mas sabiam, sem o poeta lho dizer, que muito daquele sal eram lágrimas dos nossos. Foi o poeta que aprendeu com eles.

Os velhos sabiam que a integridade da Pátria podia ser ameaçada, e contavam, como se tivessem vivido, porque ainda o tinham escutado de seus pais, como tinham sido terríveis as invasões francesas.

De uma estranja que nunca tinham agredido, que não conheciam, que ficava numa lonjura sem medida, vinha repentinamente o golpe, o saque, o incêndio, a violação. A prontidão da defesa do território não era doutrinada por estrategas, era um ensinamento de experiência acumulado e transmitido de geração em geração.

A solidariedade comunitária, que depois mantinha reunidos os emigrantes em todos os lugares, também se aprendia vivendo. Para necessidades comuns, reunia o Conselho da aldeia, convocado à noite por uma espécie de toque de corneta ou de ferrinhos.

No dia seguinte, no adro da Igreja, os homens bons decidiam sobre a protecção dos carvalhais, dos pastos, da ponte que era necessário escorar, do ribeiro que urgia regularizar. As leis dos sábios não criaram este procedimento, mas conseguiram acabar com ele.

Nas grandes desgraças individuais, esse comunitarismo era eficaz e obrigatório. Rebate de fogo mobilizava todos os braços livres, para impedir que o incêndio se transformasse num desastre geral. Depois, cada um dando o que podia, dias de trabalho, madeira aparelhada, pedra necessária, batatas de sobras, trigo de reserva, azeite do gasto, recompunha-se como se podia o património do atingido.

Pedir não era coisa de fazer na aldeia de cada um, e os pobrezinhos de Guerra Junqueiro vinham sempre de outro lugar. Ficavam na soleira das portas a rezar em voz alta pelas intenções e pelo bem dos da casa, e depois esperavam tranquilos pela esmola sempre obrigatória na base do comer.

Naquilo em que a vida não podia ser contrariada, a resignação cristã dava força e dignidade. Assim acontecia com a colheita do Senhor, que levava todos os anos os meninos atingidos pelas doenças indomáveis. A morte não era assustadora, era apenas uma coisa que acontecia na vida, e não à vida. Esta ganhava sempre o seu combate, e rebentava de novo em cada estação, esquecendo-se da diferença entre a virtude e o pecado para desespero dos pregadores. Amar na paz do Senhor, com dispensa das regras codificadas, também fazia parte do ritual do campo.

As ceifas e as vindimas, momentos altos de comunhão com o mundo que foi criado para o homem, também obrigavam a descuidos na comunhão das gentes. Trabalhavam muitas vezes ao torna-jeira, cada um indo trabalhar na terra de outro, que lhe retribuía depois o serviço. O resultado é que não havia geralmente uma relação de patrão e empregado, salvo nas chamadas casas grandes que, depois, quando foram comparadas com os latifúndios do sul, pareciam leiras. O sentimento de igualdade, a democracia da vida civil, era a regra geral.

Sentados pela praça, no adro da aldeia, os homens só retribuíam cumprimentos, não se levantavam para ninguém. Havia uma modéstia cultivada, mas não se conhecia a humildade. A justiça civil tinha pouca ocasião de intervir na vida das gentes, salvo nos casos de furto. Mas a violência física e a morte de homem eram frequentemente problemas familiares. Não se denunciava o agressor, se calhava fazia-se justiça privada, muitas vezes com a colaboração da aldeia, quando o culpado era de fora, e o caso exigia paciência e busca para deparar com uma ocasião.

Deus sabia disto tudo, mesmo quando os seus ministros, por esse tempo, ainda deparavam com os mesmos jeitos que inquietaram Frei Bartolomeu dos Mártires, e não aprovavam, ou pelos defeitos, ou pelas virtudes, por isso lhes acontecia serem dispensados pelos povos, que por vezes tomavam nas suas mãos a prática de actos rituais.

Talvez fossem estas liberdades que implicassem, de tempos a tempos, a corrida de missionários a pregar a doutrina. Dava a impressão de que eram eles que voltavam mais esclarecidos às origens, tal era a cumplicidade entre devotos e santos, distribuídos estes pelas funções que respondiam às necessidades.

Estas complicadas jurisdições eram saberes femininos, assim como as mezinhas para as doenças e as esconjuras para a pouca sorte. Por cautela, um homem era informado de coisas essenciais, tais como fazer comida, dar um remendo, pregar um botão, e rezar em certas ocasiões. A minha tia Maria, que morreu pelos noventa anos e correu mundo, fez uma relação esclarecida de todos esses ensinamentos necessários, e tratou de nos ensinar, como o ler e escrever antes da idade de ir para a escola, a mim e ao meu primo Alexandre, pela *Cartilha* de João de Deus.

A ESPUMA DO TEMPO

Com este saber pudemos os dois andar por todas as veredas da serra e das aldeias, a caminho de Bornes, do Vilar, de Macedo, e sobretudo de Pinhovelo por razões que eram dele. Ainda hoje nos apetece perdermo-nos por esses caminhos, mas as razões já lá não estão, ou não as temos.

Todos os anos se honrava o padroeiro do lugar, diferente em cada terra, e protector efectivo, porque era evidente que as coisas sempre poderiam ter ido a pior. Na nossa aldeia a festa era ao Senhor do Calvário.

A vinda da Imagem da capela para a Igreja paroquial era sempre uma cerimónia impressionante, com as mulheres de joelhos ao longo do caminho, e sofrendo de nova a lembrança vivida da Paixão.

Os arraiais eram a dor de cabeça dos párocos, que depois não tinham mãos a medir para as confissões. Mas ficava tudo na comunhão dos vivos e dos mortos, todos filhos do Céu e da Terra, com as virtudes de um dos lados e as fraquezas do outro. Quando se emigrava, vinha tudo isto com as pessoas, incluindo o gosto pelo pão de centeio, pelas alheiras, pelos salpicões, pelo presunto, e a saudade infinita da terra, dos santos, das festas, das rezas, e dos homens bons que representavam o saber tradicional e ficavam como pontos de referência.

De todos, recordo o Manuel Fiscal, da aldeia de Carrapatas. Era um céptico nato, que tinha corrido a escola da vida lisboeta, e sabia de todas as malícias e más intenções. De sacho na mão, ou de roçadoira ao ombro, tinha sempre um aviso para cada asneira em perspectiva.

A vida, para ele, não tinha surpresas nem alegrias, era tragicamente uma condenação que urgia enfrentar, sem alternativa. Da religião não queria saber, nem ouvir falar, e representava o anti-clericalismo tradicional na sua forma mais extrema. Mas não havia dor que não procurasse diminuir, falta a que não acudisse, injustiça feita aos outros que não encontrasse nele o protesto e a acção.

Tão marcado na memória como esta gente que vou lembrando, só o *Foguete II*, um cão sem raça, forte, bonito, valente e bondoso, que nos acompanhava para toda a parte. Uma manhã, como costumava, deitou-se ao sol no adro, a meditar. Depois levantou-se, foi até junto do avô Valentim que lia o jornal habitual, esfregou-lhe o focinho docemente nos joelhos, e morreu. Nunca mais tivemos outro cão. Por esse tempo, vendidas já as vacas de trabalho, só ficou a Joana, a burra que nos aturava e ameaçava de coices, e algumas cicatrizes causadas pelas quedas.

Há uma lei sem réplica que obriga os pobres a emigrar, e os ricos a exportarem capitais. Os transmontanos emigravam, para constituírem colónias interiores em lugares do destino. Assim fez o meu Pai António que, com a minha Mãe Leopoldina, vieram para Lisboa, em 1923.

Compreendi muito cedo quanto a vida era difícil para eles. As carreiras abertas aos emigrantes que vinham do norte, e mais ambicionadas pela estabilidade que ofereciam, eram a Polícia de Segurança Pública, a Carris de Lisboa, a Guarda Fiscal e a Guarda Republicana. O meu Pai entrou para a PSP, e nela ficou até terminar a carreira em subchefe ajudante na Administração do Porto de Lisboa.

Assisti, já advogado e professor, à festa de despedida que lhe ofereceram os camaradas, na esquadra, quando atingiu o limite de idade.

Nunca o tinha ouvido fazer um discurso. Fiquei orgulhoso e comovido ao ver a autoridade simples com que as palavras lhe corriam certas para explicar o que era o amor à corporação, como devia ser exaltada e vivida, os valores cívicos que deviam orientar os guardas, a devoção que devia ser posta na acção, e, ainda, a lembrança de um passado de trabalho onde avultava a admiração constante pelo Comandante Ferreira do Amaral, do qual tinha sido ordenança nos tempos da Mão Vermelha e da Formiga Branca que assolaram Lisboa.

Todos os anos, ainda felizmente muitos, que decorreram depois dessa data, o vi estar sempre presente, vindo de Grijó, na homenagem que se prestava à memória do comandante da sua juventude no pátio do Governo Civil de Lisboa.

A ESPUMA DO TEMPO

Tudo o que posso dizer do meu Pai se resume em que o meu desejo, que certamente não realizarei, é que os meus filhos guardem de mim a igual recordação constante que tenho dele.

Não tinha ambições materiais, com pouco estava mais que satisfeito, e criava amigos sem para isso fazer nenhum esforço.

Na época turbulenta em que acompanhou Ferreira do Amaral, noites passadas longe de casa, em riscos que nunca relatou, a nossa angústia era sem medida. Voltava sempre sorridente, como se nada o inquietasse, acarinhava a minha Mãe que adorou a vida inteira, brincava comigo, e não me recordo de um castigo ou de uma severidade. Argumentava com persistência e serenidade contra o que lhe parecia inconveniente ou mal, e tomava as suas decisões sem nenhum alarde.

A minha Mãe, que trabalhava duramente na costura (a máquina está em casa do meu filho António) para melhorar o orçamento familiar, representava muito mais a lógica e o rigor, inteligente como fora seu pai, e cuidadosa na guarda das tradições, dos usos e costumes ancestrais. E também, porque não havia Igreja facilmente acessível, no ensino da doutrina.

Um dia tomaram a decisão heróica de me mandar formar, e sei hoje o que isso deve ter representado de coragem em vista dos fracos rendimentos.

Ao longo da vida, durante muitos anos da juventude, frequentemente encontrei ajuda ou atenção de alguém que se invocava amigo do meu Pai, e que o fazia por devoção a essa amizade, e na limitada dimensão das suas possibilidades. Velhos policiais da PSP, alguns chegados aos postos mais altos que podiam atingir na corporação, sempre os encontrei na vida profissional dos tribunais desse tempo diferente, prestantes e lembrados do velho companheiro.

Já tinha nove anos quando nasceu a minha irmã Olívia. Foi para mim uma festa, porque finalmente me era dada uma coisa que sempre me fizera falta. Tive por ela um amor inalterado desde o berço. Aprendi a cuidar dela nas ausências obrigatórias pelos

UMA SIMPLES CARTA

trabalhos diários dos nossos pais, e gostava de a embalar, de a alimentar, de a tratar, de a fazer adormecer.

A diferença de idades permitiu que a incitasse a fazer o seu curso de Medicina. Amei os seus filhos que nasceram todos antes dos meus, e gostei de fazer com eles o que tinha feito com ela, quando as circunstâncias o exigiram.

Tenho esperança de que um dia, voltado ao pó da minha terra que ela já conheceu mais tarde, ou esquecido noutro lugar do mundo onde calhar, ela possa encontrar nas suas recordações de menina alguma marca do muito amor que sempre lhe dispensei.

Das pessoas que fui conhecendo, não tenho essa ambição em relação a muitas. Delas, pela perda, recordo a Esmeralda Soeiro, médica analista, que foi mulher do meu querido António Alberto Santos André, tão dedicada, inteligente, pronta, divertida, companheira, e excelente profissional, estupidamente morta nas estradas de Espanha e para sempre viva na nossa lembrança. Tenho a certeza de que, se teve tempo de fazer correr na memória a lembrança e balanço final deste mundo, a minha imagem deve ter aparecido no seu espírito a despedir-se dos amigos. Rezo por ela e sei que se ocupa de mim.

A vida de um estudante pobre não era fácil nesse tempo. Morávamos em Campolide, junto do Quartel de Caçadores 5. Por vezes, era-nos permitido brincar dentro das paredes desse velho Colégio dos Jesuítas, e até chegámos a possuir uma velha espada e uma bandeira de papel, para inventar manobras e combates. A coisa acabou quando um dia o nosso pequeno grupo, imaginando ser uma hoste medieval, caiu em cima de um campo de milho aos gritos de – São Tiago e aos mouros – e dizimou a colheita em perspectiva.

Mas o Liceu Passos Manuel, onde andei os dois primeiros anos, a secção do Carmo onde estive até ao sexto, e de novo o Passos Manuel no sétimo, ficavam longe. Era necessário sair muito cedo de casa, para caminhar até lá, e voltar à tarde, quando o caminho parecia muito mais comprido, porque estávamos cansados e era sempre a subir.

O Eduardo Formigo era o meu companheiro habitual, e muitas vezes nos ficávamos pelo Jardim das Amoreiras, a descansar, esquecidos das horas, a inquietar as famílias pela demora.

Passava as horas livres na biblioteca, onde li, sem programa nem guia, aquilo que me parecia. Não tomei habitualmente parte, que me lembre, nas festas, nos desportos, nas actividades que por vezes me dizem ter havido, porque os simples ir e voltar apenas deixavam breve tempo para o convívio no bairro, para ajudar nas tarefas da casa, e cedo para dar as explicações com que comecei a ganhar a vida.

Mas o Liceu do Carmo deixou-nos, pelo menos, a primeira ideia do que pode e deve ser uma instituição, e ao longo dos anos muitos dos antigos alunos mantiveram o hábito de se reunir anualmente para recordar.

Preferiam um restaurante que ficava perto do extinto Liceu, e tive pena de algumas vezes não poder assistir, porque sempre calhava em épocas da minha ausência de Lisboa.

Da Faculdade de Direito de Lisboa, o sentimento que guardo é muito semelhante. Da maior parte do tempo, lembro-me da distância do Quartel de Caçadores 5 ao Campo de Santana, durante cinco anos percorridos a pé, ida e volta, por vezes raras com repetição quando havia sessões ao fim do dia.

Entre os condiscípulos a camaradagem era fácil, o curso de pouca gente, mas naturalmente as amizades eram relativas: de todos, estimei sempre particularmente o Vicente Loff, o Manuel Gonçalves Pereira, o Fernando Pedroso Rodrigues, o João Rosas, cuja amizade se manteve ao longo de toda a vida. Refiro-me sobretudo aos que entraram comigo na Faculdade em 1939, e não aos muitos outros que, por várias razões, viriam a formar-se no mesmo ano.

Nos anos que decorreram entre a entrada no Liceu e a saída da Faculdade, a minha geração foi marcada por duas convulsões: a guerra da Espanha e a segunda guerra mundial.

A primeira decorreu enquanto frequentava o Liceu do Carmo, e ficava para além do entendimento dos garotos que éramos nesse

UMA SIMPLES CARTA

tempo. Sabíamos que havia um movimento vanguardista, tínhamo-nos apercebido antes de um sindicalismo de Rolão Preto, instituía-se a Mocidade Portuguesa obrigatória, mas sem que a maior parte de nós visse nisso mais do que uma questão de cores das camisas. Pelo Passos Manuel e Carmo a Mocidade Portuguesa fez umas primeiras tímidas aparições, a tentar organizar-se, mas o meu curso já não foi geralmente apanhado pela iniciativa que não parecia gozar do entusiasmo dos velhos professores.

Mas a guerra de Espanha serviu para sermos o objecto do condicionamento da informação, da batalha ideológica, da propaganda em doses fortes.

Recordo-me que, de todos, o Jorge Borges de Macedo parecia o mais informado e esclarecido. Quando começaram a chegar notícias do avanço dos nacionalistas, o liceu virou republicano sem mais hesitações e total ignorância, decididos a contrariar todas as versões oficiais. Propaganda revolucionária, por esse tempo, não corria entre os estudantes, e de comunistas sabíamos o que o noticiário, da rádio e dos jornais que já líamos, diziam.

A estrutura do ensino, ainda entregue, nessa fase de transição, a professores que tinham vivido o patriotismo republicano, era sólida em insistir no amor à Pátria, mesmo quando detestavam o regime que ia tomando forma definitiva.

Por estranho que pareça, seria esse regime nacionalista que, ao contrário das suas intenções, e pelos habituais defeitos das virtudes, enfraqueceria o ensino da realidade nacional nas escolas primárias e nos liceus, que acabaria com a anterior disciplina da educação cívica, que dispensaria as famílias de muita da sua responsabilidade natural na formação dos jovens para a entregar à intervenção das formações juvenis, ao mesmo tempo que debilitou o ensino primário com o recurso aos regentes escolares sem adequada preparação. Os resultados viram-se quando em 1961 explodiu a crise colonial. O país não se conhecia na realidade da dimensão multicontinental, a juventude mal sabia o que era o Ultramar, a temática colonial não constava dos programas, a

Pátria não era a mesma para as várias gerações que tiveram de enfrentar a crise.

Viram-se velhos republicanos, proscritos da vida pública há décadas, a correr para a defesa do que consideravam a integridade nacional. E também se viram jovens tecnocratas nados e criados na progressivamente debilitada Mocidade Portuguesa, ou à sombra da pouco relevante Legião, no conforto dos pertences, a sustentar o abandono imediato julgando salvaguardar a sua estabilidade na metrópole, surpreendidos ao encontrar-se com uma revolução. O país em que nasci acabou com essa debandada de 1974, que foi a causa próxima, mas não foi o princípio, da exigente tarefa da reconstrução em que se empenharam os envolvidos no desastre, por decisão ou sem ela, obrigados a salvaguardar raízes, assumir as circunstâncias, ou reinventar o futuro. Daqui em diante vivemos um tempo tríbulo, parte dos vivos ligados ao passado desaparecido, os autores da mudança a lutar com o peso da responsabilidade, os jovens para quem o futuro é urgente e vão ignorando o passado dos outros, que todavia vai fazer parte da sua circunstância. Tentei racionalizar esse debate mal assumido, e de novo vieram as lembranças sobreviventes à usura do tempo. Foi a consciência desse tempo tríbulo que me fez regressar à Carta, que tinha abandonado, e continuar agora sem grande método, e certamente com repetições.

II

A Vida Habitual

II

A vida Habitual

As gentes e as terras portuguesas nunca tiveram, ao menos no século da minha experiência, o mesmo ritmo do tempo. Povo de muitos tempos e que, durante a longa vigência do regime corporativo, viu a multiplicidade submetida ao modelo de vida habitual, repetitiva, conservadora das especificidades, avessa às mudanças, sem rompantes inovadores vindos da sociedade civil repartida pelas pequenas pátrias que tinham nas aldeias a expressão mais sentimental, e na cidade grande, distante e mitificada, a sede do poder e das suas disputas.

Na pequena aldeia de Grijó de Macedo de Cavaleiros, onde nasci em 1922, e embora tivesse já acontecido a guerra de 1914--1918, ainda com frequência os mais velhos e informados falavam doridos do martírio das invasões francesas, que não se tinha minorado na memória das gerações.

Quando vinham para os grandes centros da orla marítima formavam uma espécie de colónias interiores, que em Lisboa exprimiam as suas identidades nas casas regionais, das quais algumas ainda subsistem com moderada intervenção.

Foi essa relação entre a aldeia e a colónia interior que manteve e fortaleceu a minha ligação a Trás-os-Montes, de onde meus pais emigraram ainda não tinha dois anos, adoptando cedo a regra de me enviar a passar as férias grandes, que eram de meses, na casa dos meus avós maternos.

Durante anos não me dei conta de que realmente viajava entre Trás-os-Montes e Trás-os-Montes porque o mundo circundante era invisível, ou eventualmente agressivo.

Ainda hoje, concretamente em 11 de Agosto de 2000, regressei de Mirandela, onde fui proferir algumas palavras de apreço na homenagem ali prestada ao Dr. Joaquim Trigo de Negreiros, que passou vinte anos no Governo.

A ESPUMA DO TEMPO

Neste fim de milénio, as diferenças que marcam a evolução da província, sobretudo depois de 1974, são notáveis.

Ali, a antiga vila que não era mais do que uma rua longa e mal tratada, onde a densa poeira do Verão se transformava em lama no Inverno, é agora uma cidade com uma europeização visível nos trajes das raparigas e rapazes, na alteração do perfil das casas e dos arruamentos, na intensidade do tráfego, na multiplicação dos centros comerciais.

Os dramas humanos não mudaram talvez muito de natureza, a emigração vai fazendo rarear o povoamento, o envelhecimento da população é mais acentuado, mas as diferenças do ambiente das primeiras décadas do século XX a findar são profundas e definitivas.

Por então, naquelas aldeias que se alinhavam segundo um critério de distância correspondente à capacidade de ir e voltar dos trabalhos dos campos com luz do dia, a economia de sub-sistência era a regra.

As famílias mais abonadas tinham uma modesta leira junto ao rio, onde cultivavam as batatas, as cebolas, as couves, o milho, o meloal, algumas outras frutas, eventualmente nogueiras raras, raríssimas amendoeiras, ou um sobrevivente castanheiro do tempo em que essa árvore venerada fornecia uma parcela importante da alimentação.

Nas colinas procuravam reter uma leira onde estava a vinha que fornecia a diversidade incontável dos vinhos do lavrador, e finalmente na serra uma pequena parcela da floresta, onde se cortava a lenha que seria amontoada em sequeiro, de modo a poder ser utilizada no Inverno.

As casas eram de pedra e barro, de regra sem caiamento exterior, por isso escuras e enegrecidas pelo tempo, com as varan-das de madeira que alargavam a área de intervenção das mulheres.

No piso térreo guardavam-se os animais, os bois de trabalho cuja posse era sinal de alguma abundância, os burros usados para as pequenas cargas e deslocações, o porco que havia de garantir a carne necessária para o ano, todos fornecendo por acréscimo o calor interior da habitação.

A VIDA HABITUAL

No fim das ceifas, as ruas eram com frequência atapetadas com a palha do trigo e do centeio, dando um luzimento breve aos canelhos, e para ali seriam feitos despejos que, com as chuvas, tudo haviam de transformar num estrume necessário para as terras agricultadas.

A garotada, raparigas e raparigos na linguagem do tempo, tinham ali um espaço de correrias e divertimento, e também uma fonte de doenças que viriam a traduzir-se na avultada mortalidade infantil, sobretudo no Inverno, e que as crenças de conforto chamavam a Colheita do Senhor, dando às famílias a certeza e a consolação de que os meninos tinham partido de anjinhos, sem pecado.

As memórias da visita pastoral que Frei Bartolomeu dos Mártires por ali andou a fazer, no século XVI, podiam ser usadas para retratar muita da vida corrente da sociedade civil do começo do século XX.

Longe do poder central pelas dificuldades de acesso e pelo descaso que este tinha pelas interioridades, as autoridades da Monarquia absoluta tinham sido substituídas pelo caciquismo liberal, que depois remodelou a imagem para o regime republicano, mas sem mudar a hierarquia social que se mantinha estável para além das alterações formais dos regimes políticos.

Uma pequena nobreza não coroada espraiava-se pelas chamadas casas grandes das aldeias, desfrutando de uma qualidade de vida modesta e de alguma ocasional reverência que derivava da solidariedade dispensada à comunidade, e do eventual respeito por um valor essencial transmontano que é o da democracia da sociedade civil.

Durou até ao último quartel do século o facto de ser nas interioridades que os vocacionados para o exercício da política vinham recolher as designações obtidas pelo método de fazer funcionar os mecanismos tradicionais de representação, os quais eram parentes longínquos dos mecanismos democráticos, aparecendo depois nas sedes do centralismo governativo, conforme as épocas, com a bandeira legitimista, com a bandeira liberal, com a bandeira da democracia representativa.

Os afazeres e práticas desse centralismo estrutural estavam ausentes das preocupações daquelas comunidades isoladas pelas montanhas, pela falta de acessos fáceis, pela praticamente inexistência de meios de comunicação social.

Ajudaria algum benefício comunitário que os íntimos do poder alcançavam para as terras, a emigração para os grandes centros informava-se de onde encontrar nos destinos os notáveis que os pudessem socorrer, e que não lhes recusariam a solidariedade da origem. Quanto aos benefícios, qualquer atenção parecia uma benesse inesperada para terras onde não existia saneamento básico, nem água nas casas, nem electricidade, nem rede escolar suficiente que atendesse às necessidades sentidas ou que, coisa mais desejável em regiões adormecidas, agredisse a passividade e fomentasse as exigências.

Por isso, neste domínio da luta pela implantação do saber ler, escrever, e contar, bem mereceram o respeito e a gratidão dos povos os professores primários, em regra uma professora, da notável escola primeira republicana. Não obstante a pesadíssima taxa de analfabetismo, havia aldeias onde a acção do professor conseguia implantar a ambição de diploma. O meu avô paterno, moleiro de profissão, teve oito filhos que todos fizeram a instrução primária, e não era caso único na aldeia. E todavia as dificuldades que a escola enfrentava eram estruturais, porque derivavam em primeiro lugar da organização da economia familiar.

Não se tratava da exploração do trabalho infantil, uma realidade de que ainda não conseguimos livrar a vida portuguesa, mas da necessidade que a própria família tinha de utilizar os filhos, logo que por tradição se considerassem hábeis, na divisão do trabalho: regar a leira que ficava longe, levar ao pasto os animais domésticos, ajudar a cuidar dos irmãos mais novos, auxiliar nas colheitas, nunca do aluguel dos braços.

De resto, o valor da democracia da sociedade civil fazia com que a relação patrão-empregado não tivesse um grande signifi-

A VIDA HABITUAL

cado entre gente que não se diferenciava grandemente pelos meios de fortuna.

Salvo a Casa Grande que ostentava os seus criados, uma designação suposta de prestígio social, com escassa remuneração e abrangente de pouca gente, o método do torna-jeira impedia que ganhasse predominância uma distinção baseada na referência à posse dos meios de produção.

As famílias combinavam trabalhar umas para as outras nas épocas de maior exigência de mão-de-obra, e cada jeira era paga com retorno de outra jeira, sempre que os recursos monetários escasseavam.

O tecido comunitário era reforçado por velhas práticas, designadamente o rebusco e o galelo. Depois da apanha das batatas, por exemplo, era livre o rebusco do que lá tivesse ficado, e os mais necessitados faziam-no sem embaraço porque se sentiam no exercício de um direito. Tal como acontecia depois aos galelos esquecidos nas videiras.

O trabalho não parecia ser a condenação bíblica, e as épocas das colheitas eram marcadas por manifestações de alegria comunitária só punida pelos maus anos. Havia algum paganismo sobrevivente na explosão de energia das ceifas em que se encontravam homens e mulheres na força da juventude, e, sobretudo, nas vindimas, particularmente na verdadeira festa que era a pisa das uvas nos vários lagares espalhados pela aldeia, noite dentro ao ritmo de músicas e cantares. Também quando os alambiques se multiplicavam perto da ribeira para destilar os bagaços, e as provas repetidas produziam os efeitos esperados e sabidos. Aguardentes que ao longo do ano serviam para o mata-bicho a que se atribuíam virtudes preventivas de doenças sérias, especialmente depois que a peste bubónica deixara um rasto de pesados lutos em todas as famílias.

A Igreja Católica tinha uma presença vastíssima em toda a vida comunitária, numa área que ainda guardava lembrança da presença de ordens religiosas, como era o caso da antiga residência dos jesuítas de Vilar do Monte, mas que ainda assim recebia

A ESPUMA DO TEMPO

de tempos a tempos a visita das missões, isto é, pregadores que vinham tentar avigorar ou esclarecer a fé das populações, pregando sermões difíceis de entender, tantas as citações e as admoestações, que precisavam do apoio de um Santo António para deixarem rasto na memória dos fiéis.

Foi deste modo que o meu grande amigo Padre Joaquim António de Aguiar, o Padre Aguiar do Colégio Universitário Pio XII de Lisboa, foi levado em verdes anos, da sua aldeia de Castainço, na Beira, para o seminário da ordem de Santo António Maria Claret em Espanha.

Os pregadores encantaram-se com aquele menino que tão bem ajudava à missa e, embora filho único vivo e órfão de pai, convenceram a mãe a não resistir à chamada do Senhor, e ali ficou ela só até que o rapaz se formou e sagrou, tendo-se visitado apenas uma vez em Salamanca, já começada a guerra civil de Espanha. O pai, emigrante que fora em busca de melhor vida, morrera a bordo no regresso, e ficou enterrado nas Canárias sem que o filho dele tivesse ao menos lembrança.

Estas viúvas de homens vivos eram uma realidade permanente do panorama social português, tinha-se aprofundado a partir das descobertas e conquistas, voltaria ao primeiro plano com as emigrações para o Brasil que abrandaram apenas pela década de cinquenta, para voltarem a acentuar-se com a mobilização para a guerra do Ultramar a partir de 1961, e com a emigração a salto para a Europa que também por esse tempo se tornou significativa.

Cada aldeia tem o seu patrono, a sua festa anual, e por então o seu pastor que se procurava que não acumulasse encargos de várias freguesias, uma acumulação difícil de servir bem em vista das dificuldades das comunicações.

Para atender à Missa, os homens da aldeia entravam por uma porta lateral na igreja do século XVII que tinha St.ª Maria Madalena por padroeira, e ocupavam a metade superior da sala. Na outra metade, cabeça bem coberta pelos lenços negros, ficavam as mulheres, um rigor que era igual em todos os templos.

32

A VIDA HABITUAL

Algumas das imagens atormentavam as crianças, e ali era o caso do Nosso Senhor da Cana Verde, trágico, sucumbido, sofredor, mais a pedir ajuda do que a dar esperança, e que mais tarde um bispo advertido mandou retirar.

Mas em compensação a imagem do Menino Jesus, sempre vestido de branco impecável, e de que a minha tia Clementina era a responsável, parecia sempre disposta a juntar-se ao grupo das crianças para tomar parte nas brincadeiras, e na festa anual saía num andor que muito frequentemente incluía, como transportadores, a mim e ao meu primo Alexandre.

A festa anual da freguesia era ali dedicada ao Senhor do Calvário que se ia buscar a uma capela que então ficava fora da aldeia numa pequena colina. Quando, em 1953, ganhei o Prémio Abílio Lopes do Rego da Academia das Ciências, doei o dinheiro, a pedido da minha Mãe, para reconstruir a Capela, e o Dr. Trigo de Negreiros subsidiou parte dos trabalhos, também a solicitação dela.

As mulheres estendiam-se numa fila que ajoelhava enquanto o andor passava no seu caminho para a Igreja matriz, da qual no Domingo seguinte, sempre o primeiro de Setembro, saía a procissão solene que daria volta à aldeia. O pranto das mulheres, que interiorizavam o sofrimento de Cristo que a imagem sugeria, era doloroso de escutar, e parecia mais intenso nas ocasiões excepcionais em que a cerimónia se realizava para pedir a protecção divina contra sofrimentos colectivos, por exemplo implorando a chuva em épocas de seca.

Nas procissões em que ao mesmo tempo desfilavam o andor do Senhor do Calvário e o andor do Menino Jesus, não ocorria pensar que era sempre Cristo o representado, às crianças parecia-lhes mais que o Menino estava a ser obrigado a contemplar a privação iminente, e dolorosa, de alguém mais velho a quem tinha amor.

De quando em vez algum incidente fazia aparecer um certo anticlericalismo sempre presente na população, e que era mais crítico ou exigente de comportamentos, do que atitude de repúdio,

A ESPUMA DO TEMPO

porque a presença católica não tinha desafiante de outras confissões, e os agnósticos não abundavam.

O meu avô materno, o avô Valentim, que vivera no Brasil alguns anos como emigrante, e também teve oito filhos, era atento a que todos os da casa fossem pontuais à Missa. Mas ele não ia à Missa. E um dia em que, já adiantado no curso do Liceu, me atrevi a perguntar-lhe os motivos desta diferença de comportamento, respondeu-me: é que não gosto do padre. E não é lá por ter dois filhos, que ninguém tem nada com isso, é porque empresta dinheiro a juros aos pobres.

Quando apareceram as telefonias, e a Emissora Nacional passou a transmitir a Missa dominical, comprou um receptor, colocava-o na janela para que ouvisse quem quisesse, e seguia devotadamente a emissão.

Esta distância teve que a quebrar muitas vezes, porque lhe foram morrendo os filhos, a maior parte adolescentes, e no fim da vida restavam-lhe três, dois homens e a minha Mãe. Todos os outros foram, em ritmo acelerado, como também aconteceu a muitas outras famílias, morrendo de tuberculose, incluídos nas sete a dez mil pessoas que essa doença vitimava em cada ano.

De cada vez o avô Valentim entrava na Igreja para velar o filho morto sem um queixume ou comentário, acompanhava depois o corpo ao cemitério, rezava com fé, e voltava à vida habitual sem recriminações nem para o céu nem para os homens.

Foi ele a primeira pessoa que vi morrer, depois do sacramento dos doentes, na sua cama bem acomodado nos travesseiros em que gostava de se recostar, os grandes bigodes brancos manchados pela nicotina dos cigarros "fortes" que fumava, o rosto sereno e belo, e nós todos doridos mas respeitosos como sempre, solidários e acompanhando as preces que a avó Olívia conduzia, submissos às leis da vida e aos mandamentos.

Recordo-me de ouvir contar de um incidente em que o protagonista foi o meu tio avô Henrique de Carvalho, que esse era emigrante regressado dos Estados Unidos, onde trabalhara duro nas estradas, e que vivia numa casa ao fundo da aldeia.

A VIDA HABITUAL

Um dia chegaram-lhe à varanda o badalar dos sinos da igreja e as queixas lacrimosas de vizinhos, porque o padre se ausentara e não vinha acompanhar o enterro de uma criança, cuja família não pagara a côngrua devida. Tomou-se de cuidados, juntou dois amigos, foi à sacristia vestir as opas e alçar a cruz, e, dirigindo--se à família, decretou: é da doutrina, não havendo padre, qualquer cristão serve. Siga o enterro.

Estas questões não afectavam a adesão do povo ao catolicismo, distinguindo as querelas que diziam eventualmente respeito às relações com o clero local, mas não com a Igreja que continuou numa posição de liderança, não obstante a política assinada pela República em 1911, ao proclamar a separação da Igreja do Estado, como sempre constara do programa anterior à queda da Monarquia.

As festas religiosas promovidas anualmente em cada freguesia, no dia do seu patrono, eram expressão de uma cultura popular arreigada, que misturava homens e bichos nos apelos à protecção divina.

Além de festas especialmente consagradas à protecção do gado, como por muitos anos aconteceu na minha aldeia, na segunda-feira seguinte aos festejos do Senhor do Calvário, havia locais onde as manifestações desse tipo eram invocadoras de um franciscanismo comovente. Por exemplo, as festas da Senhora da Assunção, em Vila Flor, tinham por centro a capela erguida no cabeço, de onde se avistava um panorama impressionante, e que era servida por uma escadaria.

As devoções e promessas incluíam subir a escada de joelhos, dar a volta à capela beijando os muros, entregar os sacos de cereais prometidos e que tinham antes sido transportados nos andores, repartindo por todos os transportadores o sacrifício do peso, e ainda levar o gado numa guizalhada pela escada acima até à porta da capela, onde algumas vezes introduziam a cabeça, como que a dar consistência às promessas dos donos. A longa pedagogia contra muitas destas manifestações de fé e gratidão não

A ESPUMA DO TEMPO

fez progressos rápidos, e muitas delas podem ainda ser vistas nos centros de espiritualidade espalhados pelo país.

A ligação com o mundo, restrita como era a circulação de jornais, dependia muito da comunicação verbal. O meu avô materno recebia *O Século* com o atraso inerente à distância de Lisboa, e era uma indispensável fonte de informações para a vizinhança sobre o que se passava no país e no mundo.

Durante a Guerra Civil de Espanha, que deu inquietações às populações receosas dos refugiados armados e de alguns excessos que cometeram, tendo suportado a verdadeira campanha militar que foi desencadeada em Trás-os-Montes para os capturar e de regra entregar na fronteira, segundo a voz corrente, mantinham o avô em regime de permanente interrogatório sobre o noticiário.

O comum das gentes vivia assim contida na satisfação das necessidades pela limitação dos recursos, com uma alimentação pobre, em que o caldo de couves temperado com unto era obrigatório, em que só o centeio tinha a dignidade de ser chamado pão, que o outro chamava-se trigo, com a carne predominantemente proveniente da matança do porco, com o peixe reduzido às sardinhas de barrica, que se comiam tiradas directamente da salmoura.

Os pequenos estabelecimentos que vendiam produtos correntes a crédito recebiam por altura das colheitas, sendo avultada, para os recursos, a despesa com as compras para as festas do padroeiro, umas calças, uma saia, uns tamancos, coisas de ver a Deus, de ir à vila, de atender as festas ou tristezas de preceito, com restrições e cuidados extremos de conservação.

Contava o meu Pai que, para ir fazer exame de instrução primária à vila, e não tendo calçado apresentável, um soldado lhe emprestou as botas, que o pai dele atafulhou de papel para que não lhe escapassem dos pés, e lá foi a passos de circo mas composto.

A moderação dos ressentimentos contra a vida dura tinha certamente apoio na prática cristã, mas a pobreza extrema raramente existia. Guerra Junqueiro deixou a rigorosa imagem dos pobres que são pobrezinhos, e que em Trás-os-Montes andavam

A VIDA HABITUAL

pelos caminhos, no Inverno duríssimo ou no Verão da terra descrita como uma " encosta selvagem, seca, deserta, e nua à beira de uma estrada". Essas figuras trágicas chegavam às escaleiras das casas, anunciavam-se dizendo alto – Padre Nosso, Avé Maria pelas almas dos vossos mortos, e depois de rezarem nunca deixaram de receber alguma ajuda, de regra em espécie – azeite, pão, batatas, comida feita –, muito poucas vezes dinheiro, que era escasso. Mas era difícil acontecer que o necessitado fosse da terra, porque talvez um sentimento de dignidade parecia encaminhar a exibição da carência para longe da sua própria comunidade.

Esta solidariedade era manifesta nas grandes calamidades, por exemplo no incêndio com perda da casa. Não apenas todos corriam ao apelo dos sinos para extinguir o fogo, no que serviam o próprio interesse de impedir que alastrasse, mas depois combinavam as contribuições de cada família, em trabalho ou em espécies, para reconstruir a habitação e repor as reservas perdidas.

Tradições comunitárias mantinham-se com a existência de prados, carvalheiras, fornos comuns, e ainda subsistiam os Conselhos de aldeia, para além da extinção decretada pelo Código Administrativo de Marcello Caetano.

Na véspera à noite, um homem tocando ferrinhos ou corneta percorria a aldeia convocando para o Conselho do dia seguinte, e os homens compareciam no adro da igreja, onde existiam uns bancos de pedra que serviam de tribuna.

Tratava-se, eventualmente, de montar a guarda da carvalheira comum que os alheios rebanhos de cabras devastavam, ou de compor caminhos, ou de tornar viáveis atravessadouros. As decisões eram acertadas, e de novo as contribuições em trabalho ou espécie viabilizavam a execução do projecto.

De justiça popular não me recordo de ouvir contar exemplos, mas ainda se referiam discretamente casos de ajustes de contas familiares, por exemplo para vingar a morte de parente ou a honra ofendida de mulheres, sendo difícil que as autoridades encontrassem denunciantes ou ajudas, como referi.

A ESPUMA DO TEMPO

Naturalmente, o urbanismo incipiente, que ainda respeitava a aldeia como dimensão básica do país, hoje substituída pela vila a evoluir para cidade, tendia para adensar estilos de vida menos rústicos, e ligações mais consistentes em relação aos problemas gerais do país. Mas a característica geral era a do conservadorismo e da fidelidade à hierarquia da sociedade civil e ao poder instituído, de tal modo que a lei política poderia dizer-se ser a de que o poder se ganha e perde na cidade, e que a província segue.

Do círculo pesado da vida rural saía-se pela emigração, que ainda durante décadas se dirigia externamente para o Brasil, e internamente para a cidade grande.

Para o Brasil eram as ligações familiares que apoiavam as cartas de chamada, e por ali andou alguns anos o meu avô Valentim, e para lá enviou dois filhos homens que assim foram poupados pela tuberculose.

Para a cidade grande era fundamentalmente a prestação do serviço militar que trazia o conhecimento da vida diferente, que despertava a vontade de emigrar, estabelecendo também uma cadeia familiar de chamadas.

Foi o que aconteceu com o meu Pai que, tendo vindo prestar o serviço militar em Lisboa, se defrontou com as habituais oportunidades, entre elas a Polícia de Segurança Pública.

Por isso vim pequeno para a cidade grande, e hoje, escrevendo estas notas ao acaso da memória, depois do regresso de Mirandela, tenho a consciência de que vou ligando restos dispersos de lembranças que me ficaram de épocas diversas, sobretudo porque ia todos os anos passar as férias grandes a Grijó, o que aconteceu até terminar o curso de Direito.

Era uma longa viagem de comboio que se iniciava em Lisboa por volta das nove horas da noite, e terminava de burro, entre a estação e a aldeia, no dia seguinte à hora da ceia.

O mundo parado das interioridades pouco sabia do que se passava nos centros do poder, ou na comunidade internacional, e o que chegava era informação de poucos. De facto, não obstante a instabilidade política da época, esse padrão da vida habitual foi dominante durante décadas.

No dia do meu nascimento, Portugal entusiasmava-se com o Centenário da Independência do Brasil, o Dr. Augusto de Castro já era o Director do *Diário de Notícias*, e a exposição internacional do Rio de Janeiro rodeava-se das manifestações festivas apropriadas.

O Presidente português António José de Almeida trocava com o Presidente brasileiro Epitácio Pessoa, a terminar o mandato, as congratulações que se tornaram habituais, e a ideia de que o Brasil era "a maior obra de Portugal, aquilo que verdadeiramente o imortaliza", ficou a marcar a ideologia do Estado que havia de embaraçar-se em equívocos semânticos antes do fim do século.

A questão peninsular andava a rondar a imagem de Afonso XIII de Espanha, que fizera ele as declarações habituais sobre o iberismo, repudiado em nome da profunda amizade por Portugal.

Entretanto, no mês seguinte, dois homens determinados, Sacadura Cabral e Gago Coutinho, regressaram a Lisboa depois de executarem o feito memorável da travessia aérea do Atlântico Sul, e no navio de apoio estava um jovem guarda-marinha Manuel Maria Sarmento Rodrigues.

Na área colonial, o Dr. Brito Camacho, na qualidade de Alto Comissário de Moçambique, dissertava sobre a ambição da África do Sul, garantindo que não haveria perigos para a colónia portuguesa, um tema que ainda não morreu completamente.

Internacionalmente o fascismo de Mussolini organizara em Novembro o seu primeiro Governo para Itália, Júlio Dantas fazia representar a *Ceia dos Cardeais* no Politeama, pela Companhia Signoret, e o transmontano Guerra Junqueiro, chamado "o primoroso poeta", morreria poucos meses depois, assim como em Janeiro de 1924 se anunciaria a "morte do ditador das Rússias", Lenine, legando à Europa e ao mundo a questão do sovietismo, desafiante até à queda do Muro de Berlim em 1989.

A maior parte desses homens, somados a muitos que tinham por então constante referência, estiveram activos ou influentes

A ESPUMA DO TEMPO

durante a maior parte da minha vida já adulta. Assim Júlio Dantas, que seria o Presidente da Academia das Ciências durante grande parte dela, Sarmento Rodrigues, que viria a condicionar decisivamente a minha ligação aos problemas coloniais, Augusto de Castro, que seria o atento jornalista que, meu amigo e meu vizinho, acompanharia toda a intervenção que tive em África, Gago Coutinho o herói vivo de cujo convívio ainda pude beneficiar, executando até a parte do seu testamento que se refere à Sociedade de Geografia de Lisboa.

Tudo portanto até mais de meio século depois, um século que terminou com o país sempre a lidar com a questão colonial, com a reformulação da política luso-brasileira e dos Estados de expressão oficial portuguesa, com o desafio iberista a ser encarado agora com a defesa e apoio do movimento europeu. O regime político da Constituição de 1933, nascido em resposta à crise estrutural do regime republicano instaurado em 1910, acrescentaria a habitualidade política ao conservadorismo da sociedade civil.

A Lisboa da minha infância foi sobretudo uma Lisboa de Bairros, cada um com a sua identidade bem marcada, sendo o meu o bairro de Campolide, à sombra do antigo Colégio dos Jesuítas, então quartel de Caçadores 5, o regimento de D. Pedro IV, e agora sede das Faculdades de Economia e de Direito da Universidade Nova.

De facto, a emigração da interioridade para Lisboa deu origem a uma espécie de colónias interiores de índole comunitária, não como as que hoje se identificam pela Europa em resultado da enorme mobilidade da mão-de-obra. As casas regionais, de Trás-
-os-Montes, das Beiras, do Alentejo, do Porto, mantinham a ligação à pátria pequena que era a terra de origem, como aconteceu também com a emigração para os territórios estrangeiros, onde as instituições semelhantes agrupavam os portugueses.

Nos bairros pobres, como era Campolide, a integração ainda pareceu mais difícil, naquela espécie de aldeia que tinha um limite em *As Portas* que lembravam as antigas barreiras fiscais, na *Cruz das Almas* como tradicionalmente existem nas aldeias do norte a

A VIDA HABITUAL

pedir aos cristãos que rezem pelas almas do purgatório, o mercado semanal ao ar livre. E a Farmácia onde os velhos se encontravam para falar da vida, o médico que todos conheciam, a parteira que assistira ao nascimento de uma grande parte da população. Próximo da actual Praça do Marquês de Pombal, nas terras do Parque Eduardo VII, ainda se visitavam as trincheiras de Sidónio Pais, sendo o Jardim das Amoreiras o sinal mais visível da fronteira da urbanização.

Para o lado da Serra de Monsanto, então inteiramente despida de qualquer árvore, uma situação que mudaria com a intervenção extraordinária do lendário Ministro Engenheiro Duarte Pacheco, havia um grande espaço vazio entre Campolide e o Bairro da Liberdade, um lugar com fama de perigoso e que as mães proibiam de incluir nas missões de reconhecimento a que as crianças se dedicavam.

E todavia a polícia de proximidade, que então existia, fazia dos agentes nossos amigos que conheciam toda a gente, e aos quais se era ensinado a recorrer em qualquer dificuldade.

Recordo-me de um agente que tinha grande popularidade, o qual dava pelo nome de Pechincha, e de costume estava no posto de guarda à porta da Esquadra, na esquina da Rua de Campolide com a Rua de Victor Bastos, porque as várias medalhas que possuía, alguma da guerra de 1914-1918, lhe davam uma dignidade especial.

Durante vinte anos de serviço nunca deu notícia de qualquer ocorrência apresentando-se sempre com a clássica fórmula de – sem novidade. Um dia foi perguntado pelo Chefe como conseguia tal pacifismo na área que habitualmente patrulhava. Explicou, como quem dá aula, que sempre que via alguma turbulência a requerer intervenção se aproximava devagar para dar tempo a que o referenciassem e serenassem espontaneamente. Se esse método de aproximação não desse resultado, distribuía uns safanões indiscriminados, e depois é que perguntava pelas razões do distúrbio. Em regra informavam-no de que não havia motivo para preocupações, e todos iam à sua vida.

A ESPUMA DO TEMPO

Não havia Igreja Católica senão em S. Sebastião da Pedreira, ou a depois célebre capela do Rato, tudo muito longe para quem, vindo de terras de fé, tinha porém que se deslocar a pé, e perder horas de trabalho ou de descanso, exigido pelo excesso de trabalho. Por isso a nossa educação religiosa, minha e da minha irmã Olívia, que nasceu nove anos depois de mim, foi cuidado pessoal da minha Mãe, Leopoldina. Toda a minha vida, nunca me recordo de ter adormecido sem rezar as orações que me ensinou, e de sempre ter concordado com ela, nos vários processos de dúvidas que atravessamos, que Deus é sobretudo companheiro.

Um dia, numa reunião do CEDI, pela década de cinquenta, encontrei Martín Artajo, o Ministro dos Negócios Estrangeiros de Franco, sentado e isolado num canto do vasto jardim da pousada onde estávamos alojados. Perguntei-lhe se preferia continuar só, e respondeu-me que ninguém está só quando está acompanhado por Deus. A mãe dele deve ter-lhe ensinado a mesma coisa.

No Bairro também não havia escola primária próxima, e as primeiras letras foram-me ensinadas pela minha tia Maria, uma irmã do meu Pai que, surpreendentemente para a época e costumes do tempo, pelo início do século tinha abalado de Grijó para o Brasil, daqui partira para França, no exercício de ama de meninos, e antes dos quarenta anos regressou definitivamente a Portugal, lindíssima, solteira, independente, pobre, trabalhando em serviços modestos das empresas, para finalmente recolher à aldeia onde morreu com cerca de noventa anos, independente, pobre, sempre docemente acolhedora, mas na sua pequena casa sem companhia.

O texto foi a *Cartilha* de João de Deus, e por isso já sabia ler quando os meus pais, com um sacrifício que só mais tarde avaliei, me enviaram para um pequeno Colégio de St.º António, que havia perto de casa, junto à ainda existente Farmácia Central do Exército, mas num edifício que desapareceu.

Nas estadias prolongadas em Grijó, todas as férias grandes, já tinha frequentado brevemente a pequena escola da aldeia, e ali ainda veria pela primeira vez, nas paredes, os mapas de cada uma

A VIDA HABITUAL

das colónias portuguesas, e depois a projecção deles sobre o mapa da Europa, com a legenda – Portugal não é um país pequeno. Para os que apenas conheciam a aldeia, e a Serra de Bornes lhes parecia um limite dificilmente ultrapassável, o anúncio, pouco a pouco explicado, fazia nascer curiosidades e orgulhos patrióticos, que viriam a ser evidentes no comportamento da sociedade civil quando a crise colonial eclodiu na década de sessenta.

Nesses primeiros anos de Campolide, a agitação política do país depressa mexeu com a nossa vida, não porque a participação na política fosse sequer do conhecimento ou do entendimento da gente miúda que por ali vivia, mas porque a proximidade do quartel, e a profissão do meu Pai, aumentaram os nossos cuidados, sem entender as causas.

A torre do Quartel dos Caçadores 5 mostrava sempre marcas de tiros, e com frequência os soldados vinham levantar barreiras de fardos de palha, em que alguém supusera a virtude da protecção, cortando com eles os imaginados avanços pelos caminhos que levavam ao cimo da pequena colina, e ali ficavam deitados e de armas aperradas. Lembro-me de um mistério de criança, que era ouvir os tiros e não ver as balas, que necessariamente voavam no céu visível.

As donas de casa tratavam de levar alguma comida aos soldados que não sabiam em que espécie de conflito estavam envolvidos, mas tinham medo e fome, e rezavam para que terminasse o tempo do serviço militar obrigatório, de cujo exercício nunca tinham suposto que faria parte aquele género de riscos.

O meu Pai não vinha a casa durante dias, e quando aparecia trazia no rosto a alegria pacificadora que sempre o acompanhou, mas estava exausto, a barba por fazer, a farda amarrotada e suja, falando pouco do serviço e muito da certeza de que as coisas melhorariam.

Anos depois havia de aprender que acontecera o 28 de Maio e a sua História, mas por então não podia distinguir os antes e os depois das insurreições que tiveram aquela data por referência.

A tranquilidade era o bem ambicionado e agradecido, e isso foi ajudando ao clamor que permitiria a instauração do regime corporativo e a permanência, por décadas, do mesmo chefe político.

À distância, parece difícil admitir que as circunstâncias do país eram encaradas com suficiente realismo, notando-se que, depois da revolta militar de 1925, em que se noticiou terem morrido doze pessoas e ficado feridas setenta e três, o Governo assegurava que "a ordem será intransigentemente mantida, com o apoio do Exército, Marinha, Guarda Republicana e Polícia, garantias inquebrantáveis da Pátria e da República", mas a opinião lisboeta inquietava-se era com o duelo entre o Conde do Calhariz e o alferes Mário de Carvalho Nunes, terminando inglório com a perfuração de um músculo da mão direita do jovem oficial.

A diferença dos tempos em que viviam por um lado o pequeno círculo de intervenientes activos na política, e por outro os que apenas sofriam as consequências, deixavam na sombra o movimento da sociedade civil na busca de outra qualidade de vida, a caminho da cidade grande, a caminho do Brasil, alguns a caminho de África, já outros em demanda da América.

Na literatura que aparece na articulação da passagem da República para o Estado Novo, em que a minha memória destaca os *Poemas de Deus e do Diabo* de José Régio, talvez deva ser atribuído a Ferreira de Castro, com *Emigrantes*, o mérito de ter identificado aquilo que José Rodrigues Miguéis chamou *Gente de Terceira Classe*, os pobres que partiam para serem pobres noutros lugares, não obstante os destacados triunfos individuais. Esta secular dimensão portuguesa da diáspora, mudou visivelmente de perfil depois da independência do Brasil, porque ali se manifestou pela primeira vez, com evidência, a passagem da maioria qualitativa detentora do poder colonial, para uma minoria renovada de emigrantes destinados aos serviços socialmente menos valorizados, em áreas abertas pelo fim da escravatura. Para depois, lentamente, se identificarem comunidades ainda mais desamparadas, designadamente nas Caraíbas, descendentes de protestantes

A VIDA HABITUAL

obrigados a abandonar os arquipélagos adjacentes por meados do século XIX.

Mas esta diáspora deu origem a uma mitificação da Pátria abandonada, que inteiramente secundarizou a memória das carências que tinham determinado as migrações. Terra da origem, terra dos maiores, terra de Nossa Senhora, projectada em imagens de heróis e santos que povoaram as sedes das associações dessas comunidades, Santo António, Camões, Vasco da Gama, Infante D. Henrique e, no século XX, Gago Coutinho e Sacadura Cabral. A saudade, de que viria a ocupar-se brilhantemente Eduardo Lourenço, foi sendo valorizada como um traço fundamental da personalidade portuguesa, os símbolos das descobertas, as quinas, a esfera armilar, as caravelas, tornaram-se elementos fundamentais da liturgia das instituições relacionadas com os emigrantes.

Voltar foi um projecto raras vezes concretizado, em alguns casos dando origem a identificações como a dos brasileiros de torna-viagem, que ocuparam Camilo Castelo Branco, ou, mais tarde, os africanistas.

Mas aqui, o equivalente desse sentimento foi o regionalismo cultural, o amor à província de origem, ou ao distrito que ganhou tão rapidamente identidade no imaginário social, a pequena pátria igualmente mitificada, na qual tudo era de maior pureza e autenticidade, baluarte de virtudes, onde a pobreza era uma opção de vida digna.

Uma terceira vertente deste pendor para a sacralização das origens, teve manifestação no conceito popular do Império, que marcaria presença na ideologia do Estado, e expressão no marinheiro de Fernando Pessoa, que a vontade de D. João II amarrou ao leme. Tratou-se da unidade nacional abrangente de todas as parcelas dispersas pelos vários continentes, e que na Restauração de 1640 se manifestou no facto de a generalidade das possessões e capitães terem aderido a D. João IV, com excepção significativa de Ceuta, talvez porque a guarnição era da Andaluzia.

A doutrina da assimilação dos povos aborígenes, e da troca sincrética de padrões culturais, havia de equivocamente abranger

A ESPUMA DO TEMPO

tais populações, submetidas ao Império, no mesmo conceito de unidade, sobretudo em períodos de perigo agudo para a manutenção da soberania, desconhecendo que o conceito nominativo de ser português era múltiplo de conteúdos em função dos povos e lugares.

Mas a unidade existia no que respeitava à emigração metropolitana, ou determinada pelas exigências do preenchimento dos quadros civis e militares do Estado, ou seguindo as iniciativas da sociedade civil. Ser português tinha por essas variadas latitudes muitos significados, que ainda abordaremos, mas a unidade era um conceito forte no que tocava ao povoamento pela emigração.

Na cidade grande, a sublimação das colónias interiores em que se agruparam os emigrantes das interioridades, dizia respeito à pátria pequena, e por isso os nossos amigos, as famílias com as quais convivíamos, eram predominantemente transmontanos, sendo muitos os que exerciam na Polícia de Segurança, na Guarda Republicana, na Carris, sempre a pensar na idade da reforma e do regresso.

De resto, a qualidade de vida em bairros como Campolide exigia muito esforço, quer às mulheres para complementarem os salários dos maridos, quer à cooperação de todos para suprir designadamente a inexistência de água nos domicílios. Era necessário que fossemos buscá-la longe, aos chafarizes que ainda eram obras consideradas de grande utilidade pública, sendo as ruas mal calçadas, e muito do comércio ainda feito por vendedores ambulantes. São desse tempo os pregões lindíssimos das peixeiras, da vendedeira da fava rica, do mexilhão para arroz, dos figos de capa rota, e também das carroças que traziam o azeite, e o petróleo, das lavadeiras que passavam, com os seus burricos, a distribuir a roupa que as casas mais abonadas lhes entregavam para lavar.

A taberna, que tinha de regra acoplada uma carvoaria, era um centro de reuniões dos trabalhadores, e muitas tinham um corvo de asas cortadas que se passeava diante da porta, e como que servia de insígnia. Na *Cova Funda* da Rua de Campolide, havia

A VIDA HABITUAL

também um pátio, onde no Carnaval vinham *Cegadas* fazer representações da luta entre o bem e o mal.

A inquietação com os distúrbios armados não era um estado de espírito ligado apenas ao passado anterior à Revolução de 28 de Maio, foi ainda duradoira depois da instauração do novo regime.

O povo miúdo das interioridades e das colónias interiores não sabia nada dos conflitos internos do aglomerado que levou à queda da Constituição republicana, nem das incompatibilidades entre o Almirante Mendes Cabeçadas e o Marechal Gomes da Costa, nem dos nacionais sindicalistas de Rolão Preto de que apenas referenciavam as camisas azuis que por vezes desciam a Rua de Campolide, nem dos pressupostos revolucionários dos movimentos que procuravam enquadrar um operariado que ia tomando consciência política, mas cujas manifestações tinham mais apoio geral nas carências sentidas por uma população pobre que entendia o significado humano, mas não político, das greves, das vigílias, das manifestações de protesto.

A questão dos tempos diferentes de uma população sem opinião pública, reservava aqueles problemas para o reduzido sector dos intervenientes, e as consequências para todos.

A História política dessa época, que vai definindo as biografias de vencedores e vencidos, é apenas o legado reservado de uma parte da população, quando o poder se adquiria e perdia na cidade e o campo seguia, quando na cidade grande as Forças Armadas eram o verdadeiro eixo da roda, e nelas eram os quadros permanentes que decidiam da fidelidade ao Governo ou ao golpe de Estado. De facto eram muitos a serem governados por muito poucos, sendo verificável que, frequentemente, as mesmas famílias forneciam os agentes de cada mudança, e asseguravam a presença em todas as situações.

Pelo norte do país circulava o conceito antigo de que uma família de notáveis bem organizada tinha um filho nos legitimistas e outro nos liberais, um nos regeneradores e outro nos progressistas, e assim por diante.

A última grande mudança política do século, que foi a Revolução de 1974, havia de recordar o conceito e a sabedoria resignada que o apoiava. Alguns dos que se tornaram notáveis na proclamada democratização eram filhos de famílias dominantes no regime corporativo da Constituição de 1933, e até deveram a preservação da sua disponibilidade para a acção política revolucionária à política que os dispensou da mobilização para o serviço no Ultramar, ficando nos centros supostamente encarregados da pesada responsabilidade de produzir pensamento e de assegurar a lógica da execução.

Uma política de cautelas que tinha apoio declarado no objectivo de preservar as inteligências promissoras, e que não pressentiu a intervenção da inteligência enviada, com o estatuto miliciano, para o teatro das operações, ajudando ali à percepção da inviabilidade da política governamental, e à decisão de colocar um ponto final na luta armada contra a descolonização.

Talvez possa dizer-se que durante o período iniciado com a instauração do Estado Novo, até à guerra colonial, tentando abstrair do pluralismo de grupos e personalismos, se desenvolveram duas correntes de vida portuguesa, no que respeita à participação na política.

Por um lado uma tentativa de mobilizar a sociedade civil para a dinamização do civismo activo, que incluiu republicanos e democratas de várias tendências, e por outro uma acção estadual orientada pela transformação de uma específica percepção dos valores históricos em valores hegemónicos daquela sociedade, matrizes de uma disciplina de respeito pelos titulares do poder, de renúncia a ambições todavia modestas de melhor qualidade de vida a benefício da honra de servir. A intervenção militar de 28 de Maio interrompeu o II Congresso do Partido Comunista, mas este seria a força mais dinamizadora e activista contra o regime do Estado Novo, acontecendo que com essa visibilidade, como aconteceu ao franquismo espanhol, reforçaria a legitimação de exercício desse regime como baluarte contra a concepção soviética, globalmente posta em reserva pelos europeus a partir de

A VIDA HABITUAL

1917, sublinhada pela vizinhança durante a guerra de Espanha, alarmante na segunda guerra mundial, particularmente invocada no período da guerra colonial.

O Estado tinha o benefício de dispor do que viriam a ser chamados os aparelhos ideológicos, e a alternativa do socialismo real defrontava-se com os valores hegemónicos de uma cultura milenária, com a modéstia dos meios de comunicação social que lhe eram acessíveis, com o forte analfabetismo e limitada apetência pela leitura, e naturalmente com um poder político autoritário, em todo o caso muito longe do totalitarismo que a doutrina e os factos tinham implantado no leste europeu.

O acesso à leitura nem para os estudantes que frequentavam a instrução primária era fácil, embora a entrada no Liceu abrisse novos horizontes e possibilidades mesmo para os que vinham dos grupos sociais mais desfavorecidos.

Havia algumas excepções mal explicáveis, e por exemplo recordo que, já nos primeiros anos do Liceu, foi na pequena casa da estação do comboio, em Grijó, que o Carlos Videira, empregado dos Caminhos-de-Ferro, e alguns anos mais velho do que eu, me emprestou os livros de Dostoievski, que líamos e discutíamos. Pelo fim do século, avelhentado e trémulo, veio a Lisboa visitar-me para me oferecer, num caderno manuscrito, versos que tinha guardado ao longo da vida sem se mostrar poeta.

O meu avô Valentim recitava poemas vários de Guerra Junqueiro, sonetos de João de Deus, estrofes de Camões, e herdei uma caixa de livros que conservo, na qual, inesperadamente, estavam Nietzsche, Sorel, Hamon, Teófilo Braga, misturados com Júlio Dinis e Vítor Hugo.

Mas no bairro pobre de Campolide poucas vezes se via um jornal, que em todo o caso um ardina, a correr e a apregoar, atirava destramente para as janelas das poucas casas afreguesadas. Havia porém uma literatura de cordel, que se vendia em fascículos aparecidos a intervalos regulares, e que para muitos desempenhavam, nos intervalos, o papel de desafiar a imaginação que hoje pertence às novelas.

A ESPUMA DO TEMPO

Uma velha senhora que vivia só num segundo andar de um dos prédios vizinhos, tinha a colecção completa de Júlio Verne, e com o tempo foi-me emprestando os volumes excelentemente ilustrados com gravuras.

A escola era insistente no bom ensino da História, da Aritmética e do Português, e desse modo supria muitas insuficiências do ambiente. No modesto Colégio de St.º António, onde aprendiam juntos rapazes e raparigas, a velha professora, com o calvário de um filho epiléptico, e a escassa assistência médica desse tempo, era devotadíssima aos alunos, e a doação da sua vida e capacidades não era recompensada pelas modestas remunerações que os pais eram capazes de pagar.

Ainda assim, era um grupo de pequenos estudantes que pareciam ter um estatuto de privilegiados em relação à multidão de garotos que não frequentavam qualquer escola, os quais eram com frequência desafiantes e provocadores nos trajectos entre as residências e o colégio, muitas vezes atiçados pelos adultos que se divertiam com os conflitos da miudagem. Um velho sapateiro, que se instalava à porta da oficina a bater as solas, era destro e feliz no exercício de organizador de distúrbios.

Recordo amizades dessa época que duraram no tempo, como a Maria Formigo, jovem professora primária que por ali morava e sempre que podia acolhia os garotos para lhes contar História e enriquecer a curiosidade; a Palmira e a Virgínia, filhas de um desordenado jardineiro da Câmara, sendo que a primeira, então no ofício de costureira, viria a ser empregada da Sociedade de Geografia, e a segunda seria uma respeitada funcionária dos serviços de saúde, que ainda podemos festejar na idade da reforma; a Maria Helena, filha de um sargento de Caçadores 5, pela qual todos os rapazes se apaixonaram; o António Alberto dos Santos André, que seria companheiro no Liceu, empregado de uma companhia de navegação, e amigo até morrer; o Carlos Cardoso que viria a ser coronel do exército; a Emília, menina, linda, órfã, vivendo com a avó, e que até hoje me escreve no Natal e telefona no dia dos anos, agora para falar dos netos.

50

A VIDA HABITUAL

Não se tratava pois de um ambiente sempre infeliz, a modéstia da vida não era encarada como uma condenação, as solidariedades eram muitas, e os bairros de Lisboa tinham as suas noites de festa e alegria, de que as Marchas Populares viriam a ser uma expressão talvez nem sempre tão autêntica como a espontaneidade tradicional.

Por tudo isto, a política não era um tema de interesse, salvo pelo passivo que se traduzia nas referidas inquietações das famílias. O tempo dos pobres não era o tempo dos que disputavam o poder e as formas de regime, e tinha alguma imponência, mas nenhuma mensagem, a ocasional passagem dos militares, sobretudo dos oficiais, fardados como então era de uso, a caminho dos quartéis.

Claro que as férias em Grijó eram mais divertidas. Havia os banhos na ribeira que passava nas Fragas Altas, um lugar reservado a rapazes, que as raparigas tinham a sua área reservada para além da outra extremidade da aldeia, ao subir a serra, e as misturas não eram consentidas. Faziam-se caminhadas pela serra, pelas aldeias vizinhas, como Vale Benfeito de onde era natural a família do Jorge Borges de Macedo que só viria a conhecer no Liceu, pelos meloais que sempre tinham uma cabana feita de palha, e onde era frequente passar a noite, comendo pão de centeio, cebola e fruta, algumas vezes o salpicão, o queijo, ou o presunto, quando esse cuidado tinha lembrado, e bebia-se água da nora.

De quando em vez, a visita à vila de Macedo de Cavaleiros, doze quilómetros de ida e volta a passo largo, para comprar algum abastecimento para a família, ou para andar pela feira, então bem diferente das actuais, hoje largamente destinada a vestuário barato e a plásticos, nesse tempo rica de animais, os bois, os vitelos, os burros, os machos, os apetrechos de cozinha com a dignidade do ferro, a criação e as verduras, e sempre a companhia do meu primo Alexandre que havia de recusar aos parentes a dignificação social pelo sacerdócio, preferindo a de chefe de família que tornou próspera e respeitada.

A ESPUMA DO TEMPO

Em 1932 os meus pais tomaram uma decisão heróica, em vista dos seus poucos recursos, e tendo já nascido a minha irmã Olívia, que foi matricularem-me no Liceu, com a declarada intenção, que muito bem me explicaram, de que deveria fazer um curso universitário.

Quando, neste fim de século, e últimos anos do meu exercício de professor, vi a questão das propinas transformada em tema central das reivindicações escolares, com o Estado embaraçado, independentemente da origem partidária do Governo, para firmar uma doutrina, mais cresceu a minha admiração e respeito pela coragem daquela decisão.

Foi nesse ano, a 5 de Julho, que o Doutor Oliveira Salazar tomou posse do cargo de Presidente do Governo, e nos discursos e comentários da Imprensa do dia seguinte mostraram-se referências que seriam condicionantes da vida portuguesa até à queda do Estado Novo em 1974.

Em primeiro lugar, não obstante a única legitimidade invocada ter sido a da confiança do Presidente da República, que já era o futuro Marechal Óscar Fragoso Carmona, tudo se concentra na pessoa do novo Chefe do Governo. O culto da personalidade é formalmente lançado nessa ocasião, anunciado antes, designadamente, pela concessão, em 27 de Abril, da Grã-Cruz do Império Colonial, e, em 28 de Maio, da Grã-Cruz da Torre e Espada, talvez o primeiro precedente de esta última servir para anunciar um projecto político e não para recompensar os méritos e os valores para que tinha sido instituída.

Alguém, meio século depois, viria a conseguir modificar a lei reguladora e obter igual prebenda, na convicção de que era o sinal ritual do regime para lhe assegurar a sucessão, e não foi.

A imprensa falou do aparecimento de "um homem", "um verdadeiro homem de Governo à frente de um Governo. Nem facções a erguê-lo nos ombros, nem marcha apoteótica, nem o sonho da ideia de que o venham a levar pela mão. Um homem de Estado que sabe o que quer e para onde vai".

A VIDA HABITUAL

No discurso de posse, o novo titular afirma-se dependente apenas da confiança do Presidente da República, mas afirma também que os empossados sabem "o que se deve e o que pode esperar-se do Exército para o apoio necessário desta obra, no que já se realizou e no muito que há ainda a realizar".

De facto, a minha geração, que chegava ao Liceu, ia ser formada num regime de culto da personalidade, apoiado numa série de instituições referidas à segurança do Estado e à implantação da imagem do Estado, mas as Forças Armadas seriam uma questão permanente, e tão responsáveis ficariam pela instituição do regime como pela sua queda.

A primeira questão importante, nestas circunstâncias, é a de tentar avaliar como é que o aparelho do ensino se comportou em face dos novos condicionamentos políticos, que eventualmente viriam a ser excluente dos herdados.

É evidente que algumas reformas que devem ser referidas, e sobretudo a organização da Mocidade Portuguesa rapidamente levada a cabo, obedeceram a um propósito de orientação ideológica, sempre em atrito com o pluralismo das raízes variadas que convergiram no sentido de apoiar o Estado Novo. Mas tem de reconhecer-se que o corpo docente herdado pelo regime, e que enquadrava o ensino em 1932, não foi obediente e submisso.

Recorde-se que, sobretudo em Lisboa, os liceus com História e serviços, como eram o Pedro Nunes, o Passos Manuel, o Camões, o D. João de Castro, foram por décadas a sede do prestígio intelectual, porque as Universidades de Lisboa e Porto apenas foram instituídas pela República em 1911, dando-se a primeira explosão escolar nessa área de ensino, na qual os 1.262 alunos de 1910 passaram para 4.117 em 1926.

Alguns dos professores eram altamente reputados pela opinião pública, sobretudo no campo das humanidades, e isso aconteceu com o Liceu Passos Manuel. Destacarei Lopes de Oliveira, rapidamente um ídolo dos estudantes; João de Barros que doutrinava a escola onde se praticariam três virtudes, a liberdade, o civismo e a solidariedade; António Pereira Forjaz, ao mesmo tempo professor da Faculdade de Ciências.

O Liceu tinha instalações magníficas, a biblioteca era excelente, os laboratórios davam apoio ao ensino, e o ambiente completamente alheio à política até à criação da Mocidade Portuguesa. A autoridade reitoral, algumas vezes entendida agora como sinal de um ambiente fascisante, correspondia apenas ao teor dominante da sociedade civil.

O acesso diário ao Liceu exigia, como disse, um grande esforço físico do pequeno grupo de Campolide, porque era a pé que nos deslocávamos para ir e voltar, cada um levando o seu pequeno farnel para o almoço, um esforço que aumentou quando todos foram transferidos, dois anos depois, para a sucursal chamada Liceu do Carmo, também conhecido pela Mitra, em lembrança do asilo que não fazia muito tempo tinha sido organizado.

Mas no Passos Manuel a chegada era logo recompensada pelo ambiente, e as longas horas que passei na biblioteca, lendo com profundo interesse os mestres da literatura e da História portuguesas, foram inspiradas pelo excelente apoio pedagógico.

Certamente que o recordado Lopes de Oliveira, com o seu perfil de tribuno, os grandes bigodes desalinhados, as mangas do casaco e da camisa arregaçadas mostrando os braços poderosos, era o único que aproximava a sua intervenção pedagógica da implantação da resistência contra o regime em progresso. Com frequência, começava a aula lendo algum texto do jornal diário, relacionado com a vida do país, e logo ensaiava uma crítica em função dos valores da História portuguesa, da dignidade do homem, dos direitos e garantias, atardando-se na explicação dos conceitos de referência que eram novidade para a turma.

Numa época de consulta popular, primeiras eleições para a Assembleia Nacional em 1933, subiu a Calçada do Combro e ia escrevendo, nos cartazes afixados pela União Nacional, esta pergunta, que assinava como Lopes de Oliveira, contribuinte: *quem paga esta propaganda?* Foi preso, e no dia seguinte o

Diário da Manhã, um jornal do Regime, numa secção intitulada *Pela Cidade*, noticiava, com fotografia, que um energúmeno estava a contas com a justiça por andar a escrever inconveniências nas paredes. Nesse dia Lopes de Oliveira ficou definitivamente um herói, e os seus livros passaram a fazer parte do património herdado do Liceu.

Os arranjos administrativos fizeram-nos passar para a Secção do Carmo, onde do terceiro ao sexto ano o curso era professado. Não tínhamos os apoios da sede, mas o grupo de professores era notável, e também rigorosamente afastados de qualquer pregação ideológica: Palma Carlos, Mexia de Brito, Carlos Moreira, André Velasco, lembro-os de novo entre os que mais influenciaram os estudantes. Nenhum desses professores, jovens a maior parte, viria a ter qualquer cargo político. E todavia, a turma do 6.º A, última que ali funcionou porque no sétimo ano regressava-se à sede, manteve para sempre a sua identidade e, enquanto vivos, Palma Carlos e Mexia de Brito presidiam ao jantar anual no restaurante *A Quinta*, no alto do Elevador de Santa Justa que vizinhava o Liceu.

Carlos Moreira, monárquico de credo e transmontano de origem, mandou um dia chamar o meu Pai para lhe dizer que, no caso de ter dificuldades para me encaminhar para a Universidade, ele estava disposto a apoiar. O meu Pai agradeceu comovido, mas dispensou. André Velasco, que teve a difícil tarefa de impedir que nos incompatibilizássemos com *Os Lusíadas*, com frequência o vi nos auditórios da Sociedade de Geografia para me ouvir, sempre de uma elegância extrema no trajar e no trato com as pessoas.

Dos estudantes dessa fornada do Passos Manuel, além de mim próprio, e o mais tardio, só recordo nas carreiras políticas o Baltazar Rebelo de Sousa que cedo manifestou a vocação que o levou a exercer cargos da maior responsabilidade, e Silva Cunha que alinhou com ele no conceito nacionalista e marcelista.

Da organização da Mocidade Portuguesa ambos foram desde logo entusiastas e ali fizeram carreira, mas a inércia do liceu, no que tocava a responder à convocação feita pela sua criação em

1936, destinada a abrigar "toda a juventude, escolar ou não", mas obrigatória inicialmente apenas para quem tivesse menos de 14 anos, permitiu a dispensa de muitos em que fiquei incluído.

No entretanto da instalação, e no ambiente causado pela agitação internacional, as nossas famílias receberam uma convocação dos estudantes para a sede do Liceu, e ali se veio a saber que era para uma manifestação espontânea no Terreiro do Paço, de apoio a Salazar.

Fomos transportados para o Marquês de Pombal, iniciou-se um vasto cortejo que desceu a Avenida da Liberdade, com os estudantes enquadrados por homens que lhes distribuíam archotes, e ritmicamente davam ordem para gritar – viva Salazar.

Alguém dos mais velhos disse – viva Armindo Monteiro, e recebeu ordem para se calar. O resultado foi que cada vez que àquele nosso grupo indicavam que desse um viva a Salazar, respondíamos viva Armindo Monteiro, que não sabíamos quem era. Mas rapidamente, em vista da importância que assumiu a Guerra de Espanha, passaríamos a interessar-nos, pela primeira vez, pela vida política, discutindo o significado daquela guerra tão vizinha de nós, identificando os intervenientes e tomando partido. O Jorge Borges de Macedo foi de longe o maior agitador de ideias e de críticas, e carinhosamente era chamado o filósofo do liceu.

De algum modo, a Guerra Civil de Espanha, pela proximidade e pela inquietação generalizada em todos os meios de que os estudantes dependiam, foi o ponto crítico do ambiente carregado da década europeia de trinta, na qual se acumularam as causas e as omissões que levaram ao desastre da Segunda Guerra Mundial.

Um país dependente dos factores externos que não domina, como foi frequentemente o nosso, não poderia deixar de ser condicionado na sua evolução pelas circunstâncias internacionais da época.

Em primeiro lugar a crise económica mundial que fez lembrar os anos vinte anteriores como de euforia europeia, embora nesta periferia fosse em 1926 que o movimento militar derrubou a

A VIDA HABITUAL

Primeira República, então sem combate, com as forças enviadas contra os revoltosos a aderirem ao movimento, e sem que em Braga tivesse sido interrompida a procissão das velas.

Talvez este último sinal fosse anúncio da diferença que o regime em gestação viria a manter em relação às utopias totalitárias que faziam as primeiras experiências de domínio, e que seriam finalmente responsáveis pelo afundamento do sistema euromundista. Nas *Recordações da Casa dos Mortos*, Dostoievski escrevera: "Quem conhece a experiência do poder, da capacidade de humilhar sem limites um outro ser humano... perde automaticamente o controlo das suas próprias sensações. A tirania é um hábito, tem a sua própria existência, transforma-se em doença. Tal hábito pode matar e endurecer o melhor dos homens, que se transforma então num animal feroz. O poder e o sangue intoxicam... o homem e o cidadão morrem para sempre no tirano; reencontrar a sua dignidade de homem, arrepender-se, regenerar--se, torna-se quase impossível".

A Europa seria vítima desta doença, a começar com a versão leninista do comunismo que se instalou na URSS com a Revolução de 1917, eliminando as limitações apoiadas pelos que defendiam a existência de uma Igreja com liberdade de acção, ou o respeito pelas convicções de existência de um direito natural inscrito no coração dos homens, e das formas espontâneas de organização da sociedade civil.

Quando em 1922 entregou a Estaline o cargo de Secretário Geral do Partido, Lenine tinha pronunciado num Congresso do Partido a sentença de que "é indispensável castigar rigorosamente, severamente, impiedosamente a menor falta de disciplina", e que "toda a propaganda, agitação, participação, organização ou cooperação com organizações... tendo por actividade uma ajuda, por mínima que seja, a esta fracção da burguesia internacional que não reconhece o direito de o sistema comunista substituir o capitalismo e que tenta derrubá-lo pela força, seja por uma intervenção directa, seja pelo cerco, seja pela espionagem, seja pervertendo a

A ESPUMA DO TEMPO

Imprensa ou qualquer outro meio, é passível de morte ou de prisão".

A mobilização europeia contra a Revolução, o breve cordão sanitário com que os aliados da guerra de 1914-1918 pretenderam limitar ou eliminar o processo, não desconheceu e temeu os anúncios e as práticas que os excederam, sendo por vezes surpreendente a afirmação de antigos apoiantes do leninismo inicial, e da sua versão imperialista final, de que o regime conseguiu impedir o conhecimento dos excessos de que a implosão da URSS permitiu organizar a crónica detalhada.

Essa alegada falta de informação não constou do historial dos outros totalitarismos, e autoritarismos, que vieram a implantar-se na Europa, embora fosse ocasionalmente invocada no fim da guerra de 1939-1945 por alguns dos titulares dos cargos políticos, e por representantes da sociedade civil, que tinham apoiado o expansionismo soviético, ainda depois do aparecimento do trovejante Soljenitsine.

A experiência leninista pode encontrar-se nas inspirações de Hitler, que adoptou a técnica de intervir como líder indiscutido de um partido obediente, com a diferença de na Alemanha de Weimar não ser possível capturar o poder por golpe de força, sendo necessário utilizar as vias democráticas. Mas tratava-se apenas de um juízo técnico, porque a sua desconsideração pela democracia parlamentar e pelos valores liberais era completa.

Muitas vezes é referido Nietzsche como inspirador do mito do chefe carismático sem peias éticas, mas talvez a obra de Oswald Spengler, o *Declínio do Ocidente*, escrito durante a guerra, e dando publicidade ao primeiro volume em 1918, tenha sido uma das mais influentes na criação do ambiente que, usando o enquadramento constitucional de Weimar, acalentou a destruição do próprio regime constitucional. O apelo a novos heróis acima da censura dos homens implicava o afastamento dos humanistas responsáveis pela democracia, e esta era apontada como indissociável do fracasso na guerra e na paz.

58

Enquanto que os marxistas, esquecendo o anti-semitismo activo russo e a frequência dos progromos, de que Estaline faria severas demonstrações, tiveram a contribuição de judeus notáveis como Trotski, Rosa Luxemburgo, Otto Bauer, Julius Martov, a luta contra o alegado totalitarismo cultural judaico foi programática para o nacional socialismo: Herman Broch, Arnold Zweig, Bruno Frank, foram sinais do que viria a ser a *solução final* executada com rigor burocrático. No Capítulo IV do *Mein Kampf* já Hitler anunciava a revolução das fronteiras políticas e humanas da Europa ao afirmar que "abandonaremos a política comercial e colonial de antes da guerra e consideraremos a política territorial do futuro".

Por outro lado, desde os anos vinte que Mussolini avançava na Itália com a exigência de uma mobilização nacional dirigida por um Duce para realizar os desígnios assumidos como ideologia de Estado. Por muito diferentes que fossem as suas origens e valores, acabou por ceder ao uso da violência, e a partir de 1922 não faltaram os excessos, em que Ítalo Balbo se destacou, embora o próprio Duce procurasse a imagem de ser capaz de instituir um Governo confiável. O assassinato de Matteotti em 1924 atingiu definitivamente essa imagem, e a partir de 1925 a fórmula foi "tudo no Estado, nada fora ou contra o Estado".

Pareceu a muitos anunciador de uma terceira via entre o sovietismo a leste e o liberalismo a ocidente, mas depois de viver a aventura da Etiópia e o desastre da aliança com a Alemanha na guerra, acabou como uma figura tragicamente decaída.

A debilidade das democracias liberais para responderem aos desafios do século tinha demonstração na França em declínio, enfrentando mal a crise económica que era mundial, vendo multiplicar as formações políticas à direita e à esquerda, e com uma crescente diversidade de propostas ideológicas, a que não resistiu a Frente Popular que em 1936 pareceu ao mesmo tempo uma esperança de emancipação para uns, e um anúncio de revolução ou de guerra para outros.

Os regimes autoritários multiplicaram-se, na Grécia com Metaxas (1936), na Polónia com Pilsudski e Beck (1935), na Áustria com o infeliz Dollfuss (1933), na Bulgária com o Rei Boris III (1934), na Roménia com o Rei Carol II (1930).

Naturalmente, a Guerra de Espanha (1936-1939) foi mais alarmante pela proximidade, mas o ambiente geral europeu dos países pobres não era favorável à democracia liberal.

Quando em 14 de Abril de 1931 o Rei Afonso XIII decidiu renunciar, deixara de vigorar a Constituição republicana portuguesa e a ditadura pretendia definir uma nova ordem de resposta à agitação do ambiente internacional que sempre afectou o país. Logo que se iniciou a terrível guerra civil de Espanha, a revolta a bordo do aviso *Afonso de Albuquerque* e do contratorpedeiro *Dão*, destinada a juntar os navios à esquadra republicana espanhola, acrescentou credibilidade à necessidade de defesa contra a subversão marxista, e à legitimidade de exercício de um Governo forte destinado a evitar a marcha da subversão europeia dinamizada por Moscovo.

A Marinha estava profundamente ligada ao sentimento popular do orgulho nacional, o que sempre se manifestava nos aplausos que os cadetes recebiam nos desfiles públicos em que participavam, e tocar na Armada alarmou seriamente a população.

Foi neste ambiente que o Estado corporativo acentuou a sua definição ideológica em relação ao futuro da Europa, tomando partido contra a evolução e expansão do sovietismo, e por isso organizando instrumentos específicos de intervenção, em que se destacavam a Mocidade Portuguesa, a Obra das Mães pela Educação Nacional, a Mocidade Portuguesa Feminina, a Legião Portuguesa, talvez tudo anunciado antes pela Acção Escolar Vanguarda, lançada em 1934, e que entrou em conflito expresso com o Nacional Sindicalismo, ilegalizado nesse ano. Nessa data crucial, uma nota oficiosa de 15 de Agosto de 1936, intitulada "*A ordem pública em Portugal e os acontecimentos em Espanha*", define claramente a posição do Governo português.

A VIDA HABITUAL

De minha lembrança, os estudantes do Liceu não testemunhavam nesse período qualquer activismo marxista que tentasse mobilizá-los para as organizações partidárias, os valores do patriotismo eram afirmados no ensino da História, o sentimento de que a atitude defensiva contra as sequelas do marxismo dos republicanos espanhóis era legítima, seria largamente partilhado.

Mas a autonomia pedagógica que fora preservada, a fidelidade do corpo docente às regras da arte, evidente no liceu do Carmo, ajudou a separar as águas, e a inclinação para aderir às instituições de enquadramento político governamental foi contrariada por grande parte da sociedade civil, e assim ficaram muitos afastados desse envolvimento. Tal autonomia viria rapidamente a entrar em conflito com a ideologia de Estado, incluindo a demissão de professores do ensino universitário.

Naturalmente houve acontecimentos que provocaram sentimentos mistos, e por isso a defesa de Madrid pelo general monárquico Miaja suscitou apoios emocionais, assim como o comportamento do general nacionalista Moscardó em Toledo, obrigado a deixar sacrificar o filho prisioneiro para não ceder a fortaleza aos republicanos, comoveu.

O alheamento da vida política, sem participação em qualquer agrupamento, foi vulgar nos que não eram vocacionados para a filiação nos novos instrumentos de integração política, atitude que se traduziu num conceito que algum dia usei para definir a intervenção do advogado nos tribunais políticos, o de que se tratava de homens independentes que tomavam partido. Homens de causas, não de alinhamentos programados institucionalmente, com obediências regulamentadas.

Era certamente uma opção contrária à aceitação de chefias iluminadas, que foi uma característica geral dos autoritarismos e totalitarismos que, desde aquela data de referência, até à tentativa de reorganização da Europa Ocidental depois de 1945, se multiplicou em exemplos.

Todavia, a política peninsular dessas longas décadas, em que a Guerra de Espanha pega com a Guerra Mundial, e esta com o

A ESPUMA DO TEMPO

bipolarismo ameaçador da guerra fria, foi dependente do entendimento confiante ou inseguro de dois homens, Salazar e Franco.

Não obstante a violência da Guerra Civil espanhola de que se tinha notícia, e que não deixou inocente nenhuma das facções, a História da Igreja Católica nesse período contribuiu de algum modo para que os princípios éticos limitassem o exercício do poder capturado pela revolta nacionalista, com sectores apoiando a evolução que viria a estabilizar com a Monarquia constitucional. Sem que tenha responsabilidades sabidas na revolta, foram porém assassinados, segundo as crónicas publicadas nesse tempo, onze bispos, doze por cento das freiras, treze por cento dos padres, um preço de sangue que inspirou a Paul Claudel o poema – *Aos mártires espanhóis*: "Irmã Espanha, santa Espanha – tu escolheste! Onze bispos, dezasseis mil padres massacrados – e nenhuma apostasia!". O romance de Georges Bernanos, *Les grands Cimitières sous la lune*, ou o fuzilamento de Garcia Lorca em Agosto de 1936, não apoiam uma leitura mais amena das conhecidas violências nacionalistas.

No dia da queda de Madrid, em 28 de Março de 1939, Hitler tinha ocupado a Checoslováquia uma semana antes, e foi no dia da ocupação de Madrid que denunciou o tratado germano-polaco de 1934, ficando evidente a proximidade da nova Guerra Mundial.

O anúncio de uma escalada da violência era inequívoca, e o debate mundial seria dominantemente entre o sovietismo, que se afirmava ser a versão do socialismo real, e o humanismo ocidental composto pelas heranças do cristianismo e do socialismo democrático, mais entre os totalitarismos e as democracias, tudo um conjunto de traves-mestras que sustentavam um pluralismo de identidades menores.

O contínuo agravamento dessas contradições fez com que o regime definido na Constituição de 1933 evoluísse no sentido de total falta de autenticidade, remetendo-se progressivamente todos os poderes para o Presidente do Conselho, que formalmente dependia do Presidente da República. Paralelamente, os instrumentos do Governo tornavam-se frequentemente ideológicos, o

A VIDA HABITUAL

Secretariado Nacional da Informação, organizado pelo notável António Ferro, viria a apoiar o culto da personalidade e as afirmações do carisma, sendo todavia sempre secundária a União Nacional fundada em 1930.

Esta transferência da sede real do poder, do Presidente da República eleito para o Presidente do Conselho nomeado, não foi todavia isenta de dificuldades e exigiu persistência e tenacidade. A impressão que tenho é que o Marechal Carmona, descontadas as debilidades da idade, nunca se deixou subordinar a essa transferência, que teve de esperar pela sua morte para ser completa.

Ainda conheci o Presidente Carmona e com ele pude ter contactos pessoais, quando, depois de formado pela Faculdade de Direito de Lisboa, concorri para o contencioso da Standard Eléctrica, onde era secretária da administração a Alda Carmona, filha do Almirante Carmona e parente do Marechal, e chefe do contencioso o Dr. António Ribeiro, velho Chefe de Gabinete de Manuel Rodrigues, ministro da Justiça por uma década, e que me viria a envolver, sem previsão, em grandes dificuldades.

O Marechal presidiu à inauguração da Fábrica na Avenida da Índia, edifício onde hoje está instalada a Orquestra Metropolitana de Lisboa. A mulher, D. Maria do Carmo, comparecia por vezes nas festas da companhia, por exemplo no Natal, e tendo netas jovens, não deixava de as acompanhar, segundo os costumes da época, quando organizávamos encontros, para jantar e dançar, em locais de que ainda restam sobreviventes, como a antiga *Vela Azul* e a *Choupana*, na linha do Estoril.

Paciente como boa avó, também nos convidou para sua casa, e o Marechal não desdenhou comparecer, interessado pelas conversas, fumando os seus cigarros de tabaco Virgínia que se entretinha a fazer usando os populares livros de mortalhas.

Em mais de uma ocasião, e são referidos alguns casos na tradição oral, evitou o derrube do Presidente do Conselho de que as Forças Armadas algumas vezes quiseram dispor.

Na data em que foi decidida a que seria a sua última candidatura à Presidência em 1949, o Doutor Salazar tentou dissuadi-lo e, na visita habitual que lhe fazia, em regra semanalmente, dissertou sobre ser tempo de a Nação o dispensar do sacrifício da magistratura suprema, exigente de esforços que a idade aconselhava a evitar, bem merecendo da Pátria o reconhecimento e a tranquilidade.

A notícia foi a de que o Marechal agradeceu o cuidado e prometeu pensar na amiga sugestão, de que falariam em reunião próxima.

Nesse seguinte encontro, depois de se atardarem sobre os assuntos correntes, o Marechal terá tido súbita lembrança do tema aprazado, e informou Salazar de que ponderara seriamente a recomendação, consultara parentes e amigos, mas o facto era que o Exército não estava de acordo, e portanto continuava. Morreu no exercício desse último mandato, e acompanhei as netas e mais família, com muitos dos seus jovens amigos, nas cerimónias que tiveram lugar no edifício da actual Assembleia da República.

A progressiva personalização de um regime, apoiada no carisma, não tem necessária relação com a definição democrática ou antidemocrática do Estado, e em breve a Guerra Mundial haveria de pôr em confronto as grandes lideranças que correspondiam quer à democracia, quer aos autoritarismos e totalitarismos. Talvez a questão das garantias da alternância possa também ser o traço distintivo, mas todo o século foi caracterizado pelas políticas defensivas, pelas agressões ou ameaças delas em crescente até ao pico do holocausto, pelas alianças de interesses à margem dos princípios, pelas traições bivalentes.

No caso português, como vimos, o avanço no sentido de reforço do poder pessoal e da fragilização da autenticidade do regime, teve relação com a assumida ameaça da tomada do poder pela Frente Popular em Espanha, e por isso o Governo português se empenhou claramente a favor dos nacionalistas, e publicamente reclamou ter parte na vitória quando a Guerra terminou.

Mas, logo a seguir, a questão alemã haveria de semear perplexidades no aparelho governativo e na opinião pública, porque a barreira contra a ameaça soviética voltou a ser considerada e de

A VIDA HABITUAL

facto apoiada, não apenas pelos que aderiram ao totalitarismo nazi, também por alguns que sustentavam o legado humanista, uma dificuldade de coerência que teve grande presença na política de Pio XII.

À margem das militâncias, ou públicas apoiadas no aparelho de Estado, ou independentes, ou clandestinas, talvez o depoimento mais lúcido e transparente sobre essa conjuntura de contradições tenha sido produzido pelo Prof. Cabral de Moncada, um dos mais influente professores das Faculdades de Direito deste século, nas *Memórias* aparecidas em 1992.

A política do Governo, na Guerra Civil de Espanha, foi no sentido de apoiar o franquismo, mas durante a Guerra Mundial foi de neutralidade, no que convergiram mesmo os intelectuais considerados mais germanófilos, como Cabral de Moncada, Beleza dos Santos e Cavaleiro de Ferreira, que punham a preservação da paz no território nacional acima das suas afinidades intelectuais, e eventualmente políticas.

Mas o sentimento popular, que acompanhei, era firmemente contra a Alemanha, e recordo-me de ter assistido a uma revista no Parque Mayer, em que actuava Irene Isidro, e esta, depois da queda de Paris, entrava em cena empunhando a bandeira de França ao som da *Marselhesa*, e os aplausos foram estrondosos e as lágrimas portuguesmente muitas.

Independentemente da personalidade de Salazar, a moderação do avanço para a falta de autenticidade da Constituição teve certamente apoio na Igreja Católica, cuja doutrina social ganhava consistência, a princípio discreta, e haveria mais tarde de desenvolver-se em atitudes críticas, e de desafio, quer à estrutura do Império, quer à consistência do regime.

Foi nesta articulação de ameaças vindas do ambiente externo, e da redefinição do aparelho do Estado à margem dos textos constitucionais, que decorreu o período de passagem pela Faculdade de Direito de Lisboa, então a funcionar no Campo de Santana, no edifício onde depois se instalou a Embaixada da República Federal Alemã.

A população escolar não era numerosa, no primeiro ano de 1939-1940 não seriamos muito mais do que uma centena frequentando as aulas, o número de professores era exíguo, assistentes não existiam nem tínhamos conhecimento da espécie.

A dúzia de docentes que nos atendiam, dando aulas teóricas e práticas, eram todos personalidades consideráveis, e logo nos foi indicado que um dos então mais jovens, o Doutor Marcello Caetano, era o sucessor de Salazar. Passado cerca de meio século havia de confirmar-se a notícia, uma das poucas previsões então circulantes que os factos não desmentiram. De resto, ele e o Doutor Paulo Cunha foram as traves-mestras do estabelecimento, tantas eram as cadeiras que acumulavam.

O Doutor Marcello Caetano, que me lembre, regeu História do Direito Português, Direito Administrativo, Direito Corporativo, Direito Colonial, ainda acidentalmente o Direito Criminal, de modo que era difícil não deixar algum rasto entre os estudantes que tão largamente o escutavam sem escolha. O Doutor Paulo Cunha regeu Processo Civil, Direito da Família, Direitos Reais, Direito das Sucessões, pouco ficando para os restantes docentes.

Além da intervenção quantitativa, suficientemente apropriada para marcar a lembrança de ambos, também se distinguiram pelo apego à instituição.

Paulo Cunha era um modelo de clareza, preocupadíssimo com os conceitos e a lógica formal, um sistematizador por vocação, exuberante, a respirar saúde e convicção, violinista, alegre no ensinar, e transmitindo a imagem do mestre confiável.

Marcello Caetano adoptava já a austeridade de estadista, seco no expor, concedendo respeitosas aproximações que distinguia do recrutamento activo de adeptos políticos, e nisto era incansável em todas as vertentes da sua actividade.

Nenhum deles era um teórico com vincada autonomia de doutrina, mas, com os seus diferentes estilos de entender o relacionamento com os estudantes, asseguraram o bom nome da Faculdade, e o rigor da formação profissional dos diplomados.

A VIDA HABITUAL

No Direito Público, o Prof. Fezas Vital, que fora activo na política antidemocrática e anti-liberal, o que lhe valera, juntamente com Salazar, Carneiro Pacheco e Magalhães Colaço, um processo disciplinar que ficou famoso, deixou a presidência da Câmara Corporativa para assumir o cargo de Lugar Tenente de D. Duarte Nuno de Bragança.

Esquecido pelas gerações seguintes, devem-se-lhe a introdução na Faculdade, primeiro do realismo de Duguit, depois o pensamento de Kelsen, a filosofia dos valores, e sobretudo o institucionalismo. Não vejo que todos os que beneficiaram do seu magistério tenham contribuído para que não caísse no esquecimento a que julgo verificar que está votado. O seu ensino da doutrina social da Igreja foi intenso, ao mesmo tempo condenando o individualismo e os totalitarismos, tendo sido um dos professores afastados da cátedra em 1919, sob a acusação de ser monárquico, e que publicaram nesse ano o que cada um chamou *A minha resposta*. É dessa resposta de Salazar que consta, referindo-se a um dos acusadores, que dizia todavia não saber se ele era ou não monárquico, esta afirmação do arguido – *não sabe, e eu não lhe digo*, atitude em que se manteve durante todo o seu longo tempo de Governo.

O Professor Rui Ulrich, vindo de embaixador em Londres, passou vinte e seis anos longe do ensino, entretanto tendo uma longa carreira em administração, em participações de ordem política, em actividades de ordem científica e cultural, e enriquecendo a literatura colonial. Mas anos demais longe do ensino, o que, como repetidamente é comprovado, se traduz na perda de qualidades pedagógicas, incluindo a paciência para o ritual das aulas. Por isso, ensinando economia política, as lições eram monótonas, o discurso debitado com fadiga, e até nos actos públicos de maior solenidade parecia alheado e adormecido. Mas quando tinha de intervir nos debates, por exemplo nas arguições das teses, subitamente assumia uma fluência e um brilhantismo surpreendentes, para logo voltar ao repouso, sem deixar escola que se tenha evidenciado. Muito interventora era a sua excêntrica mulher Veva de Lima que nos deixou uma biografia imaginativa do seu pai Carlos Mayer, contribuindo para o conhecimento do perfil de um dos menos produtivos, mas certamente muito influente, dos membros dos *Vencidos da Vida*.

O Professor José Gabriel Pinto Coelho, que foi Reitor, assumia a lendária distância dos lentes de Coimbra, e transmitia com rigor os ensinamentos do seu antigo mestre Prof. Alves Moreira, não perdoando uma linha da obra do clássico que já não conhecemos. Foi o conflito com essa rigidez que começou a chamar as atenções para Francisco Sousa Tavares, exasperante pelas ironias que conseguia debitar com a aparente inocência de quem apenas queria colaborar.

O Prof. Manuel Rodrigues, que tinha antiga fama de grande professor, não perdera a natural capacidade de comunicador, nem a simplicidade que o tornava estimado entre os estudantes. Mas também ele aconteceu ao novo curso depois de longos anos de Governo, e sempre extremamente impaciente com as exigências do ensino, com frequência ditava o que seria melhor que a lei dissesse, talvez saudoso do seu tempo de legislador, e descuidado no ensinar o que lhe parecia ser o entendimento das leis em vigor. Recordo que o Processo Civil, e sobretudo o complicado regime dos agravos, eram o seu pesadelo e a nossa estupefacção.

O Prof. Emídio da Silva, que ensinava Finanças, era conhecido pelas graças programadas de que semeou o ensino, e as velhas sebentas tinham por vezes à margem, escritas por ignorados e esforçados estudantes, advertências que anunciavam a graça que ia ser escutada naquela altura exacta do texto. Era escrupuloso em corresponder ao anúncio, afável no trato, apressado na passagem pelas aulas. Os finalistas costumavam incluir nas cerimónias ir visitar o Jardim Zoológico, de cuja direcção era Presidente. E de acordo com o ritmo da sebenta, o representante do curso dizia-lhe – *não podíamos deixar de o ver neste Jardim Zoológico*, e ele respondia amável – *estão na vossa casa*. Depois seguiam-se a visita e a merenda do costume.

A VIDA HABITUAL

O Prof. Jaime de Gouveia, que lutava corajosamente contra as sequelas de um derrame que lhe afectara os movimentos e a fala, deu por isso causa a que tivéssemos conhecimento da categoria docente de assistente, o popular e estimadíssimo Doutor Luís Pinto Coelho, chamado para o auxiliar como exemplar único na função. O professor ficaria famoso porque, constava, sendo crítico decidido da Concordata assinada em 1940, fora um dia intimado pelo Ministro Pires de Lima a que lhe explicasse a doutrina que a tal propósito ensinava. Amável, o Prof. Gouveia respondeu que as suas aulas eram de entrada livre, e que o senhor ministro poderia ir ali certificar-se daquilo que pretendia saber. Não foi.

Novidade era o Prof. Doutor Cavaleiro de Ferreira, que certamente renovou o ensino do Direito Criminal em Lisboa, mas regressou da Alemanha usando nos escritos um português que já parecia uma das novas penalidades que doutrinava, e que não suportava bem as dificuldades de entendimento que lhe manifestavam, e menos as discordâncias a que alguém imprudentemente se aventurasse. Haveria por isso de tropeçar nele, na Faculdade e fora dela.

Recordo ainda, e finalmente, dois professores. O Conselheiro Doutor Montenegro, que ensinava Direito Romano, era pontual nas aulas, entusiasta na função, inexcedível no uso rigoroso da língua, lapidar nas sínteses, e cego. Chegava a pé, acompanhado por um secretário que discretamente o orientava, e por isso correspondia elegantíssimo, tocando levemente com os dedos no chapéu, à reverência respeitosa com que silenciosamente os estudantes o cumprimentavam.

Por fim, e acima de todos, Rocha Saraiva que para mim foi o professor por excelência daquela geração, e por isso não elimino deste texto algumas repetições que se lhe referem.

Não deixou vasta obra escrita, nem pôde manter-se na área do Direito Constitucional em vista do condicionalismo que o regime foi introduzindo no ambiente das instituições. Ensinava Direito Internacional, e nenhum dos seus contemporâneos da Faculdade

A ESPUMA DO TEMPO

conseguia, com uma naturalidade sem qualquer artifício, uma tal presença voluntária nas aulas, uma assiduidade tão interessada, um tal fascínio pela clareza da exposição, uma tal sementeira de curiosidades pelo seguimento das pistas que abria na área dos grandes temas e valores da comunidade internacional já em mudança, tudo sempre num clima de dúvida construtiva, atento à diversidade de concepções e de culturas.

Era muito breve nas aulas, nunca dispensando mais de trinta minutos para a exposição oral, que por vezes retomava em aula seguinte com a explicação de que tinha pensado de novo e mudara de opinião.

Tendo sido vítima de cancro, morreu internado no Instituto Português de Oncologia, explicando às visitas que era a amizade do Prof. Francisco Gentil, director do Instituto, e não a doença, que o tinha posto ali por perto. A lista das visitas era infindável, e o funeral de um homem que só podia dar aos outros a partilha da sabedoria que tinha, foi das manifestações mais impressionantes de que guardo memória.

O Doutor Salazar, num discurso que por então pronunciou, referiu-se a Rocha Saraiva descrevendo uma visita que lhe fizera numa época em que fugazmente, e sem outro exemplo, este fora Ministro da Educação de um Governo do Engenheiro Cunha Leal. Testemunhava que, desanimado, Rocha Saraiva lhe dissera que o regime não lhe consentia fazer nada de importante, e também foi de passagem pondo em causa as qualidades pedagógicas de um homem, de quem fora talvez aluno, ao qual reconhecia a grande inteligência.

A referência restritiva causou consternação entre a multidão de admiradores e discípulos do professor, e membros desse efémero Governo resolveram organizar uma sessão de homenagem na Voz do Operário.

Anunciada com o inocente e louvável objectivo de lembrar o querido desaparecido, a sala vasta ficou rapidamente transbordante de uma assistência em que se viam professores que o admiraram, alunos de todas as gerações vivas que ensinara, e um número incontável de opositores ao regime, que se reviam nas várias citações, tiradas da obra *Construção Jurídica do Estado*, em que se traduziu o melhor legado escrito do ilustre morto, e que se encontravam reproduzidas em largas faixas dispersas pelo recinto.

Para surpresa de muitos, sobretudo dos jovens que já não haviam conhecido a sua intervenção activa na vida pública antes do 28 de Maio, o orador principal foi o Engenheiro Cunha Leal, presidente do Ministério a que pertenceu Rocha Saraiva, secundado por Nuno Rodrigues dos Santos, mais tarde uma referência matricial do Partido Social Democrata organizado a seguir ao 25 de Abril, e que nesse tempo era um jovem e vigoroso orador forense, e conhecido opositor do Governo.

O improviso de Cunha Leal, que a minha geração escutou ali pela primeira vez, foi arrasador de crítica para o Doutor Oliveira Salazar e de engrandecimento da personalidade de Rocha Saraiva, no melhor estilo parlamentar da Primeira República. Definiu o primeiro como um dogmático coleccionador de certezas, incapaz de compreender o relativismo democrático do segundo, e por isso descreveu o encontro, referido no polémico discurso do Presidente do Conselho, como uma parcela do tempo perdido pelo diálogo de surdos em que se tinha depois transformado a vida do país.

No entretanto das intervenções, a chegada da Polícia de Segurança Pública e as instruções no sentido de fazer terminar a homenagem que se transformara em comício, com embaraço evidente de muitos dos que tinham comparecido sem pensar na política, colocou um ponto final na cerimónia.

Ao longo dos anos, e tendo sempre mantida viva a presença de ser tão privilegiado de talentos, também me foi servindo de exemplo da precariedade da memória colectiva, que não o lembrou na mudança de regime efectuado em 1974, em busca de raízes, de História, e de doutrina. Em 2001, tendo obtido os apontamentos do seu curso de Direito Internacional, recolhidos pelo Dr. Vicente Loff, entreguei-os ao Prof. Jorge de Miranda que os prometeu publicar.

A ESPUMA DO TEMPO

A Faculdade não era, portanto, um lugar de tempestades intelectuais, e a literatura da época, ali produzida, mostra que o positivismo era dominante, talvez não tanto como opção científica, antes mais como corolário da vida habitual.

Os manuais que sobreviveram, designadamente na área do Direito Administrativo do Doutor Marcello Caetano, não são inquietantes, o estudo da filosofia ou das doutrinas políticas e sociais era inexistente, temas como os do colonialismo, que viriam estes a ser determinantes do futuro do país, assentaram num unanimismo euromundista com uma estereotipada imagem do Brasil a servir de exemplo da dinâmica do processo.

A grande questão mundial do comunismo era tratada nas lições do Prof. Rui Ulrich numa só página, suficiente para sintetizar o pensamento de Marx, caracterizar as dissidências teóricas, definir o sovietismo então vigente, e proferir a condenação do erro.

No Direito Corporativo, mais do que no Direito Constitucional, é que aparecia a ideologia do Estado, e desta matéria se ocuparam, com destaque, Marcello Caetano em Lisboa e Teixeira Ribeiro em Coimbra, dela também me ocuparia num curso de 1950-51 do ISCSP, insistindo ali no institucionalismo de que o corporativismo de Estado se afastava.

Era notório o regime insular das poucas universidades que existiam, com diminuta comunicação e circulação de saberes específicos e de docentes e discentes, isto ainda no caso da Faculdade de Direito de Lisboa, que recebera de Coimbra os seus primeiros mestres de renome.

Devi à circunstância de ter passado acidentalmente pelo Instituto de Criminologia de Lisboa, onde pontificava o pensamento do grande animador da área que foi o Professor Beleza dos Santos, o facto de por seu intermédio ter vindo a criar amizade com homens como Afonso Queiró e Eduardo Correia, a que juntaria Ferrer Correia, depois do atormentado julgamento de Seabra de Magalhães que defendi, e a muitos Ferrer pareceu a melhor cabeça de ambas as Faculdades.

A VIDA HABITUAL

Acrescia que a abertura ao reconhecimento de novos campos do saber era limitada, designadamente no que respeitava à economia, de tal modo que o Instituto Superior de Ciências Económicas e Financeiras era displicentemente identificado nas conversas do Campo de Santana como uma sede de ciências ocultas, e os seus professores referidos discretamente, em alguns casos a risco de provocar pouco contidas fúrias de desdém. E todavia já por ali pontificavam Moisés Amzalak, Bento de Jesus Caraça, Leite Pinto, Marques Guedes, depois o promissor António Manuel Pinto Barbosa, e tantos outros que vieram a ter grande protagonismo na vida pública portuguesa, e um papel crescente no domínio das ciências sociais, à espera da crise de sessenta e da intervenção renovadora de Adérito Sedas Nunes, que assinalou o início de nova época quando, em 1963, fez aparecer a revista *Análise Social*. Talvez por isso é frequentemente omitida a acção em que aceitou colaborar com o depois chamado Instituto Superior de Ciências Sociais e Políticas, para o qual o convidei a entrar como professor, convite que não pôde concretizar-se por ter sido o único caso do Instituto em que a PIDE impediu a nomeação, ao dar ao Ministro a informação que era obrigatória. Nunca foram sabidas as razões.

Por então, a questão do regime era a que ocupava mais ostensivamente as atenções, e os estudantes de tendência monárquica eram os mais visíveis no tecido académico do Campo de Santana.

Na pequena dimensão do curso era o Lopo de Bragança (Duque de Lafões) o mais importante e involuntário símbolo da concepção política que disputava a pilotagem do regime, mas também era um exemplo de simplicidade, discreto e convivente, pianista exímio que viria a demonstrar o seu mérito em concertos públicos, e completamente alheio às controvérsias políticas.

O regime seria um tema dominante para todas as vertentes oposicionistas e também para as variantes do apoio interno ao corporativismo.

Olhando à esquerda, é no clima da Guerra Civil de Espanha que o regime agrava a repressão criando o campo do Tarrafal

(Cabo Verde) na sequência da tentativa de desviar os navios da Armada para Espanha, mas é só no período da guerra mundial que emerge a liderança incontestada de Álvaro Cunhal, a partir do III Congresso do Partido.

Foi pelo nosso segundo ano na Faculdade que ele compareceu para fazer o exame de licenciatura, autorizado e guardado pela polícia, sendo aprovado com distinção. Mas quando a notícia do acto foi levada à turma, com o anónimo convite para que os jovens estudantes testemunhassem o acontecimento, não se encontrou quem elucidasse sobre o candidato, pelo que ficámos à margem da História.

Houve militâncias como a de um corajoso barbeiro da Rua Luciano Cordeiro, onde parávamos para cortar o cabelo, e que entregava ao estudante instalado na cadeira, com a maior naturalidade, um exemplar do *Avante* para ir lendo as últimas. A tenacidade, o espírito de sacrifício, a fidelidade à utopia, o preço da clandestinidade dos comunistas, com os sacrifícios e misérias que a liberdade da investigação histórica vai finalmente revelando, criaram as reservas para o ímpeto com que emergiram em 1974, mas por aquele tempo ainda não apareciam afirmados como a réplica local ambicionada pela central moscovita.

A dificuldade de acesso à literatura de esquerda, designadamente soviética, que era regra na biblioteca da Faculdade, supriam-na os estudiosos com a compra clandestina, numa das livrarias da Rua Nova do Almada, de edições sobretudo espanholas e mexicanas, ou directamente em Madrid, quando as viagens se proporcionavam, porque ali a liberdade editorial foi sempre apreciável.

Do lado da democracia que guardava a herança dos idealismos derrubados pelo 28 de Maio, avultava como notável António Sérgio, que conquistou um interesse alargado da juventude universitária, e seria matriz comum das formações antitotalitárias que emergiram no período revolucionário que colocou um ponto final no regime corporativo. Os *Ensaios* e a *Breve Interpretação da História de Portugal* tiveram a maior das influências, mesmo quando não se tratava de adesão à sua crítica política, assim como

A VIDA HABITUAL

a defesa do cooperativismo. A paixão pela educação, que de tempos a tempos tem picos altos na sociedade portuguesa, teve nele talvez o primeiro líder do século, dando crédito à criação de uma linha de estrangeirados, que só viria a ter apoio definitivo no projecto de Azeredo Perdigão para a Fundação Gulbenkian em 1955.

É de notar que ambos pareceram acolher uma solução de ditadura transitória para vencer o obstrucionismo estrutural da Primeira República, mas Sérgio em breve seria descrente do 28 de Maio, e Azeredo manteria uma distância firme em relação ao regime e em relação às oposições, exemplo de homem independente que toma partido, não hesitando em defender ou apoiar a carreira de opositores ao Estado Novo, que viriam a ter grande intervenção no aparelho do Estado depois de 25 de Abril.

Quando morreu no ano de 1993, em condições de contestação institucional pouco coerentes com os serviços que a sociedade portuguesa lhe devia, tomei a iniciativa de propor, na Assembleia da República, que fosse declarado *Benemérito da Pátria*, uma proposta que foi aprovada por unanimidade, depois de assinada pelo Presidente Barbosa de Melo e por representantes dos partidos com assento parlamentar. Salvo a Câmara Municipal de Viseu, que reproduziu o meu discurso e a Resolução numa publicação de homenagem ao ilustre beirão desaparecido, não notei que o facto merecesse registo da parte dos que podiam testemunhar, com a sua História de vida, o bom fundamento da decisão. Talvez mais um caso do reconhecimento tardio de que algum dia se lamentou. De facto, quando, sendo já Presidente da Fundação, e objecto de constantes manifestações de apreço, foi distinguido com o Doutoramento H. C. pela Universidade de Coimbra, convidou-me para assistir ao acto, na instituição onde terminara a licenciatura com uma alta classificação, sem nunca ter oportunidade de ingressar no corpo docente.

No almoço que lhe ofereceram na Reitoria, a finalizar as homenagens que tiveram Ferrer Correia como inspirador, não se conteve e foi dizendo – "a Universidade reparou hoje uma

A ESPUMA DO TEMPO

injustiça que me fez há quarenta anos". A Assembleia da República foi mais lesta, mas parece que a compreensão da decisão também marchou em tempo demorado.

Pelo fim da Guerra Mundial, Azeredo Perdigão passava por seguir o que então se chamava socialismo de Estado, com a pouco ameaçadora referência de Marnoco e Sousa, uma questão que não teve qualquer importância no arrumo das opções dos estudantes, lembrando sempre o enquadramento da Guerra de Espanha, e a assumida defesa contra o sovietismo.

A palavra socialismo tinha uma audiência constrangida porque o ambiente do regime logo a fazia sinónimo de sovietismo, ou comunismo como era mais inexactamente conhecido o fenómeno que grassava na URSS. Ramada Curto, ao qual restava a tribuna da mesa do café da Brasileira, reclamava ter a representatividade do socialismo democrático, divertia o país com o talento de autor teatral, com as crónicas no *Diário de Lisboa*, uma delas dedicada a intervenção minha nos tribunais, e animava esses tribunais com a ironia sempre activa com que nesse tempo intervinha apenas em pequenas questões.

A Guerra de Espanha coincidiu com a Frente Popular francesa, sendo que o ano de 1936 foi de grandes comoções, com a Itália a invadir a Etiópia e a Alemanha a ocupar a Renânia, e com os franceses a gritar sem convicção, pela voz de Albert Sarraut, "não deixaremos Estrasburgo ao alcance dos canhões alemães".

Essa Frente Popular ajudou a fortalecer e dar crédito à atitude anticomunista do Governo porque, pela primeira vez, reuniu radicais, socialistas e comunistas, fazendo erguer a Frente Nacional dos partidos adversários da aliança. Não teve um brilhante destino, embora seja recordada pelas esquerdas como um grande movimento, porque foi esse parlamento que apoiou os acordos de Munique, com exclusão dos comunistas em vista do acordo germano-soviético, e também concedeu ao Marechal Petain, em 1940, os poderes com que pediu o armistício que ficaria na História como um símbolo das traições bivalentes.

A VIDA HABITUAL

Nesse ano de 1936 circulou um livro de André Gide – *Retour d'URSS*, que vibrou um golpe profundo na imagem propagandeada da URSS, duvidando de que houvesse país, incluindo a Alemanha de Hitler, em que o espírito fosse menos livre, mais atemorizado, mais submisso. A descrição que faz da visita a um Kolkhoze é devastadora quanto ao imposto comportamento de conformidade dos trabalhadores com o poder instituído. Objecto de violentos ataques da parte dos comunistas franceses e dos soviéticos que se sentiram defraudados, reincidiu em 1937 escrevendo *Retouches à mon retour d'URSS*, onde trata de demolir o culto da personalidade, e aponta as obras faraónicas que deveriam fazer compreender ao povo russo porque é que morria de fome.

Muito próximo dessa data, foi em 1938 que Anton Ciliga publicou *Au pays du mensonge*, onde os campos soviéticos já aparecem identificados, embora tenha sido necessário esperar pela guerra fria para que a opinião pública mundial assumisse a gravidade da questão.

Estes livros circularam e fortaleceram o anticomunismo que dominava a informação e a opinião pública, e a promiscuidade da Frente Popular não contribuiu para que por então pudesse ser esclarecida uma questão, que só pelo fim do século se tornaria aqui evidente, a de que o humanismo cristão não excluía contribuições do socialismo democrático, porque ambos eram componentes do humanismo europeu, uma circunstância de que houve exemplo na História dos Governos e dos partidos aparecidos entre nós depois de 1974, e designadamente no Governo socialista do fim do século.

Tal como no processo final do regime corporativo, que apenas foi um dos exemplos, a invocação da filiação cristã ajudou, sobretudo depois do Concílio Vaticano II, a viabilizar e proteger contra temidas represálias a acção a favor da mudança, a invocação do socialismo de Estado, como interlocutor do regime, facilitava a defesa contra algumas das temidas consequências, mas não evitava inquietações defensivas dos puristas do regime.

A ESPUMA DO TEMPO

Para estes era difícil não considerar dispensáveis escritores como Antero de Quental, Oliveira Martins, Amâncio Alpoim, Jaime Cortesão, Mário de Azevedo Gomes, Adolfo Casais Monteiro, José Régio, sem ser ou tender para o socialismo, de regra logo identificado como parente do sovietismo ameaçador. Na transição revolucionária do regime corporativo para a democracia, os dois humanismos haveriam de convergir para estabelecer uma barreira ao avanço programado para a tomada do poder pelo Partido Comunista Português, e nessa data os fundamentalistas tiveram de reconhecer a prestação meritória do socialismo democrático.

Na Faculdade, uma das práticas de Marcello Caetano era chamar grupos de alunos, não só de Direito, para encontros na velha sala da ferradura, e discutir temas em que fazia de moderador, e raras vezes assumia uma contradição definitiva com os interventores que procurava orientar. Foi ali que conheci Jorge Jardim e Camilo de Mendonça, meus amigos, ali começaram as minhas relações com o professor, a cujo grupo de fiéis, designadamente os chamados do *Grupo da Choupana*, nunca pertenci, ali o inquietei com opiniões que lhe pareceram inspiradas pela esquerda do seu conceito bastante vasto, o que não impediu uma cordialidade, e uma estima, e da minha parte gratidão, relação que viria a ser infelizmente atingida de maneira severa, depois de incidentes espaçados que sempre lamentarei, sobretudo pela parte de intransigência que me cabe.

Por esse tempo ele ainda não se afastara suficientemente do pensamento a partir do qual organizara, com Teotónio Pereira, a revista integralista *Ordem Nova*, que se declarava antidemocrática, antiparlamentar, anti-socialista, católica, apostólica, romana, intransigente, reaccionária, se a memória consente recordar todo o anúncio.

Mais tarde o realismo haveria de o fazer evoluir para atitudes liberalizantes, sempre em circunstâncias de desafio às estruturas que ajudara a construir e que não lhe era possível manter, como aconteceu ao pedir a demissão de Reitor invocando a autonomia

A VIDA HABITUAL

da Universidade, como foi o caso da chamada revisão constitucional que orientou como Presidente do Conselho, apenas quando
finalmente admitiu, mas não assumiu, que errara ao opor-se ao
reformismo da década de sessenta.

Desse tempo, e embora envolvido depois com inteira seriedade
e inteligência no aparelho do Estado em funções de proeminência, recordo sobretudo o meu amigo João Dias Rosas, exemplo de
uma atitude de independência em relação às organizações políticas de apoio ao poder que nunca integrou, e que também nunca
alienou a sua autonomia na submissão a uma chefia personali-
zada, rompendo finalmente com o então Presidente do Conselho
em 1972, por incompatibilidades pessoais e políticas, designadamente situadas na área da política financeira, deixando o lugar de
super-ministro da Economia e Finanças, onde implantou uma
tendência europeia e desenvolvimentista.

Um dos escritores divisores de águas, e do qual os estadistas
daquela geração não falam com serenidade, era Charles Maurras.
Dizia-se que tendo Salazar recebido uma delegação francesa que
lhe ofereceu as obras de Anatole France, teria agradecido dizendo
que preferiria Maurras. Infelizmente para a boa harmonia, o
racismo de Maurras, *maitre à penser* de apreciável parte da geração no poder, era apenas um dos temas que não consentia geral
comunhão na mesma admiração.

Por desagradável coincidência foi a propósito da Frente Popular que ele teve uma das suas ferozes manifestações anti-semitas,
tomando como motivo o ataque a Léon Blum. Escrevendo na
Action Française em 9 de Abril de 1935, chamou-lhe "esse judeu
alemão naturalizado ou filho de naturalizado", "detrito humano",
"homem a fuzilar". O anti-semitismo francês, em vésperas da
guerra mundial, foi manifestado de maneira brutal, e é difícil
alhear dessas raízes o comportamento de Vichy nessa área de
colaboração com o nazismo, ou de julgar mais benevolentemente
essa tendência do que a que apoiou na Alemanha a criminosa
solução final.

A ESPUMA DO TEMPO

Admito que para Marcello Caetano, o professor que viria a reger o curso sobre o papel puramente auxiliar dos nativos na economia africana (1953), e o responsável político que viria a considerar a mestiçagem como uma ameaça, isto parecesse um detalhe que só ganhava visibilidade à luz do combate ideológico das variantes socialistas, mas a mim sempre me pareceu um imperativo da cultura cristã não abandonar a luta contra os mitos raciais, percepção que a passagem pelos problemas coloniais, e a longa intimidade com o Brasil, cedo me desafiaria. Viria a mexer como ministro em muita legislação de que Marcello Caetano fora responsável, designadamente revogando o Estatuto dos Indígenas no qual ele introduzira, como Ministro das Colónias, a assimilação parcial, uma inovação que se mostrou sem resultados. A ele pareceu-lhe desastrado que tocasse na sua legislação, e voltaremos a este ponto.

Este tema, que haveria de ocupar-me frequentemente ao longo da vida, e muito evidentemente durante a longa crise colonial, estava presente no debate, que durou praticamente até ao fim da guerra fria, sobre o autoritarismo, o fascismo, o nazismo, e o sovietismo, mais caracterizadores dos conflitos das gerações, dos Estados, e dos Governos, no que respeita ao conceito, dignidade e função da sociedade civil e da democracia política, do que a categoria integradora do totalitarismo que àqueles esbate as diferenças.

O primeiro fascista europeu foi Mussolini, um antigo socialista revolucionário que chegou a dirigir em 1911 o jornal *Avanti* italiano, pacifista escapado à mobilização, e que em pleno rescaldo da guerra, em 1919, rompeu com o passado e fundou em Milão o primeiro núcleo do seu futuro partido.

Tendo ocupado o poder em resultado da histórica, e todavia debilmente organizada, "marcha sobre Roma", foi em 1925 que, dirigindo-se ao parlamento, ofereceu ao povo italiano, por então, a vida habitual, se necessário usando a força. Disse: "a Itália, senhores, quer a paz, quer a tranquilidade, quer a calma no trabalho. Nós dar-lhe-emos essa ordem, essa tranquilidade no traba-

A VIDA HABITUAL

lho, se possível pelo amor, e se necessário pela força". Explicaria que a economia corporativa surgiu historicamente no momento em que capitalismo e socialismo estavam esgotados, e assumia um conceito do "homem integral que é político, que é económico, que é religioso, que é santo, que é guerreiro", enfatizando que "tudo está no Estado, nada de humano ou espiritual existe fora do Estado", pelo que "o fascismo é totalitário, e o Estado fascista, síntese e unidade de todos os valores, interpreta, desenvolve e dá forças à vida inteira do povo".

A teatralidade parente do ridículo em que se traduziu a liturgia do regime e da chefia carismática fascistas, que se dizia a caminho da glória, a distância a que as prestações guerreiras ficaram dos invocados modelos romanos, a miséria, credora de piedade, que rodeou a liquidação física do Duce, a finalizar o percurso de subalternidade face à Alemanha em que se traduziu a aliança dos dois países na guerra de 1939-1945, tudo fez de Mussolini um personagem satélite do drama do fim do Euromundo.

O grande interventor foi Adolfo Hitler, que organizou a catástrofe com base no primitivismo que se traduziu em assumir a raça como valor e agente central da evolução política do mundo. Continua surpreendente o facto de ter condicionado a vida e morte de milhões de homens a partir da afirmação de que "a questão da raça não é somente a chave da História, é a chave da cultura humana".

Mesmo esta última referência era restritiva, porque algum dia Goebbels terá dito que "quando ouço a palavra cultura saco do meu revólver", preparando-se para mandar queimar as obras de alguns dos maiores pensadores europeus, também nesse terrível ano de 1933: as obras de Karl Marx e Trotski, para salvaguardar o idealismo; os livros de Heinrich Mann, Ernst Glaser, e Kastner, para defesa dos bons costumes; de Freud, para preservar a nobreza da alma humana; de Ludwig-Kohn, para evitar a falsificação da História alemã: de Theodor Wolft e Georg Bernhard, para eliminar interferências democrático-judaicas; de Erich-Maria Remarque, para repor a dignidade do soldado alemão; de Tuchol-

A ESPUMA DO TEMPO

sky e d'Ossietzky em homenagem ao imortal espírito alemão, tudo segundo a síntese publicada por Alfred Grosser em 1985.

É difícil compreender, mesmo no quadro de conhecimentos e informações da época, os apoios que realmente foram dados à política nazi desse tempo, fora de uma utilização primária dos critérios do realismo político. Um homem medíocre, que André François Poncet descreve nas suas memórias de embaixador da França em Berlim, aparecidas em 1946, como "um ser mórbido, quase demente, um personagem de Dostoievski, um possesso", tinha sido excessivamente claro quando apresentou o *Mein Kampf*.

Ali, como recordámos, define a raça como chave da História e da cultura, para dogmatizar que " o Estado não é um fim em si mesmo, mas um meio. Condiciona o desenvolvimento de uma civilização humana superior, mas não é a sua causa directa. Esta reside fundamentalmente na existência de uma raça apta para a civilização...", e acrescentando que "nós, os nacionais-socialistas, devemos estabelecer uma distinção clara entre o Estado, que é o continente, e a raça que é o conteúdo... o fim supremo do Estado racista deve ser assegurar a conservação dos representantes da raça primitiva, dispensadora da civilização que faz a beleza e o calor moral de uma Humanidade superior".

A guerra de 1939-1945 seria a primeira em que a mobilização da opinião mundial a favor dos contendores foi uma vertente essencial do combate, com o ensaio prévio da Guerra de Espanha na qual ficou célebre a intervenção do Rádio Clube Português dirigido pelo Major Botelho Moniz, e agora, designadamente com a intervenção da BBC a favor dos aliados, uma actividade em que se notabilizou Fernando Pessa, uma voz atentamente esperada pelos que tinham esperança na vitória final.

Do ponto de vista dos princípios e da cultura, não julgo que qualquer dos nossos professores manifestasse apoiar unilateralmente o nazismo como concepção do mundo e da vida, mas a adesão à superioridade da ciência e da cultura do povo alemão existiu, e a consideração política de que o regime que o enqua-

A VIDA HABITUAL

drava era barreira contra o avanço soviético inspirou simpatias e apoios fundados numa alegada visão de política realista.

Na sociedade civil, famílias burguesas da mais clara obediência católica, proeminentes nas interioridades, ou interventoras na gestão pública ou de actividades privadas, temerosas da tomada de consciência e protagonismo político da chamada classe operária, ainda quando condenassem intimamente os excessos conhecidos do nazismo, atribuíam-lhe a natureza de um passivo a tolerar para benefício da manutenção da ordem estabelecida.

Nestas cautelas se baseavam as hesitações da política governamental, e o conflito histórico de Armindo Monteiro com o Presidente do Conselho, já manifestado durante a Guerra Civil espanhola, sobre a espécie de neutralidade que conviria a Portugal. A necessidade de assegurar a liberdade das comunicações com o Império aconselhara no passado a minorar os agravos recebidos da Inglaterra, e a prática da época euromundista, que se traduzia em regular a paz dispondo dos territórios alheios, levara na guerra de 1914-1918, com a liderança proeminente do general Norton de Matos, a entrar no conflito ao lado dos aliados para estar na mesa da paz do lado dos vencedores, salvaguardando a soberania nos territórios, sem prejuízo de também ter relevância o objectivo de congelar as divisões internas.

Agora, a debilidade obrigou os responsáveis a apenas protestar contra a invasão de Timor pelos australianos em Dezembro de 1941, e a silenciar sobre a invasão japonesa em Fevereiro de 1942, temerosos pelo destino de Macau.

Na Europa, o compromisso histórico do regime de Espanha com a Alemanha, e a incerteza sobre a recuperação dos aliados, não pareceram consentir prognósticos seguros sobre a melhor opção no sentido de não estar em conflito com o futuro vencedor.

Armindo Monteiro, que foi Embaixador em Londres entre 1936-1943, contrariou o Governo ao forçar a participação de Portugal no Comité de Londres destinado a garantir a não intervenção em Espanha, e manifestou-se a favor de uma activa colaboração com a Inglaterra, perdendo a confiança justamente

A ESPUMA DO TEMPO

quando os factos iam obrigar Salazar a concordar com a cedência dos Açores para uso das forças de libertação da Europa.

Ainda tivemos algumas três ou quatro aulas de Armindo Monteiro na Faculdade de Direito, que em todo o caso não encontrou disposição para reger completamente a disciplina, de acordo com a regra comprovada de que as largas ausências pelas cúpulas do poder determinam a deterioração da capacidade pedagógica.

No dia do seu regresso à cátedra, na sala chamada do comboio do velho edifício, a expectativa de ver e ouvir o homem lendário da política, aureolado pelo conflito com o Chefe do Governo, era enorme.

Todos os lugares estavam ocupados, e os olhos fixos na porta do topo da sala, por onde entravam os professores, enquanto que os alunos entravam por outra porta do fundo.

Finalmente entrou o esperado, elegantíssimo na sua vestimenta de corte inglês, para ficar imóvel e silencioso, olhando a turma do alto do estrado. Quando o silêncio já não era suportável, avançou direito à porta por onde entravam os estudantes, que estava aberta, fechou-a com energia, e desabafou que muito se descia ao entrar na Faculdade.

Não gostámos de saber que não estávamos à altura da aparição, e foi-nos impossível fazer o devido esforço para recuperar a dignidade suficiente da relação, porque entretanto desapareceu e deixou-nos ignorantes do Direito Fiscal.

Da continuada inquietação governamental pela paz na península, que se estendeu da Guerra de Espanha à Guerra Mundial, viria a ouvir os comentários do Tenente-Coronel Rui Pessoa de Amorim, que conheci quando sendo eu já o chefe do contencioso da Standard Eléctrica, era ele funcionário da companhia, reformado de oficial do exército e de Subdirector da Polícia Internacional e de Defesa do Estado. Era então um homem provado por dolorosos acidentes da sua vida privada, diligentemente ocupado com as funções que estavam a seu cargo, geralmente estimado e criando facilmente laços de amizade com o pessoal que nunca lembrava a sua antiga função. Fora oficial do famoso Tenente-

A VIDA HABITUAL

-Coronel Ferreira do Amaral, comandante da Polícia de Segurança Pública de Lisboa, uma lenda de que meu Pai me falava porque tinha sido impedido desse oficial. Uma personalidade tão marcante, que meu Pai, enquanto pôde durante a sua felizmente longa vida, vinha de Grijó de Macedo de Cavaleiros a Lisboa, cada ano, para assistir à missa por alma do seu comandante, como já referi.

Da Guerra de Espanha recordava Pessoa de Amorim, sempre com emoção, que tinha recebido ordem para entregar aos nacionalistas, na fronteira, refugiados republicanos que ali de imediato foram fuzilados. Das inquietações da Guerra Mundial dizia que chefiara uma missão de observação enviada aos Pirinéus para se informarem sobre a movimentação das tropas alemãs, e que os indícios recolhidos eram de efectiva preparação para a ocupação da Península.

Muito rapidamente anotemos que a guerra de 1939-1945 apareceu como um novo marco histórico das relações entre ambos os Estados. O conceito salazarista, que o orientara na intervenção na Guerra Civil Espanhola, era o de converter a Península num baluarte dos valores cristãos e ocidentais.

A dimensão do projecto parecia relegar para lugar secundário, mas não fez desaparecer, um elemento secularmente presente na teoria das relações peninsulares, e que é o *perigo espanhol* para a independência portuguesa.

Durante a guerra civil não faltaram indícios dessa ameaça atribuída ao nacionalismo falangista, e o ministro Serrano Suñer, com fundamento evidente, nunca foi considerado isento de suspeição e de embaraço, circunstâncias de relevo até ao seu afastamento e à chegada de Jordana ao Governo em 1942.

A Guerra Mundial vinha encontrar os Estados ibéricos dependentes de molduras não coincidentes: Portugal tinha a preservar um Império que a Espanha perdera já no século anterior; a Espanha ganhara laços de solidariedade com as potências do Eixo; Portugal continuava a considerar a secular aliança inglesa como fundamental para assegurar a liberdade das comunicações maríti-

A ESPUMA DO TEMPO

mas com os territórios ultramarinos, e manter a paz de mais de uma fronteira do Império português, em vários lugares comuns à Comunidade Britânica; a Espanha queixava-se de Gibraltar.

Para além das variações aparentes das relações entre os dois países durante esse período de desmoronamento do Império euromundista, conviria destacar os elementos estruturais que dificultaram uma definição inteiramente concordante das políticas externas peninsulares, não obstante a inclusão de uma mesma percepção dos valores ocidentais na ideologia de cada um dos Estados.

Neste campo, a experiência vivida da Guerra Civil Espanhola, com a URSS em posição directora no projecto do socialismo real, apoiava uma orientação de apoio ao Reich, visto como uma força decidida não apenas a impor uma barreira ao sovietismo, mas a vencer o adversário.

Grande parte da opinião conservadora que apoiava o regime do Estado Novo, que era solidamente católica e foi caracterizada como germanófila, pareceu, como dissemos, orientar a sua simpatia por aquela consideração de realismo político.

É discutida a medida em que o Doutor Salazar terá influenciado Franco no sentido de não aderir ao Eixo, mas talvez possa concluir-se, no que toca à essência das matrizes políticas, que ambos preferiam salvaguardar a paz na Península, e isso conseguiram. Portugal tinha razões estratégicas para salvaguardar a neutralidade e, no caso de isso ser impossível, para alinhar com os Aliados, uma decisão consolidada a partir da data em que os EUA decidiram entrar na guerra.

Um país disperso por vários continentes, com uma ideologia de Estado, apoiada na convicção popular, defensora da integridade global dos territórios, temia por igual a ameaça do Eixo, que seria potencializada por uma eventual adesão da Espanha, e uma ameaça do poder marítimo no caso de a este ser desfavorável a atitude peninsular.

A paz dependia seguramente de factores exógenos às soberanias peninsulares, devendo considerar-se notável, e sem prece-

A VIDA HABITUAL

dente na História europeia, o conceito de *neutralidade colaborante* que Salazar conseguiu definir e fazer aceitar, quando não lhe foi deixada alternativa quanto a consentir a utilização dos Açores pelos Aliados, finalmente decididos a invadir a Europa.

O facto relevante foi a entrada dos EUA na guerra em Dezembro de 1941. A *neutralidade colaborante* traduziu-se em colocar os Açores, parte insular do território português, à disposição dos Aliados, mantendo todo o resto dos territórios no regime da neutralidade clássica.

Na sua comunicação ao país, Salazar salientou que os juristas teriam muita dificuldade em explicar o novo conceito, "mas é assim", concluiu.

Entre os factores que tornaram possível e viável esta originalidade, conta-se certamente o fim das hesitações prospectivas sobre o desfecho da guerra, hesitações que tinham permitido as negociações que levaram ao encontro de Hendaya e ao Protocolo de Aliança da Espanha com a Alemanha, a Itália e o Japão, e ao envio da Divisão Azul Espanhola, incorporada na Operação Barbarroja iniciada em 22 de Junho de 1941 contra a URSS, acto sublinhado pelo discurso de Franco, pronunciado em 17 de Julho contra os Aliados.

Se Salazar sempre foi inequívoco na defesa da neutralidade, acabando forçado à *neutralidade colaborante*, com a qual, apoiado pela Inglaterra, impediu que os EUA dispensassem o consentimento, e se Franco hesitou na intervenção a favor do Eixo, ficando na declaração de não-beligerância, o resultado foi que a Península se manteve em paz, e que o chamado Bloco Ibérico ou Bloco Peninsular, consagrado durante a visita do Conde de Jordana a Lisboa, significou a retoma de uma reivindicada função depositária dos históricos valores europeus e cristãos, que poderia ter peso na paz e faria atenuar a memória das passadas hesitações a favor do Eixo. O ano de 1947 é, por isso, uma data fundamental no que respeita à definição dos pressupostos em que assentaria a política luso-espanhola na segunda metade do século XX, porque

A ESPUMA DO TEMPO

foi nessa data que Truman, discursando no Congresso, proclamou que a ameaça era o sovietismo.

O Tratado de Amizade e Não Agressão (17/03/39) e o posterior Protocolo Adicional foram a premissa de uma adesão ao conceito aliado de que o sovietismo era o inimigo sobrevivente à guerra, deram coerência à transferência da solidariedade portuguesa para o novo poder marítimo que eram os EUA, e consistência à acção que principalmente se traduziu na luta pelo regresso da Espanha à plenitude do convívio internacional.

O fim da guerra deu alento às correntes oposicionistas que esperavam, com aparente fundamento, que a coerência da paz movesse a queda dos regimes que se afastavam do modelo democrático, e das famosas quatro liberdades, que tinham preenchido o ideário aliado.

A corrente de refugiados que ao longo dos anos do conflito tinham passado por Portugal a caminho da América, ou que por aqui se tinham fixado, contribuíra para alargar os horizontes e perspectivas da sociedade civil, sobretudo em Lisboa onde tudo tinha sempre maior incidência e dimensão. Não foi avisado o descaso com que por aqui passaram talentos que foram enriquecer, por exemplo, os EUA, e que não procurámos reter.

A libertação de costumes restritivos, a mudança, pelo exemplo dos refugiados, do estatuto costumeiro das mulheres, a ampliação das notícias sobre o mundo que se unificara a partir da mais dispensável das causas que fora a guerra, a intensificação e publicidade das relações diplomáticas, a crescente internacionalização das correntes de opinião e dos debates envolventes das sociedades civis, a imparável maior liberdade editorial e o preenchimento das tradicionais lacunas pela chegada ao mercado de uma literatura estrangeira que semeava imagens, projectos e experiências estimulantes da evolução, tudo acalentou as esperanças de que a mudança de regime finalmente se daria, mas não se multiplicaram projectos de intervenção modernizante que secundarizassem o tema premente do regime.

A VIDA HABITUAL

As manifestações populares de alegria pelo fim da guerra e vitória dos aliados encheram a baixa lisboeta de uma multidão entusiasta, erguendo com frequência, ao lado das bandeiras dos aliados citáveis e vitoriados nominalmente, um pau sem bandeira que animava os gritos de – viva a outra, que era a indizível URSS.

Por seu lado, também as manifestações de gratidão ao Governo por ter conseguido manter a paz foram certamente genuínas, designadamente a das mães portuguesas junto da residência oficial do Presidente do Conselho, sem que seja de ignorar que a espontaneidade foi aproveitada para salientar o repúdio das esperanças relacionadas com o pau de bandeira sem bandeira.

Posteriormente foi repetido que teria sido a ocasião perfeita para que o Doutor Salazar abandonasse o Governo, aureolado pela imagem de salvador da paz, e para que a democratização interna acompanhasse o programa da aliança vencedora do conflito.

Independentemente da resistência que os factos mostram existir sempre que se trata de renunciar ao poder capturado, sem relação com o processo utilizado, os mesmos factos não eram tão claramente demonstrativos da imperatividade do modelo democrático proclamado pelos vencedores, que contavam entre os seus membros a URSS a caminho de se manter entre os fundadores da ONU e dos instituidores do Tribunal de Nuremberga, assim como eram talvez uma dezena as ditaduras que vigoravam nos países do continente americano, apressadamente envolvidas no apoio ao combate, ao lado dos aliados vencedores.

Designadamente, no que respeitava ao Brasil, durante a campanha de Itália foi em Monte Cassino que as suas tropas viram aparecer os primeiros carismas que haviam de levar o exército ao poder na Revolução de 64, com a liderança formal do General Castelo Branco.

A jurisprudência dos interesses permanentes, que tinha desde 1943, entre outros, a liderança académica de Hans J. Morgenthau, preocupava-se com "a essência do poder nacional", apoiado no conceito de Max Weber segundo o qual "os interesses (materiais e imateriais), e não as ideias, dominam directamente as acções dos

A ESPUMA DO TEMPO

homens", e não aconselhava mudanças em áreas onde não se verificava a exigência de Lord Salisbury, para garantir as solidariedades entre os Estados, e que era "a ausência de quaisquer conflitos de interesses". Neste quadro, a Península manteve inalterados os seus dois regimes políticos, de modo que o de Espanha só começaria verdadeiramente a mudar com a morte de Franco, e Portugal esperaria pela Revolução de 1974, mas entretanto seria considerado indispensável entre os fundadores da NATO, tendo cooperado para que um arranjo útil da Aliança Atlântica com a Espanha viesse a ser encontrado.

O fim do curso levantava questões mais prosaicas, designadamente implicou a necessidade de encontrar uma ocupação profissional para o período longo exigido pelo estágio para o exercício da advocacia. Por esse tempo as funções mais prometedoras, designadamente nos organismos de coordenação económica como as Juntas e Comissões Reguladoras, ou o Conselho Corporativo, eram destinos procurados e de algum modo reservados a solidariedades estruturadas, e também não era fácil encontrar o patrono que a lei exigia para os estágios.

A primeira dificuldade resolvi-a com modéstia, tendo em conta o meu interesse de então pelo Direito Criminal, indagando das vagas nos serviços do Ministério da Justiça , e assim viria a entrar em contacto com o Dr. Madeira Rodrigues, director dos *Serviços de Identificação*, que rapidamente me recrutou para primeiro oficial da secção do Registo Criminal e Policial. Mantive sempre por ele uma grande estima e gratidão, independentemente de também ser um excelente guia para a introdução nos meandros da burocracia estadual.

As coisas não foram tão fáceis no que respeita a encontrar patrono para o estágio na Ordem, porque não tinha quaisquer relações nesse meio tão distante das colónias interiores a que pertencia, e não eram produtivos os contactos aleatoriamente feitos com advogados sem relações pessoais e que, com fundamento, consideravam tal encargo como embaraçante numa época em que as actuais sociedades de profissionais não existiam.

A VIDA HABITUAL

Depois de muitas recusas, ocorreu-me falar com o meu velho Professor Jaime de Gouveia, que prontamente me recebeu e não esperou pela exposição completa dos meus embaraços para logo decidir que faria o estágio no seu escritório. Deste modo viria a conhecer o seu activo irmão Dr. Acácio de Gouveia, e o círculo dos seus amigos, entre os quais o inesquecível Teófilo Carvalho dos Santos, mas teríamos a infelicidade de o Professor morrer antes do fim próximo do estágio. Tinha um condiscípulo, Augusto Pinto do Souto, que morreria jovem em grande sofrimento, filho de um conhecidíssimo solicitador, o qual tomou a iniciativa de me auxiliar na dificuldade e desse modo providenciou para que terminasse o estágio com o Dr. Abranches Ferrão, director da revista *Jornal do Foro*. Esta revista foi ocasião de reunirmos um grupo heterogéneo de licenciados do nosso tempo que tomaram a peito ajudá-lo a realizar o seu projecto editorial. Desse grupo fizeram parte Joaquim da Silva Cunha, João Rosas, Carmindo Ferreira, Vasco Taborda Ferreira, Eridano de Abreu, ao lado da velha guarda que ali escrevia.

No Ministério da Justiça, não obstante a modéstia das funções, fui aprendendo a falta de autenticidade do Estado, por vezes revelada em aspectos caricatos, que documentavam a fragilidade das garantias legais.

Recordo que o registo era *criminal e policial*, pelo que os certificados abrangiam não apenas o que fora decidido pelos tribunais, mas também o que fora suspeitado pelas polícias.

Entre os registos constavam os mandados de captura que estivessem em vigor, com indicação da autoridade que os emitira, e que em regra diziam respeito a réus ausentes. Sempre que aparecia um pedido de emissão de certificado, a prática burocrática impunha perguntar à autoridade emissora do mandado de captura se o mesmo ainda estava em vigor.

Um dia apareceu um pedido de certificado em cujo registo constava que o requerente tomara parte nas greves da Marinha Grande e fugira para Espanha, havendo um mandado de captura emitido pela Polícia de Segurança e Vigilância do Estado.

Rotineiramente, os serviços enviaram a pergunta do costume à autoridade que emitira o mandado, e durante seis meses, não obstante a repetição mensal do pedido de esclarecimento, não houve resposta.

Um dia, o Dr. Madeira Rodrigues mandou-me chamar para o ajudar no grave problema que lhe acabava de expor o Capitão Agostinho Lourenço, Director da Polícia, e que ali estava no seu gabinete.

O requerente e objecto do registo era colaborador da PIDE, e o pedido de anotação destinara-se a cobrir a função perante os grevistas que infiltrara. O pedido de esclarecimento não fora ter a mãos esclarecidas, e o colaborador havia seis meses que estava preso a protestar sem êxito contra o equívoco, situação de que a Direcção acabara de ter alarmado conhecimento. Foi-lhe explicado que devia responder mandando cancelar o registo do mandado de captura, e assim ficaria resolvida a questão que obrigara a tão alta deslocação.

Também surgiam complicações do estilo da que aconteceu a um nomeado governador de distrito, que anos depois, durante o marcelismo, viria a ter importantíssima intervenção na chamada política de liberalização da União Nacional. Para tomar posse, requereu o certificado de onde constava, na parte policial, que fora preso em Coimbra por andar na rua a gritar – *viva o comunismo, morra Salazar*, em todo o caso um registo mais concreto do que o de um protestante cidadão do qual constava que fora preso em Lisboa – *por suspeita de levar vida suspeita*. Conseguiríamos, com empenho do Dr. Madeira Rodrigues, que os registos fossem juridicamente separados, e que do policial não fossem exigíveis certificados senão directamente por entidades oficiais, primeiro passo para reduzir ao silêncio tão surpreendente repositório. Escrevi sobre isto um dos meus primeiros textos para a revista *O Direito*.

O exercício da advocacia, obedecendo a um condicionalismo muito distanciado do que viria a definir-se depois de 1974, era extremamente apaixonante. Por um lado, o prestígio da profissão era sólido para além dos conceitos populares sobre as habilidades forenses, e não se tratava de uma actividade sobrepovoada como viria a acontecer.

As duas Faculdades juntas formavam menos de uma centena de licenciados por ano, os quais iam servir as exigências de um Império, pelo que não lhes faltavam oportunidades, mas também não havia queixas sobre falta de candidatos disponíveis.

A magistratura era respeitada, e nunca ouvi falar, nos longos anos de profissão, parte deles na barra, de qualquer violação da ética pela parte de um Juiz, parecendo sempre presente o dito de um velho conselheiro, cujo nome merecia ser lembrado mas não me recorda, que recusara a Ordem de Cristo declarando que a toga devia ser mantida limpa de nódoas e de condecorações. O Tribunal Plenário era a excepção, no que respeita à aceitação de integrar a sua composição, e a defensiva contra os soviéticos aparecia invocada como explicação.

O regime era, por natureza, avesso à oratória que definhara em todas as suas espécies, designadamente a oratória sagrada que não pareceu ter ganho nada com a descida do púlpito para os microfones. Havia nomes que lembravam, como o do padre Moreira das Neves, também poeta, este antes pelas intervenções em actos públicos que não tinham directamente que ver com o magistério, e que era também um conversador experiente de mesa de café.

De oratória parlamentar não vale a pena falar, porque o estilo de Governo valorizava com fundamento a actividade consultiva da Câmara Corporativa, a qual legou um património de enorme valor, e remetia os deputados para a prudência e monotonia dos discursos escritos, sem a animação criadora que resulta da contradição nas assembleias.

Mas no foro a tradição durou mais tempo, talvez porque, embora tivesse sido extinta a intervenção do júri, a generalidade dos magistrados seniores ainda tinha memória e gosto pela estética daquela época, o mesmo acontecendo com os barristas portugueses que ocupavam o topo do prestígio profissional, e exerciam a magistratura do exemplo.

A ESPUMA DO TEMPO

Foram memoráveis as intervenções de homens como Ramada Curto, Mário de Castro, Azeredo Perdigão, Francisco Gentil, Palma Carlos, e, talvez acima de todos, Bustorff Silva, que era uma verdadeira força da natureza, devastador nos interrogatórios, imaginativo e surpreendente nas interpretações dos factos e dos homens a que se atrevia.

Ficaram célebres os confrontos entre Bustorff Silva e Azeredo Perdigão, a espontaneidade do primeiro contra a gravidade do segundo, as explosões de vitalidade de um contra a serenidade académica do outro, a ironia contundente contra o comentário ponderado.

Por muito que a nova organização do processo invocasse o objectivo e a necessidade de entregar ao estudo e ao saber dos magistrados as decisões retiradas ao júri vulnerável pelas paixões, a convicção era a de que o tribunal considerava a alegação oral como fundamental, e que não formava opinião sem a ouvir.

O estágio da Ordem dos Advogados era utilíssimo, não na parte entregue aos patronos, que em regra pouco tinha de substantivo, mas pelas conferências da Ordem em que era obrigatório participar, sem fiscalização da presença, que não era necessária nem seria bem-vinda.

Os temas eram sempre seleccionados na actualidade dos tribunais, e as intervenções cuidadosamente organizadas para uma audiência que abrangia, em regra, significativa presença dos advogados em exercício. O academismo não era apreciado, e as raras excepções a que alguns se atreviam não correspondiam a grandes datas para recordar.

Lembro-me de que Mário de Castro, apreciadíssimo pela profundidade do saber e pela acção profissional desenvolvida, fez um dia uma comunicação subordinada ao título – "Ensaio de ensaio da função judicial como adjuvante na formação do direito", e Francisco Gentil, comentador, escusou-se com o alegado fundamento de que uma irritante "gripe de gripe" não lhe tinha consentido ler o texto.

A VIDA HABITUAL

Foi uma escola que manteve vivo o apelo ao direito natural na tradição de Cícero, onde a crítica do direito positivo era contundente em função desses valores, e a rebeldia em relação ao poder era cultivada.

Amei a vida forense e as intervenções nos debates judiciais e, depois de os acasos me afastarem, guardei a toga que entreguei anos depois à primeira das minhas filhas que se formou na Faculdade de Direito da Universidade de Lisboa, a Mónica, porque o sentimentalismo me fez esquecer nesse dia que os dias eram outros, e as realidades profissionais decorriam preferentemente fora das salas de audiência de que eu próprio me ausentara.

Quero recordar o processo em que foi julgado o Dr. Cristiano Adolfo Seabra de Magalhães, que fora meu chefe de secção na Direcção dos Serviços de Identificação, um dos brilhantes licenciados do curso em que se formou Ferrer Correia, e ao qual me ligava uma sólida amizade. O caso ficou conhecido como o processo das carnes da Argentina, e foi, para mim, uma importante lição de vida.

O Cristiano dera causa, na sua juventude de Coimbra, a um comentário do Arcebispo-Bispo D. Manuel Trindade Salgueiro, inquieto com a evolução da juventude do seu tempo, uma situação recorrente de todos os tempos.

O que o preocupou, segundo escrito de então, foi que a versalhada de fim de curso, dedicada ao jovem finalista, rezava assim: *Onde vais ó Cristiano/onde vais tão devagar?/ Vou à praça passear/estou no princípio do ano/ e não tenho que estudar. Onde vais ó Cristiano/onde vais tão devagar?/Vou à praça passear/já estamos no meio do ano/tenho tempo de estudar. Onde vais ó Cristiano/onde vais tão devagar?/Vou à praça passear/já estamos no fim do ano/não vale a pena estudar.*

Um inspector policial minucioso deparou com o texto e decidiu usá-lo contra o acusado, adoptando uma metodologia de investigação que o levaria a apresentar-se a doutoramento na Faculdade de Direito da Lisboa na década de noventa, meio século depois, com nova demonstração de erro de procedimento e negativo resultado. No ambiente de restrições económicas do fim da guerra, Seabra de Magalhães foi nomeado pelo Governo para delegado de compras na Argentina, que nesse tempo, década de cinquenta, era a grande fornecedora de carne. Por falta de experiência, e habitual desatenção, encontrou-se na situação de não encontrar justificação para o gasto de milhares de contos, nessa época uma quantia enorme, e no relatório que apresentou tratou de chamar a atenção para a situação embaraçosa.

As dúvidas sobre a natureza criminal do facto levaram à intervenção da Polícia Judiciária, e ao julgamento de um homem que mal tinha recursos para sustentar a família, e de cuja honorabilidade nenhum dos seus amigos duvidava.

Tomei o encargo amigo e empenhado da defesa que se estendeu por dezenas de sessões, nas quais desfilaram antigos membros do Governo, responsáveis pela banca e pelas empresas intervenientes, destacando-se o Engenheiro Daniel Barbosa, o famoso "Daniel das Farturas", um dos poucos homens do regime que era alegre nos debates e apreciava o contraditório. Como testemunha principal abonatória compareceu Ferrer Correia, seu condiscípulo e firme amigo de sempre.

A opinião pública seguiu agitada um julgamento em que a novidade inesperada era o desfile de várias personalidades políticas de relevo, e a publicitação dos mecanismos de gestão do Estado.

Aconteceu que Seabra de Magalhães escrevera, na cadeia, um texto descrevendo o tratamento a que fora submetido pelo inspector presente no julgamento. Anotava que, despido, fora obrigado a sustentar-se ajoelhado em cima de uma cadeira com os braços abertos, que lhe fustigavam quando por cansaço os descaía. Com as mãos amarradas atrás das costas, e de cócoras, era forçado a deslocar-se saltitando. Foi desse modo sentado num recipiente de água gelada, e finalmente obrigado a mergulhar ali a cabeça para a beber. A imaginação do apontado responsável era grosseira, o respeito pela dignidade humana não existia.

A VIDA HABITUAL

A confrontação do relato, não testemunhável, com o Inspector, criou a geral e indignada convicção de que era verdadeiro. Observei que dali em diante, quando tivéssemos constituintes em riscos de cair sob a alçada do inspector, deviam eles ser aconselhados pelos defensores a gritar na rua contra o Governo e a favor do comunismo, para conseguir a protecção da polícia política, presumivelmente menos rude.

O Dr. Seabra de Magalhães foi absolvido; anulado o julgamento no Supremo, voltou a ser julgado e absolvido; a recurso do Ministério Público, foi julgado e absolvido na Relação, e finalmente, no Supremo, foi condenado em pena de prisão já sofrida, por conduta contrária ao bom nome de Portugal no estrangeiro, um crime de que nunca se falara, e de que não havia exemplo de condenação na História sabida da jurisprudência portuguesa.

Não adiantou a arguição da nulidade, e o Cristiano foi para Moçambique onde encontrou ocupação. Por 1961 ou 1962, numa amnistia ritual, foi incluído o notabilizado preceito, que ficou disposição privativa daquele caso, que verdadeiramente colocou um ponto final na carreia modesta do Seabra de Magalhães, pobre de recursos, e realmente vítima de amor e má fortuna. Mas que despertou alguma consciência crítica do país em relação aos métodos da administração, e da polícia.

De algum modo, o método de vida habitual conseguiu impor-se como tónica da vida pública e da vida privada, não obstante o cataclismo mundial que fora a guerra. Mas desta ficaram memórias, perspectivas, projectos, linhas dominantes da reconstrução da ordem mundial abalada, e que viriam a condicionar, sempre com retardo, a evolução portuguesa, tradicionalmente submetida a factores exógenos que não condiciona.

A aparência de estabilidade do regime foi mais demorada do que o declínio interior, e este filiou-se muito na progressiva importação e enraizamento das tendências duras da evolução europeia. Anos depois, analistas adiantaram a hipótese de ter sido errada a não intervenção no conflito mundial, mas nesse tempo já era apenas História não vivida o facto de o conflito ter causado

A ESPUMA DO TEMPO

a morte de 40 a 50 milhões de pessoas, cabendo à URSS vinte milhões.

A questão do regime continuou a ser a dominante, e foi adiada para os portugueses a questão das traições bivalentes que seria causa de retardamento do sentimento de pacificação nacional interna para muitos dos países que tinham sofrido a ocupação alemã ou, depois, soviética.

O tema do "État français" criado pelo Marechal Petain, velho de oitenta e quatro anos quando assumiu a gestão da derrota, é paradigmático: ele e De Gaulle personificaram as lealdades em conflito, as quais tiveram expressão no drama de muitos intelectuais representativos. As curiosidades angustiadas dessa metade do século concentraram-se por exemplo em Robert Brasillach (*Notre avant guerre*, 1941), condenado à morte pela submissão revelada ao fascínio da liderança hitleriana, tendo descrito uma das cerimónias teatrais do regime com estas palavras: "não creio ter visto na minha vida um espectáculo mais prodigioso". Outros, como Drieu la Rochelle (*L'emancipation nationale*, 1938), julgaram verificar que os povos europeus que tinham adoptado regimes autoritários ou semi-autoritários, e não apenas a Itália e a Alemanha, haviam revelado um vigor que os fazia transcender os limites.

O resultado da guerra desmentiu completamente o fascínio que tanto se confessava baseado na teatrologia política que havia de tornar-se dominante até ao fim do século. De todos os dirigentes, que finalmente se definiram como vencedores, foi Churchill que sempre me pareceu encarnar melhor o drama político europeu desenvolvido em duas guerras civis chamadas mundiais pelos efeitos, exemplar pela capacidade de se manter lúcido na primeira linha do combate enquanto o Império inglês se desmoronava arrastando a queda do euromundo, firme no empenhamento do restauro de uma ordem que de algum modo não ignorasse os valores ocidentais.

Foi talvez o único líder que pediu o poder ao eleitorado oferecendo-lhe uma colheita de sangue, suor, e lágrimas, e não

A VIDA HABITUAL

um leque de promessas insustentáveis. Na sua longa vida (1874--1965), o discurso, pronunciado nos Comuns em 13 de Maio de 1940, é talvez a contribuição mais válida e solene para a doutrina da autenticidade na política, e o mais seguro julgamento do dilema enfrentado. Disse: "Perguntais, mas qual é o nosso objectivo? Respondo-vos em duas palavras: a vitória, a vitória a qualquer preço, a vitória apesar de todos os temores, a vitória seja qual for a distância e dureza do caminho, porque, fora da vitória, não há possibilidade de sobrevivência".

No longo período que iria seguir-se, entre o fim da guerra e a Revolução de 1974, a questão interna do regime continuou para as oposições a ser dominante, centrada sobre a lembrança da República e o objectivo de derrubar o Presidente do Conselho, mas com diminuta meditação sobre as alternativas para a reconstrução da Europa e a redefinição do conceito estratégico nacional.

Sobreviveram símbolos das virtudes republicanas, de que a nova geração mal sabia notícias, como o Almirante Mendes Cabeçadas, o General Norton de Matos, uns longínquos Afonso Costa e Bernardino Machado, e ainda um mais distante D. Manuel II, ao qual o sentimento popular dispensava um carinho de piedade mais pelo drama do regicídio que o atingira, do que pelo afastamento.

Pensamento alternativo consistente, a destacar-se de outras correntes, era o da herança, ainda assim plural, da *Seara Nova*. Para além do já referido António Sérgio, que ainda conheci quando andei em busca de acolhimento para duas condiscípulas nortenhas, textos de Esequiel de Campos, de Quirino de Jesus, de Jaime Cortesão, de Raúl Proença, de Faria de Vasconcelos, de José Rodrigues Miguéis, de Câmara Reys, fizeram um levantamento sério da conjuntura e sugestões para um proposto conceito estratégico português, legando um património de reflexões de que apenas fora da escola se tinha conhecimento. Ao mesmo tempo, vistos à distância de uma gera-ção, elaboraram a condenação de uma situação política republicana caótica, marcada pela irresponsabilidade dos partidos e dos seus agentes, libelo que parecia

A ESPUMA DO TEMPO

incubador de uma intervenção autoritária, ao mesmo tempo que afastavam como regra a obrigação de participar na gestão governativa. Apenas fugazmente tiveram elementos seus no Governo.

No mesmo sentido foi lida a mensagem crítica sobrante, dos partidos excluídos pela Revolução de 28 de Maio de 1926, cuja expressão mais significativa esteve nas conferências que Cunha Leal andara a fazer pelo país, e que, lidas à mesma distância, pareciam uma afirmada prontidão para assumir a liderança da intervenção autoritária que finalmente foi levada a cabo pelo Marechal Gomes da Costa.

O diálogo indirecto que o Engenheiro Cunha Leal manteve toda a vida com o inesperado guia da revolução nacionalista Doutor Oliveira Salazar, pareceu sustentado na base pela cumplicidade objectiva na condenação da anarquia que ambos reconheceram na circunstância política da sua época.

Tendo sido Reitor fugaz da Universidade de Coimbra, na função de juiz de fora a que as universidades são historicamente submetidas de tempos a tempos (1924-1925), o Engenheiro Cunha Leal invocou essa qualidade nas eleições para a Presidência da República a que concorreu Quintão Meireles (1951) para aconselhar publicamente o antigo professor a abandonar o poder: "faça o que lhe diz o seu Reitor".

Todavia não deixou de lhe enviar cada livro que publicava, esperando pelo cartão em linguagem cifrada que lhe permitia avaliar se haveria intervenção da censura. Quando, por 1961, publicou o *Cântaro que vai à fonte*, o Doutor Salazar, que o recebera e o tinha como era habitual em cima da secretária, perguntou-me se já o lera, visto que se ocupava de alguns temas coloniais. Quando lhe respondi que não tinha tempo, sugeriu-me de seguida que era conveniente arranjar esse tempo porque se tratava de um antigo Presidente do Conselho.

Com o fim da guerra, a importância destas presenças residuais na memória da política foi diminuindo à medida que as linhas duras da reconstrução europeia democrática penetraram no país.

A VIDA HABITUAL

Esse fim da guerra coincidiu com o fim do curso de Direito e, depois de terminar o estágio para a Ordem dos Advogados, assumi um lugar a que concorri no contencioso da Standard Eléctrica (ITT), para o qual fui admitido abandonando o Ministério da Justiça.

O chefe do contencioso era o Dr. António Ribeiro, antigo chefe de gabinete do Ministro Manuel Rodrigues, já então falecido, que presidira ao Conselho de Administração da empresa. Por ali fiquei uns trinta anos, saneado em 1974 já na qualidade de *General Attorney* da dezena de sociedades que compunham o grupo, e ficando assim sem aposentação. Tinha um excepcional elenco de quadros, liderados pelo Professor António Alves de Carvalho Fernandes, que viria a ser um dos Secretários de Estado do Engenheiro Ferreira Dias, o famoso autor da *Linha de Rumo*, onde escreveu: que me importa que Portugal seja um jardim à beira-mar plantado se a Holanda é que vende as flores, ou que seja um laranjal sempre odorante, se a Espanha é que vende as laranjas. Aquele grupo tinha essa perspectiva e viria a assumir o comando do conglomerado sem qualquer presença de americanos.

O Dr. António Ribeiro era um bom homem, amante da boa mesa, que na sua casa estava sempre posta à espera do vasto e circulante grupo de amigos que por ali passavam sem convite, em sessão permanente de discussão do regime, das carreiras, dos agentes. Naquele tempo destacava-se o General Lopes da Silva, em dissidência com o Ministro Santos Costa, lisonjeado por vários quadrantes, que dele esperavam, com esperança difusa, o gesto militar a que a vida política portuguesa frequentemente implorava a renovação, o que sempre recusou.

A inquietação com o regime crescia à medida que a vida habitual do passado sofria a agitação causada pelas novas aspirações europeias, aqui certamente com intervenção menos europeísta do Partido Comunista.

Pelo Alentejo e Ribatejo tinha havido manifestações contra a carestia da vida e contra o regime, e o Governo inaugurava o método, que seria retomado pelo último Governo da Constituição

A ESPUMA DO TEMPO

de 33, de retocar a imagem sem mexer na substância. Nesta linha se inscreveu a criação da Casa dos Estudantes do Império, em 1944, pelo Ministro Vieira Machado, para evitar a proliferação das Casas de Estudantes identificadas com cada uma das colónias. Supunha servir deste modo o princípio da unidade nacional, de facto animou um movimento de unidade anticolonial dos estudantes de todo o Império. Na linha de renovação da semântica do regime, o Secretariado da Propaganda Nacional passou a chamar-se Secretariado Nacional da Informação, Cultura Popular e Turismo, assumindo Salazar a "Preparação Nacional para o pós-guerra", discurso que antecedeu de poucos meses a derrota da Alemanha.

As Forças Armadas foram chamadas a manifestar publicamente a fidelidade ao Regime numa manifestação que reuniu 1.300 oficiais, o modelo da futura romagem dos Generais, que foi chamada a brigada do reumático, para garantir fidelidade a Marcello Caetano. As Forças Armadas eram ainda o árbitro reconhecido por situacionistas e opositores, como os factos mostravam, embora o MUNAF – Movimento de Unidade Nacional Anti-Fascista, e sempre o Partido Comunista, fossem o sinal mais significativo da temida alternativa.

O golpe militar era a desejada acção redentora das oposições clássicas, muitas vezes esperada de Norton de Matos, que tinha um passado de estadista considerável, e que por isso foi chamado para o intervalo de exercício democrático protagonizado pelo MUD – Movimento de Unidade Democrática, aparecido em Outubro de 1947, e declarando a intenção de levar o General à Presidência da República.

Na liderança do MUD destacou-se o advogado Dr. Mário de Lima Alves, que não conhecia, com a cooperação, entre outros, dos Dr. Teófilo Carvalho dos Santos, Dr. Armando Adão e Silva, e Dr. Afonso Costa (filho), tudo pessoas alheias à violência, republicanos de cultura, de formação jurídica clássica, todas estas pessoas que conheci e frequentei.

A VIDA HABITUAL

Para demonstrar a sua força, o MUD organizou listas de assinaturas pedindo eleições livres, que também assinei no escritório do Dr. Abranches Ferrão, que as não entregou, ao que suponho, porque não era do seu credo submeter-se às exigências da polícia, e ninguém daquela roda foi incomodado. Estas listas foram de facto requisitadas pelo Governo com o pretexto de verificar a sua autenticidade, e embora houvesse entregas voluntárias, muitos depositários das listas se recusaram para evitar as retaliações a que poderiam servir de base, como aconteceu. Assim fizeram no Porto o Dr. Mário Cal Brandão e os seus amigos, o contrário fazendo em Lisboa o ilustre e confiante Dr. Mário de Castro, e julgo que para sempre o lamentou.

Um grupo de jovens advogados, que liderei, quisera de resto apresentá-lo como candidato a Bastonário, mas, tendo aceitado em princípio, procurou-me depois em minha casa, o que era visita de embaraço, para condicionar a candidatura pela obtenção prévia de uma proposta assinada pela maioria dos advogados em exercício. Não tínhamos idade para tal êxito, mas o incidente serviu-nos para meditar sobre a convicção das lideranças para a mudança, e sobre a sua confiança no escrutínio.

Foi neste clima que, em 1946, por iniciativa de um esquecido civil imaginativo, 46 oficiais do Exército e da Marinha assinaram um Pacto, cujo objectivo declarado era libertar o Marechal Carmona da coacção de que se teria lamentado e a que o sujeitaria o Doutor Salazar, restituindo-lhe assim a liberdade necessária para demitir o Presidente do Conselho e democratizar o regime.

Dos militares jovens, o mais prometedor e cortejado era o Coronel Celso de Magalhães, mas o grupo tinha como figura de proa emblemática o General José Garcia Marques Godinho, mais o Almirante Mendes Cabeçadas que seria o Presidente da Junta Militar de Libertação Nacional, o Brigadeiro António Maia da aviação, visível ainda o Coronel Carlos Selvagem, amigo íntimo do Celso de Magalhães.

Deu-se a curiosa circunstância de o movimento dever eclodir na Região Militar do Centro, em 10 de Abril de 1947, mas

A ESPUMA DO TEMPO

desistiriam pelas razões costumeiras das falsas adesões, e o General Godinho, que chegou a partir para Tomar, já com a saúde abalada, desistiu da viagem e regressou a Lisboa, ficando pelo caminho indícios inesperados, designadamente fardas abandonadas.

Foi só em Julho de 1947 que as autoridades se deram conta da intenção frustrada, e a PIDE ordenou a prisão dos referidos oficiais.

O Dr. António Ribeiro, meu chefe do contencioso, era grande amigo do Coronel Celso de Magalhães e pediu-me para o visitar e organizar a defesa, o que era confiar demais num assessor do seu contencioso que tivera escassos meses de fim de estágio e raras vezes passagens de pouca importância pelo tribunal.

Os detidos estavam no Hospital Júlio de Matos, arvorado em prisão, guardados por um agente da PIDE que mais fazia de porteiro. Pedi para falar com o Coronel Celso de Magalhães, mas vieram todos a uma pequena sala onde nos sentámos ao redor de uma mesa, e foi ele que assumiu o comando das operações.

Começou por agradecer a diligência do seu amigo Dr. Ribeiro que lhe fornecia, por meu intermédio, assistência gratuita, e, porque a causa era a mesma, agradecia que a atenção fosse abrangente de todos. O desembaraço do Coronel Celso de Magalhães era contagioso, e suscitou-me uma simpatia que lhe mantive quando, demitido, teve de procurar em Moçambique maneira de ganhar a vida dignamente sem transigência. A História foi por ele contada com geral silêncio concordante de todos, à excepção do Almirante Cabeçadas que declarou, e sempre o manteve, ter sido induzido a visitar o Marechal Carmona, convencido que a pedido sigiloso deste, para o ajudar na libertação da coacção a que estaria submetido, e o impedia de demitir o Presidente do Conselho e democratizar o país. Afirmava que, tendo sido recebido, verificou que o Marechal Carmona o não chamara, e antes supunha que, por sua iniciativa, ele Almirante tinha qualquer necessidade pessoal de o contactar. De coacção, nem palavra.

Teve dificuldade em transformar o encontro numa simples diligência pessoal para expor ao Marechal as suas inquietações

A VIDA HABITUAL

sobre a situação do país, e retirou-se suspeitoso de que não tinha sido completamente convincente. O famigerado Secretário-Geral civil do movimento, que não me recordo ter visto alguma vez, era responsabilizado pela mistificação que levara à assinatura do Pacto dos 46. À distância, é difícil compreender que todos tenham sido mistificados, e assim mobilizados para se colocarem às ordens do Marechal, mas é evidente que todos estavam ansiosos por uma ocasião de se desembaraçarem do Presidente do Conselho.

Os oficiais, com excepção de Celso de Magalhães e do veterano Almirante Cabeçadas, pareciam fulminados pelo desastre das carreiras e pelo surrealismo do ambiente em que tinham acabado, e do formal líder General Godinho, prostrado e com a saúde muito abalada, nunca se ouviu qualquer palavra, apenas o silêncio.

Não tinha evidentemente qualquer experiência na qual pudesse apoiar a meditação sobre tais circunstâncias, não talvez de alta política, mas da mais alta por então disponível no país, e por isso o principal das minhas cogitações era guiado pelo que sabia do Direito Criminal.

Em todo o caso, estranhava a novidade da imputação de uma conjura que fora descoberta meses depois da desistência voluntária dos intervenientes no projecto, e ainda o facto de os militares, sem acusação, estarem entregues ilegalmente à jurisdição da polícia política.

Sugeri-lhes que podiam fardar-se convenientemente, sair do Hospital Júlio de Matos certamente recebendo a continência protocolar do único polícia de serviço, e dirigirem-se ao Ministério da Guerra, para serem esclarecidos sobre a comédia em relação à qual pediriam um ponto final. Embora conjurados, concluíram que isso seria muito contrário à disciplina militar, mas foi com desgosto que rejeitaram a sugestão.

Depois de estudar a escassa documentação disponível, decidi apresentar um pedido de *Habeas-Corpus*, julgo que para estreia da legislação publicada pelo Ministro Cavaleiro de Ferreira, na

A ESPUMA DO TEMPO

linha clássica de reforma da imagem, a qual não animava a utilização pelos advogados em vista das sanções com que os ameaçavam no caso de o pedido ser considerado improcedente, resultado que o semantismo do instituto apontava como sendo o provável. Esse texto está publicado e, como era de esperar, foi indeferido, em todo o caso com o fundamento, previsto no diploma legal, de entretanto terem sido sanadas as ilegalidades, designadamente a entrega dos detidos à jurisdição militar. As sanções não foram portanto aplicadas.

Esta última decisão teve como efeito transferir os oficiais para estabelecimentos militares, dispersando-os pela Trafaria, Elvas, e Santarém, o que desde logo dificultava naturalmente a defesa.

Tal aparente legalismo teve uma trágica consequência que levou à morte do General Godinho. Perto da noite que precedeu a transferência para a Trafaria, teve uma séria perturbação cardíaca, e de madrugada os seus camaradas telefonaram-me do Hospital Júlio de Matos, porque ali estava a polícia para o levar, e os médicos entendiam que isso punha em grave risco a sua vida. Fui ao Hospital, e foram os agentes da polícia política que imediatamente concordaram em adiar a transferência, para me dar tempo de ir ao Ministério da Guerra, logo que abrisse, tratar de obter a revogação da ordem, o que me pareceu que seria fácil.

Não imaginava as dificuldades com que me depararia. Em primeiro lugar conseguir que me explicassem como é que, tendo logo sido esclarecido de que chegar ao Ministro não era possível, descobriria alguém competente para tratar do caso.

Falei com dois ou três generais, cada um deles declarando-se incompetente por lei e formalmente sem acesso ao gabinete, e em todo o caso concordantes em que uma ordem do Ministro era para cumprir. Durante um trabalhoso dia, em que frequentemente me sublinharam que era mais avisado não insistir, consegui finalmente falar com um sucumbido Chefe de Gabinete, infelizmente marinheiro, um oficial confessadamente fatigado pela insistência. Teve a amabilidade de me recomendar que, vista a minha idade, deveria crescer antes de aparecer, confirmou-me que as decisões

A VIDA HABITUAL

do senhor Ministro, já informado dos fundamentos das minhas diligências, eram para cumprir, e ponto final.

Disse, e repeti, para facilitar-lhe o entendimento, que o senhor Ministro seria criminalmente responsável no caso de o General Godinho sucumbir ao esforço, tal como preveniam os médicos. Nos últimos tempos a questão do dolo eventual tem andado muito abordada nos comentários públicos, pela questão do sangue contaminado, e era disso que se tratava. Nunca mudei de opinião sobre a responsabilidade criminal do General Santos Costa, por dolo eventual.

Já depois de cumprida a ordem, não desisti, e fui recebido pelo General Pereira Coutinho, Governador Militar de Lisboa, se não erro agora no título, o qual foi a única entidade que imediatamente tomou o caso em mãos, altamente preocupado com o camarada preso, sendo de admitir que devido à sua intervenção é que o General Godinho, fragilizado, foi mandado regressar da Trafaria para o Hospital Militar de Lisboa, onde de facto morreu, como os médicos tinham advertido.

Os camaradas presos e dispersos entraram em cólera e pediram-me para receber os filhos do General, um deles oficial do exército, outro oficial da marinha, e um terceiro médico, filhos que não conhecia.

Recebi-os. Vinham consultar-me sobre a forma de exigir a responsabilização do Ministro Santos Costa. Recordo-me de lhes ter feito um primeiro comentário desabrido, e foi dizer-lhes que em Trás-os-Montes essas questões ainda se resolviam directamente. Mas quando regressei rapidamente à jurisprudência das cautelas, sugeri que a primeira coisa que então deveriam considerar era se estariam preparados para a reacção, que devia presumir-se demencial, do Ministro que um dia declarou que a lei estava na ponta de uma caneta, e da qual dependiam, directa ou indirectamente, as carreiras dos militares. Estavam decididos e apoiados pelos camaradas presos. Expliquei-lhes que a única entidade competente era a Polícia Judiciária, como hoje se chama, que iria ter a surpresa da vida quando e se a questão ali fosse introduzida,

107

e que por outro lado estava subordinada ao Governo, não sendo admitidos advogados na instrução. Não reconsideravam. Falei- -lhes então da questão da prova, acontecendo que, no que respeitava ao essencial, a única testemunha era eu próprio. Por isso dispus-me, e assim fiz, a elaborar um relato articulado do desenrolar dos acontecimentos, que testemunharia, logo que decidissem apresentar a participação na qualidade de filhos, que lhes daria talvez alguma salvaguarda, e a polícia me convocasse se lá chegássemos. Assumi, portanto, a responsabilidade da opinião jurídica, e também de vir a ser testemunha. O Dr. António Ribeiro, indignado mas preocupado pelos seus amigos, aprovou este procedimento, continuando eu próprio a responsabilizar-me pelos pareceres necessários.

Agradeceram o favor de os receber e a disponibilidade, para assumir o arriscado testemunho. Andei vários dias pelas lonjuras dos presídios em que tinham sido dispersos os detidos, e subitamente foi um dilúvio, com várias imprevistas circunstâncias. A idosa viúva do General Godinho fora detida, porque em seu nome, e não dos filhos, tinha sido apresentada a queixa, na suposição plausível de que assim maior seria a contenção do Ministro. Na Assembleia Nacional o Doutor Mário de Figueiredo fulminaria todavia o advogado que, com o seu parecer, induzira a veneranda senhora a assumir tal cabala, e não havia dúvidas de que era a mim que se referia.

Os filhos, que veria pela segunda vez, solicitaram-me uma reunião de urgência, e ali estavam destroçados pela tragédia que velozmente destruíra o estatuto e a vida do pai, temerosos dos efeitos no meio social e político a que pertenciam, esmagados e culposos pelo surpreendente envolvimento da mãe nas fúrias governamentais, esperando um ponto final destruidor nas suas próprias carreiras. Inspiravam natural piedade, mesmo pelo total desnorteamento com que pediam que declarasse que fora a respeitabilíssima senhora, a qual nunca vira, quem me procurara e pedira o conselho e apoio.

A VIDA HABITUAL

Avisaram-me de que a versão corrente entre militares, era que o Doutor Marcello Caetano, inimigo declarado do General Santos Costa, exercera o seu ascendente para me induzir a organizar aquela injusta campanha, da qual poderiam pedir desculpa. Pediram.

Ainda relembravam que o Ministro temia a divulgação de cartas que durante a guerra dirigira ao General Godinho, e que demonstrariam o seu favoritismo germanófilo, textos que lhes pareciam uma arma de contenção. Esta última preocupação era certamente deslocada no tempo, porque sobre aquela inclinação ministerial não havia dúvidas, e o tema perdera actualidade e interesse. Todavia, erradamente consideraram tais manuscritos um tesouro, de que os camaradas detidos teriam aconselhado o destinatário a enviar os originais para o estrangeiro. Estes textos ministeriais não devem ter feito falta à História do regime.

Disse-lhes claramente, nessa dolorosa reunião, e com a maior contenção possível, que continuaria a sustentar firmemente a responsabilidade criminal do General Santos Costa, e a exactidão das diligências feitas, mas que recusava terminantemente assumir que tivera qualquer contacto com a veneranda senhora, que nunca vira e com a qual nunca falara. Ficava evidente que não tendo o escritório qualquer outro compromisso profissional com eles, nem querendo saber, para protecção do próprio, quem supusera apropriado e prudente aconselhar a cautela de redigir a queixa em nome da mãe, eu estava inteiramente ao dispor para testemunhar, garantir e assumir a responsabilidade pela inteira veracidade dos factos que relatara por escrito e lhes entregara, e pela opinião sobre a responsabilidade criminal do ministro.

Fiquei altamente preocupado com a cabala que visava o Doutor Marcello Caetano, e fui procurá-lo altamente temeroso e inquieto para que ficasse inteiramente informado das circunstâncias, que não deixaram porém de o atingir, obrigando depois à intervenção do Doutor Salazar para tranquilizar as fileiras. Daqui em diante tudo confirmou que se travava uma luta interna do regime, como se evidenciou com as pessoas envolvidas, todas

A ESPUMA DO TEMPO

com relevo no aparelho político. O Doutor Marcello Caetano, negando com inteira veracidade qualquer conhecimento prévio dos acontecimentos, não deixou de reprovar activamente por escrito dirigido ao Presidente do Conselho as represálias, e de afirmar ilegais as retaliações chamadas sanções, de que eu era objecto e ao mesmo tempo aprendiz dos hábitos da comarca.

Estas represálias implicaram que o famoso Inspector Superior da PIDE, Capitão Catela, me mandasse chamar à polícia, porque naturalmente as entidades envolvidas exigiam a patente hierárquica do inspector. Acontecia que o Capitão Catela, tal como o Tenente-Coronel Pessoa de Amorim, tinham sido oficiais do já referido Tenente-Coronel Ferreira do Amaral, que na guerra de 1914-1918 combatera em Moçambique, que estivera no exército português na França, que comandava a Polícia de Segurança Pública quando enfrentara as associações violentas que tinham alarmado a vida lisboeta, altura em que o meu Pai ainda fora seu impedido, depois do atentado que gravemente o atingira. Cultivava o hábito de se atardar pelos claustros do Governo Civil de Lisboa, onde tinha o comando, sentado à conversa com os seus oficiais, e de garoto recordo dele as barbas que me maravilhavam.

O Capitão Catela sabia muito bem destas circunstâncias, e começou por avisar que era melhor dar-me notícia das explicações recolhidas, antes de qualquer conversa. Lá estava, no seu relato, a versão da mãe protectora. Queria começar por saber como teriam decorrido os contactos, e quais, com a viúva do General. Quando lhe respondi que não a conhecia, ficou suspenso por instantes, e adiantou que então queria saber quais as pessoas, incluindo militares detidos, que me tinham consultado. Respondi-lhe que isso era segredo profissional, o que lhe mereceu esta informação: o Ministro da Justiça, Doutor Cavaleiro de Ferreira, que diz conhecê-lo bem, avisou-me de que em qualquer momento me daria tal resposta, e que essa era a ocasião apropriada para o prender, o que estava obrigado a fazer.

Expliquei-lhe a diferença que me fazia não poder ir ao baile do Clube Militar Naval que se realizava no sábado seguinte, e para o qual tinha um compromisso a que não gostava de faltar.

A VIDA HABITUAL

O Capitão achou que o embaraço merecia ser atendido, e combinámos que viria na segunda-feira seguinte ao baile, e assim cumpri, dando entrada na prisão do Aljube.

Fiquei esperando uns quinze dias, antes que voltasse a chamar--me à António Maria Cardoso para abordar duas questões. Primeiro disse-me que visitara os militares detidos, que ouvira os familiares do General, que estava suficientemente elucidado dos factos, que o filho médico procurava assumir as responsabilidades com exclusão dos irmãos.

Para que eu pudesse depor sobre a minha intervenção, tomou a iniciativa de pedir ao Vice-Presidente da Ordem dos Advogados, em exercício, Dr. Adolfo de Andrade, que viesse visitar-me e autorizar o depoimento, e quero agradecer o empenhamento e intransigência com que assumiu a defesa do advogado, verberou a intervenção da polícia imposta pelo Governo, contra um parecer jurídico, e não deixou de me apoiar em todas as circunstâncias.

O Capitão Catela acrescentou naquela oportunidade que autorizaria as visitas que lhe tinham sido solicitadas pelo Doutor Taborda Ferreira, pelo Major Botelho Moniz, e pelo advogado Dr. Lima Alves, sendo que não conhecia pessoalmente os dois últimos.

O primeiro foi o único dos meus amigos que apareceu, o que me provocou enorme comoção quando o vi, porque o sentimento de risco em relação à PIDE era geral, e eu próprio aconselhava a que não o tomassem, cada um incerto sobre a duração desta situação.

Sublinhando o receio que a PIDE inspirava, o Tenente--Coronel Pessoa de Amorim contava que, sendo subdirector dessa polícia, morrera um primo seu, com o mesmo nome e posto militar, pelo que os jornais se enganaram e noticiaram o facto usando o currículo e retrato dele, subdirector da PIDE. Dirigiu-se à Basílica da Estrela para tomar parte no funeral, e deparou-se com uma guarda militar de honra junto ao caixão, e também um velho general que o comandara em França, e se apoiava numa bengala. Quando o reconheceram vivo, o General bateu com a bengala no chão usando palavras irrepetíveis, muitos debandaram, o pasmo era geral. Reposta a serenidade, a cerimónia foi concluída, e o funeral seguiu-se. Depois, durante semanas, pessoas da mais respeitável sociedade, sempre que se deparavam com o Tenente-Coronel Pessoa de Amorim, desculpavam-se de não terem estado presentes na Estrela.

O Dr. Lima Alves, que não conhecia, foi levar-me a inesperada e dispensável solidariedade das oposições que liderara, e declarar que estava às ordens para receber um subestabelecimento do mandato no processo dos oficiais acusados de conspiradores, e assumir a intervenção judicial que muito interessava à sua política. Expliquei-lhe que eu considerava o caso como estritamente profissional, também de acordo com o juízo do Vice-Presidente da Ordem, e que seriam os interessados, aconselhados pelo Dr. António Ribeiro, meu chefe do contencioso, que eu aceitara ajudar, a escolher quem me substituiria, porque muitos esperavam uma vaga de detenções. Mostrou-se frustrado e ressentido nos comentários posteriores, que deixaram de ser entusiásticos. O Major Botelho Moniz, que, como referi, não conhecia, foi dizer-me que considerava inteiramente condenável a maneira como fora conduzido o processo contra mim, incluindo a desresponsabilização dos filhos militares do General Godinho, e que o Almirante Cabeçadas, de acordo com o Dr. António Ribeiro, amigo de ambos, lhe pedira para assumir a defesa, nos termos consentidos pelo Código de Justiça Militar. Era claro que a escolha do Major Botelho Moniz, amigo do Dr. António Ribeiro, este antigo chefe de gabinete do Ministro Manuel Rodrigues, se destinava a neutralizar o conflito político interno do regime, do General Santos Costa contra o inocente Doutor Marcello Caetano, em vista da sua histórica importância no apoio fanático ao Doutor Salazar, com destaque para a intervenção no Rádio Clube Português durante a guerra de Espanha. Teria como parceiro o Dr. Ângelo César, por então ainda da União Nacional.

Este último, que foi grande apoiante do Estado Novo, e conviva assíduo nos almoços do Dr. António Ribeiro, viria a

A VIDA HABITUAL

abandonar a União Nacional com uma cerimónia que merece celebridade, no caso de a lenda ser completamente exacta.

No seu vasto escritório do Porto, para o qual convidou um grupo seleccionado de amigos, leu um discurso em que explicava as circunstâncias da sua decisão, e, quando chegou ao ponto em que enfatizava o afastamento de Salazar, o retrato deste começou a deslizar em direcção ao chão, ficando assim definitivamente apeado.

Passados cerca de dois meses no Aljube, fui posto em liberdade sem explicações. Contou-me muito tempo depois o Tenente-Coronel Pessoa de Amorim, quando, já reformado do exército, o conheci como funcionário da Standard, que, inquietos com o escândalo da prisão da viúva do General Godinho e com o aprofundamento do conflito que as facções pretendiam agravar entre Santos Costa e Marcello Caetano, o Doutor Salazar mandou buscar o processo e ordenou o seu arquivamento, e a libertação do "rapazito", que era eu, acrescentando que era o único que se portara com dignidade. Mais tarde verificaria que usava frequentemente estas fórmulas, falando dos "pretitos", dos "dinheiritos", dos "diplomazitos", e assim por diante.

No Aljube estava um grupo de comunistas, alguns futuros conhecidos líderes do partido socialista, ou reivindicados pela História do partido, mas apenas tive realmente contacto com o jovem Mário Soares, sorridente, afável, criativo, e como eu muito distante em idade de todos os outros. Teve curiosidade em saber porque é que eu andava a ler a *Filosofia da História de Hegel* e o *Novo Príncipe* de Gama e Castro, e na primeira aproximação informei, impaciente, de que andava a fazer tirocínio para o miguelismo. Fomos conversando sobre as razões daquele aglomerado de detidos, e concluiu risonho que eu estava ali por engano. Mais tarde, nos seus escritos de Paris, havia de melhorar a minha biografia ao assinalar que me tinham submetido à tortura, o que não é verdade, e havia de a piorar ao alinhar com o desagrado socialista que atribuo à frustração do Dr. Lima Alves.

A ESPUMA DO TEMPO

Mas dos restantes habitantes da cadeia guardei apenas o convívio e amizade do empresário Amadeu Gaudêncio e do Eng.º Monteiro de Barros que, quando fui libertado, ainda ali ficaram sem conseguirem saber porque é que estavam presos, havia uns seis meses.

O filho médico do General Godinho foi o único detido, e também esteve no Aljube. Era facto inexplicado, salvo por indicação apaziguadora do Doutor Salazar, que os irmãos militares tivessem recuperado de urgência a contenção do Ministro Santos Costa, ao qual pediram desculpa, continuando a sua carreira. O irmão médico assumira sozinho, explicara-se, a alegada e, por surpresa, vulnerável decisão em que envolveram a mãe, acrescentando todavia que a partir de relatos pouco rigorosos dos factos, e deficiente parecer sobre a responsabilidade do ministro. O Coronel Celso de Magalhães nunca se recuperou de ter acontecido que o apoio que lhe dei, no seguimento do pedido ao Dr. António Ribeiro, cujo nome nunca foi invocado, tivesse aquela abrangência. Por mim não interrompi, na sua passagem por Moçambique para onde emigrou, e depois em Lisboa até à sua morte, a estima e apreço que suscitava.

Não passaram muitos meses, foi inaugurada a nova sede da Standard Eléctrica na Avenida da Índia, com a presença dos altos dirigentes da ITT, com destaque para o seu presidente que era o famoso americano Coronel Sosthens Bhen. Compareceu o Marechal Carmona, e houve distribuição de condecorações. Na véspera, como era seu costume, foi ali o Doutor Salazar, que não me apetecia ver. Todavia, o questionário que desenvolveu foi embaraçante para os intervenientes de circunstância, e a administração mandou-me chamar para o elucidar.

A estrutura da ITT, a sua natureza e dimensão do conglomerado, os países onde tinha presença, a abertura aos quadros nacionais, o número e posição dos estrangeiros na distribuição de responsabilidades, a investigação que desenvolvia e que a transferência de resultados animava para os países onde intervinha, os sectores de actividade onde se faria sentir a presença e os reflexos no condicionamento industrial, foram parte do exaustivo questionário. Pouco depois de se retirar, o seu Chefe de Gabinete, Dr. José Manuel da Costa, que ainda viria a ser Secretário Nacional da Informação, telefonou ao administrador para lhe transmitir o agradecimento pela clareza das informações, perguntando quem era o jovem advogado que o elucidara. Foi-lhe explicado que era o mesmo que tinha mandado libertar. Só voltaria a vê-lo quando me convidou para o Governo.

As minhas relações com o Doutor Marcello Caetano ficaram mais próximas, mas não do seu grupo que se apresentava como casa da guarda, e onde se destacava o meu condiscípulo e amigo Baltazar Rebelo de Sousa, talvez o mais fiel e sensato dos colaboradores que o acompanharam até ao fim.

Não temeu as surdas interpretações que as facções internas do regime, que o não estimavam, tinham querido fazer vingar e, numa publicada carta de 8 de Abril de 1948, escrevera a Salazar: "e que pensar ao ver um jovem advogado abafado nos calabouços policiais por ter sido consultado... sobre uma participação à polícia à qual juntaram cartas que, não tendo menção de confidenciais ou secretas e dizendo respeito a factos privados e justificados, foram *a posteriori* considerados continentes de segredos de Estado ?".

Foi importante para mim conhecer a sua mulher D. Teresa, que frequentemente visitei para aproveitar da sua espiritualidade, da paciência e discrição com que acompanhava os problemas da juventude, da erudição que tinha sobre as questões da Igreja Católica, da distância que mantinha em relação à política. Quando o seu estado de saúde tornou impossível vê-la, foi admirável a dedicação da filha Ana Maria, desembaraçada, inteligente, divertida, crescendo em sedução com os anos, e mantendo vivo o sentido de doação que também demonstrou no apoio ao pai durante os anos do fim do regime a que este presidiu viúvo.

No período imediatamente anterior à guerra de 1939-1945, e tendo passado o ensaio geral que foi a guerra civil espanhola, os

A ESPUMA DO TEMPO

comentários de várias fontes estrangeiras eram crescentes no sentido de afirmarem a incapacidade portuguesa de levar a cabo as responsabilidades da colonização, um sinal inquietante de que poderia estar a ser cogitada uma das soluções tradicionais do apaziguamento das ambições contraditórias das potências.

Essa tradição implicava a redistribuição dos territórios das pequenas potências entre as potências vencedoras do conflito terminado ou em curso. Fora uma das causas justificadoras da entrada de Portugal na guerra de 1914-1918, e o Governo do Estado Novo tomou algumas medidas que considerou preventivas da imagem, designadamente a I Exposição Colonial Portuguesa de 1934, no Porto, a Exposição Histórica da Ocupação e o I Congresso da História da Expansão Portuguesa no Mundo, ambas de 1937, e sobretudo a Exposição do Mundo Português comemorativa do duplo centenário da Independência (1140) e da Restauração (1640), realizada em 1940.

O espírito inovador e criativo de António Ferro, que conseguiu a proeza de conciliar a protecção da arte com a defesa da ideologia do Estado, ainda pairava largamente quando deste enorme acontecimento, tendo pertencido como Secretário-Geral à Comissão que integrava Júlio Dantas, Augusto de Castro, Sá e Melo, e ainda Cottinelli Telmo, o arquitecto-chefe que foi também o arquitecto do edifício da Standard Eléctrica, e que dali saiu apressadamente, finda uma reunião de trabalho em que participei, em 1948, para ir morrer à pesca, arrastado pelas ondas no caminho do Guincho, num lugar da costa assinalado por uma cruz. De uma imaginação poderosa, dominou o projecto arquitectónico que resultou grandioso, e teve a colaboração de homens como Raúl Lino, Pardal Monteiro, Cristino da Silva, Leopoldo de Almeida, Francisco Franco, Barata Feyo, Almada Negreiros, Carlos Botelho, Eduardo Malta, Martins Barata, pequena amostra da constelação de talentos que convergiram na obra assinalada pelo Padrão dos Descobrimentos.

À mobilização do patriotismo não correspondeu, como notámos, o envolvimento da opinião pública no conhecimento e

A VIDA HABITUAL

interesse pelas questões da conjuntura efectivamente vivida, e seria o confronto desta com os valores do passado que determinaria nesta área uma das mais importante dissidências deste regime, que foi a do Capitão Henrique Galvão.

Fazia parte de um grupo de oficiais que se transferiram para a administração colonial, e ele próprio, um dos tenentes de Sidónio Pais, foi Governador da Huíla e terminou a carreira no importante posto de Inspector Superior. Este era um dos cargos mais significativos da estrutura administrativa do Ultramar, objecto de honras especiais quando em missão, dependente exclusivamente do Ministro. Era um dos homens vivos com mais profundo conhecimento das realidades coloniais, e certamente tinha a ambição de vir a ser Governador-Geral de Angola ou Ministro do Ultramar. No Governo de outro dos tenentes sidonistas, que foi o Ministro das Colónias Teófilo Duarte, usando a condição de deputado à Assembleia Nacional, fez nesta, em Março de 1949, uma denúncia violenta dos abusos ali praticados e que reduzira a Relatório descuidado pelo Governo.

Assisti a esse debate, pela curiosidade despertada em alguns de nós pela novidade da atitude, e guardei lembrança da combatividade e da determinação que demonstrava. Anos depois, verificaria que era melhor terem-lhe prestado a devida atenção.

Foi a intransigência do Ministro Teófilo Duarte que o fez retirar da lista de candidatos oficiais e única à eleição seguinte da União Nacional, o que o levou a publicar um notado artigo crítico sobre o que chamou – *O côro de S. Bento*. Neste artigo referiu-se, mais ou menos nestes termos, a um careca, de olhos verdes, com profissão de inteligente, que ali presidia, e alguém imaginou que se tratava do Presidente da Assembleia, o Doutor Mário de Figueiredo. Foi por isso objecto de um processo disciplinar, em que seria absolvido, mas que lhe deu oportunidade para um novo artigo final.

Nesse artigo agradecia a oportunidade que pela primeira vez lhe fora oferecida de refutar calúnias, que incluíam acusações de desvios na gestão da Exposição Colonial, e supunha que até se

A ESPUMA DO TEMPO

referiam a um inverosímil desaparecimento dos portões do Convento de Mafra.

Para reforçar o seu agradecimento, depois de solicitar que ninguém fosse ousado de se meter na pele das suas personagens, terminou garantindo ao Doutor Mário de Figueiredo que – o careca, de olhos verdes, que faz profissão de inteligente, do meu artigo, não é V. Ex.ª.

Ouviria depois ao Doutor Salazar que, entre as razões da sua intervenção na Guerra Civil de Espanha, estava já a inquietação com o destino do Império, sem o qual duvidava da viabilidade independente do país. Entendeu que um regime marxista em Madrid teria a breve prazo a consequência de fazer reproduzir o modelo em Lisboa, e nesse caso o abandono das colónias seria um imperativo soviético, com a consequência da perda da independência inevitável. A grandeza das comemorações centenárias apontava agora para o fortalecimento de uma imagem internacional que servisse de obstáculo ao projecto de apaziguar a receada subida aos extremos em curso, com a expropriação das colónias portuguesas a distribuir pelas grandes potências europeias insatisfeitas. De facto, como mais tarde se verificaria, havia uma errada leitura dos sinais da mudança mundial.

Durante os anos que corresponderam à adaptação à nova ordem que vinha do exterior, sendo importantes os movimentos de vária espécie que punham em causa o regime, houve duas constantes: a primeira foi a da ausência de uma verdadeira opinião pública, sem a qual não há movimentos cívicos que tenham probabilidade de êxito, e outra foi a fixação na estrutura militar como alvo preferencial para abalar o sistema.

No que respeita à opinião pública, de facto era apenas a população das grandes cidades, e não toda, que acompanhava os movimentos, e também por isso se manteve a regra de que a física do poder se decidia na capital e que a província seguiria, sempre com a intervenção desejada da força militar.

Quanto a esta, uma regra divulgada pelos analistas enunciava que um regime apoiado na força militar apenas provavelmente

A VIDA HABITUAL

poderá ser derrubado se perder uma guerra, ou se aquela tiver motivos institucionais para a revolta, o que viria a confirmar-se na demorada evolução portuguesa.

Por isso as crónicas andam ricas de constantes tentativas de captação de militares, a maior parte sem real preparação e significado, não obstante historicamente envolverem nomes como o do General Norton de Matos, e tudo à sombra de uma homenagem à origem militar do Estado Novo, que se traduzia em que o Presidente da República foi sempre recrutado na oficialidade. No país das interioridades, o conceito das Forças Armadas como espelho da Nação correspondia a uma adesão cultural sólida, e tal realidade ajudava à estabilidade do regime.

O próprio Movimento Nacional Sindicalista de Rolão Preto pretendeu ser voz ao mesmo tempo dos sectores civis e militares, o que ditou a sua eliminação do aglomerado de defensores do interesse nacional que era proclamado pela União Nacional. Pelo nordeste transmontano, o Regimento de Bragança, da tradição de Mouzinho, tentou agir fugazmente em 1933, mas o apoio foi praticamente nulo. Em 1935 foi a vez do Comandante Mendes Norton, com o objectivo recorrente de forçar a demissão do Doutor Salazar, e a tendência permaneceu até ao fim do regime, sendo cansativa a enumeração de projectos correspondentes ao modelo.

Foi a noção de que ali estava a trave-mestra que levou o Doutor Salazar, em 11 de Maio de 1936, a assumir o cargo de Ministro da Guerra, pronunciando um discurso de captação com o título – *Temos de ter um exército.* Encontrou depois no Capitão Santos Costa, surpreendentemente chamado ao cargo de Subsecretário de Estado contra toda a vigorosa tradição hierárquica da cadeia de comando, a capacidade de moldar a coluna de sustentação.

O tempo longo do exercício habitual do poder far-lhe-ia perder a sensibilidade necessária para surpreender a passagem do acento tónico da cadeia de comando militar do topo para as bases, o que se mostrou consumado em 25 de Abril de 1974.

Nesses anos de experiência nos domínios de uma multinacional aprendia-se a importância dos grupos económicos protegidos pelo duradoiro condicionamento industrial, que era outro instrumento importante de Governo. O princípio orientador daquela economia privada era a defesa dos sectores de mercado sustentadores da oferta programada e defendida contra a concorrência exterior e contra as iniciativas concorrentes internas. O financiamento pelos preços, a estabilidade da moeda, e o controlo da mão-de-obra, tudo era coerente com o modelo da vida habitual.

Na área das telecomunicações, o que internamente vigorava era um acordo informal de partilha entre a Standard Eléctrica e a Automática Eléctrica, que limitava a disputa a espaços restritos.

Por outro lado, como dissemos, era talvez o único regime que adoptava o princípio da economia socialista de sustentar o investimento pelos preços, um método tornado possível pelo regime do condicionamento industrial. Exemplo dos mais típicos foi o da siderurgia nacional da iniciativa de António Champalimaud, um dos empresários mais empreendedores e rigorosos do século, a quem a iniciativa privada ficou a dever muita inovação, avançando precariamente pelas áreas das minas em Trás-os-Montes, mas tornando-se poderoso no cimento, na celulose, na metalomecânica, antes da Revolução de 25 de Abril o lançar para outros vastos horizontes, do cimento e da agro-pecuária, no Brasil. O aproveitamento da concepção governamental não desmerecia a sua capacidade, que se mostrou igualmente produtiva no diferente ambiente brasileiro, e de novo em Portugal quando regressou como que disposto a ajustar contas com a Revolução que o expropriara.

Nesta área empresarial, homens como Manuel Bulhosa, os Mellos continuadores do Império de Alfredo da Silva, financeiros como os Espírito Santo, aproveitando do condicionamento, mostraram-se convictos de que a industrialização era uma variável fundamental para a modernização do país.

Tive oportunidade de conhecer a actividade de alguns deles, por vezes em circunstâncias inusitadas.

O António Champalimaud, uma lenda agreste nesse panorama português, procurou-me, e ali o ouvi pela primeira vez, no Minis-

A VIDA HABITUAL

tério do Ultramar, logo em 1961, para se queixar, com muita liberdade semântica, do Governador de Moçambique, Almirante Sarmento Rodrigues, ao qual não reservava palavras amigáveis.

A querela dizia respeito ao licenciamento de uma fábrica de reciclagem de ferro velho, se esta é a expressão apropriada que recordo, e cuja capacidade instalada excedia as disponibilidades da Província, pelo que necessitava de licenças de importação da África do Sul. O Governador não lhe concedia a licença, e daqui deduzia ele a total incapacidade governativa de entender os interesses públicos que estava a querer servir.

Passei por cima da linguagem senhorial, e julgo que para alguma surpresa dele fui-lhe recordando as limitações de divisas que as circunstâncias de emergência impunham às administrações provinciais, sugeri que se lembrasse de ter garantido por escrito ao Governador-Geral que não teria qualquer necessidade de proceder a importações de matérias-primas, e que a documentação do pedido indeferido tinha permitido verificar que havia algum erro de cálculo nos números apresentados no processo de licenciamento. O Governador não se considerava certamente enganado, porque confiava em que o erro era inocente e não afectava a idoneidade do empresário, mas tinha a desagradável obrigação de procurar equilibrar os interesses públicos com os da iniciativa empresarial.

Pareceu-me mais tranquilo, e fui acrescentando que tínhamos ocasionalmente necessidade urgente de uma fábrica de cimento em Nacala, para organizar a capacidade naval da enseada, estando por então sem resposta a ronda a que o Governador se dedicara entre eventuais investidores.

O risco da revolta das populações parecia conter as iniciativas, e por isso alguma vantagem devia ser dada a quem se aventura. Talvez a licença de importação pendente pudesse ser um incentivo suficiente para que um industrial do sector, como o requerente, assumisse o risco.

Levantou-se dizendo que ia construir a fábrica, e respondi-lhe que o Governador estaria provavelmente receptivo a despachar a licença, pelo que o encontro de ambos seria apropriado. Quando do II Congresso das Comunidades de Cultura Portuguesa, a que me referirei, se realizou em Moçambique, foi visitar-me a bordo do *Infante D. Henrique*, fundeado em Lourenço Marques, pedindo que o Congresso visitasse Nacala, para ver que cumprira a sua palavra. Era verdade.

Teria ainda de o rever em condições difíceis, quando, pelos fins da década de sessenta, uma questão de origem familiar, que ficou conhecida como o "Caso da Herança Sommer", se transformou numa séria questão política que o colocou em forte oposição ao novo Governo. Esse processo convocaria os esforços de vários advogados de renome, como Sidónio Pereira Rito, Proença de Carvalho, Manuel João da Palma Carlos, Salgado Zenha, e implicou a necessidade de Champalimaud se ausentar de Portugal para evitar a detenção preventiva, vindo finalmente a ganhar em todas as frentes.

Foi assim que, encontrando-me em Madrid, hospedado na Casa do Brasil, um colégio universitário, de que era eu membro honorário, dirigido pelo ilustre sociólogo Joaquim da Costa Pinto, uma noite me avisaram de que estava na recepção um senhor Sommer, que tinha urgência de me falar. Era o António Champalimaud, o qual me explicou que conseguira sair de Portugal usando meios aéreos próprios, e sabendo que eu estava em Madrid, vinha pedir-me para o aconselhar sobre a escolha de um país para onde pudesse deslocar-se sem risco de extradição. De memória indiquei-lhe o México, sempre convencido de que ele estava a ser vítima da notoriedade e agressividade que o caracterizaram, tudo agravado pelo triunfo na carreira, o que os factos vieram a confirmar. Ficou paradigmática a capacidade com que à distância, instalado noutro continente, continuou a gerir eficazmente as empresas metropolitanas e coloniais, estabelecendo uma espécie de ponte aérea para os seus colaboradores.

Foi essa mesma energia que, depois de 1974, o levou a construir um novo Império no Brasil, e a regressar a Portugal para

A VIDA HABITUAL

ajustar os diferendos com as expropriações revolucionárias, continuando a somar vitórias.

O destino fustigou-o severamente com a maior das dores que é a perda de filhos, no seu caso com dramatismo inexcedível, e finalmente com a perda da visão na última idade. A Fundação que instituiu, para apoiar financeiramente os avanços científicos nos estudos da visão, deixou uma prova do seu forte carácter.

O Dr. Ricardo Espírito Santo era um conselheiro ouvido pelo Doutor Salazar, ao qual trazia notícias do mundo que este não visitava, e tinha uma merecida reputação de espírito aberto às artes e ao mecenato, que deixou como legado à família.

A intervenção de Alfredo da Silva encontrou nos Mellos a continuidade que também sobreviveria às contingências revolucionárias, merecendo atenção o facto de, nestas várias linhas herdadas do condicionamento industrial, se manifestarem capacidades suficientes para responder ao novo condicionalismo, enfraquecendo a argumentação revolucionária que filiava o triunfo nos benefícios daquele condicionamento.

Embora ultrapassado o modelo pelas exigências das novas e crescentes interdependências europeias e mundiais, aquele industrialismo teve o apoio de teóricos nacionais de renome, como Esequiel de Campos, Araújo Correia, e a lenda que foi Ferreira Dias.

Na função de Subsecretário de Estado de Comércio e Indústria, a que o chamaram em 1940, em clima de guerra, foi talvez a voz mais escutada que então se levantou contra a vida habitual, considerando urgente a modernização do país, invocando o progresso da técnica contra o agrarismo tradicional, e usando como instrumentos principais a electrificação, e o fomento e reorganização industrial. O talvez novo conceito do condicionamento técnico foi por ele pregado no ensino, no debate público, e no Governo.

Tendo os embaraços habituais dos reformistas, quando abandonou o Governo publicou um livro que fez época, intitulado *Linha de Rumo* (1945), que andou pelas mãos dos estudantes, e onde, como vimos, patrioticamente se rebelava contra o conceito

A ESPUMA DO TEMPO

de um Portugal, jardim à beira mar plantado, mas que via a Holanda vender as flores, ou Portugal, um laranjal em flor sempre odorante, a ver a Espanha vender as laranjas.

Conheci-o Ministro da Economia, chamado ao Governo em 1958, depois de o terem dispensado por largos anos, cansado de arremetidas "sem nível", desejando ter apenas as funções de Secretário de Estado da Indústria, onde o acompanhou por algum tempo o Prof. Engenheiro António Alves de Carvalho Fernandes, que em breve pedia ajuda para regressar à vida civil.

Por esse tempo foi uma das pessoas que conheci mais consciente da gravidade dos desafios que Portugal enfrentava (1962), apelando a que a iniciativa empresarial assegurasse a modernização dispensando a eventualidade de um Governo que para ele seria socialista, recusando-se a tomar parte em reformas aparentes. Um dos seus temas era a necessidade de por antecipação superar a dependência das actividades empresariais e do mercado metropolitano de algumas matérias-primas coloniais, designadamente o açúcar. Cheguei a dar-lhe concordância escrita para o início de um programa da beterraba, uma das gotas de água que, pelas reacções, o levou a sair definitivamente do Governo.

Tal desenvolvimentismo, como viria a chamar-se, não era sempre relacionado com a previsão de uma alteração definitiva da estrutura colonial, nem a opinião pública estava suficientemente alertada para essa contingência, não obstante os movimentos de que agora os historiadores vão dando nota, mas cuja clandestinidade não tinha o poder de fogo necessário para eliminar essa distância da realidade.

Foi tendo mais efeito na opinião um conjunto de histórias de vida a que as vigilâncias de vária origem não atribuíram perigosidade, às quais se juntava a mensagem de alguns escritores não reconhecidos como arregimentados em facções ideológicas.

Quando apareceu o *Diário de Anne Frank*, escrito em 1944, o testemunho foi mais eficaz e mobilizador do que as fileiras de dissertações eruditas, e as acções clandestinas mais tarde conhecidas, contra os totalitarismos, o racismo, a guerra, as violações da dignidade humana. Esta adolescente judia, que morreria num campo de concentração no ano seguinte, foi num esconderijo exíguo que elaborou a mensagem e o testemunho do terror a que o nazismo submeteu as populações europeias dos países ocupados. Escreveu: "todas estas privações não significam nada em comparação com o horror de ser descoberto".

Também *A 25ª Hora*, aparecido em 1950, de Virgil Gheorghiu, definiu a degradação em que um regime totalitário colocava os próprios servidores, obrigados a uma "errância numa obscuridade vizinha da morte", circulando pelos campos de concentração, alternadamente vítimas dos nazis, dos soviéticos, dos Aliados, a caminho de alienação numa sociedade tecnocrata e globalista. Desse livro diria Gabriel Marcel que não lhe parecia possível encontrar uma obra de maior significado e reveladora da situação angustiante em que a humanidade se encontrava mergulhada.

Mais perto de nós, Camilo José Cela, logo em 1942 publicava *A Família de Pascal Duarte*, que dramatiza a alienação dos que viriam a ser os novos pobres, mas não apenas de bens materiais, no mundo europeu em que se afundavam as instituições da sociedade civil, a começar pela família.

Uma linha em que, no que tocava ao conflito essencial com o sovietismo, seria o trovejante Soljenitsine que alcançaria o ponto alto da intervenção com *O Arquipélago de Goulag*.

Na África tal linha seria continuada por livros como *Cry, Believed Country, Cry*, de Alan Paton, assim como no oriente outros dariam consistência a esta cadeia de vozes e falas pelos que não tinham voz. Este tipo de literatura teve mais influência na mobilização das opiniões públicas do que as intervenções nas clandestinidades, e em Portugal não apareceu nenhuma voz equivalente, também neste domínio mais país exógeno do que fonte de orientações. Caminhávamos para um fim de século sob o critério dominante da vida habitual, uma aparência sob a qual se mantinha a corrente pessimista secular das queixas contra o desempenho português em todos os níveis, e a captação frustrada

A ESPUMA DO TEMPO

do exército pelas oposições para a revolta contra o regime, e pelo regime para se manter de trave-mestra.

A actividade profissional levou-me a frequentar a Sociedade da Propaganda de Portugal – Touring Club, de que se ocupava o jornalista Luís Lupi, Presidente do Conselho Fiscal da Standard Eléctrica, e fundador da *Lusitânia*, agência de notícias. Esta última, embora dependente dos financiamentos estaduais, muito por intermédio da Agência Geral do Ultramar, foi uma das primeiras manifestações efectivas da percepção de que uma corrente de informação regular era indispensável, naquela data já tardia, para manter um sentimento de comunhão entre as parcelas do Império.

Como era próprio do regime, os acontecimentos oficiais, e de regra o louvar das intervenções dos responsáveis, eram a matéria dominante, mas recordo a constante pregação do director no sentido de ter a independência e veracidade como referências fundamentais, embora reconhecesse, nas conversas informais, a dificuldade de deixar de receber as notas oficiosas pelo seu valor facial.

Ainda assim, a simples existência da Agência já era útil, e não faltaram oportunidades de ter dificuldades com as autoridades, sobretudo menores.

Foi ali que conheci uma das últimas relíquias da participação portuguesa no euromundo colonial, o Almirante Magalhães Correia, antigo Governador da cidade internacional de Tânger, onde granjeara um indiscutível respeito mundial. Havia frequentes palestras proferidas por responsáveis da administração ultramarina, sobretudo quando regressavam das missões, e o círculo restrito dos membros e convidados da Sociedade, cujos encontros não tinham grande publicidade, era sede importante de reduzido número de portugueses que acompanhavam precariamente a realidade colonial.

A Tânger também estava ligado um dos brilhantes magistrados desse tempo, o Dr. Vera Jardim, amigo do Teófilo Carvalho dos

A VIDA HABITUAL

Santos, pai do Dr. Vera Jardim que havia de ser Ministro da Justiça do Governo socialista de Guterres, e que foi juiz do tribunal internacional daquela cidade.

Nessa data não eram ainda numerosas as instâncias internacionais onde fosse plural a titularidade dos cargos, e por isso a presença daquelas personalidades era festejada como altamente honrosa para o país.

Foi pela relação com o *Touring Club* que fiz a minha primeira visita ao Brasil, na viagem inaugural do *Infante D. Henrique* (1951), em representação daquela Sociedade, entretendo-me a ensaiar notas de viagem para a *Lusitânia*, uma experiência que não teria futuro.

A bordo seguia uma delegação oficial, em missão cultural. Lembro-me, de entre os passageiros, Ferrer Correia, Daniel Barbosa, Henrique Tenreiro, Natália Correia, e o Dr. João do Amaral, este fazendo a ligação social com um grupo de raparigas do teatro, como por então se dizia, lideradas e severamente vigiadas pela notável Hermínia Silva, uma das fadistas que fez época, na época que foi de Amália Rodrigues.

É possível que a missão cultural tenha produzido alguns frutos, mas para quem participava na viagem por motivos diferentes, o deslumbramento foi mesmo o do encontro com o país. A Baía de Guanabara estava plena de embarcações engalanadas, na maior parte cheias de portugueses que manifestavam a alegria pela visita do paquete que os orgulhava. Os vivas, o agitar das bandeiras e dos lenços, os apitos, os gritos, tudo criou um ambiente de profunda emoção que, no desembarque, fez misturar conhecidos e desconhecidos em efusivas manifestações de entusiasmo.

A recepção nas instituições portuguesas do Rio de Janeiro, da Bahia, de Santos e de S. Paulo, a maravilha de mergulhar num tão vasto país a falar português, num turbilhão de compromissos que atropelaram o tempo, marcou para sempre a minha ligação emocional ao Brasil.

Desse grupo, o Dr. João do Amaral, tio da Maria Helena Trigueiros, casada com Luís Trigueiros, de uma inteligência brilhantíssima, monárquico e apoiante do Estado Novo, contaria mais tarde, nas amenidades do Grémio Literário, que tinha sido encarregado pelo Doutor Salazar de diligências referentes ao casamento de D. Duarte Nuno com uma princesa do ramo brasileiro dos Braganças, para conciliar a família, e tornar efectivo o conceito que tinha de que, tal como os castelos que mandava restaurar, os príncipes faziam parte do património histórico português e aqui deveriam poder viver.

O encargo mereceu-lhe tanto cuidado que fizera recomendações ao Dr. João do Amaral sobre comedimentos que deveria ter, e poupanças de tempo que aconselhava. Em tom de graça, e para amenizar as recomendações, foi notando que entre as perdas de tempo que lhe conhecia estava o gasto inútil de jogar às cartas. O Dr. Amaral concordou amável em que de facto se perdia muito tempo a baralhar, mas ainda assim deu conta do recado.

O recurso ao modelo dos Centros foi um desenvolvimento de experiências anteriores ao corporativismo, e de todos recordo o Centro Nacional de Cultura, fundado em 1945, data em que se verificou o fim da guerra. No clima de expectativa de mudança do regime, o grupo tinha como que uma legitimidade originária, porque os membros vinham de organizações como a Juventude Universitária Católica, a Liga dos Antigos Graduados da Mocidade Portuguesa e representantes da herança integralista.

Estas ligações asseguraram-lhe durante algum tempo uma distância não conflituosa com o regime, embora servisse o ideal democrático, sendo relevante a acção de dirigentes como Afonso Botelho, António Seabra e Cunha Ferreira, e intervenções como as de Almada Negreiros, Fernando Amado, Henrique Martins de Carvalho, Alçada Baptista, Francisco de Sousa Tavares, alguns com posterior participação na política activa e até no Governo.

Progressivamente foi sendo sobretudo um Centro monárquico, mas o conflito com o regime acentuou-se com a chegada de Francisco de Sousa Tavares à direcção, em 1957, e nunca mais calou a sua voz temível de polemista que fez ouvir em 25 de Abril, no Largo do Carmo, empoleirado numa árvore com um

A VIDA HABITUAL

altifalante auxiliar, imagem que também nunca mais deixou de ser recordada.

As contestações contra a guerra colonial, e a mudança de espírito da juventude académica, com expressão nas greves de 1962 e 1967, deram nova feição ao Centro no qual Alçada Baptista teve uma das suas principais intervenções culturais, lutando pela liberdade de expressão, atitude que ficaria histórica com a Revista *O Tempo e o Modo*, que fundou.

Talvez o feitio desprendido de Alçada Baptista, mais interessado em compreender do que em agir, lhe tenha retirado a projecção que merecia, e que viria ainda a ser afectada pelo livro de entrevistas com Marcello Caetano, em fim de regime, e que a habitual corrosiva voz corrente assimilou ao livro de entrevistas de António Ferro com Salazar, livro que foi essencial na fixação da sua imagem pública.

De qualquer modo foi valiosa a contribuição de Alçada Baptista para importar as versões actualizadas da doutrina social da igreja, os seus autores significativos como Maritain e Mounier, e ainda para fortalecer a corrente discordante do apoio católico aos regimes autoritários europeus.

Esta questão foi crucial para a evolução do regime no ponto crítico da guerra de 1939-1945, porque foi em 1940 que o Governo decidiu celebrar o duplo centenário da Independência e da Restauração. As celebrações foram magníficas, como já recordámos, e nessa data foram assinadas a Concordata que pacificou a consciência católica, e o Acordo Missionário que passou a reger a missionação católica no Ultramar, colaborando com a execução do conceito estratégico da Constituição de 1933. Nesta se consagrava a missão colonizadora e evangelizadora, que o Acordo entregava às missões católicas.

O Papa Pio XII expressamente louvou a nação portuguesa pelo passado colonial, tornou pública a confiança numa acção sustentada e duradoira para o futuro, deste modo fortalecendo o conceito do Governo, do qual Augusto de Castro foi o brilhante apóstolo naquela circunstância.

A ESPUMA DO TEMPO

Simplesmente, naquela data as tropas alemãs já estavam em Paris, e os sinais dos tempos, que apontavam para a liquidação do Império euromundista, e da sua parcela portuguesa, pura e simplesmente não foram lidos, nem pelo Governo, nem pelas oposições. Tudo se desenvolveu no pressuposto de que o modelo da balança de poderes europeia, com as suas habituais vicissitudes e recuperações tradicionais, era o que estava em causa. O Cardeal-Patriarca D. Manuel Gonçalves Cerejeira foi um expoente visível e actuante desse pensamento, no qual realmente comungava, assim como na contradição ideológica em que se viveu de confundir os pressupostos do modelo brasileiro de independência, festejado por todas as correntes, com as variáveis da realidade daquela época que completamente inviabilizava a repetição, um tema ao qual teremos de voltar.

O certo é que o povo de Deus, nesse século XX que viu oito Pontífices no Vaticano, teve vozes que se afastaram da habitualidade da hierarquia, sendo que, para a evolução portuguesa nessa data das celebrações, tinha especial importância o Papa Pio XII (1939-1958), que fora eleito depois de uma intensa vida diplomática, e vira realizada a aproximação concordatária do Vaticano com a Alemanha, vindo a ser frequentemente contestado. A questão dos judeus foi crucial. Em cerca de vinte e dois anos de Governo, nenhum pontífice, até ao advento de João Paulo II, teve uma intervenção doutrinal tão extensa e uma actividade evangelizadora mais intensa. Nessa tarefa, a clara afirmação da incompatibilidade entre cristãos e comunistas, deu solidez ao conceito de que a luta existencial entre ambos era o desafio da época.

As vozes que se ouviram a favor da renovação, e que viriam a dominar o Concílio Vaticano II iniciado em 1962, amenizaram os factos, e fizeram compreender lentamente que a vida habitual não era o critério apropriado para manter unido e esperançoso o povo de Deus que enfrentava a tormentosa viragem do século.

Foram atempadas, mas de lento progresso, as mensagens renovadoras de membros da hierarquia como D. António, Bispo do Porto, e D. Sebastião de Resende, Bispo da Beira, e mais

A VIDA HABITUAL

desatempadas as tomadas de posição das oposições políticas em relação ao tema central da descolonização, um facto que ultrapassou largamente a fixação na liderança pessoal do regime, e na convicção da inevitabilidade de tudo depender da mudança das fidelidades das Forças Armadas, que lhes parecia impedir o passo da programação da mudança.

Este tipo de intervenções, bem diferentes da mitologia de que se alimentavam as práticas conspirativas correntes, e que também não usa por regra a pregação da violência, orienta-se antes para a criação de um homem novo que mude a atitude da sociedade civil, sabendo intuitivamente que o poder só manda porque lhe obedecemos.

Ainda longe da guerra de 1939, já Aldous Huxley figurava entre os autores mundializados que advertiam contra a alienação no totalitarismo da tecnologia, sem procurar a salvação no apelo ao personalismo cristão, mas procurando apoio numa transcendência de contornos mal definidos.

Foi mais notável que, na vigência do nazismo asfixiante e durante a guerra, a mensagem viesse por exemplo de Ernst Jünger, capitão nas forças que ocupavam Paris na data do frustrado atentado contra Hitler, mas que não supunha que o fim da alienação dependesse da morte do tirano.

Com o seu *Traité du Rebelde*, de 1951, apelou ao *"maquis d'honneur"* contra o totalitarismo, e definiu a figura do resistente contra a alienação a que tinham sido submetidos os trabalhadores pela expansão da técnica, e o soldado desconhecido, vítima do militarismo.

O homem novo é o rebelde que assume a resistência, ainda que sem esperança, em relação directa com a liberdade.

Na própria Alemanha em guerra, o grupo Rosa Branca dos estudantes da Universidade de Munique, liderados pelo Prof. Cruber, e todos decapitados, era da sociedade civil libertada que esperavam a recuperação e salvaguarda do humanismo europeu.

De entre todos ficou-me para sempre presente Simone Weil, filha de judeus, culturalmente cristã, próxima do sindicalismo

A ESPUMA DO TEMPO

revolucionário, que era de facto, como foi dito por Henri Lemâitre, um exemplo único de resistência espiritual às forças da alienação que afligiram os homens.

Foi da experiência como operária numa fábrica, depois de abandonar o ensino, que resultou o seu famoso *La Condition Ouvriére* (1951), e só não aderiu ao catolicismo talvez por falta de confiança na organização eclesiástica, mas sobretudo para não recusar a solidariedade aos judeus, a origem étnica que a obrigou a abandonar a França em 1942, e a recusar alimentar-se suficientemente para não ter condição melhor que os franceses da ocupação, morrendo do sacrifício.

Na linha mais pura dos pacifistas, condenou toda a violência opressora e igualmente a vingança, e fez o apelo ao homem novo: "a força é o que faz de quem lhe é submetido, uma coisa"; e ainda: o povo "tem necessidade de que a substância quotidiana da sua vida seja ela mesmo poesia. Uma tal poesia só tem uma origem. Essa origem é Deus. Tal poesia só pode ser a religião".

Orientação como a do grupo de *O Tempo e o Modo*, e as posteriores manifestações filiadas em valores correspondentes, estavam na linha desta corrente, ela sem grandes reflexos assumidos na vida portuguesa, mas alimentando a tentativa de conciliar os valores históricos com a vontade de responder às exigências dos novos tempos, construindo as emergências da renovação.

Das actividades dos grupos de intervenção política, ou supondo que a exerciam, não tive notícias directas, mas sim oportunidade de, na vida profissional, encontrar alguns dos envolvidos. Lembro sempre o Dr. Teófilo Carvalho dos Santos, do círculo do escritório do Dr. Abranches Ferrão, e que foi dos meus amigos mais queridos e mais íntimos.

Num dos sobressaltos da Polícia Política, que em relação ao Teófilo só não acertava nas ocasiões, por 1947 este acordou na sua casa de Alenquer com os agentes a tomar conta do automóvel e a mandar-lhe que os acompanhasse. Pediu breve tempo necessário para se arranjar, foi para a casa de banho, saiu pela janela, calcorreou os caminhos que bem conhecia, e à noite apareceu-me

A VIDA HABITUAL

na casa onde vivia com os meus pais, na Rua Victor Bastos, em Campolide.

Vistas as circunstâncias ali ficou, e passados breves dias conseguimos numa casa apropriada da vizinhança uma instalação segura, de que minha Mãe assegurava a logística doméstica.

A notável Maria Fernanda, sua mulher, garantia o trânsito dos papéis profissionais entre Alenquer e o meu escritório, e julgo que não perdemos nem prazos nem interesses.

À noite deambulávamos pela cidade tomando necessárias cautelas, mas ao fim de alguns meses, com a intervenção ponderada do seu irmão Dr. José Carvalho dos Santos, que fora um brilhante jovem político antes do 28 de Maio, e passara a maior parte da vida em Angola, concluímos que era necessário esclarecer a situação porque tal regime de vida era já intolerável para o Teófilo.

Encarreguei-me de falar com o Dr. Augusto Paes de Almeida e Silva, um juiz que já fora Governador Civil, tinha boa circulação no regime, e gozava de respeito e estima dos advogados. Entendemos que, sendo inteiramente confiável, poderia eu pedir--lhe conselho e ajuda.

Fui procurá-lo ao seu gabinete no Tribunal do Calhariz, expliquei-lhe a situação, e, movido pela estima que me dispensava, decidiu que iria pessoalmente averiguar a situação na polícia.

Em poucos dias comunicou-nos que se tratava apenas de o Teófilo ser testemunha num processo, que a Polícia estava um pouco humilhada pelo fiasco da diligência em Alenquer, e que por isso o deteria dois ou três dias, mas depois de ouvido seria remetido à liberdade. Trazia fixado o dia da apresentação.

Nesse dia o Teófilo rapou o vasto bigode que deixara crescer, deixou em cima de uma estante de livros da minha casa os óculos escuros que por ali ficaram anos, fomos almoçar aos Irmãos Unidos, levei-o no meu carro à porta da PIDE, e despedimo-nos para dali aos anunciados três dias.

À noite, quando já estávamos à mesa para jantar, apareceu o Teófilo, com a boa disposição que raramente perdia, louvando a intervenção do juiz, contando que passara horas de espera para que um Inspector delicadíssimo lhe viesse pedir desculpa do incómodo, mas adiando a conversa para a semana seguinte.

Esses dias correram alegres, na data aprazada repetimos o cerimonial, lá ficou à porta, e só voltou cerca de um ano depois, sem inculpação nem desculpas. A nossa amizade não teve acidentes nem interrupções, muitas vezes passei o fim-de-semana na sua casa de Alenquer, tive pelos filhos, sobretudo pela querida Regina, uma afeição total, e estive junto dele e da Maria Fernanda quando perderam subitamente o filho mais velho, a maior dor humana, ambos desamparados da fé religiosa, e amparando-se com bravura na provação.

Acompanhei-o até à última morada, e não esqueço a delicadeza de Mário Soares tão ligado de amizade ao Teófilo, e naturalmente liderando a vasta representação socialista que acompanhou o corpo desde a sede do Partido no Rato, onde estive com a minha mulher, até ao cemitério de Alenquer, quando ali me encaminhou para que estivesse ao lado da Maria Fernanda e dos filhos nos actos finais.

De entre os interventores frustrados pelo ambiente, e pelo envolvimento do sistema, destaco desse tempo Domingos Monteiro, contista admirável que ainda não foi colocado na evidência que merece. Sendo um dos jovens advogados mais famosos da geração e curso de Marcello Caetano, passou dois anos preso por erro processual finalmente descoberto pelo nosso colega Paradela, o famoso cantor de fado, e, absolvido passado dez anos, a carreira literária era o seu definitivo caminho.

Transmontano apaixonado pelo Marão da sua infância, e pela quinta da família onde passei inesquecíveis férias, conhecia Lisboa de cada viela e canto, e com ele e outros a esmiucei, e amei, comendo pelas tascas, andando pelos arraiais dos santos, e pelos sítios fadistas, na época em que havia uma doença de juventude chamada amalite. Amália já apontava para a liderança que lhe pertenceu, desde o café Luso dos primeiros tempos, ao Mesquita, onde com a simples presença apoiava a irmã, ao mundo por onde a encontrei, na exposição de Bruxelas quando foi condecorada por Marcello Caetano, no Brasil quando se ligou aos Seabras, e nos últimos anos acompanhada pela dedicada Maluda e pela querida Ana Maria Adão e Silva, esta atenta à passagem dos anos e à alegria de juntar à mesa grupos dos nossos amigos, em que se incluía Natália Correia, e que se apoiavam na determinação inconfessada de envelhecer com sabedoria.

O Domingos Monteiro nunca abandonou a pregação democrática que vertera na frustrada tese para doutoramento, sobre o regime democrático, e no Movimento para a Nova Democracia que partilhou fugazmente com Mário de Castro. Como tantos outros, que esqueceram o facto, enriquecia o círculo que a inspirada Natércia Freire constantemente alargava a partir do *Diário de Notícias*, indiferente às conotações ideológicas, atenta à intensidade com que os jovens acolhidos escutavam as vozes que revelam os poetas.

Pertenceu Domingos ao grupo rarefeito dos preocupados com a identidade portuguesa e a evolução do país, mas displicentes em relação às movimentações partidarizantes que absorviam muitos dos seus amigos e condiscípulos, camaradas de letras e profissão, mantendo-se persistente sem projecto na busca do homem novo que mudaria a sociedade civil e a histórica imagem de desgoverno e errância que as gerações portuguesas de longe nos transmitiam como legado.

Durante o período agudo da Revolução de 74, sendo então funcionário da Gulbenkian, ainda deu um berro eficaz aos saneadores, e procurou organizar uma intervenção jornalística do seu pensamento de sempre, que se perdeu na balbúrdia da época, aumentando os desperdícios tradicionais da nossa herança.

A querela Santos Costa, que referi, tinha despertado a atenção solidária, e necessariamente discreta a princípio pelos condicionalismos do regime, de transmontanos envolvidos na governação, e pouco apreciadores da intervenção de Cavaleiro de Ferreira no incidente. O mais destacado deles era nesse tempo o Dr. Trigo de Negreiros, que passou umas duas décadas nas funções governati-

A ESPUMA DO TEMPO

vas, e conheci Ministro do Interior. Tinha uma informação miúda da rede de interesses e solidariedades em que tinha de mover-se, o sentido de colónia interior dos transmontanos, e o pensamento constantemente na sua casa de Abreiro, e na residência do Porto, onde fora magistrado do Ministério Público. A Senhora D. Maria Olímpia, sua mulher, não era menos informada sobre a vida portuguesa, e sempre esteve provisoriamente na residência de Lisboa, durante os longos anos que por ali se demorou.

No círculo solidário transmontano, que por lá passava e era populoso, sempre se destacaram Sarmento Rodrigues e Norberto Lopes, este um intransigente crítico do Estado Novo que não admitia beliscadura àqueles amigos de sempre.

Da minha geração, Camilo de Mendonça, da família da Senhora D. Maria Olímpia, era o mais próximo do casal. A solidariedade de província e a amizade pessoal eram sobrevivências fortes de um ruralismo que havia de chamar a atenção de Gilberto Freyre quando algures identificou o compadrio, mistura do conceito cristão com transigências terrenas, como elemento do tecido cultural português.

Recordo-me de que um dia o Dr. Trigo de Negreiros compareceu em pessoa, com a autoridade de Ministro, no cais de Alcântara, a conseguir atrasar a partida de uma paquete, sendo a importante razão a necessidade de esperar por um modesto emigrante transmontano que se atrasara. Nessa actividade de protecção gastava muito do seu tempo, para atender a interminável lista de pedidos escritos, e de audiências pessoais.

No ano 2000 fui sucessivamente convidado para intervir como orador nas homenagens prestadas a Sarmento Rodrigues e Trigo de Negreiros. Ao primeiro, em Lisboa pela Academia de Marinha, e em Freixo de Espada à Cinta, sua terra natal, pela Câmara Municipal, em cerimónia que teve a presença do Presidente da Assembleia da República Dr. Almeida Santos, dos Chefes de Estado-Maior, dos Presidentes das Academias portuguesas, e de um destacamento de cadetes da Marinha chefiados por uma aluna que despertou o entusiasmo da assistência.

A VIDA HABITUAL

Ao segundo, a propósito da inauguração do busto frente ao Hospital de Mirandela, na sessão organizada pela Câmara Municipal, com lembrança minuciosa e justa da intervenção que teve na área da saúde, e no atendimento das necessidades do pobre Nordeste.

Cerimónias que li como um dos sinais de que a sociedade civil portuguesa estava reconciliada depois da Revolução de 74, sendo que o apoio à causa de Timor foi o mais evidente dos sinais desse avanço para um novo futuro.

Refiro especialmente estes dois homens porque do contacto prolongado que tivemos retirei algumas lições que me acompanharam.

Quanto ao Dr. Trigo de Negreiros, recordo a visita que lhe fez o Doutor Marcello Caetano quando foi nomeado Ministro da Presidência em 1955, tendo aparecido lá em casa na hora do almoço, em que eu participava. O Dr. Trigo de Negreiros foi recebê-lo na provisória sala de visitas que usava nesta sua provisória passagem de vinte anos por Lisboa, e disse-me para o acompanhar.

Tiveram uma conversa cordial de banalidades e, depois das despedidas e do regresso à mesa, o Dr. Trigo de Negreiros, com a aparência alheada que lhe acontecia, foi dizendo para a mulher – quando vierem as dificuldades este nosso Ministro ausenta-se. Por esse tempo não me era possível concordar, e contrariei o pessimismo que todavia afectava o respeito que o Dr. Trigo tinha pelo novo companheiro de Governo.

Como me interessava pela legislação publicada pelo Doutor Cavaleiro de Ferreira sobre medidas de segurança, temíveis para os crimes políticos, e escrevendo a tal respeito a crítica que foi solitária durante bastante tempo, como Salgado Zenha lembrou em debate na Ordem dos Advogados, também segui o conflito que o autor teve com o Dr. Trigo de Negreiros sobre o projecto de submeter todas as polícias ao Ministério da Justiça, ao que este intransigentemente fez oposição. Ainda agora circulam comentários repetitivos sobre a devoção do Ministro da Justiça pelo

A ESPUMA DO TEMPO

avanço da estrita legalidade que o seu projecto pretenderia servir, um idealismo pouco coerente com o regime das medidas de segurança que decretara, e certamente uma iniciativa mais coerente com um desígnio de alargamento pessoal do poder que longamente exerceu, uma circunstância sempre inspiradora de projectos mais vastos.

Mas as eleições a que concorreu o General Humberto Delgado foram a maior provação da vida pública do Dr. Trigo de Negreiros. Fez a leitura de que o regime atingira o ponto crítico da necessidade da auto-avaliação e da reforma interior, para não ter que sucumbir à mudança da conjuntura. Por isso foi sempre constrangido que aceitou as intervenções mais repressivas, o que enfraqueceu rapidamente a sua posição no sistema, objecto de críticas internas sobre a alegada debilidade da sua intervenção e conduta. A passagem para a presidência do Supremo Tribunal Administrativo foi a consequência benévola da tensão provocada.

O mais instrutivo desse processo esteve na campanha panfletária e anónima com que foi atingido pelas oposições, que formalmente o identificavam como o símbolo visível das intervenções policiais. Foram tremendas as deturpações sobre factos da sua vida pessoal, que atingiram pessoas inocentes, alheadas de qualquer actividade política, e cuja memória estava guardada na sua longínqua juventude.

O sofrimento de todos os envolvidos foi sem medida, a falta de medida no combate político mostrou-se estrutural à margem dos tipos de regime, como depois da mudança se confirmaria, um modelo cultural desenvolvido pelo progresso técnico dos meios de comunicação e pelas pressões do mercado.

A importância de Sarmento Rodrigues na minha vida seria mais importante, mas isso foi consequência da entrada no corpo docente da então chamada Escola Superior Colonial.

Na Faculdade de Direito as coisas não correram amáveis com o Prof. Cavaleiro de Ferreira, e tenho esperança de que não seja essa uma das razões pelas quais sempre o critiquei. Também não foram satisfatórias quando o Prof. Marcello Caetano se sentiu

A VIDA HABITUAL

ultrapassado na sua ausência por uma iniciativa sugerida pelo Doutor Taborda Ferreira e assumida pelo Prof. Paulo Cunha, traduzida num convite dirigido ao Dr. Carmindo Ferreira, ao Dr. Sidónio Pereira Rito, e a mim, para entrar na espécie recentemente inaugurada de assistentes, uma notícia de que foi entusiasta e feliz portador o próprio Taborda Ferreira. É de supor, sem provas, que o Doutor Cavaleiro de Ferreira não teria deixado de soprar a brisa do descontentamento, mas foi o Doutor Marcello Caetano que me chamou a sua casa para, deferentemente, me explicar que a vinculação excessivamente esquerdista que atribuía a um dos convidados, o Sidónio Pereira Rito, o obrigara a fazer revogar a decisão, acrescentando que passado um tempo de arrefecimento do incidente seria a altura de voltarmos a conversar.

Não julgo ter sido comedido na resposta em relação a uma desagradável situação criada sem qualquer intervenção nossa, e julgo que acrescentei qualquer coisa sobre o tino de professores que variavam de decisão e esperavam solidariedade e distracção quanto ao motivo invocado: não poderiam contar com isso.

Tirei dali o sentido e não pensei em mais do que na carreira forense, até que, estando de férias na Galiza, em Setembro de 1950, recebi um telegrama do Prof. Mendes Correia a convidar-me para ingressar no corpo docente da escola que dirigia. Foi um compromisso definitivo.

No regime insular em que se encontrava o sistema educativo, e que assim se manteve até por fins do século, a Escola era praticamente um nicho reservado do Ministério do Ultramar e do quadro administrativo que apenas em parte alimentava. As figuras com mais projecção pública eram justamente o Professor Mendes Correia, com um percurso feito na Universidade do Porto, e o Professor António de Almeida, dedicado à etnografia, mas a notoriedade era mais apoiada pela qualidade de deputados à Assembleia Nacional do que pelo trabalho que desenvolviam no estabelecimento de ensino mal alojado num palacete do Príncipe Real.

A ESPUMA DO TEMPO

Fundada pela Sociedade de Geografia na época heróica de Luciano Cordeiro e da Conferência de Berlim de 1885, por ali tinham passado nomes que se notabilizaram nas tarefas coloniais.

Essa década foi rica de avisos da mudança inevitável para o regime político, para o relacionamento internacional do país, para a estrutura imperial. Tratava-se do que hoje talvez os analistas chamem efeitos colaterais do fim da guerra e da organização de contingência que vigoraria durante todo o período da guerra fria.

Os sinais da mudança do condicionamento externo em que se consolidou a habitualidade corporativa tiveram como que uma das primeiras manifestações significativas na proposta feita pela União Indiana ao Governo português para iniciar negociações no sentido de integrar o Estado da Índia (Goa) naquela União. Estes e outros factos tenderam para serem lidos como irrelevantes para a integridade da jurisdição interna, que a Carta da ONU incluía nos seus princípios, e destinados à irrelevância das formalidades diplomáticas.

Quando, em 1954, o movimento dos *satyagrais*, que se inspiravam em Gandhi, tentou invadir Goa, a esforçada acção do Prof. Paulo Cunha, então Ministro dos Negócios Estrangeiros, conseguia mobilizar a opinião dos países aliados, especialmente dos EUA, contra a tentativa, que foi paralisada. Este facto contribuiu para avigorar a confiança na barreira jurídica da jurisdição interna, teimosamente interpretada como sendo de conteúdo invariável. A ocupação contemporânea de Dadrá e Nagar-Aveli (1955), levou ao triunfo jurídico no Tribunal da Haia, onde a intervenção foi notavelmente conduzida quanto à investigação histórica dos direitos de Portugal pelo Prof. Braga da Cruz, e quanto à batalha judicial pelo Prof. Galvão Teles.

A vitória judicial foi bastante para fortalecer a confiança na barreira jurídica, e para cumulativamente atrasar a avaliação da definitiva resistência dos factos a que a decisão fosse cumprida.

Fixadas as atenções na conjuntura internacional e seus incidentes, era facilmente verificável que a informação da opinião pública, mesmo do sector de apoio ao regime, em relação ao Ultramar,

A VIDA HABITUAL

não correspondia à geral participação nos valores do património histórico português. Esta última circunstância serviria longamente de apoio a uma política externa defensiva, sem que a conjuntura específica do espaço colonial fosse assumida, o que também aconteceu com as oposições.

A adesão à NATO, como membro fundador em 1949, contribuiu para esta visão confiante, que pareceu ainda mais fortalecida pelo facto de o General Dwight Eisenhower, Comandante Supremo das vitoriosas forças aliadas, e futuro Presidente dos EUA, ter visitado oficialmente o país.

Como que simbolicamente, morreu com este fim de época o Marechal Carmona (18 de Abril de 1951), e embora o pressentido Marcello Caetano tenha ensaiado transferir Salazar para a Presidência da República, foi a vez deste assumir realmente a total liberdade de Governo, escolhendo o General Craveiro Lopes para a Presidência.

Como de hábito o estatuto de Salazar e a atitude das Forças Armadas foram as referências dominantes, à margem da evolução do mundo, e por isso não faltou a manifestação militar destinada a tornar clara pelo menos a imagem da subordinação e apoio.

Os mesmos cuidados com a imagem internacional, filiados na leitura apoiante da jurisdição interna suposta no conceito da ONU, aconselhou extinguir a designação de Império que o Acto Colonial de 1930 adoptara, pondo em vigor a designação de Províncias Ultramarinas pela Lei n.º 2006, de 27 de Junho de 1953.

A semântica manterá uma importância visível até ao fim do regime, embora o General Norton de Matos, segundo documentação publicada depois do 25 de Abril pelo Prof. Oliveira Marques, tenha feito um discurso ao *povo maçónico*, ilegalizado pelo regime, no sentido de que a alteração tinha alcance político. Tratava-se, explicava, de definir duas identidades separadas, Portugal por um lado e o Império pelo outro, o que lia como antecipação de futura perda deste último pelo regime. Não foi pela semântica que os factos políticos se orientaram, mas o resultado foi o previsto.

A ESPUMA DO TEMPO

A questão é que por essa data a perspectiva dominante, entre apoiantes do regime e opositores, servindo o Estado da Índia de primeira referência, era a da tradicional relação com a balança de poderes, em que Portugal se defendia de poderes externos, e os povos dos Impérios eram vistos como a cera mole que essas soberanias moldavam.

Mesmo em instâncias de ensino superior, à parte na área do direito internacional que estava politicamente ligado àquela desactualizada perspectiva, o interesse pelos problemas coloniais era limitado. O Prof. Gonçalves Pereira, do Instituto Superior de Ciências Económicas e Financeiras, quando em 1931, para organizar o seu curso, fez, em *As novas tendências da administração colonial*, o inventário da situação, apenas encontrou, para além da disciplina semestral da Administração Colonial nas Faculdades de Direito, escassas referências de interesse pela matéria no conjunto das escolas superiores do país. Por isso, nos pontos críticos da mudança, que progressivamente se iriam multiplicar em número e crescer em gravidade, o discurso mais frequente seria o da continuidade da emoção causada pelo *Ultimatum* da Inglaterra. Recordo-me de que, ao ser convidado pelo Prof. Mendes Correia para fazer na Sociedade de Geografia o discurso inaugural da Semana do Ultramar, indiquei como tema a Conferência de Bandung (1955), e tive de explicar, suscitando um limitado interesse dos organizadores, do que se tratava.

Por esse tempo, e a convite do Almirante Sarmento Rodrigues, Ministro, e do Raúl Ventura, Subsecretário de Estado, corria o ano de 1953, já tinha visitado todas as colónias de África encarregado de elaborar o Projecto de Reforma do Sistema Prisional do Ultramar, que viria a ser conhecido pela Reforma Sarmento Rodrigues, e que deu origem à tese de concurso *O Problema Prisional do Ultramar* (1954), que recebeu o Prémio Abílio Lopes do Rego da Academia das Ciências de Lisboa.

Por obrigação pedagógica, no ano seguinte publiquei as lições sobre *Administração da Justiça aos Indígenas*. À distância, reconheço naqueles textos o conflito em que, no meu espírito,

A VIDA HABITUAL

entraram a aprendizagem curricular pela qual passara, e a cultura dominante no ambiente metropolitano, com a realidade dos territórios.

O apelo à estrita legalidade é insistente, mas as contradições das mudanças de perspectivas parecem-me evidentes, iniciando ali um trajecto que me libertaria, sempre com falhas, do positivismo jurídico do Estado corporativo da vida habitual.

Ao mesmo tempo que a perspectiva das ciências sociais se afirmava no meu espírito como indispensável para reconhecer e responder às tendências duras da evolução e da mudança sem modelo final visível, o esforço e os resultados da acção dos portugueses que tinham emigrado para aquelas terras, e dos quadros da administração que se aplicavam na construção de uma sociedade politicamente agregada, tornavam mais presentes os valores da herança histórica, do patriotismo, da maneira portuguesa de estar no mundo, por difícil que em cada época histórica tenha sido a identificação e a hierarquia desses valores. Aprendera em mais de uma circunstância que essas dolorosas contradições se resolvem muitas vezes na acção, quando o tempo para decidir é dramaticamente mais curto do que o requerido pela reflexão.

Na tormenta que se aproximava, aconteceu que as lonjuras a que a opinião pública se encontrava dos problemas ultramarinos fazia perdurar como modelo a querela, nimbada ao mesmo tempo de ridículo e de tragédia, que opusera a irreverência de Eça de Queiroz à doutrinação de Pinheiro Chagas, com o dramático *Finis Patriae* de Junqueiro a explicitar o drama das contradições que afligiam a geração do *Ultimatum*.

Nessa conjuntura, em que a transbordante Europa imperialista obrigou a meditar duramente sobre a condição exógena do país na balança de poderes dominante, Mouzinho de Albuquerque seria a encarnação viva da missão histórica imperativa, e Antero de Quental, ao incluir as conquistas entre as causas de decadência dos povos peninsulares no século XVII, seria a voz que reclamaria um europeísmo revolucionário.

143

A ESPUMA DO TEMPO

Ambos se suicidaram, o que levou Unamuno a interpretar-nos como um povo suicida, o único que julga as circunstâncias clamando que "isto dá vontade de morrer", vítima de uma contradição que os factos, e não um pensamento nacional, resolveriam em 1974, mudando os responsáveis pela conjuntura, mas aparentemente sem mudar as respostas temperamentais, agora mais verbais.

A luta política haveria de frequentemente adoptar o critério das traições bivalentes, uma maneira de tornar evidente que o patriotismo é a referência comum de leituras divergentes. É certo que a geração de 70 foi europeísta, e também socializante, mas o patriotismo orientou a Junta Patriótica do Norte de Antero (1890), assim como Oliveira Martins tentaria enraizar os modelos dos infantes da Ínclita Geração, do Condestável, de D. João II, e até Eça de Queiroz regressou às origens com *A Ilustre Casa de Ramires* e *A Cidade e as Serras*.

Também era o patriotismo que orientava a geração da Sociedade de Geografia, representada pelo transmontano Luciano Cordeiro, e era talvez de todos a necessidade de conseguir dar expressão à procurada especificidade da maneira de ser português.

Quando Teixeira de Pascoaes publica *A Arte de Ser Português* (1915), é o lusocentrismo que se afirma problemático e desafiante, e nessa indagação se encontram Jaime Cortesão e Armando Cortesão, incluindo a busca de um desígnio que ilumina a *Mensagem* de Pessoa, e até as pelejas do Integralismo Lusitano com os Seareiros.

Os primeiros, que muito influenciaram a ideologia do Estado da Constituição de 1933, sem poderem ser domesticados pelo regime, tiveram um António Sardinha autor de alguns textos bíblicos da corrente, agregando Pequito Rebelo que ainda participou, velho e determinado, no esforço de resistência civil da Angola da década de sessenta, pilotando o seu pequeno avião em missões de ajuda e correio, e o criacionismo de Leonardo Coimbra, ou o sebastianismo de mais de um deles. Este teria a última lídima expressão com Agostinho da Silva que viera do Brasil para

144

A VIDA HABITUAL

finalmente *olhar*, em 1974, com esperança profética, o fim do Império político, e a revolução da liberdade criadora do V Império.

O Padre António Vieira, um antepassado cimeiro dessa visão que Agostinho apoiava na heresia de Joaquim de Flora, fora mais audaciosamente procurar apoio no Profeta Isaías. Na *História do Futuro, Esperança de Portugal, e Quinto Império do Mundo* (1718), conclui que "...diz umas palavras o Profeta, que, bem ponderadas, de nenhum homem se podem entender à letra se não do nosso Infante D. Henrique, primeiro autor dos descobrimentos portugueses, cujo principal intuito naquela empresa, como dizem todas as nossas Histórias, foi o puro e piedoso zelo da Fé e conversão da Gentilidade".

Pelo fim do Império, mas com atenção à realidade do processo político, essa linha preocupada com a identidade portuguesa tem interventores como António Quadros, João Bigotte Chorão, Henrique Barrilaro Ruas, alguns, como o último, levando a inquietação da perspectiva ao próprio debate parlamentar da refundação do Estado depois de 1974.

Mas não é fácil encontrar nesse debate tão apaixonadamente patriótico, com divergências de identificação do valor invocado, a consideração essencial da realidade interna do Império político, no aqui e agora do ponto final do Euromundo que se aproximava.

O patriotismo europeísta ligou-se directamente às Comunidades Europeias como que finalmente liberto de um embaraço do qual apenas pareceu avaliar a guerra que, no seu entender, atrasara o encontro do país com o futuro, enquanto que o patriotismo da missão histórica, tal como o Bispo de Silves, em 1580, não viu ao presente mais remédio do que lançar uma âncora no projecto de restauração da Europa, para reencontrar um desígnio participado, tal como participara num imperialismo europeu que a guerra desagregou.

As correntes encontraram-se e juntaram-se nesse mar de perplexidades, não ultrapassadas na entrada do terceiro milénio.

Mas naquela década de cinquenta, em que Bandung fora o sinal mais agudo de que o terceiro mundo assumia um protago-

A ESPUMA DO TEMPO

nismo específico, o projecto Europa estava distante das inquietações dos que enfrentavam no terreno as tarefas da colonização, num quadro cultural de sobrevivência da competição histórica com as restantes potências coloniais, enquanto que o debate metropolitano se concentrava no regime, neste fixava-se no Presidente do Conselho, e para o abalar elegia as Forças Armadas como alvo principal. As correntes mais à esquerda desenvolviam um conceito de justiça social para a sede continental, e com o Império apenas viriam a preocupar-se verdadeiramente, não obstante a experiência colonial de Norton de Matos, quando o esforço militar afectou todos os projectos e interesses das pessoas, dos grupos, das instituições.

A Constituição de 1933 tinha uma ideologia de Estado, com o equívoco trajecto que trocava as teses pelas hipóteses, e que recebia do municipalismo de Herculano sem revitalizar o conceito de senhorio colectivo; aceitava do integralismo a visão institucional sem dar acolhimento à perspectiva monárquica de que Marcello Caetano lançou o epitáfio no Congresso da União Nacional de Coimbra em 1951; proclamava o poder limitado pela moral tradicional (católica) do país mas hesitava em aceitar a doutrina da função social da propriedade e do privilégio dos pobres de que o Padre Abel Varzim (1902-1964) foi um dos principais suportes com a sacrificada defesa de uma justiça social inadiável; consagrava a dignidade humana como matriz dos direitos, liberdades e garantias, mas restringindo o exercício; assumia o conceito estratégico nacional histórico da nação colonizadora e evangelizadora, mas condicionava o desenvolvimento da acção pelos dogmas do pacto colonial; declarava a igualdade das etnias e culturas, mas praticava que as populações colonizadas eram a cera mole que seria moldada pelos padrões do ocidentalismo.

Imaginar que este tecido ambíguo era a obra projectada de um regime e de um homem, como foi suposto nos ardores do discurso revolucionário, foi uma homenagem excessiva à capacidade suposta nos dirigentes do corporativismo, quando a emer-

A VIDA HABITUAL

gência produzida tinha exigido um tempo longo, um descaso antigo tributário, entre mais factores, da falta de recursos para gerir racionalmente tão vasto espaço, do divórcio da oposição mal informada em relação ao Ultramar, da ausência da meditação universitária, da consolidação progressiva de um núcleo de interesses que ajudava a manter a insularidade do processo em relação às temáticas gerais da política.

A questão da autenticidade e do realismo, isto é, de pôr a acção de acordo com o discurso, e de elaborar o discurso a partir do levantamento da situação, pareceu-me um objectivo aceitável, sendo que esta última meta exigia ferramenta e método que não existiam no panorama das ciências sociais, e para o qual parecia apropriado direccionar a Escola.

A ilusão de que a circunstância de Portugal ter uma História, uma identidade, e uma dimensão imperial, o colocava com peso específico no processo internacional, teve chamadas de atenção para os factos que não foram geralmente ouvidas.

Anotou algures Almerindo Lessa que a primeira edição do fascinante livro de Herman Kisserling, *A análise espectral da Europa*, não fazia menção de Portugal, e por isso António Ferro, trazendo o escritor a Lisboa, pediu a Lessa e a Delfim Santos que o guiassem, o que rendeu vinte páginas na segunda edição do trabalho. Alguns séculos de História e de responsabilidades ecuménicas, não tinham sido suficientes para esse resultado. O mundo não esmiuçava a nossa realidade, e a realidade do mundo andava afastada da perspectiva dominante da vida habitual.

A aproximação à realidade da expansão portuguesa exigirá sempre uma intimidade participada com a realidade brasileira, e com as comunidades de portugueses, descendentes de portugueses, e filiados na cultura portuguesa espalhados pelo mundo.

Foi com Almerindo Lessa que, por esse tempo, e a convite do Instituto de Estudos Brasileiros, onde iniciava carreira o Prof. Hélio Jaguaribe, e se propunha reformular o Brasil, tive o primeiro verdadeiro contacto com o país.

A ESPUMA DO TEMPO

Conheci em Lisboa a família do Prof. Hélio, incluindo o seu ilustre pai, o General Jaguaribe, braço direito do Marechal Rondó na grande tarefa que foi organizar a protecção dos índios.

Além de exercícios de debate com os estudantes brasileiros nas suas associações, ao tempo agitadas e poderosas, onde muitos punham em causa a acção colonial portuguesa no passado e no presente, experiência que não era possível entre nós, também aprendemos sobre o avanço que ali tinham na área das ciências sociais, e recolhemos a lição da chamada colónia portuguesa, das suas instituições, do seu apego ao país distante, de uma forma específica de patriotismo, somada ao pluralismo de leituras que já tinha surpreendido nas correntes de opinião portuguesas.

A Bahia iluminada pela explosão de talentos do grupo de Jorge Amado, amigo de Almerindo, o Recife pedestal de Gilberto Freyre, foram experiências que romperam horizontes e somaram pistas nunca mais abandonadas. Um relato intitulado – *Aspectos negativos da imagem recíproca de Portugal-Brasil*, publicado em 1967, deu conta do deslumbramento de então e ainda hoje lhe encontro actualidade, o que significa muito tempo perdido.

Foi nessa primeira visita que me dei conta da importância de os cantores, no caso sobretudo do samba-canção, serem por vezes as únicas vozes tribunícias dos excluídos, quando os regimes políticos abafavam outras vozes, ou a alienação no sistema fazia confundir a prudência com o receio.

Com o tempo, a descoberta, por exemplo, de Nara Leão ou Maria Bethânia, esta associada ao talento de Vinicius de Moraes, explosivos no Teatro Redondo em que actuaram, foi também a abertura de uma fonte de informação, de estímulo, e de utilização da razão e da emoção como instrumentos de conhecimento. Mais tarde, quando a perspectiva mundializante se foi acentuando, encontrei equivalente mensagem informativa e mobilizadora em seres excepcionais como Joan Baez ou Bob Dylan, elos de uma cadeia de artistas, que viriam a ter representação portuguesa na revolução, e que casavam a melodia, e o poder encantatório da voz, com a explicitação da poesia comprometida com as amargu-

A VIDA HABITUAL

ras, os lamentos, os apelos, a revolta, o combate, a amorosidade dos excluídos, dos pobres que de pobres são pobrezinhos.

Logo que fiz aprovar a introdução da antropologia cultural nos currículos, acentuando a sua ligação propedêutica com a teoria das relações internacionais, usei muito desse material em aulas relacionadas com a dialéctica da identidade e imagem das entidades políticas, e o interesse duradoiro dos estudantes foi significativo, numa data em que se acelerava a definição da teatrologia nas relações internas e internacionais.

Estávamos a caminho de os Beatles serem determinantes na mudança da sociedade civil, dos comportamentos, dos valores da juventude, das formações de redes e solidariedades transfronteiriças, na linha da autenticidade provocadora da vida habitual, desfeiteando os pregadores das mudanças políticas e da alteração dos regimes, que não acompanhavam aquela imaginação de carro vassoura.

A importância dos contactos com o Brasil tinha sido animada pela divulgação de muita da sua literatura, e por mensagens como as de Jorge Amado, cujo *Capitães de Areia* (1937) circulou impresso, enquanto que o seu *O cavaleiro da esperança*, a biografia de Carlos Prestes, circulava em cópia dactilografada, tudo correspondente à época da intervenção que o tornou indispensável para o estudo da América Latina.

Viria mais tarde a conhecê-lo de perto, pela mão de António Celestino, o activo dirigente da colónia portuguesa e promotor da aproximação luso-brasileira, e ainda de Odyllo de Costa Filho, o poeta marcado pelo "fio da navalha" que o privou do filho jovem, e foi adido cultural em Lisboa, ambos consogros de Amado.

Na década de cinquenta já não parecia um militante comunista, ultrapassara a perspectiva de conflito de classes insanável para ser mestre de humanidade, a caminho de finalmente se converter ao fascínio dos comportamentos populares, ligeiramente afectado e envolvido pela revolução dos meios de comunicação, mas sempre fascinante nessa linha, por exemplo, com *Gabriela, Cravo e Canela, A Morte e a Morte de Quincas Berro d'Água, Tieta do*

A ESPUMA DO TEMPO

Agreste, Teresa Batista Cansada da Guerra. Ao mesmo tempo mergulhado com séria adesão cúmplice nos ritos dos Orixás, frequentador do terreiro de Mãe Minininha, onde me conduziu, afirmando-se obá de Xangô, com os seus amigos Carybé, que dizia não ter merecido ser baiano, e Dorival Caymmi.

Com Gilberto Freyre, do qual é necessário falar longamente, aprofundaria a tentativa académica de racionalização deste sincretismo de valores, interesses e comportamentos.

De facto, fomo-nos aproximando de um critério que Haeckel enunciara um século antes, o da ecologia do Homem que, por essa data, um grupo de peritos convocados pela ONU, e do qual participou Almerindo Lessa, definiu como o estudo do Homem na sua circunstância, sendo que esta compreende a natureza como para todos os seres vivos, e a sociedade que os outros seres vivos não possuem. Este conceito operacional teria presença naquilo que viria a tentar-se na redefinição da velha Escola Colonial.

Para viabilizar a evolução da Escola, rompendo o tecido de contrariedades que rodearam esse esforço, foi importante que a gestão do Ministério do Ultramar, do qual dependia administrativamente, estivesse recentemente entregue ao depois Almirante Sarmento Rodrigues, de que novamente falarei adiante, e ao Professor Raúl Ventura, uma das inteligências mais rápidas que conheci, primeiro Subsecretário do Almirante e depois Ministro.

Tinham uma visão modernizante da administração e do desenvolvimento económico do Ultramar, em vésperas da grande crise internacional que atingiu a estrutura multicontinental do Estado. Na sua gestão apareceram os sinais percursores da tormenta em preparação, porque no seu tempo se fundaram o MPLA e o PAIGC, cuja importância não foi imediatamente assumida pela generalidade do aparelho governativo. A política do fomento com expressão no I Plano e no II Plano, os colonatos da Cela e do Limpopo, e sobretudo o problema da energia deveram-lhes cuidado e resultados, ao mesmo tempo que prestavam atenção aos movimentos na ONU e aos afloramentos contestatários no terreno.

150

A VIDA HABITUAL

Foi justamente na área do desenvolvimento, sobretudo da energia, que Raúl Ventura encontrou as dificuldades que definitivamente o afastariam para sempre, por decisão magoada, de qualquer actividade política. Em 1958, por tal razão, teve com Cunha Leal o que foi talvez a última polémica do velho leão.

A política que Raúl Ventura desenvolvia, transpondo para o Ultramar alguma da filosofia do Engenheiro Ferreira Dias, era a do aceleramento da modernização económica, que os conservadores viam com preocupação pelas inevitáveis consequências sociais da industrialização. Talvez neste sector, não pelas melhores razões, é que se manifestaram muitas das ocorrências políticas internas com o risco para o regime.

O fenómeno Humberto Delgado animava uma cadeia de manifestações de estudantes, verificaram-se greves eficazes nos portos de Leixões e Póvoa de Varzim, aproximava-se o recente incidente com D. António Ferreira Gomes, e, no interior desta moldura onde decorria a vida reservada do regime, a necessidade que Salazar teve de dispensar o General Craveiro Lopes da Presidência da República.

Falou-se muito em alegadas conotações de esquerda do General, que era dos poucos que ostentava a Torre e Espada ganha em Moçambique na guerra de 1914-1918, mas é provável que os factos tivessem outra definição.

Em primeiro lugar o General não demonstrou uma vocação razoável para ser apenas uma figura com funções protocolares, nem lhe ocorria manter-se alheio à política militar, onde pontificava o inevitável Santos Costa, em relação ao qual se tornou notório querer que fosse dispensado.

A sua rudeza e simplicidade abonavam a notícia de que teria expressado, a vultos institucionais, a necessidade de considerar o afastamento do Doutor Salazar, em vista da idade que se aproximava dos 70 anos, um cuidado natural para um responsável por comandar militares, mas um descuido para quem tinha formalmente a competência legal de o fazer, e nenhum poder correspondente.

A ESPUMA DO TEMPO

Como era de esperar, foi a ele que dispensaram dos cuidados, embora a percepção da importância do apoio militar e da preservação das lealdades da cadeia de comando, levasse o Presidente do Conselho a cobrir o acto com a elevação de Craveiro Lopes à dignidade de Marechal, um método a que recorreria mais vezes antes do fim. Na intentona de Botelho Moniz, de Abril de 1961, pretendeu-se em vão que não circulasse a notícia de que o Marechal apoiava a iniciativa, e nenhuma censura teve expressão oficial.

Tal como aconteceu com o Dr. Trigo de Negreiros, a campanha destinada a demolir a reputação pública e a resistência psicológica de Raúl Ventura, obedeceu ao rigor da tradição. A sólida posição de jurista consultado para as mais difíceis negociações e circunstâncias, que interrompera para servir no Governo, era vasculhada grosseiramente para em vão tentar demonstrar influências reprováveis nas decisões que tomara.

Raúl Ventura mantinha-se com galhardia, forte da sua integridade, no centro de uma área de interesses com dimensão imperial, de onde era impensável prever as agressões.

A excessiva burocratização actual do Estado, e a multidão de assessores e consultores que rodeiam cada participante no aparelho decisório, não permitem compreender facilmente a simplicidade do aparelho de apoio de um Ministro do Ultramar que, só como exemplo, dispunha de um Gabinete composto pelo Chefe de Gabinete, por um secretário, e por um oficial às ordens em lembrança do tempo em que lhe competia a autoridade sobre as Forças Armadas coloniais.

No caso que implicou o problema com o Engenheiro Cunha Leal, tratava-se da SONEFE, concessionária da barragem de Cambambe, e à qual foram entregues importantes bens do domínio público relacionados com o seu objecto, designadamente a Barragem de Benguela, as centrais térmicas de Luanda e Lourenço Marques, sendo a concessionária liderada por um grupo de financeiros e industriais dispondo de um projecto e de limitado capital de risco.

152

A VIDA HABITUAL

Associada ao projecto estava uma diferente sociedade do alumínio, para a qual a energia eléctrica barata era um elemento fundamental. O presidente dos conselhos de administração era o mesmo, e estava em curso a definição dos protocolos contratuais que envolviam a questão central do fornecimento da energia ao alumínio, o que implicava com o equilíbrio dos consumos e a tabela de preços, uma questão que não parecia admitir a coincidência de responsabilidade da administração nas mesmas pessoas.

Um projecto complementar necessário era o das linhas de transporte da energia, concurso em que foi excluída uma sociedade onde o Engenheiro Cunha Leal tinha posição. Essa pareceu ter sido a razão que o determinou compreensivelmente a examinar à lupa toda a estrutura que tinha a SONEFE no vértice. De acordo com o que era de esperar da sua combatividade, desencadeou uma campanha contra o Ministro, inaugurando uma polémica que a verticalidade de Raúl Ventura não quis emudecer pelo uso da censura.

Ele próprio teve de analisar os detalhes de um sistema de que conhecia apenas, como lhe competia, o conceito e os elementos essenciais, e não gostou do que concluiu. Ajudei-o a elaborar as respostas imediatas a cada texto de Cunha Leal, no que respeitava ao debate público, com o bem fundado objectivo de salvaguardar a total honorabilidade de Raúl Ventura, e a estrita legalidade dos actos em que tivera intervenção, tarefa que teve resultados positivos, mas raros articulados, se algum, conseguiam entre nós calar a indomável verrina subterrânea que rodeia secularmente toda a vida do Estado.

A consciência de que na área da articulação dos interesses era necessário uma intervenção correctora foi assumida, e porque ficava conhecedor do processo, o Raúl Ventura pediu-me para, em conjunto com o Engenheiro Manuel Vidigal, um técnico de grande reputação profissional e integridade, assumir o cargo de delegado do Governo na SONEFE.

Foi a primeira e última vez que tive a debilidade de aceitar o que, naquele caso, não podia recusar à amizade e à ajuda que ele merecia.

Os detalhes posteriores não merecem grande registo, salvo o facto do pasmo por, na primeira vez em que o Conselho de Administração reuniu e tomou decisões sobre a articulação com a sociedade de alumínio, ter dito sossegadamente que vetava as decisões, nos termos da lei, para que o Governo apreciasse previamente a legalidade e oportunidade do que entendiam pôr em execução. Fui esclarecendo que me parecia que o Presidente do Conselho de Administração devia optar pela exclusividade no alumínio, e que enquanto não tivesse instruções do Governo em contrário, o veto seria sistemático para as decisões que envolvessem aqueles interesses e estivesse presente. O Engenheiro Vidigal foi de uma utilidade e eficácia de registar, porque a sua análise garantia consistência à função do delegado do Governo.

As coisas andaram turvas, até que finalmente as alterações mais necessárias foram adoptadas. Nesse entretanto, Governo e empresa resolveram recorrer ao Engenheiro Paulo de Barros, um dos accionistas e de grande reputação profissional, cunhado do Prof. Marcello Caetano.

Para facilitar as mudanças este sugeriu-me, a pedido do reputadíssimo cunhado, que fosse ter uma conversa com o pressentido administrador. Por minha vez sugeri que era o pressentido administrador que talvez precisasse de me procurar, uma pequena diferença que foi acolhida.

Logo que as coisas ficaram orientadas, tratei de me afastar rapidamente de um ambiente onde já tinha aprendido o suficiente. Ganhei ali uma comissão de vigilantes que mais de uma vez tiveram oportunidade de se fazerem lembrados.

O Prof. Raúl Ventura, por seu lado, aprendera mais do que necessitava, e decidiu sair do Governo, o que aconteceu em Agosto de 1958. Era uma data agitada pelas sequelas da eleição a que concorreu Humberto Delgado e pelo incidente com D. António Ferreira Gomes, pelo que a saída não pareceu oportuna ao Doutor Salazar. Deve este ter medido a força de carácter de Raúl Ventura, porque procurou a intervenção de amigos para

A VIDA HABITUAL

o demover, e a mim pediu-me essa diligência o Dr. Trigo de Negreiros.

Fui visitá-lo ao Ministério do Ultramar, e recebeu-me com a atitude descontraída e acolhedora que lhe era habitual, sempre pronto a fazer um comentário alegre. Disse-lhe ao que vinha, diligência que era cívica, e repentinamente sentou-se, deixou pela primeira vez transparecer no rosto toda a amargura que lhe causava o teor surdo e clandestino das campanhas, dizendo apenas – não suporto mais.

A avaliação à distância da sua acção e da sua integridade faz--lhe justiça, mas não quis voltar a exercer funções públicas, remetendo-se à vida profissional onde era prestigiadíssimo, e à discrição da vida privada.

Abriu apenas uma excepção, certamente pela amizade e pelo apoio que modestamente lhe dei, e foi ter aceitado ser o meu Vice-Presidente do Conselho Ultramarino quando por minha vez assumi o Ministério do Ultramar, apoiando o programa pelo qual me responsabilizei, e abandonando ele o cargo quando deixei o Governo.

Mas a intervenção de Raúl Ventura, na qualidade de Ministro lúcido que, para além da alta formação jurídica, sabia que os factos rompem os normativismos, foi importante no sentido de não regatear apoio à total modificação que procurei introduzir na perspectiva de avaliação do mais sério problema nacional, que era o colonial.

Seria fastidioso referir todos os factos relacionados com essa evolução, aliás minuciosamente averiguados e seriados pelo Prof. Óscar Barata num estudo de 1995, mas parece razoável sublinhar os mais determinantes.

O ano lectivo de 1954-1955 foi nessa linha importante, porque tendo passado por Angola e Moçambique a recolher informações, participei em Bukavu, em Setembro, na Conferência Inter-Afri-cana de Ciências Sociais, acompanhando o Prof. Mendes Correia e o Doutor Sá Nogueira, cabendo-me presidir à 5.ª Secção, Métodos da Administração.

A ESPUMA DO TEMPO

Foi uma experiência importante, porque nos permitiu avaliar a distância a que nos encontrávamos na área das ciências sociais, sendo urgente a necessidade de procurar confrontar o discurso normativo corrente com os factos em mudança acelerada.

Em seguida participei em Londres na sessão plenária do INCIDI (Instituto Internacional das Civilizações Diferentes, antes chamado Instituto Internacional Colonial), onde as lideranças emergentes nos territórios coloniais foram avaliadas sob a perspectiva do desenvolvimento das classes médias, e ainda não da revolta armada.

A Esquecida CCTA, Comissão de Cooperação Técnica em África, era a dinamizadora política destes eventos, que alimentavam a inquietação das potências coloniais europeias, ali associadas, no sentido de encontrar uma via de substituição pacífica e cooperante do modelo colonial.

Foi em reuniões deste tipo que se encontrou apoio para actualizar a nossa aproximação aos problemas coloniais. A Escola Superior Colonial tinha certamente um passado na árca, devendo sempre lembrar-se Sampaio e Melo, cuja *Política Indígena*, de 1910, foi recuperada, e a clareza com que os velhos professores Mendes Correia, António de Almeida, e Santa Rita, se aliaram à urgência da renovação, e apoiaram os novos docentes que foram aparecendo, desmentindo o conservadorismo tradicionalmente atribuído aos professores seniores.

Foi o Centro de Estudos Políticos e Sociais, por mim proposto e criado por diploma de Raúl Ventura na Junta de Investigações Científicas do Ultramar para funcionar, como era regra, no actual Instituto Superior de Ciências Sociais e Políticas, que dinamizou o processo sob a minha direcção.

Não se limitou a multiplicar as missões de estudo enviadas para o terreno, também não evitou as contradições dolorosas entre valores assumidos, incluindo os da herança histórica, e exigências inovadoras da conjuntura, não raro em termos de corrigir a acção e apontar o caminho.

1925. Com a minha Mãe (Leopoldina) e o meu Pai (António)

1988 Grijó. Com os filhos, António, Isabel, Mónica, Nuno, João, na casa dos pais

1997 Grijó. A casa de meus pais, onde nasci, com a filha Teresa

Os pais, com a minha irmã Olívia e o sobrinho João

Grijó. A capela do Senhor do Calvário

Falando em nome dos finalistas de 1944 – Faculdade de Direito de Lisboa

1992 Universidade Técnica de Lisboa. Limite da Idade – Professor Emérito

1958. Nações Unidas Plenário da ONU. Discurso da Rainha de Inglaterra

1959. Discurso no Plenário da ONU – Nova York

A posse no Ministério do Ultramar em 13 de Abril de 1961.
Fôra Subsecretário desde 3 de Março de 1960

Maio de 1961 – A chegada a Carmona e a multidão que cantou A Portuguesa

As populações nativas em fuga para Carmona

Carmona. A bandeira recuperada e entregue na Sociedade de Geografia

1961. O regresso de Angola, marcado pela visão da brutal devastação do Norte e pela urgência das reformas

Regresso. A recepção oficial

Regresso. A imprensa inquieta

Regresso. A multidão, no Aeroporto de Lisboa, à espera do Ministro.
Surpreendente manifestação da súbita angústia nacional

1961. Em Luanda, com o novo Governador
e Comandante-Chefe General Deslandes

Recepção pela população no Aeroporto de Luanda

Luanda. A caminho do Palácio do Governo

1961. Missão em Madrid, com o Embaixador Luís Pinto Coelho, junto do generalíssimo Franco

1961 Lourenço Marques. Um encontro de amigos: Sarmento Rodrigues, Governador-geral e Comandante-Chefe

Chegada a Lourenço Marques
Lourenço Marques. A caminho do palácio do Governo

24 de Setembro de 1961, Lourenço Marques

02 de Outubro de 1961, Ilha de Moçambique

02 de Outubro de 1961, Ilha de Moçambique

03 de Outubro de 1961, Porto Amélia

07 de Outubro de 1961, Inhambane

07 de Outubro de 1961, Inhambane. Almirante Sarmento Rodrigues, Governador-geral de Moçambique, Capitão Níveo Herdade e Alferes Ivone Reis, oficiais às ordens

07 de Outubro de 1961, em João Belo

1961 Sá da Bandeira. Ouvindo os pedidos de instalação dos Estudos Gerais Universitários em Sá da Bandeira

A VIDA HABITUAL

Por outro lado, abriu-se ao debate público com uma série de colóquios, cujos textos de base e conclusões foram sempre publicados, alargando a participação a todos os sectores.

Recordo o desgosto com que vimos Jaime Cortesão, depois de meditar sobre o convite que lhe dirigi pessoalmente, recusar intervir pela prudência de evitar que parecesse uma transigência com o regime, aparentemente uma das consequências de a Escola não estar ainda integrada na Universidade, o que apenas aconteceu em 1961, última decisão do Almirante Lopes Alves, mas também sinal da consciência da fragilidade a que a estrutural crítica anónima submetia a vida pública, sobrevivendo a todos os regimes.

E todavia parecia evidente que a temática cuja definição se ia aprofundando dificilmente era detectável nas inquietações das informais tendências conhecidas, e não vimos posta em causa a observância da independência académica dos procedimentos, certamente com falhas de aprendizagem.

Um das novidades principais da conjuntura estava na entrada de Portugal nas grandes organizações internacionais, a NATO e a ONU.

No primeiro caso, em que Portugal foi membro fundador, assinando o Tratado de 4 de Abril de 1949, representado pelo Ministro Prof. Caeiro da Matta, antigo reitor da Universidade de Lisboa, iniciou um processo de internacionalização das Forças Armadas, que viria a ter a maior importância na primeira séria ruptura com a obediência ao Estado Novo, a intervenção frustrada do General Botelho Moniz.

Mais imediato foi seguramente o efeito da entrada na ONU, em 14 de Dezembro de 1955, acto pelo qual o país e as novas gerações formalmente ultrapassaram o muro da vida habitual, caindo no mundo saído da guerra e em busca de uma nova ordem.

Não parece ter fundamento a opinião de que era a natureza do regime a causa de uma década de espera pela admissão, bastando um breve olhar sobre a natureza dos regimes dos países nascidos

A ESPUMA DO TEMPO

da descolonização para ver que tal consideração era secundária. Tratava-se mais seguramente de equilíbrios entre blocos, atentos à entrada de novos membros, o que finalmente foi conseguido por um acordo entre a URSS e os Estados Unidos, abrangendo um grupo de candidatos em que Portugal estava incluído.

O Prof. Paulo Cunha, então Ministro dos Negócios Estrangeiros, meu professor, organizou a primeira delegação na qual fui incluído, com um grupo de jovens em que estavam Franco Nogueira, Martins de Carvalho, Bandeira Guimarães, Teixeira Pinto, José Manuel Fragoso, tudo gente que por então não tivera qualquer participação na política, e eram seleccionados pela maneira como os professores envolvidos os recordavam, e pelas actividades profissionais ainda discretas. O Embaixador na ONU, Vasco Garin, merece ser recordado com maior destaque do que lhe foi concedido pelas circunstâncias de monopólio de imagem pelos responsáveis pela carreira, porque foi um guia excelente para um grupo tão carenciado de experiência, porque tinha uma persistência indomável diante das dificuldades estruturais de todos sabidas, e consentia que a aparência de ligeireza e frivolidade sob a qual escondia a firmeza ajudassem a limitar a sua projecção, que testemunhei nas três assembleias a que fui delegado.

Por esse tempo, o Dr. Franco Nogueira, que teria um desempenho notável na IV Comissão, era ainda muito advogado das cedências necessárias do regime para que Portugal adquirisse um estatuto pacífico na Organização, longe do fascínio que viria a sentir pelo Doutor Salazar, de cuja estratégia se tornaria o melhor e mais autorizado intérprete quando assumiu o Ministério dos Negócios Estrangeiros.

Com determinação, e com indiscutível argúcia profissional, elaborou então um discurso lógico que se distanciou progressivamente da evolução dos factos, com o efeito de acentuar o isolamento do Presidente do Conselho, de longe infelizmente protegido das incertezas pelo conceito e estrutura da vida habitual que era o paradigma do regime instalado. O mundo que não tinha visitado iria chegar-lhe cada vez mais filtrado por uma cortina

A VIDA HABITUAL

argumentativa em que pesava a enumeração, em regra exacta, dos malefícios previsíveis para a estabilidade dos interesses ocidentais, europeus, e portugueses, derivados da estratégia da ONU, mas concluindo sempre pela necessidade de resistir sem mudanças, com grande aplauso dos interesses instalados, que só mais tarde perceberam a precariedade definitiva da estrutura, e muitos apoiaram depois a decisão de descolonizar e mudar de ramo.

Esteve aqui a principal causa política da paralisação do reformismo que assumi, sendo apenas teatrologia os acidentes de que esse ponto final foi rodeado.

A meditação à distância não me forneceu razões para esclarecimento ou mudança de juízo, quando a incontornável crónica oficiosa que Franco Nogueira escreveu sobre a época de *Salazar*, colocou à disposição dos leitores uma série de confidências para as quais nenhum íntimo do Presidente do Conselho alguma vez deu sinal de lhe conhecer a tendência, e descreve acontecimentos de que pessoalmente guardava a impressão de ter estado presente, e não os reconheço. Haverá talvez vantagem em cotejar a crónica com o livro do Prof. Marcello Caetano, *As minhas memórias de Salazar*, que parece ter sido remetido pela crítica para o completo esquecimento.

O Dr. Martins de Carvalho, um dos mais imaginativos membros da delegação, seria Conselheiro Colonial do Ministério, funções em que sucedeu ao notável Dr. José de Almada, o estudioso da aliança inglesa, e multiplicaria ainda as suas intervenções na vida portuguesa, antes e depois do 25 de Abril, com numerosas iniciativas.

O jovem Bandeira Guimarães, que seria meu Director-Geral de economia, foi o primeiro a ocupar um cargo electivo na ONU, o de vice-presidente do Conselho Económico e Social, e apenas pelos acidentes do processo reformista não veio a ocupar o cargo de Governador-Geral de Moçambique para o qual fora convidado, morrendo jovem.

Do pessoal diplomático destacava-se o futuro Embaixador José Manuel Fragoso, jovem, cultíssimo, alegre e diligente, aju-

A ESPUMA DO TEMPO

dando em todas as dificuldades, disponível para todas as emergências, e que estava ambicionado para Director do Gabinete de Negócios Políticos do Ministério do Ultramar no caso de não ter sido finalmente revogada a absurda lei que punha limites ao casamento de diplomatas com estrangeiras.

A acção que teve na Comissão de Cooperação Técnica em África (CCTA) quando colocado na Embaixada em Londres, o exercício exemplar na delegação à ONU, a segurança de desempenho como Director-Geral no Ministério, e finalmente o brilho da Embaixada que lhe foi confiada no Brasil, fizeram dele uma referência da diplomacia da época.

O Prof. Teixeira Pinto viria a ser Ministro da Economia, e ficou célebre o facto de, tendo sido recomendado pelo Dr. Supico Pinto para a entrada no Governo, e estando o Doutor Salazar cada vez mais longe das novas gerações, pelo que perdera o conhecimento pessoal dos talentos universitários, este ter pedido que lho passassem na televisão, o que aconteceu com distinção e louvor.

A minha principal responsabilidade foi a de elaborar a resposta jurídica à exigência da ONU no sentido de Portugal se submeter ao processo da descolonização dos "non-self governing territories", com os resultados que tornei públicos em *Portugal e o artigo 73 da Carta das Nações Unidas*, de 1957, relatório de serviço para o Ministro do Ultramar, que completaria com novo relatório intitulado *A jurisdição interna e o problema do voto na ONU* (Documentos), de 1958. O Prof. Paulo Cunha perfilhou a doutrina, mas sobre ela o Doutor Salazar escreveu um despacho simples dizendo que nos apoiávamos no artigo 2 (7) da Carta, e mais não seria necessário.

Era a convicção da força da barreira da jurisdição interna, e a imprevisão de que o conteúdo do preceito seria objecto de acelerado esvaziamento, que ainda não terminou. O que consegui na 6.ª Comissão (jurídica), nessa 12.ª Sessão de 1957, foi que o parecer sobre o entendimento do artigo 18, em relação ao Capítulo XI, solicitado pela 4.ª Comissão, fosse no sentido de que a

160

A VIDA HABITUAL

questão portuguesa era importante, o que obrigava a que as decisões fossem tomadas por maioria de dois terços, pelo que então ainda não foi possível que os opositores reunissem os votos suficientes para criar um Comité de seis membros encarregado de julgar se os Estados administrariam ou não territórios não-autónomos, uma pergunta abstracta que apenas dizia respeito a Portugal. As outras sessões da Assembleia Geral a que fui delegado (1958-1959), foram a rotina que os factos romperiam. Recebi de apreço a minha primeira condecoração, a Comenda da Ordem de Cristo.

III

O Toque dos Clarins

Todavia, no mesmo relatório adiantei expressamente que "a votação obtida não significou, nem sequer no plano parlamentar da ONU, um fim da questão... A batalha parlamentar continuará, mas a batalha mais importante é a que se travará em África, com os meios de propaganda, de infiltração subversiva, de descrédito e, quando possível e oportuno, de sedição. Desta segunda e mais importante batalha não me ocuparei aqui, mas não quero deixar de evidenciar que é para ela que devemos estar preparados...". Fui dizendo que 1961 era a data provável da acção armada, porque era a data em que o ritmo de admissões de novos Estados na ONU faria perder a barreira do terço. Esta simples conta de somar seria uma das razões invocadas pelo Doutor Salazar quando me chamou, querendo ser esclarecido sobre a perspicácia.

Entretanto, o Centro de Estudos identificava os temas principais por sectores, que foram as questões internacionais do trabalho, os núcleos de portugueses no estrangeiro, a mão-de-obra, o problema das terras, a demografia colonial, os estudos económicos, e a política internacional colonial.

A criação de missões foi um método desenvolvido, lembrando as primeiras, que foram a Missão de Estudos dos Movimentos Associativos em África (1957); dirigida por Silva Cunha; Missão de Estudos das Minorias Étnicas, dirigida por Jorge Dias (1957); Missão de Estudo de Atracção das Grandes Cidades e de Bem--Estar Rural, dirigida por Sampaio d'Orey (1957); Missão de Estudos da Missionologia Africana, dirigida por Silva Rego (1959); Missão de Estudos do Rendimento Nacional do Ultramar; dirigida por Vasco Fortuna (1960).

Os temas multiplicaram-se, os debates públicos foram sucessivos, sobretudo desde que assumi a direcção do Instituto em 1958, depois de o Prof. Mendes Correia ter atingido o limite de idade.

A ESPUMA DO TEMPO

Hoje, ao percorrer a longa lista de volumes publicados até à crise de 1974, 88 volumes do Centro de Estudos, o último de 1973, recordo um *Colóquio sobre a Europa*, a criação da cadeira sobre *História da Europa* regida por João Amaral, além das publicações tituladas directamente pelo Instituto, das publicações da mesma área da Academia Internacional da Cultura Portuguesa, dos trabalhos publicados na *Revista de Estudos Políticos e Sociais* (sucessora da *Revista de Estudos Ultramarinos*), mais a peregrinação de professores, assistentes e colaboradores em conferências por vários lugares do país, em seminários e congressos no estrangeiro, parecendo-me que todos trabalharam no regime de limite de forças e de urgência.

A introdução da Ciência Política, das Relações Internacionais, e mais tarde da Estratégia, nos currículos universitários, tem de ser creditada ao esforço desenvolvido, e também o levantamento da conjuntura vivida no terreno das províncias ultramarinas.

Lembro alguns dos participantes, tema a que voltaremos, designadamente os chamados para o corpo docente, como Jorge Dias que, vindo da Universidade de Coimbra, pela primeira vez teve a consagração de catedrático e vastos meios de investigação que resultaram numa obra notável de docente e investigador; Magalhães Godinho que, a seu pedido, e para depois causar perturbações escusadas, regressou ao país entrando no corpo docente; António Ribeiro, que seria Cardeal Patriarca de Lisboa, e ali aprofundou o ensino da doutrina social no âmbito da Licenciatura em Serviço Social (depois Política Social), curso que viria a estar no centro de um violento ataque governamental ao Instituto; Francisco Tenreiro e Raquel Soeiro de Brito, da escola de Orlando Ribeiro, que definiram e desenvolveram a área da geografia humana; Armando Marques Guedes que, por solicitação irrecusável do Reitor Moisés Amzalak, passou de assistente da Faculdade de Direito de Lisboa para catedrático do Instituto, onde foi apoiado em sérias vicissitudes de saúde, aprofundou o ensino do Direito Constitucional com qualidade, e depois aceitou os saneamentos dos que lhe tinham garantido a carreira académica, nome-

O TOQUE DOS CLARINS

ado para o Conselho Ultramarino a seu pedido, sendo eu próprio o responsável, também saneado, e regressando destas fadigas à Faculdade de Direito já professor sénior, pronto para as honrosas designações que premiaram depois de 1974 este desapego a responsabilidades passadas; Almerindo Lessa viria actualizar os temas da saúde pública que eram uma das responsabilidades dos administradores no Ultramar, e estaria sempre presente em toda a problemática das questões raciais, da miscigenação, da ecologia humana, embora enfrentando também sempre, para impedir a estabilização do seu estatuto, o facto não esquecido de ter sido assistente de Abel Salazar, e de ter aderido à solidariedade dos seus assistentes quando o demitiram; Luís de Matos veio de Paris para assumir a área da Expansão da Cultura Portuguesa no Mundo, dando exemplo de integridade académica em todas as vicissitudes da casa; João Ameal introduziu na Universidade a cadeira de *História da Europa*.

Gosto de recordar que Jorge Dias no Prefácio do volume do *Colóquio sobre Metodologia das Ciências Sociais* (1956), que organizou, escreveu o seguinte: "confesso que se aceitei não foi por ingenuidade ou ignorância da responsabilidade que me caberia, foi por reconhecer que o Prof. Adriano Moreira era uma pessoa animada das melhores intenções, cheio de espírito renovador e consciente do esforço que devíamos fazer para estar à altura das nossas responsabilidades. A uma pessoa destas não se devia negar concurso".

Estas palavras confortam-me da perplexidade com que anos mais tarde, mudados os tempos, reparei na frequência com que tantos participantes naquela árdua tarefa omitiram nos currículos pessoais os cargos e esforços que nela lhes pertenceram, os apoios que receberam, as esperanças que suscitaram, sem possibilidade de omitir que tudo decorreu numa época em que tínhamos Império, responsabilidades coloniais, Ministério do Ultramar, política ultramarina.

Recordo os primeiros jovens em que procurámos assentar a nova carreira docente especificamente nascida no Instituto, mesmo que nem todos tenham persistido, referindo Óscar Soares Barata, José Maria Gaspar, João Pereira Neto, Maria da Conceição Tavares da Silva, Narana Sinai Coissoró, José Júlio Gonçalves, João da Costa Freitas, Abílio Lima de Carvalho, Afonso Mendes, José de Sousa Brito, Alfredo de Sousa, iniciando a tentativa de abrir brecha na insularidade do ensino português.

Dois, que particularmente estimei, foram sacrificados pelos saneamentos selvagens, Martim de Albuquerque e Banha de Andrade. O primeiro, que me acompanhou como assistente durante sete anos de dedicação e amizade, tinha sido admitido ao doutoramento e apresentara a tese, quando os saneadores anularam o processo. Felizmente foi possível que, com o seu forte ânimo, fosse doutorar-se à Complutense de Madrid, e, com nova tese, vindo depois a doutorar-se e integrar o corpo docente da Faculdade de Direito onde desenvolveu a brilhante série de trabalhos que lhe são devidos.

O segundo, mais idoso, já com percurso respeitado, igualmente apresentara a tese para o doutoramento a que fora admitido, e igualmente viu o processo anulado. Doutorar-se-ia anos depois na Faculdade de Letras de Lisboa, com a mais alta classificação, restando-lhe todavia poucos anos de vida para continuar.

Dos outros, quero destacar dois: o Doutor Narana Coissoró, líder imaginativo e corajoso da resistência ao violento ataque que o último Governo da Constituição de 1933 desencadeou contra o Instituto em 1969, pela mão dos Ministros Silva Cunha e José Hermano Saraiva, cujos documentos reuniu num folheto intitulado *História de um Escândalo Político*, sofrendo por isso longa perseguição que apenas terminou depois do 25 de Abril; o Doutor Óscar Soares Barata que assumiu a responsabilidade de aguentar as sequelas dos saneamentos de 1974, recuperar os elementos essenciais da estrutura, e retornar à intervenção universitária, onde ainda pude ajudá-lo logo que fui reintegrado em 1980, com intervenção do General Ramalho Eanes, e permanente apoio de Pinheiro de Azevedo, que expressamente afirmava não se descortinar razão para o saneamento, e que, a não se ter abandonado o trajecto que assumi, a evolução teria finalmente sido menos traumática. Juridicamente, fiquei devedor ao Miguel Galvão Teles.

Tive oportunidade de receber o General Eanes para jantar em minha casa, com a sua mulher Dr.ª Manuela Eanes que desde jovem apreciei pelo dinamismo, e que fazia o orgulho do pai, agradecendo-lhe o interesse assumido, e que nunca esquecerei. Na sua última entrevista, o Marechal Costa Gomes, que morreu en 2001, declarou que entendia que se eu tivesse sido Presidente do Conselho depois da queda do Doutor Salazar, a transição seria talvez semelhante à que pacificamente decorreu em Espanha depois da morte de Franco.

Sem poder ignorar estes comentários póstumos, devo dizer que em nenhum momento me ocorreu que estaria preparado para essa responsabilidade, nunca pratiquei um gesto que o pudesse significar, nunca pertenci a qualquer movimento, grupo ou partido em formação.

Quando se deu o desastre que afastou o Doutor Salazar, estava no Brasil e por lá continuei a desempenhar-me dos objectivos da viagem, absolutamente alheio ao processo que levou à solução de tardiamente nomear o Doutor Marcello Caetano para a chefia do último Governo da Constituição de 1933.

Senti o dever, quando Salazar morreu, de ir prestar-lhe homenagem nos Jerónimos, porque ali estava o inapagável principal responsável pelo Governo de Portugal por meio século, com uma obra cujo saldo positivo será reconhecido pela História. Nessa hora, pela manhã, o templo estava praticamente deserto para além da reduzida guarda de honra, e sobre o seu rosto pousava uma mosca a lembrar violentamente que tudo acaba em nada.

Anotei mais tarde os sentimentos e juízos que tal visão me provocou, sabendo que a morte depura as percepções do passado. Foram os expressos no seguinte texto:

"De vela ao cadáver de Salazar, fui-me lembrando de muitos acontecimentos relacionados com a vida pública da nossa terra, em que a sua presença foi dominante. E também de alguns rela-

A ESPUMA DO TEMPO

cionados apenas com o seu modo de ser, que marcou o estilo do Governo e da administração e o estilo de uma geração de dirigentes. Dos que o seguiram e dos que o combateram. Todos mar-cados, na sua intimidade mais funda, pelo homem e pela sua acção.

Recordarei aqui duas imagens persistentes. Numa manhã de Domingo, do ano de Angola Mártir, fui visitá-lo ao forte do Estoril. Como cheguei a pé, não tocaram a sineta que habitualmente chamava para abrirem os portões do caminho de acesso dos automóveis. Subi a breve escada que ali existe. Ao fundo do pátio, onde se encontra a capela, as portas desta estavam abertas. De frente para o altar, a sós com Deus, Salazar cuidava da toalha e das flores e das velas. Pensei que não tinha o direito de surpreender esta intimidade. Regressei vagaroso pelo mesmo caminho. Pedi para tocarem a sineta. Quando voltei a subir a breve escada do pátio, já ele estava sentado na sua velha cadeira, mergulhando nos negócios do Estado. Era a imagem de um homem de fé segura, sabendo que haveria de prestar contas. A brevidade da vida iluminada pelos valores eternos. O poder ao serviço de uma ética que o antecede e transcende.

Acrescento outra imagem desse tempo. Recordo os discursos, as notas, as entrevistas, as declarações, em que sucessivamente definia a doutrina nacional de sempre para a crise da época. Tudo escrito pela sua mão. Mas depois, não obstante a urgência e a autoridade pessoal, tinha a humildade de chamar os colaboradores, ler em conjunto, discutir, e emendar. A grandeza natural de quem pode aceitar dos outros, sendo sempre o primeiro.

E assim foi exercendo o seu magistério. Com fé em Deus e recebendo agradecido os ensinamentos do Povo. Porque nunca pretendeu sabedoria superior à de entender e executar o projecto nacional. E nunca quis mais do que amar até ao último detalhe a maneira portuguesa de estar no mundo, preservando e acrescentando a herança.

O Ultramar foi a última das suas preocupações maiores. Como se, ao crescer em anos e diminuir em vida, quisesse guardar todas

O TOQUE DOS CLARINS

as energias para sublinhar a essência das coisas. Todos os cuidados para a trave-mestra. Doendo-se por cada jovem sacrificado. Rezando, e esperando que o sacrifício fosse entendido e recompensado. De joelhos perante Deus e de pé diante dos homens. Humilde com o seu Povo, orgulhoso perante o mundo.

Assim viveu, acertando ou com erros, mas sempre autêntico. Com princípios. O único remédio conhecido contra a corrupção do poder. E muito principalmente quando se trata de um poder carismático, como era o seu caso. Um desses homens raros que a fadiga da propaganda não consegue multiplicar. Porque ou as vozes vêm do alto ou não existem. Não há processo de substituir o carisma. Por isso, também, essa luz que tão raramente se ascende, é toda absorvida pelo Povo, o único herdeiro. Soma-se ao património geral. Inscreve-se no livro de todos. Pertence à História. Transforma-se em raiz".

Voltando às sequelas da queda no mundo que foi o significado principal da entrada na ONU, uma das experiências mais ricas de ensinamentos foi a participação na delegação, liderada pelo Engenheiro Carlos Abecassis, que esteve na reunião da Comissão Económica para a África, da ONU, na Etiópia, iniciada em 29 de Dezembro de 1958, e que ali nos demorou por cerca de um mês.

Um lugar excepcional para meditar sobre as glórias históricas e os desafios do futuro, porque ao mesmo tempo tive oportunidade de visitar Gondar, onde os chamados castelos portugueses lembram a intervenção portuguesa que travou a marcha da invasão islâmica para o sul, enquanto nas reuniões se discutia o futuro da África que incluiu o ponto final do Império português.

O regime, e a figura do Negus Selassié, também eram um excelente estímulo para ensaiar compreender a contradição entre as estruturas seculares e o desafio à revolução que inspirava a maior parte dos intervenientes africanos.

O Negus, que tinha uma presença aristocrática, obtivera uma projecção mundial quando em 1932, estando a Etiópia ocupada pelas tropas italianas depois de uma campanha selvagem inspi-

A ESPUMA DO TEMPO

rada pela tardia vocação imperial de Mussolini, desmoronou o prestígio da Sociedade das Nações com um discurso histórico ali proferido em defesa do seu país.

Em nome dos princípios do Pacto da SDN, tantas vezes explicitados por uma geração de pacifistas que na sua tribuna lutaram para evitar a repetição de um conflito mundial, implorou a protecção para o seu povo submetido pela força, e a restituição da independência, a primeira vez que o apelo de uma voz africana era ouvido num cenário mundial. A passividade da SDN, que multiplicava as mostras de incapacidade em todo o processo que antecedeu a guerra 1939-1945, foi a resposta.

O desfecho da guerra de 1939-1945 fez com que Hailé Selassié voltasse ao trono do Leão de Judá, que de resto ocupara pelo uso da força. Visitou Portugal em 1959, oportunidade em que foi nomeado *General Honorário* do exército português, e depois de 1974 saneado dos registos das Forças Armadas sem qualquer ruído.

Não obstante o absolutismo do regime que encabeçava, seria um mentor da Organização de Unidade Africana – OUA, e recebia a Conferência sem que o interpelassem concretamente pelo regime.

E, todavia, o que se podia saber era extremamente decepcionante. Chegavam caravanas lideradas por chefes locais, ganhando em dignidade pelo uso de frágeis cavalos, e de uma legião de pobres servidores, com bagagens e também presentes para a cerimónia da submissão. Os enforcamentos públicos, deixando os corpos a balançar, aplicavam o princípio da prevenção pelo exemplo. Os crimes políticos tinham como pena mais grave a esfola do condenado até morrer. Os que nos informavam destes factos, europeus residentes e discretos no comportamento, falavam de um ministro caído em desgraça, para quem o Negus tinha querido ser complacente, e por isso estava apenas preso de cão num pátio interior. A horas certas, pela manhã e pelo entardecer, empregados solenes transportavam enormes pedaços de carne para alimentar os leões que em jaulas visíveis lembravam a grandeza do Império.

Houve uma recepção, seguida de banquete, cujo primeiro acto foi a apresentação de cumprimentos ao Imperador e sua mulher. Ele estava vestido à europeia, de *smoking*, e ela, vastíssima, sentada, tudo se passando em ritual de inspiração britânica, com anúncio da qualidade de cada um dos participantes na Conferência.

Animadora no salão do banquete, uma pequena orquestra esmerou-se a imitar o rugido do leão quando o casal imperial desceu para ocupar os seus lugares. Devem ter reunido todo o material disponível na cidade para atender a numerosíssima assembleia, misturando pratos, talheres e copos de todas as espécies. Uma graciosa japonesa superintendia no serviço, rico de pratos e bebidas das mais reputadas origens.

No dia seguinte um número considerável de participantes estava entregue aos cuidados de um médico espanhol que não tinha mãos a medir, mas se mostrava feliz por ter doentes do mundo de que há anos se ausentara para exercer naquela suposta terra do Preste João.

Estas experiências, que seria monótono enumerar cronologicamente, não deixaram de abrir caminho a reflexões construtivas na área da administração. Recordarei a criação do Conselho Superior de Política Ultramarina, que pouco reuniu, e do Gabinete de Negócios Políticos do Ministério do Ultramar, criado pelo Decreto-Lei n.º 42671, de 23 de Novembro, cujo projecto elaborei a pedido de Lopes Alves, e foi importantíssimo. Pela primeira vez o ministério tinha um órgão de avaliação e acompanhamento das políticas internas e das dependências externas, que funcionava como observatório, embora com todas as deficiências resultantes da falta de experiência anterior e inevitavelmente das faltas tradicionais de cooperação entre departamentos governamentais.

O espólio legado, traduzido nos Relatórios sistemáticos, é valioso, o que muito se ficou devendo ao primeiro director, o Dr. João da Costa Freitas, inesquecível pelo carácter, pelo rigor

A ESPUMA DO TEMPO

profissional, pela amizade, que mediu e correspondeu à responsabilidade de dirigir o que foi talvez o primeiro gabinete de planeamento político de um ministério.

Este envolvimento de consultor, derivado da função no Instituto, deu-me uma modesta posição de vogal substituto do Conselho Ultramarino, e a passagem curtíssima pela Câmara Corporativa, da qual sairia sem dar por isso, o que reconheço ser difícil de explicar, mas é assim.

Tenho a lembrança, que não me parece valer a pena aprofundar, de ter participado na discussão sobre a inclusão do nome de Deus na Constituição, acompanhando os experientes do Ultramar presentes na opinião de que deveria ser feito, mas em termos de todas as crenças abrigadas no Império se reconheceram ligadas pela invocação, e que alguma intransigência tridentina impediu o acordo para essa forma de invocação. Alguns crentes sustentariam mais tarde que por esta razão o Império perdera a protecção divina, seguindo-se a desagregação.

Aproximavamo-nos do previsto ano de ouro do anticolonialismo, 1961, da perda do terço de votos bloqueadores da condenação de Portugal e de facto, em Dezembro de 1960, foram aprovadas pela Assembleia Geral resoluções que condenaram a política colonial do Governo.

Exercia o cargo de Ministro do Ultramar o Almirante Lopes Alves, que fora Governador-Geral de Angola, transitando do cargo de Governador do Banco de Angola para o Governo, um facto que criaria dificuldades.

O ambiente internacional, e os reflexos internos, apontavam para a chegada do ponto crítico do início da violência armada. Como que anunciando o começo de uma época, Álvaro Cunhal evadira-se do Forte de Peniche em 3 de Janeiro, e logo em Novembro, em proclamação do seu partido, alertou "o povo português para os perigos de uma guerra colonial", sendo claro de onde viria o apoio.

Este anúncio não necessitava de uma grande capacidade de previsão, mas exprimia informação, porque desde o começo do ano que a UPA, MPLA, e PAIGC exigiam negociações para a independência por meios pacíficos, com a única alternativa, em caso de recusa, da luta armada, a leitura evidente de todas as manifestações.

De resto, o discurso era pontuado em Mueda (Moçambique) por um movimento de desobediência apoiado nas condições de trabalho indígena, provocando uma repressão com muitas vítimas, e surpresa do Governador do Distrito, então em Lisboa, que considerou exagerada a urgência com que lhe foi pedido o regresso ao posto. Mais grave, o levantamento na Baixa do Cassange (Angola) onde o regime de cultura obrigatória do algodão, que era severíssimo, sendo concessionária a COTONANG, originou uma repressão violentíssima, usando meios drásticos, o que tudo punha em causa a perspectiva lisboeta da tranquilidade assegurada.

Foi neste ambiente que o Doutor Salazar me chamou, de acordo com o Almirante Lopes Alves, com o qual eu tinha as melhores relações, e cuja saúde estava seriamente afectada, para me convidar a assumir o cargo de Subsecretário, enquanto a remodelação do Governo, que seria próxima, não se concluísse.

Depois de uma conversa sobre a situação, disse-me que tinha seguido as análises críticas e propostas dos trabalhos publicados, que admitia a necessidade de proceder a reformas, para as formular e aplicar é que pedia a minha colaboração, acrescentando que eu tinha razões pessoais para recusar.

Respondi, em resumo, que as minhas opiniões tinham a publicidade das aulas e das acções de extensão universitária, que não era apenas ele que entendia colocar o interesse nacional acima das questões pessoais, que não pertencia a nenhuma organização política, e por isso mesmo não possuía apoios em que pudesse confiar numa intervenção desse tipo.

Garantiu-me que estava bem informado da orientação das minhas conclusões sobre a conjuntura, que o seu apoio seria completo e entendia que suficiente. Acrescentei que o apoio técnico também era indispensável, e que iria colocar a questão aos meus colaboradores do Instituto e Centro de Estudos, fazendo

A ESPUMA DO TEMPO

depender da sua adesão a possibilidade de aceitar, tanto mais que me esclarecia de que na remodelação do Governo que projectava era o cargo de Ministro que me esperava, com inteira concordância do Almirante Lopes Alves. Este ponto não era para mim o importante, porque sabia da solidariedade de pensamento deste último. Consultados os meus colaboradores todos se dispuseram a executar as tarefas que coubessem nas suas competências, e assim iniciei a minha intervenção na política.

Infelizmente a saúde do Almirante Lopes Alves, em cujo círculo de intimidade fui sempre recebido como membro, foi-se agravando em coincidência com o eclodir da violência em Angola, de que fora, como recordei, Governador-Geral.

Os picos de 4 de Fevereiro de 1961, assalto à Casa de Reclusão Militar, ao quartel da PSP, e à Emissora, ainda de 15 a 21 de Março no Norte, criaram-lhe a convicção de que moralmente, e de acordo com o seu conceito de honra, não podia abandonar o cargo sem ir a Angola levar a solidariedade pessoal e do Governo, por muito que a sua saúde perigasse. Este sentimento foi respeitado, e logo que a convalescença o consentiu, com as cautelas de assistência possível ali se deslocou comovidamente como que em despedida de uma longa vida dedicada à Marinha e ao Ultramar.

A sua substituição seria porém condicionada por factores intervenientes da evolução do processo político, isto é, a perplexidade em que o Presidente do Conselho se encontrou mergulhado em face do movimento do General Botelho Moniz, que se desenrolou durante meses, com uma publicidade pouco imaginável, incluindo a ausência sistemática do Ministro da Defesa das reuniões aliás espaçadas do Conselho de Ministros, escrevendo textos acessíveis facilmente a toda a gente, praticamente mantendo conhecida a soma de aderências que ia recebendo da estrutura militar.

Foi justamente no rescaldo da sua excessivamente chamada tentativa de golpe militar, que decorreu entre 11 e 13 de Abril de 1961, que a remodelação adiada finalmente se verificou.

O TOQUE DOS CLARINS

Das questões pendentes, a do estatuto do Ultramar sobrelevava todas as outras. Para entender o que possa ser compreendido da ambiguidade que seria crescente no último Governo da Constituição de 1933, conviria não deixar no esquecimento, ou na ignorância, alguns factos da administração do Doutor Salazar dessa data. Muito principalmente factos relacionados com o início da acção terrorista em Angola.

De todos, tem principal importância essa atípica conspiração de Abril de 1961, de que foi chefe, como dissemos, o General Botelho Moniz, então Ministro da Defesa Nacional. Ouvi o Doutor Salazar desabafar que nunca se sentira tão perplexo em toda a sua vida política, e admitir que o General Moniz tinha na mão todos os comandos. Embora desempenhando as funções de Subsecretário da Administração Ultramarina, assegurava a ultrapassagem da situação do Ministro Almirante Lopes Alves, que lutava com bravura para recuperar a saúde severamente abalada, e fazer face aos deveres do seu cargo. A perplexidade do chefe do Governo parecia resultar da dificuldade de saber qual seria o gesto político que poderia evitar um confronto com as Forças Armadas e, ao mesmo tempo, assegurar a execução da política que tinha decidido.

Era a esta que o Ministro Moniz se opunha com argumentos tradicionais em todas as emergências militares, que já circulavam publicamente. Falta de meios, insuficiência do dispositivo local, limitações financeiras, isolamento internacional, a experiência alheia no sentido de que as guerras subversivas não se vencem militarmente. Os Chefes de Estado-Maior acompanharam-no, com excepção do General Câmara Pina, Chefe de Estado-Maior do Exército.

A mim próprio, em data próxima da crise, me procurou o General Beleza Ferraz, Chefe de Estado-Maior General das Forças Armadas, regressado de uma viagem de inspecção a Angola. Falou-me longamente das dificuldades que verificara e considerava militarmente insuperáveis. Acrescentou, enigmático,

A ESPUMA DO TEMPO

que as circunstâncias poderiam exigir da minha parte uma cooperação excepcional.

As semanas posteriores começaram a permitir entender em que emergência estava a pensar o General. No dia 11 de Abril, o General Botelho Moniz e o Coronel Almeida Fernandes, então Ministro do Exército, procuraram o Presidente da República, à noite, para de facto lhe exigirem a demissão do Doutor Salazar. Pretendiam tomar o Governo com a aparência da legalidade, aceitar a autodeterminação, da ONU, procurar o acordo e auxílio dos Estados Unidos, e definir um programa a prazo médio para a independência das Províncias.

Vários factores contribuíram para o fracasso de uma intentona que dispunha da quase totalidade dos dispositivos militares. Em primeiro lugar, o complexo da legalidade formal que impeliu esses militares a querer ocupar o poder com respeito aparente pelas disposições constitucionais; a prudência e serenidade com que o Chefe de Estado por isso ganhou tempo, num diálogo difícil, durante horas que permitiriam ao Doutor Salazar organizar a resposta; a rapidez com que, depois de finalmente tomar uma decisão, agiu; a audácia com que o então Coronel Kaúlza de Arriaga, Subsecretário de Estado da Aeronáutica, subordinado directamente ao General Moniz, mobilizou as forças de que dispunha e definiu uma ameaça de intervenção que fez vacilar a convicção dos conjurados de que tudo se passaria tranquilamente.

Na já referida última entrevista do Marechal Costa Gomes, este desmente que me pertencesse qualquer intervenção na formulação da estratégia que venceu o General Botelho Moniz, declarando saber quem o fizera. É inteiramente verdade, lembrando-me, em relação ao Ultramar, de pouco antes o Tenente-Coronel Costa Gomes, Subsecretário de Estado do Exército, ter procurado o Almirante Lopes Alves no Ministério do Ultramar, e de este ter pedido a minha presença. Tratava-se de reduzir as tropas em Goa, para reforçar os meios em África, e de o Ministério do Ultramar adquirir e fornecer ao exército, no Norte de Angola, instalações apropriadas para estacionar uma força de intervenção rápida, que lhe parecia necessária e suficiente naquela data. Os factos andaram mais rápidos, e as exigências ultrapassaram largamente as previsões do Subsecretário, cuja diligência não mostrava que soubesse das intenções do Ministro da Defesa.

Assisti a parte das decisões que o Coronel Kaúlza tomou, em Monsanto, para onde me mandaram recolher, e no A. B. 1, na Portela, para onde a seguir me transferiram, e onde surpreendentemente compareceu o General Venâncio Deslandes, que era cunhado do General Botelho Moniz, que tinha o irmão Brigadeiro no movimento, que deveria estar em Madrid onde era Embaixador, e cujo trânsito ficou por explicar e parece até que por registar.

Dois factos foram talvez decisivos. O General Moniz mandou apresentar o seu Subsecretário da Aeronáutica na Cova da Moura, onde se encontrava, e o Coronel Kaúlza imprudentemente foi. O diálogo não foi agradável. O General exigia explicações pelo que considerava uma insubordinação, isto é, as ordens com que Kaúlza mobilizou a Força Aérea. O Coronel Kaúlza respondia friamente que estava apenas a exercer os poderes que legalmente lhe competiam. O General Moniz, em vez de o prender como parecia lógico, fez o gesto errado de o mandar sair, e o Coronel Kaúlza fez o gesto certo de seguir a indicação e voltar para o seu posto de comando.

Este caso foi, salvo erro, na manhã do dia 13. Na Cova da Moura, o Ministro ficou a deliberar com os seus auxiliares. Entretanto, a meio da tarde, o Doutor Salazar anunciava a remodelação do Governo, encarregava o General Mário Silva, na qualidade de Ministro do Exército, de desfazer as coligações dos conspiradores, chamou-me para Ministro do Ultramar e promovia a Aeronáutica a Secretaria de Estado, com o Coronel Kaúlza de Arriaga à sua frente.

O mito da legalidade formal derrotou os conspiradores, que pretendiam beneficiar da observância formal da legalidade. O General Albuquerque de Freitas, por exemplo, Chefe de Estado-Maior da Aeronáutica, que, tendo chegado ao aeroporto de Lisboa vindo dos EUA, se recusara a comparecer perante o seu Subsecretário de Estado para obedecer ao Ministro Moniz com o qual conspirava, consta que foi dos primeiros a declarar que abandonava o projecto porque o General Moniz deixara de ser ministro, faltando-lhe assim a competência legal para os cobrir com as ordens indispensáveis.

Não importam muito os aspectos do comportamento dos homens, e não faltará quem os investigue ou os suponha. O que me parece importante, pelo significado posterior, é notar que o Doutor Salazar venceu a conjura mas não se considerou habilitado a punir adversários. Severo como foi sempre em questões de autoridade, ficou todavia parado. Recomendou mesmo a atitude de passar por cima, adoptando a política da vista grossa. De facto, não estava seguro da extensão do movimento, nem das marcas que fizera e das adesões que ficaram por contar. Percebeu que a sua autoridade era agora condicional em relação às Forças Armadas. Na crise do Governo de Angola que surgiu mais tarde, e a que me referirei, a sua conduta foi ditada pelas mesma insegurança.

É indubitável que muitas das pessoas comprometidas no movimento de Abril de 1961, e que ficaram cobertas por essa política do Doutor Salazar, viram atribuídos postos de comando importantes. É um facto que, nessa data, o nome do Prof. Marcello Caetano era inevitavelmente apontado como sendo o do candidato possível dos conjurados para a chefia civil da nova situação que pretendiam criar respeitando formalmente a legalidade constitucional, com a fragilidade de, para isso, necessitarem de poder exibir nomes com autoridade.

Também se verificou a não demorada dispensa do Coronel Kaúlza de Arriaga do poder. Tive ocasião de lhe vaticinar que, com a sua intervenção e protagonismo, fizera ao Doutor Salazar um favor que este não podia desculpar. Assim foi.

O movimento frustrado do General Botelho Moniz foi certamente inspirado pela internacionalização das Forças Armadas que

O TOQUE DOS CLARINS

encontraram na NATO uma nova visão do mundo, e o epitáfio do velho conceito da balança de poderes europeia.

Foi também uma nova manifestação da geral convicção de que o regime dependia de um homem – o Doutor Salazar, e de um suporte – as Forças Armadas, uma visão que o comportamento das oposições consolidara.

A interiorização deste conceito, fez com que nem as Forças Armadas fossem capazes de executar o gesto político de retirar o apoio fazendo cair o dirigente, nem este sentiu a capacidade de sanear o aparelho militar, não vendo outro apoio de substituição.

A ambiguidade encontrou uma plataforma conciliatória no compromisso indiscutivelmente assumido, sem texto, de que as Forças Armadas assegurariam a ordem no Império pelo tempo razoavelmente necessário para construir uma solução política.

No círculo não muito abrangente das pessoas que tinham informação e meditação sobre a conjuntura internacional e a realidade colonial, esta parecia a plataforma que ao mesmo tempo atendia ao realismo que exigia movimento e mudança, e ao patriotismo, ainda que de leituras múltiplas, mas que não consentia: nem o repúdio da herança histórica; nem o abandono do dever de procurar um novo conceito estratégico nacional que conciliasse o passado com o reformulado modelo de relacionamento com os povos e territórios colonizados; nem a submissão a imposições de organizações que se propunham ser a ponta de lança interna da guerra fria e nessa retaguarda é que tinham o apoio; nem ignorar que o mais valioso capital investido no Ultramar português eram os colonos e as comunidades de vida que tinham desenvolvido com os nativos, e que estas não podiam ser abandonadas a uma mudança dinamizada pela violência.

A carta da ONU, invocada sem leitura, aquilo que anunciava, literalmente, era que a autodeterminação dependia de uma adequada preparação dos povos para assumirem a decisão livremente, em regra, mas não necessariamente, a da independência.

A renúncia ao tempo ali praticada, e a acelerada retirada das soberanias enfraquecidas de recursos e determinação pela guerra

A ESPUMA DO TEMPO

mundial, foi um efeito colateral da instaurada Ordem dos Pactos Militares (NATO/VARSÓVIA) que realmente substituiu largamente a Carta, e transformou esse depois chamado *terceiro mundo* em zona de confluência das potências líderes dos blocos. A Indochina, a Argélia, os Departamentos franceses do Ultramar, a Rodésia (Zimbabwe), a África do Sul, e Portugal, foram algumas importantes excepções à renúncia ao tempo, com tabelas de custos variáveis em face das linhas duras da evolução.

A movimentação mal estruturada do General Botelho Moniz, tal como viria a acontecer em 1974, parecia mais inspirada pela inquietação com a deficiência do aparelho militar – um facto recorrente em todas as crises nacionais – do que apoiada numa prospectiva de que o aparelho não tinha nem instrumentos nem definições, prometendo um projecto que deveria ter sido elaborado antes.

Uma intervenção inconsistente, na qual nenhum projecto no futuro viria a reclamar a filiação, e da qual nenhum agente futuro se diria continuador ou herdeiro. Perdeu-se assim muita da memória da intervenção reformista que a sua passagem pelo Ministério do Interior (1944-1947) anunciara, e que introduzira na revisão a que submeteu a herança de Santos Costa quando foi nomeado Ministro da Defesa (1958). Ainda viveu os anos tormentosos da década em silêncio, falecendo em 1970, no mesmo ano em que também morreu Salazar, ainda mais tragicamente silencioso.

A crise reveladora da acentuação da condição exógena do país fez convergir muitas leituras do patriotismo no sentido de impedir que a violência fosse a dinamizadora da mudança, e também orientadas pela salvaguarda dos valores históricos nacionais, pela reestruturação da articulação dos interesses das várias comunidades coexistentes nos diversos territórios, pelo reconhecimento e exigência do respeito pela integridade dos portugueses que ali se tinham instalado para trabalhar, ficar, e morrer, praticantes de uma concepção de vida, a que chamei "a maneira portuguesa de estar no mundo", com activo e passivo, mas altamente contributiva para o desenvolvimento humano das gentes e dos territórios.

Foram numerosos os portugueses, com liderança conhecida de opositores do regime, alguns vivendo em África como que exilados voluntariamente desde o 28 de Maio, que aderiram a esta linha, a qual mobilizou com autenticidade a opinião da Nação. Sempre com a dificuldade de os portugueses metropolitanos serem por então mais informados e aderentes aos valores históricos, do que informados da situação real das Províncias Ultramarinas e das suas populações.

Mais conhecedora da realidade pelas responsabilidades missionárias, em coerência com a atitude da Santa Sé durante as celebrações centenárias, logo em 1961 a Igreja Católica divulgou uma declaração afirmando que "Portugal é consciente da sua missão evangelizadora e civilizadora. E sofre ao ver que ela não é compreendida nem apreciada, e até se tenta contestar-lhe", e isto, "nesta hora em que o Ocidente parece ter perdido a consciência de si mesmo...".

Mas foi apenas nessa data que o General Humberto Delgado, exilado no Brasil, se declarou a favor da autodeterminação dos povos africanos, da intervenção do Conselho de Segurança da ONU, e até da integração de Goa na União Indiana, o que não lhe ocorrera na campanha para a Presidência.

As oposições talvez apenas nos Congressos Republicanos de Aveiro (1957-1969-1973), dinamizados por Mário do Sacramento, e sobretudo no de 1969, viabilizado pela atitude do Governador Civil Vale Guimarães, um homem de fortes convicções liberais, é que sistematizaram uma atitude a favor da autodeterminação.

O próprio Capitão Henrique Galvão, já celebrizado pelo incidente do *Santa Maria*, ao ser ouvido como peticionário na ONU, não considerou que as colónias estivessem em condições de acederem imediatamente à independência, retirando-se com um ambiente menos eufórico do que o da chegada.

Esta distância entre as convicções históricas e a informação animou parte da confrontação semântica em que se gastaram tempo e energias.

A ESPUMA DO TEMPO

A unidade nacional, como valor da cultura portuguesa, pareceu-me sustentável no plano da solidariedade dos portugueses emigrantes, espalhados pelos vários territórios do Império, um valor abrangente das comunidades da primeira geração sediadas em territórios estrangeiros.

A invocação do portuguesismo já refere uma variante quando se trata de descendentes, designadamente nos países onde se deu a integração desejada, como nas duas costas dos EUA.

Diferente ainda quando esse laço é apenas referido pela memória de gentes por onde passou a missionação ou soberania fugaz, como aconteceu pelo oriente.

Finalmente diferente em relação às populações nativas submetidas à colonização portuguesa, em que a referência tinha em primeiro lugar que ver com a vinculação à soberania, com a identidade dos territórios, e um passo avançado na assimilação, mais largamente teorizada, que tornada efectiva.

Por muito que a análise retrospectiva, exercida no ambiente do fim da crise, não consiga incluir a vivência desse facto na circunstância em que agora se move, o patriotismo histórico foi um elemento essencial do levantamento da opinião pública no sentido de apoiar a resistência, nesse sentimento participei, e algumas vezes senti, na vertigem da acção, que era um destino privilegiado morrer na tarefa.

IV

Entre o Tempo Ganho e o Tempo Perdido

Um dos pontos que me pareciam fundamentais para a definição e entendimento da política que o Governo se proporia seguir, dizia respeito à atitude adoptada quanto à legitimidade para estar no Ultramar. O Doutor Salazar não tinha hesitações em filiar tal política na vontade nacional. Entendia esta no sentido institucionalista que decorria da sua formação.

Nunca lhe ocorreria submeter a um plebiscito a definição da conduta do país em tal domínio. Não era a vontade popular que tinha em vista. Era a vontade da Nação, essa comunidade sucessiva de gerações. Adoptou uma expressão minha, dando-lhe sentido pessoal – "*a maneira portuguesa de estar no mundo*" –, para acentuar que se tratava da essência da Nação. Gostava de lembrar um conceito do Almirante Sarmento Rodrigues, segundo o qual – "*Moçambique só pôde ser Moçambique por ser Portugal*".

Esta humildade com que aceitava expressões, conceitos e correcções alheias, era um seu traço de carácter pouco conhecido que lembrei em artigo já referido. Tudo o que pudesse enriquecer, fortalecer, tornar mais claro, o conjunto dos valores em que acreditava, logo o adoptava. Para a mudança era mais resistente.

Na hierarquia de tais valores, o Ultramar que nunca visitou ocupava um lugar cimeiro. Não concebia que algum dia a estrutura nacional pudesse ser diferente, embora pudesse reformular a definição. Como a crise o apanhou já muito adiantado em anos, foi abandonando todos os sectores do Governo para se dedicar exclusivamente aos problemas da Defesa, dos Negócios Estrangeiros e do Ultramar.

Encontrou para o primeiro dos departamentos apontados um homem de dedicação pessoal sem limites, que foi o General Gomes de Araújo. Serviu primeiro como Chefe do Estado-Maior

A ESPUMA DO TEMPO

e mais tarde como Ministro. Lembro-me de uma vez lhe ter ouvido dizer do General Araújo: "tem-me esquecido de o nomear Ministro da Defesa Nacional". Entretanto, exercia ele próprio o cargo, mas a autoridade executiva do General Araújo era completa. Para os negócios estrangeiros encontrou, como disse, a fidelidade do Dr. Franco Nogueira. Este foi um convertido pelo Doutor Salazar à sua mística pessoal. Identificou-se de tal modo com o pensamento do Chefe do Governo que lhe repetia as expressões. Adoptava o tom e a atitude. Foi um executivo rigoroso e fiel do pensamento do Doutor Salazar, dando-lhe um notável brilho argumentativo pessoal.

De todos os negócios públicos, os que Salazar mais preferiu foram sempre os relacionados com a política externa. Lia tudo, perguntava tudo, interrogava os funcionários e os particulares. Retinha e classificava todos os factos e opiniões. Para abonar os seus pontos de vista, citava conversas com o rigor com que citamos documentos nos pés de página. Era fascinante vê-lo ler um documento ou escutar uma resposta. Se recebia um telegrama, e recebia praticamente todos os do Ministério dos Negócios Estrangeiros, lia cuidadosamente cada parágrafo. Parava e repetia. Perguntava-se a si próprio em voz alta qual o verdadeiro sentido. Depois de satisfeito, passava adiante. Fazia o mesmo com as respostas às perguntas que lhe interessavam. Racionalizava e guardava. Passados anos, citaria de cor o documento ou a resposta.

Dava a impressão de usar igual método nas suas conversas com a História de Portugal. Em busca da vontade nacional, e com pouco apreço pela vontade popular. Esta, parecia ser, no seu entendimento, apenas a expressão do querer passageiro de uma parte da geração viva. Pouca coisa, para que lhe atribuísse significado importante. Para a missão ultramarina de Portugal tinha a sua resposta bebida directamente da História-pátria, e nunca na realidade mutável. Nunca lhe ouviram querer plebiscitá-la. Foi a concorrência na esperança de salvar a maneira portuguesa de estar no mundo que me permitiu acompanhá-lo como Ministro do

Ultramar durante a crise aguda, mas o entendimento do processo viria a romper-se. As diferenças de sentido do conceito, e de opinião sobre vários domínios fundamentais, sobretudo relacionados com a política interna no Ultramar, não me permitiriam desempenhar o papel de simples executor. Os graves problemas da situação das populações, do regime do trabalho, das culturas obrigatórias, dos privilégios económicos, do tráfego de influências, das baronias chamadas "administradores por parte do Estado", dos concursos públicos, dos fornecimentos ao Estado, e assim por diante, provocaram tensões frequentes. Muitas vezes a divergência parecia dizer apenas respeito à oportunidade da intervenção, mas de facto nas vivências estava toda a diferença.

O Doutor Salazar quando reconhecia os males receava que o remédio diminuísse a coesão da sua base de apoio. Parecia-me pelo contrário que a intervenção militar que levasse a resultados, prometidos a essa intervenção, não era viável sem uma política vigorosa de saneamento que atraísse as populações e convencesse a juventude da autenticidade da política governamental, um pressuposto que as Forças Armadas assumiram como elemento fundamental da sua estratégia. Pensava, ao antever os anos de provação que nos esperavam, que o sacrifício devia ser acompanhado de uma purificação recompensadora.

A minha geração não conhecera outra forma de Governo. Em muitos aspectos considerava essa geração como uma geração traída. Poucas eram as promessas da guerra mundial que tinham sido cumpridas. Não foi uma geração do protesto geral, como a que se seguiu. Mas foi uma geração de angústia. Muitos de nós, os que pertenciam à reduzida parte da população que vivia a realidade do Ultramar, pensavam que ao menos se deveria proceder a uma revisão de métodos, porque tudo aparecia, a esses, como secundário em face do desafio total à maneira portuguesa de estar no mundo. Nunca ouvi o Doutor Salazar negar os males de que nos queixávamos. Tive mesmo a surpresa de o ouvir dizer que algumas vezes incitara os Ministros do Ultramar a corrigir os abusos, mas que lhe respondiam com uma lista de receios. Destes

A ESPUMA DO TEMPO

e de outros problemas falava, não como Chefe do Governo, mas como um Chefe de Estado arbitral. Não eram, ao escutá-lo, coisas da sua responsabilidade. Eram factos lastimáveis dos Governos, que não conseguia corrigir. De facto, mostrava-se, e sentia-se, fora e acima do quotidiano.

Nisso, seria necessário corrigir a atitude, e adoptar também o conceito, que sempre defendi, de soberania de serviço. Tudo me parecia dizer realmente respeito ao sentido das coisas, aos valores da justiça e da dignidade humana. Nos dias angustiosos em que percorri a Angola das horas do desespero, compreendi que o povo estava disposto ao sacrifício na esperança da restauração da autenticidade. Foi diante desta que o Doutor Salazar, invocando o realismo, hesitou frequentemente, quando começaram a concretizar-se as reformas que se dispusera a apoiar, enfraquecendo essa determinação, como se veria, à medida que os efeitos colaterais lhe abalavam a base tradicional de apoio. E foi essa hesitação crescente que finalmente me impediria de o acompanhar.

A clientela defensora dos interesses organizou-se rapidamente contra a tentativa, quando o mito da guerra ganha, que o Ministro dos Negócios Estrangeiros adoptou com convicção, permitiu sustentar que quem ganha a guerra não reforma, para não dar sinais de fraqueza.

A campanha foi violentíssima. Lembro-me de muitos que a fizeram e não nomeio, com pena deles e piedade para com a maioria dos portugueses que podiam ter sofrido menos.

A percepção de que esse era o sentimento geral dos portugueses, que nada tinha a ver com o negativismo mais tarde nascido nas elites que recusaram a mobilização, para uma guerra que durara demais, que se formaram no exílio mergulhados no crescente desenvolvimento europeu cujos desastres da guerra mundial não tinham conhecido, foi muito apoiada na intensa peregrinação pelos mais variados meios sociais no período anterior à tentativa de Botelho Moniz. Tenho registo de algumas intervenções, começando pela conferência feita na Universidade de Coimbra, a pedido da Associação Académica, no período das Comemorações Henriquinas, em 18 de Março de 1960, sobre a relação entre a *unidade política e o estatuto das populações*. No XXV Aniversário do Instituto de Serviço Social, em 9 de Julho, pronunciei-me sobre os *Problemas sociais do Ultramar*. Em 10 de Setembro, na sessão plenária do Congresso Internacional da História dos Descobrimentos, confrontei *O Pensamento do Infante D. Henrique e a Actual Política Ultramarina* de Portugal. Em 22 de Outubro, no encerramento dos Dias de Estudos Missionários, falei sobre a *Actualidade das Missões*, e em 22 de Janeiro de 1961, na Faculdade de Letras de Coimbra, sobre a *Competição Missionária*, que crescia como factor importante da conjuntura africana das várias confissões. Neste caso, o estudante Boaventura Sousa Santos leu os votos e conclusões da Semana de Formação Missionária, na qualidade de Presidente da Liga Missionária Académica.

Finalmente, em 17 de Março, na Casa do Infante do Porto, fiz a última intervenção pública como Subsecretário, falando sobre *Provocação e Resposta*, num ambiente internacional marcado pelas declarações de Mennen Williams, Subsecretário para Assuntos Africanos de Kennedy, que na 3.ª Sessão da Comissão Económica para a África, de novo em Adis Abeba, proclamara o *"princípio de que a África é para os africanos"*, que para ele eram os de etnia negra, sem inquietação por não poder proclamar que a América era para os aborígenes, porque entretanto os tinham eliminado. Estes textos, todos publicados, fazem-me hoje avaliar a disputa que se processava no espírito dos intervenientes, começando por mim, entre os valores históricos e a razão, entre a urgência de decidir e a deficiente informação sobre os factos, incluindo a realidade internacional.

Também não podíamos omitir que nem os EUA, nem a URSS, tinham descoberto nos seus vastos domínios qualquer parcela ou povo que devessem ver reconhecido o direito à auto-determinação, coisa que no leste tinha de esperar pela *perestroika*.

Foi por isso que o conceito de que a África estava a ser objecto de substituição da dependência política, pouco importando a forma, sendo uma área de confluência de poderes dos

A ESPUMA DO TEMPO

EUA e da URSS, o que tudo não tinha relação nem com o direito dos povos à autodeterminação, nem com os direitos do Homem prometidos, me pareceu o que correspondia à situação. A conferência intitulada *Geração Traída*, feita na Casa do Infante no Porto, em 11 de Maio de 1962, refere-se àqueles "*que atingiram a maioridade na década de quarenta*", que tinham crescido acreditando nas prometidas quatro liberdades de Roosevelt, no projecto de uma nova ordem inspirada nas liberdades de opinião, liberdade de religião, liberdade contra a miséria, e liberdade contra o medo, mas já não podiam ignorar que a África caminhava para a situação de continente perdido em que se encontraria antes do fim do século, vítima do "antiquíssimo esquema da luta pelo poder que caracterizou a vida internacional". Vaticinava que "nem os africanos de origem europeia poderão escapar à ameaça racista que caracteriza a conjuntura internacional, nem as populações de raiz tribal escaparão ao retrocesso que infelizmente se verifica já em extensas regiões da África".

Os Relatório sucessivos do *PNUD, Programa das Nações Unidas para o Desenvolvimento*, documentam infelizmente o acerto da previsão, porque o continente perdido foi vítima da competição das grandes potências líderes dos blocos militares, perdeu nessa luta o respeito pela dignidade dos povos a que tem direito, para se transformar apenas na *África Útil*, isto é, fonte de matérias-primas, petróleo, metais raros, com uma dificílima evolução no sentido do equilíbrio político.

Deixando ali, tal intervenção das grandes potências, depois do fim da guerra fria, como efeito colateral, a competição pelo poder de grupos cada vez mais distanciados da população vítima da catástrofe. Cada facção procurando obter o *poder total*, que era a imagem que recebia das autoridades coloniais, nenhuma destas correspondendo aos modelos democráticos das metrópoles, todas, com os títulos variados de vice-rei, alto-comissário, governador, em nome de qualquer das soberanias da frente marítima europeia, Inglaterra, França, Bélgica, Holanda, Portugal, moldadas pela

ENTRE O TEMPO GANHO E O TEMPO PERDIDO

tradição do agente titular de todos os poderes, legislativo, executivo, e até judicial.

Em todo o caso útil ainda como mercado para a venda de armas que apenas as potências desenvolvidas podem fornecer, generalizando o modelo de sociedades de guerra, isto é, que tem a guerra como maneira de viver.

Não desejo relatar minuciosamente, porque largamente relatada pela imprensa, a minha deslocação a Angola, martirizada pelos acontecimentos que, sobretudo no Congo, demonstraram a selvagem determinação das formações encarregadas de aterrorizar a população, mas algum apontamento é indispensável.

Tinha a noção de que o poder militar, extremamente deficiente num território catorze vezes maior do que a metrópole, e onde os efectivos de todas as forças, incluindo os policiais, não excediam cinco mil homens, era altamente preocupante e inquietava uma sociedade civil que sofrera agressão suficiente para medir a ameaça.

Por isso, considerei necessário que o Coronel Kaúlza de Arriaga, Secretário de Estado da Aeronáutica, cuja intervenção no incidente Botelho Moniz projectara para o primeiro plano nessa área, me acompanhasse e contribuísse assim, com a presença e capacidades reconhecidas, para restabelecer a confiança em que a debilidade do aparelho militar ia ser enfrentada com decisão. Fez isso com inteligência e mérito, lidando com chefias algumas das quais não duvidavam que seriam substituídas, circunstância em que as susceptibilidades militares beneficiam com a intervenção de iguais, respeitados pela carreira.

Uma contribuição partilhada pela sua mulher Maria do Carmo (Carminho), jovem, corajosa, naturalmente dotada para a cordialidade das relações humanas, e que não rejeitou qualquer intervenção, contacto, ajuda, simples compreensão, junto de tanta gente deslocada, atormentada, infeliz.

Do meu pessoal quero recordar o meu condiscípulo Dr. Gouveia Lopes, Chefe de Gabinete, filho de um camarada de meu Pai na Polícia de Segurança Pública de Lisboa, e que foi sempre uma coluna da boa retaguarda, do ordenamento da logística numa

A ESPUMA DO TEMPO

situação de imprevistos constantes. Depois, o Capitão Níveo Herdade, hábil no relacionamento com os ramos militares, corajoso e desembaraçado em todas as emergências. E a Alferes Pára--quedista Ivone Reis, oficial às ordens, desse corpo admirável de enfermeiras da Força Aérea, que pelo exemplo contribuíram para animar a juventude, lembrando-me neste momento do dia em que estando eu no aeroporto de Lourenço Marques, no palanque improvisado para assistir ao desfile da guarda de honra, ela desceu do espaço em pára-quedas, apresentando-se perfilada ao serviço, nos termos das ordenanças.

Em vista da urgência de recursos humanos para o policiamento, o primeiro reforço que organizei, antes da possibilidade de enviar tropas, foi uma companhia de voluntários da Polícia de Segurança Pública de Lisboa, que se aprestou com rapidez invulgar e ali prestou bom serviço. O meu Pai, Subchefe Ajudante aposentado por então, participou empenhado no recrutamento do voluntariado, e lá andou por Angola visitando-os e contribuindo para a firmeza e orgulho daqueles voluntários. Querido Pai.

Dessa viagem pela Angola de sessenta quero recordar, sem resumir, os discursos necessários que espero terem contribuído para que aquilo que chamei "a batalha da esperança" congregasse vontades, imaginação, e coragem para refazer um projecto de futuro, sem renúncias causadas pelo sofrimento que fora infligido às populações. Fui a todos os lugares, falei com centenas de pessoas, legislei nas mais inesperadas condiçõcs e lugares no exercício de uma magistratura itinerante talvez sem precedente. Dos sucessivos factos emocionantes, vou relacionar alguns poucos para esta memória sumária.

Tinha a consciência de assumir responsabilidades numa das crises mais decisivas da História portuguesa, e sempre procurei que nenhum acto apontasse para retaliações, antes pelo contrário. No discurso que dirigi ao Conselho Legislativo de Angola, em 25 de Maio, insisti neste ponto: "não apenas por imperativo de justiça, mas também por razões de segurança e pela necessidade que todos sentimos de saber, civis e militares, que nós lutamos

ENTRE O TEMPO GANHO E O TEMPO PERDIDO

por uma causa digna, temos de mobilizar as vontades e as consciências no sentido de eliminar quaisquer causas de atrito social que firam os direitos das pessoas e, por acréscimo, a coesão de todos, brancos, pretos e mestiços".

Por toda a imprensa do Império os passos, declarações, e actos, foram minuciosamente seguidos, os apoios foram em cadeia, a consciência de que, mesmo para os que advogavam a desistência, a emergência era global, estava formada. A chegada a Carmona foi um ponto de convergência de todas as emoções, desafios, perplexidades, e determinação. Acompanhado pelo Coronel Kaúlza de Arriaga, aterrei no Negage no dia 4 de Maio, onde a população animada acolhia pela primeira vez, depois da *revolta*, um Ministro, e organizara a defesa dos edifícios públicos com sacos de terra, enquanto as milícias se identificaram com uma braçadeira encarnada, usando as armas que podiam alcançar. No hospital estavam os feridos, vítimas de ataque duas horas antes a nove quilómetros da cidade. No cemitério estavam as campas dos primeiros combatentes vítimas, um pára-quedista branco, Joaquim Afonso Domingues, um cipaio negro, Lucas Quibeto, um elemento de milícias mulato, Paulo Rosa, uma pequena réplica da histórica Guararapes. A chuva caía teimosa enquanto estas visitas eram feitas, e o temporal impedia a utiliza-ção da via aérea para cumprir o programa que me impusera para chegar ao Uíge.

Partimos viajando numa carrinha aberta, por péssima estrada entre capim de metros. A uns dez quilómetros de Carmona, sob o violento temporal que nos encharcou, a milícia guardava a estrada para nos proteger, e nela distingui, com surpresa, o Enge-nheiro Jorge Jardim que viera de Moçambique para ajudar a população na emergência. Esta encontrava-se reunida na praça, sustentando bandeiras de Portugal, e dificilmente se encontrará talento literário para registar a força dessa multidão, indiferente à fúria da natureza, cantando o Hino Nacional.

Nesta área, na noite de 15 para 16 de Março, tinham sido mortas cerca de duas mil pessoas com os mais inimagináveis

A ESPUMA DO TEMPO

requintes de crueldade, sendo destruídas as fazendas, violadas as mulheres, decepados os corpos, aniquilada toda a vida de côr branca, pessoas, animais, e flores. O *Jornal do Congo*, onde se destacou a pena de Sousa Costa, conhecido pela crítica severa à administração colonial, logo a seguir gravemente ferido, registou aquele dia em crónica que correu reproduzida pelos jornais do Império, na qual escreveu: "A manifestação teve um desfecho imprevisto: não foi o povo que se dirigiu ao ministro, foi o ministro que veio encharcar-se até aos ossos junto do povo.

Que pretendia a gente da manifestação? Esta gente que não discursou, que não nomeou comissões. Que queria ela? A manifestação composta pela gente do Uíge na sua máxima força: magistrados, engenheiros, rudes empregados de campo, regentes agrícolas, feitores, desempregados, agricultores sem nada já possuírem, e outros em cujo coração só há esperança, comerciantes que possuem estabelecimentos fechados ou abertos à espera de um cliente, médicos, advogados, enfermeiros, funcionários – eis a multidão anónima que quis ver, sentir Adriano Moreira. E lá veio o ministro, que é um homem do povo, abraçando o povo, e deixando-se abraçar, apertando-lhe as mãos calejadas pelo frenesim de apertar a arma em que cinquenta noites de vigília desesperada e martirizada, de sofrimento próprio e alheio, transformaram todas as mãos nesta terra.

E o ministro veio até ao povo, que pela primeira vez sentiu um ministro junto de si, um ministro que é seu. Olhava-o o povo com esperança, brilhavam-lhe os olhos de alegria, porque o ministro prometera vir e veio.

Aqueles seiscentos homens, que em qualquer lado do Mundo desencadeariam um problema de segurança, foram grandes, foram enormes e fizeram sentir a Adriano Moreira qualquer coisa de novo, qualquer coisa que raramente um governante sente. Não havia a mais pequena segurança organizada em volta do ministro: o magnífico povo português o protegia, e à sua frente, em mãos simples, lá ia a bandeira nacional.

Este jornal, já conhecido em todo o Portugal, como porta-voz da verdade ao serviço da Nação, faz hoje interregno nas suas acusações – em homenagem profundamente patriótica a dois governantes, que trouxeram a esperança até ao nosso meio."

No dia seguinte, quando perguntei pelo Engenheiro Jorge Jardim, já tinha partido integrado numa coluna militar em direcção ao Songo, participando na defesa contra os assaltantes que foram repelidos.

Na longa teoria das acções que assentaram mais na coragem do que nos meios que eram escassos, referirei apenas Mucaba, 31 de Janeiro, Damba, e Nambuangongo.

No primeiro caso, foi na noite de 29 para 30 de Abril que um grupo de verdadeiros heróis, dirigidos pelo Chefe de Posto Sena, escreveu uma página da História, numa acção seguida por grande parte da população angolana através das telefonias que captavam o posto emissor da povoação. Em 19 de Maio, em Luanda e perante uma multidão de jovens, condecorei-o com a Medalha de Ouro dos Serviços Distintos e Relevantes, sendo depois levado em triunfo, adoptado, naquela emoção colectiva, como inspirador.

Para o posto 31 de Janeiro parti no dia 6, com o Coronel Kaúlza de Arriaga, num pequeno monomotor, tendo antes pernoitado em Maquela do Zombo. Ali estavam muitos refugiados expulsos das suas casas e lugares pelas acções terroristas, e uma senhora procurou-me dizendo que era a mulher do Chefe de Posto do 31 de Janeiro, meu antigo aluno, Rodrigo Baião. Contaram-lhe que eu tencionava descer no posto, o que lhe confirmei, e pediu-me que assegurasse ao marido que se encontrava bem.

A vila estava completamente isolada, sofrera inúmeros assaltos, perdera a bandeira que tinham conseguido recuperar, e a população estava reduzida a trinta homens, incluindo um reduzido grupo de pára-quedistas comandados pelo Tenente Manuel Veríssimo.

Depois das informações sobre os sacrifícios enfrentados, as necessidades mais urgentes, e o merecido louvor pela abnegação, dirigimo-nos à sede do Posto, protegida por sacos de terra, para

A ESPUMA DO TEMPO

a frugal refeição. Lá dentro estava a mulher do Chefe do Posto. Surpreendido, não pude deixar de a censurar por ter conseguido violar as normas de segurança em vigor, e de ter ocupado meios de transporte indispensáveis para os fracos abastecimentos que estavam a ser feitos às terras mais carenciadas. Respondeu-me tranquila que seria a primeira vez que a mulher de um Chefe de Posto não estaria a receber o Ministro, e esse exemplo não podia ser dado. A bandeira do Posto 31 de Janeiro está no meu antigo Instituto para onde o Rodrigo Baião a enviou.

Na Damba, os dois mestiços Jazem Aleixo e Carlos Alberto, recuperaram a bandeira, de que os atacantes se tinham apoderado num ataque surpresa, e foi por eles enviada para a Sociedade de Geografia que a recebeu numa das solenidades da Semana do Ultramar, em 27 de Maio, sendo Presidente da instituição o meu velho professor Doutor Rui Ulrich.

Em Nambuangongo, a intervenção militar que fez História, consagrou um miliciano que viria a desempenhar um papel importante na reconstrução da economia portuguesa depois do 25 de Abril, que foi o Engenheiro Jorge Jardim Gonçalves.

Nessa altura ficaram por visitar os distritos de Cuanza Norte, Cuanza Sul, Malange, Moxico, Moçâmedes, e Bié-Cuando Cubango, o que faria posteriormente. Alguém por esse tempo, para caracterizar o ritmo imposto à administração, citou estas palavras do Padre António Vieira:

"Uma das coisas de que se devem acusar e fazer grande escrúpulo os Ministros, é dos pecados do tempo. Porque fizeram o mês que vem o que se havia de fazer o passado; porque fizeram amanhã o que se havia de fazer hoje; porque fizeram depois o que se havia de fazer agora; porque fizeram logo o que se havia de fazer já. Tão delicadas como isto hão-de ser as consciências dos que governam, em matérias de momento. O Ministro que não fez grande escrúpulo de momentos não anda em bom estado; a fazenda pode-se restituir, a fama, ainda que mal, também se restitui, o tempo não tem restituição alguma".

ENTRE O TEMPO GANHO E O TEMPO PERDIDO

O desamparo em que ficaram muitas famílias, e sobretudo crianças, provocou um movimento de solidariedade de que registo um caso. O Doutor Almerindo Lessa, sempre inquieto com a problemática do racismo, quis dar o exemplo e pediu-me para lhe trazer uma criança abandonada, que desejaria adoptar.

Fui ao Hospital Central de Luanda, onde eram numerosos os casos, e chamou-me especialmente a atenção um menino de côr, encontrado ferido entre os mortos de Mucaba, e que, quando lhe faziam um carinho, levantava os bracitos e dizia – Viva Portugal. Nem identificação, nem mais palavras, uma atitude de apelo ao acolhimento.

Os médicos atribuíam-lhe a idade de três anos, e mandei registá-lo com o nome de João de Mucaba, nascido em 1 de Dezembro, filho de desconhecidos. No meu regresso a Lisboa, lá estava o Almerindo, que o adoptou, e chama-se hoje João de Mucaba Lessa, técnico de saúde, casado, com filhos, tendo sido ele um filho exemplar.

Jovens como Leonor da Câmara Pina e Leonor Ameal, lideraram voluntárias que foram ajudar a organizar o serviço social, animando uma cadeia sem precedentes de solidariedades da sociedade civil.

Nem tudo se passava no plano da solidariedade despertada pela calamidade sofrida, nem todas as reacções se mantinham nos limites da razoabilidade, nem isso estaria de acordo com a natureza humana.

Apareceram os primeiros sinais de um projecto de independência branca, filiada na tradição mítica do Brasil, recordando atitude antiga atribuída ao famoso Monsenhor Alves da Cunha, num processo que existia na Secretaria-Geral do Ministério, e naquela data atribuído ao Engenheiro António Garcia Castilho, um dos mais prestigiados empresários e dirigente associativo de Angola, talvez recebendo a compreensão do Dr. São José Lopes, Director da PIDE, cujo arquivo merecerá ser visitado.

Curiosamente, a insistência nas responsabilidades missionárias, em mais de uma instância e ocasião, deu origem imediatamente à

A ESPUMA DO TEMPO

publicação de um longo artigo no *Diário de Moçambique*, em 14 de Abril de 1961, não assinado e com o título "A Batalha da Justiça Social", onde se começava por dizer: "é muito difícil reconhecer no Prof. Adriano Moreira uma definida mentalidade católica. Se algumas coordenadas do pensamento deste homem público as podemos compaginar com a doutrina da Igreja, certas outras afirmações, como aquelas por ele proferidas no encerramento da Semana Missionária de Coimbra, são manifestamente, e quando menos, marginais da linha do magistério eclesial".

Não tinha sido a opinião do ouvinte Cardeal Cerejeira, mas em Lourenço Marques dominava o pensamento do Cardeal D. Teodósio Gouveia, inquieto com o avanço muçulmano para o Sul do Save, e até perguntando-se se não haveria qualquer relação entre as dificuldades francesas no Norte de África e alguma excessiva benevolência de Lyautey no tempo da ocupação.

Aquilo que pareceu despertar o anónimo articulista, embora a semântica seja ambígua, foi a insistência na necessidade de tratar com igual dignidade todas as confissões coexistentes no Império, e ainda a insistência em que não era apenas o Estado, mas também os fiéis, que deviam apoiar a propagação da fé. Ao norte, D. Sebastião de Resende lia melhor os tempos que seriam os do Concílio Vaticano II, e da Nova Mensagem de Assis de João Paulo II, leitura que seria reforçada pelo pregador do movimento *Para um mundo melhor*, D. Manuel Vieira Pinto, Bispo inesquecível de Nampula. Ainda, a *Carta Fraterna* de D. Eurico.

Um dia, participando em Évora numa homenagem ao Arcebispo D. Manuel Trindade Salgueiro, este, com a finura habitual, fez-me uma pergunta relacionada com aquele artigo. Recordei-lhe que Francisco Gentil, o advogado, dissera um dia que havia entre nós três fileiras de católicos, os praticantes, os não praticantes, e os profissionais. Por mim, elucidava-o de que não pertencia à última espécie, e que algumas vezes, sempre por razões fáceis de entender, me acudia ao temperamento o anticlericalismo transmontano, que parecia estender-se ao sul pelo menos até Santa Comba Dão. Foi nessa homenagem que D. Manuel Trindade

200

Salgueiro disse que um Bispo só devia ter uma ambição, e era que dele se dissesse, depois de morrer, que *"Cristo passou por aqui"*.

É evidente que na saga angolana desses dias de angústia não se verificaram apenas heroicidades, também se deram excessos de resposta às agressões, também a razão não dominou sempre a tentativa de compreender a surpresa e organizar a atitude de reposição da ordem.

Lembrarei, sem indicar nome nem lugar, o caso de um Administrador que, sem armas nem apoios de forças de segurança, sentiu que estavam a afundar-se a sua capacidade de intervenção e a resistência moral, quando, numa fazenda destruída, encontrou escondida uma criança de catorze anos, que viu a mãe ser violada e morta diante do pai, viu assassinar cruelmente o pai e empregados, viu incendiar a casa da sua meninice.

O garoto estava paralisado, e quando sentiu que alguém o amparava, rompeu em gritos e convulsões que não paravam, nem quando o Administrador o levou para sua casa, onde tinha um filho da mesma idade, e o entregou à mulher para o cuidar.

Na manhã seguinte, todos estavam esgotados pelo esforço que não acalmava a criança. Na minha frente, perfilado na cozinha que servia de gabinete, o Administrador confirmou deste modo um relatório que me fora entregue sobre o que se passava no Uíge.

Fez um silêncio, olhando para um longe que não ficava em nenhum lugar. Depois, com voz monótona, sem inflexões, informou que se lembrara de que a vingança é o prazer dos deuses, levou o garoto a um depósito de suspeitos, deu-lhe a pistola de serviço, e disse-lhe que disparasse até sentir que estava tranquilo. Morreu um número indeterminado, mas afirmava que o garoto melhorou.

Enviei o Administrador para Lisboa, onde esteve internado em tratamento de recuperação, e encontrei-o vários anos depois, numa pequena cidade do norte, aparentemente esquecido daquela descida ao inferno.

A ESPUMA DO TEMPO

Não eram certamente numerosos tão profundos desvios de comportamento, antes pelo contrário.

Todavia, para evitar que excessos de relatos, para além dos factos que eram inevitáveis, e que aos adversários conviria empolar, pudessem desestabilizar o quadro, decretei a garantia administrativa para o corpo administrativo, e orientei as autoridades provinciais no sentido de transferirem para outras regiões os funcionários que tivessem sido mais atingidos pela violência do desastre, proporcionando-lhes o repouso possível, benevolência em função da tensão vivida para além de toda a experiência anterior, e sempre apoio e louvores públicos para a esmagadora maioria que bem mereceu a gratidão dos povos.

Transmitir à opinião pública a imagem confiável recolhida da realidade emergente, contou com os primeiros grandes profissionais da Televisão Portuguesa, devendo não ser esquecidos homens como Horácio Caio, António Silva, e José Eliseu, que ali deram provas de saber, probidade, decisão, e coragem. Não lhes faltaram incómodos, sobretudo ao primeiro, pelo desassombro das atitudes. Pareceram ter causado inquietação textos como o que o jornal *Povo da Lousã* reproduziu em 27 de Agosto de 1961: "Durante uma das emocionantes manifestações com que a população de Angola recebeu o Prof. Adriano Moreira, que Deus enviou, na hora própria, para dirigir as Províncias do Ultramar Português, um grito se fez ouvir atirado aos ares por voz anónima: "Viva o Ministro sem medo!".

E acto contínuo, em coro geral, enorme multidão aplaudiu entusiasticamente e adoptou desde logo sem hesitação o título, e que outra maior honra poderia escolher, para galardoar a simplicidade e a intrepidez com que ele tinha chegado e por toda a parte caminhara, num à vontade impressionante, com firmeza inigualável, tal como se traduzisse naquelas palavras os sentimentos que enchiam os corações.

Realmente, falando, escrevendo, aparecendo, vendo, sentindo, em tudo, o Ministro foi um Homem sem medo.

ENTRE O TEMPO GANHO E O TEMPO PERDIDO

Nem medo dos tiros, nem das facas, ou seja o medo físico; nem das atitudes, das afirmações, dos actos, das consequências, ou seja o medo moral.

Para vencer é necessário ter vontade e possuir Fé, mostrar coragem e saber criar Esperança, não hesitar na dureza de punir mas não deixar de praticar a Caridade!

Raras vezes um estadista soube aliar tão sábia e prudentemente todas essas qualidades e virtudes, aplicá-las na sua actividade e na função de comando, delas fazer programa para que se execute sem discussão e antes com entusiasmo, transformá-las em imperativo de consciência e acto de vontade.

Por outro lado, regressando aos métodos tradicionais da nossa monarquia popular, quando o Rei ouvia directamente o Povo e resolvia com a razão e a justiça no interesse da Grei, o Ministro ouviu todos, inquiriu de todos, atendeu todos, numa ânsia de conhecer os problemas nos seus aspectos mais diversos e nas suas facetas mais variadas, para logo tomar a decisão mais apropriada e mais conforme ao progresso ou à equidade gerais.

Não foi à África por acaso, não fez essa viagem de vinte dias, como intervalo da sua gestão administrativa, não procurou ajustar as suas visitas com inaugurações de melhoramentos espalhafatosos, nem tão pouco conduzi-las como digressão turística.

Antes, deu a nítida certeza a todos que as suas opiniões eram não só ouvidas mas serviam de base a meditação e estudo, que todos os «casos» mereciam igual atenção, idêntica e justa apreciação, e, como a sua presença era para decidir, fê-lo com simplicidade, quase com humildade, quer dizer sem diminuir os atingidos, mas com a rigidez própria de quem também sabe o que quer e para onde vai.

E se está agora em Lisboa, ele o disse, é para voltar, para trabalhar sem descanso, sem olhar a sacrifícios, nem contar os esforços, tudo e sempre ao serviço integral da Pátria de todos nós.

Ficaram os de lá animados de fé que ele lhes soube insuflar, orgulhosos das palavras de exaltação com que os premiou,

A ESPUMA DO TEMPO

seguros da camaradagem na dor e no sacrifício, da protecção na desdita, do apoio para o resgate.

Quanto aos de cá, os bons, os sãos, os Portugueses do Portugal velho, souberam compreender a sua acção, seguem com entusiasmo a sua trajectória brilhante, agradecem a Deus a sua presença na vida nacional.

Os outros, que são contra, por cálculo, por ambição, por capricho, seja por que for, e ainda os tíbios, os duvidosos, os salta-pocinhas, os neutros, os gozadores da vida e que julgam do seu vício poder fazer lei, terão de aprender definitivamente o que é Portugal, a honra que todos recebemos por pertencer ao seu Povo, as obrigações que contraímos para com os mortos e as que nos ligam aos vivos pelo indissolúvel vínculo nacional, e de formalmente compreender na vida e na obra do Ministro Adriano Moreira, aquilo que ela contém de exemplo e de lição.

Ele em Angola e em Lisboa proferiu a palavra de ordem apropriada, certa e indiscutível. Terá de ser seguida e aplicada por todos, governantes e governados, sem desfalecimento, nem transigência e também sem medo." (Eugénio de Lemos).

Este texto foi um primeiro rastilho para que o tradicional método de erosão se animasse, e não deixei de tomar friamente nota do acontecimento.

Na Rádio, que desenvolveu uma relação íntima com todo o povo de Angola, e com a metrópole, nasceu uma voz poderosa, vinda profissionalmente dos jornais, e politicamente da oposição clássica, que foi a de Ferreira da Costa. Teve naquele conflito uma audiência do tipo da que pertenceu durante a guerra mundial a Fernando Pessa, e quando, passados anos, veio lutar em Lisboa contra uma doença que não perdoa, escreveu enquanto pôde, com a mesma convicção e ardor para salvaguardar a identidade angolana nos termos em que a amava e via moldada pelo encontro entre portugueses e nativos.

No regresso a Lisboa, onde fui surpreendido pela multidão que me esperava no aeroporto, não minimizei nenhuma fundada angústia, transmiti ao Doutor Salazar e ao Conselho de Ministros

ENTRE O TEMPO GANHO E O TEMPO PERDIDO

a minha apreensão com a enormidade do desafio interno e externo sem precedentes, referi a obrigação de evitar qualquer triunfalismo, e a necessidade de manter a população sempre informada, e de sustentar um diálogo permanente com os meios de informação nacionais e internacionais.

Por estranho que hoje pareça, uma das difíceis tarefas era a de nomear Governadores para Angola, já em tormenta, e para Moçambique que não deixaria de ser envolvido no plano de ataque em desenvolvimento contra os interesses portugueses.

A concentração de poderes civis e militares na mesma pessoa, na lógica do conceito geral da administração africana agora desafiada pela questão da segurança, não admitia a solução de ser escolhido um civil num regime cuja trave-mestra de apoio eram as Forças Armadas.

É certo que os grandes estrategas do século eram civis chamados às fileiras, como Trotski, Giap, Mao, e os líderes africanos, mas a circunstância cultural portuguesa não era essa. Também não era considerado viável, ao contrário do que aconteceu no passado da ocupação, que um oficial não pertencente ao corpo de generais pudesse recolher o comando-chefe ainda que fosse o mais dotado para o Governo-Geral. Finalmente, era sabida a regra que mandava substituir por um oficial do ramo qualquer responsável das Forças Armadas que fosse substituído. O exemplo de Mouzinho ou de Paiva Couceiro não estava em vigor.

Em Angola estava de Governador-Geral o Dr. Silva Tavares, antigo Subsecretário da Administração Ultramarina, e a qualidade de civil afastava-o pelas razões invocadas.

Na reunião com o Doutor Salazar, este informou que era necessário escolher um general, e solicitou o *Anuário* das Forças Armadas. Pediu-me para ir lendo os nomes, e em relação a cada um fazia um gesto de recusa, por vezes um comentário de fundamento da recusa, como se não fora ele quem os escolhera, até que, ao ouvir ler o nome do General Venâncio Deslandes, fez um gesto de cansaço e disse que por esse nome se ficaria, como que fatigado da pesquisa decepcionante.

A ESPUMA DO TEMPO

Não tive nessa escolha qualquer responsabilidade, recordei-me da sua rápida passagem pelo A. B. 1 na crise do General Moniz, e fiz o discurso de posse laudatório do costume, apoiado nos elementos que mandei recolher. De Angola saíram o Governador Silva Tavares e o Comandante-Chefe General Monteiro Libório, ficando por lá o Brigadeiro Pinto Resende, Comandante da Região Aérea, cujo temperamento ninguém avaliara.

As coisas eram mais fáceis em relação a Moçambique, porque não me pareceu haver nome melhor do que o do Almirante Sarmento Rodrigues, que iniciou a carreira colonial na Índia, em 1925, foi capitão do porto de Chinde em Moçambique em 1931, Comandante do *Lima*, celebrizou-se pelas acções de salvamento de náufragos nos Açores durante a guerra de 1939-1945, Governador da Guiné de 1945 a 1949, Ministro das Colónias de 1950 a 1955, e que com humildade exemplar aceitou o Governo de Moçambique para o qual o convidei, a ele que me iniciara nas tarefas do sector, e que fora um dos mais brilhantes gestores ultramarinos do século. A sua posse teve um repercussão pouco comum.

Meses mais tarde foi considerado necessário que, deslocando-me a Madrid, incluísse na viagem narrar ao generalíssimo Franco a situação do Ultramar, especialmente de Angola, procurando ampliar o apoio que a imprensa espanhola, ainda tímida, dava aos interesses portugueses. Conhecera antes o Generalíssimo em cerimónias protocolares breves, especialmente nas ocasiões em que o CEDI – Centro Europeu de Informação e Documentação, que adiante referirei com detalhe, reuniu no Escorial por iniciativa do Embaixador Alfredo Sanchez-Bella, uma organização onde a intervenção de Sarmento Rodrigues era frequente.

Era porém a primeira vez que me encarregava de uma missão que exigia uma avaliação detalhada da conjuntura com o Generalíssimo, embora em mais de uma situação pública, sobretudo no Instituto de Estudos Políticos, em que exercia o meu amigo Manuel Fraga Iribarne, e nos congressos do CEDI, tivesse abordado academicamente essas questões.

ENTRE O TEMPO GANHO E O TEMPO PERDIDO

Fui acompanhado pelo Embaixador Prof. Luís Pinto Coelho, meu antigo professor em Lisboa, e Franco recebeu-nos fardado, com a Cruz de S. Fernando bordada no uniforme, rígido no cadeirão que lhe avultava a pequena estatura, altamente interessado nos acontecimentos, nas hipóteses de interpretação das forças impulsionadoras da revolta, e na prospectiva disponível.

O tema do sovietismo estava sempre presente nos seus comentários, a par da aversão pela maçonaria, atitudes que todas as biografias documentariam. Alinhava com os que faziam apelo ao revigoramento da vontade de poder europeia, em declínio que lhe parecia evidente, aprovava a intransigência do Doutor Salazar ao qual prometia o apoio disponível, lembrando ou não deixando esquecer a intitulada "cruzada" que lhe coubera historicamente dirigir, e reiterava a determinação de continuar. A finalizar, comentou que na própria Espanha ressurgiram focos preocupantes, designadamente nas Astúrias, onde até "curas" foram envolvidos em movimentos grevistas, e incidentalmente foi informando que tinham deixado de ser uma preocupação terrena.

Pelas fronteiras do Império, a pequena questão de S. João Baptista de Ajudá, e a grande questão do Estado da Índia (Goa) tinham antes agudizado o assédio às fronteiras portuguesas.

No primeiro caso tratava-se de uma pequena presença, um jardim com uma velha mansão, do século XVII, construída pelo Capitão-General de S. Tomé, Bernardino Freire de Andrade, em 1680. A partir dos começos do século XIX, crescendo a presença francesa no Daomé, esse simbólico comando militar foi vendo reduzir a área da pertença à velha casa. Tinha mais importância simbólica o facto de na população do novo Estado se multiplicarem os apelidos de origem portuguesa – Oliveira, Amorim, Silva, Sousa – e cidades chamadas Porto Novo e Porto Seguro, do que a residência, como foi lembrado.

Aparentemente fizera falta aos nacionalistas de Daomé poderem exibir uma acção de força que lhes tivesse sido necessária para a independência, com humilhação para a soberania portuguesa, mas sem qualquer ofensa de interesses.

A ESPUMA DO TEMPO

Portugal manifestara a disposição de instalar um centro cultural de articulação com as autoridades locais, e a população de Ouidah, habituada à presença pacífica dos residentes, não parecia aprovar qualquer violência.

Não obstante, as notícias de uma agressão em perspectiva avolumaram-se, e o Capitão Saraiva Borges, Residente que se encontrava no fim da comissão e doente em Lisboa, foi ao Ministério do Ultramar informar que regressava imediatamente ao seu posto, porque a honra o obrigava a estar junto do seu pessoal, evitar que cifras, arquivos, e símbolos nacionais, fossem desrespeitados. Advertido de que corria perigo de vida, segundo as notícias, deslocou-se, por vontade própria, decidido a enfrentar todos os riscos.

Parece hoje difícil encontrar analistas que assumam e exprimam o respeito e a homenagem a esta concepção da honra e dos valores, que não eram invulgares no tempo, como se comprovava diariamente em Angola, como se comprovaria em Goa no caso do sacrifício consciente do 1.º Tenente Oliveira e Carmo.

Foi uma decisão íntima do Residente, ao qual garantimos, eu e o Dr. Costa Freitas, uma comovida solidariedade no risco que queria assumir, incluindo a eventual destruição da casa, pelo ataque ou pela defesa.

Regressado ao posto, e ameaçado sem mais alternativa de resistir logo que o diálogo se tornou inútil, decidiu, de acordo com o Secretário Moreira Alves, solitários em diálogo com o sentido da honra, não obedecer ao ultimato que receberam para abandonar as instalações até 31 de Agosto de 1961. Preferiram incendiá-las, no limite extremo do prazo, porque, escreveu o Secretário num último ofício de 28 de Julho, "o signatário não abandonará esta residência sem ordem do Governo português", ofício que chegou em 2 de Agosto, depois dos factos consumados.

Os jornais alinharam pelos comentários do *Diário Popular*, de 1 de Agosto, que dizia o seguinte: "No mais íntimo de cada um dos Portugueses, de todos os que sentem como suas próprias, as dores da Pátria, de todos os que têm mergulhados na terra de

208

ENTRE O TEMPO GANHO E O TEMPO PERDIDO

cinco continentes, raízes que nos unem como um povo, que nos cingem como irmãos, não pode deixar de levantar-se num vibrante e vigoroso protesto, contra um ultimato – que ontem terminara – que, de maneira tão intempestiva, contestava os nossos direitos sobre S. João Baptista de Ajudá. E a mesma razão por que este protesto surge espontâneo dentro de nós, dita-nos também a admiração e o respeito pelo acto do Residente, a quem as ameaças não quebraram a rijeza de ânimo, nem fizeram esquecer as grandes lições da História, algumas delas vividas por quem o procedeu na representação da soberania portuguesa, naquele pequeno pedaço de terra africana."

Dei pública cobertura aos seus comportamentos, declarando que tinham cumprido os seus deveres para além do risco exigível, e fui esperá-los ao aeroporto para tornar mais visível o respeito pela coragem.

O caso do Estado da Índia (Goa) feriu mais profundamente a consciência popular, pela ligação aos valores históricos, pela presença de *Os Lusíadas* na definição da identidade portuguesa. Ainda hoje é difícil compreender como é que a Carta da ONU foi tão levianamente interpretada neste caso, é misterioso o processo que até aos críticos nacionais fez ignorar a jurisprudência da Organização.

Este capítulo da História da ONU, que é o da descolonização, obrigou-me a criticar vivamente a maneira como ela estava a falsear os seus objectivos e as esperanças que lhe eram tributadas. Primeiro com o abandono do factor tempo, a que a Carta obrigava para a desmobilização das soberanias coloniais, com os resultados que hoje esmagam áreas vastíssimas da Ásia e da África; depois com a instrumentalização a favor da competição bipolar, como aconteceu no caso de Goa, e isso era responsabilidade das superpotências que verdadeiramente anularam a Carta da ONU.

Pude salvaguardar no meu espírito e afirmar, para além daquele desvio, a convicção de que a ONU é insubstituível como ideário e como projecto, uma referência de valor acrescido à medida que

A ESPUMA DO TEMPO

a globalização ameaça agora transferir para a organização informal dos povos mais ricos, o G8, um poder de gestão que ignora
o passivo global causado e ao qual apenas a ONU, nas circunstâncias actuais, pode dar algum remédio depois de reformada.

Mas o passivo da descolonização, as guerras marginais a que
conduziu, a proliferação de sociedades de guerra que produziu, os
genocídios que objectivamente proporcionou, foram condiciona-
dos pela manipulação inerente ao conflito bipolar, mas foi a ONU
que finalmente apareceu à opinião mundial como centro de imputação de responsabilidades, foi a Assembleia Geral que assumiu
irresponsavelmente a imagem da dinamização do processo.

Ainda hoje é o único lugar onde todos os Estados podem falar
com todos, um facto de importância excepcional que obriga a
preservá-la e a tentar impedir que a instrumentalização volte a
demonstrar criatividade, um esforço que distinguiu alguns dos
Secretários-Gerais.

Naquele processo, porém, a autenticidade não pôde ser um
valor por ela preservado, e as grandes potências, que tinham e
abusaram do poder de veto, parecem imperdoavelmente responsáveis pelo facto de a Carta ter sido posta entre parênteses pela
Ordem dos Pactos Militares (NATO/VARSÓVIA) a que subme-
teram o mundo durante meio século.

Na primeira crise séria de Goa, anos antes, os critérios do
direito internacional ainda desempenharam algum papel. Foram
habilmente usados pelo Doutor Paulo Cunha, Ministro dos Negócios Estrangeiros, que nessa tarefa gastou a saúde, para sempre
comprometida. Quem conheceu os meios internacionais da época,
tem de considerar a sua acção como notável, e reconhecer que foi
eficazmente ajudado pela sua mulher, D. Maria Amélia, uma das
senhoras mais elegantes e responsáveis do seu tempo. A última
vez que a vi foi na Academia das Ciências, já no fim do milénio,
e mantendo o perfil e a postura que a notabilizaram. Fui cumpri-
mentá-la com afecto, e disse-me: estive neste lugar para ouvir o
meu pai, voltei para ouvir o meu marido, estou aqui feliz para
ouvir o meu filho. Todos foram académicos.

ENTRE O TEMPO GANHO E O TEMPO PERDIDO

Mas a acção de Paulo Cunha foi talvez o último lampejo do direito internacional que o ocidente construiu para aquele conflito de interesses. Os critérios políticos tornaram-se rapidamente os únicos em vigor, e à luz deles se processou a crise definitiva do Estado da Índia. Perdeu-se sendo chamado Estado, e perder-se-ia com outro estatuto qualquer. As forças políticas não estavam do nosso lado.

Dos analistas portugueses, um homem que passou quarenta anos a dialogar sem resposta com o Doutor Salazar, sustentou que um estatuto diferente teria levado a outra solução. Digo que foi um diálogo sem resposta porque ele não desistia de imaginar o que lhe responderia. Trata-se do Engenheiro Cunha Leal, cuja persistência na adversidade política é digna de registo. Durante dezenas de anos foi uma voz que nunca se calou. O que dizia não merecia sempre o mesmo apreço.

Quando perdemos o chamado Forte de S. João Baptista de Ajudá, o Engenheiro Cunha Leal, como lembrámos, criticou o Governo por não ter mandado uma esquadra bombardear o Daomé. Quando perdemos Goa, criticou o Governo por ter acarinhado a veleidade de resistir, em vez de dialogar.

A doutrina da Defesa Nacional que estava em vigor, e até ao fim vigorou, definida pelo Chefe do Governo, era muito simples: Portugal nunca poderia resistir vitoriosamente a uma agressão da União Indiana; o conceito nacional não permitia renunciar a qualquer território; o Presidente Nehru era o líder do pacifismo internacional e não estava habilitado a consentir nessa violência, sem grave prejuízo para a sua posição internacional; Goa devia ter uma força portuguesa que, embora incapaz de ganhar a guerra, tornasse impossível a tomada pacífica do território. Assim, Nehru teria que optar entre tomar Goa ou manter a sua liderança do pacifismo. As instruções havia anos em vigor para o Comandante-Chefe impunham-lhe que combatesse enquanto tivesse munições e mantimentos.

Alguns belicistas foram de opinião, depois, que as forças estacionadas em Goa deviam estar equipadas para ganhar uma

211

guerra. Outros, pacifistas, entenderam que se deveria ter dado a independência a Goa e que isso teria evitado a anexação pela União Indiana. O Tenente-Coronel Costa Gomes, depois de visitar Goa, organizou a transferência de recursos para Angola, e aconselhou deixar uma força suficiente para que a agressão tivesse um preço dissuasor, mas não capaz de sanar o poder do adversário.

Solução intermédia era a do grupo de intelectuais de Margão, onde pontificava Bruto da Costa, e que defendeu durante anos, sem audiência em Lisboa, a federação. Parece que, seriamente, nenhuma hipótese se pode formular no sentido de imaginar que Goa, morto o direito internacional, e tomada uma decisão pelo Governo de Nehru, pudesse deixar de ser integrada na União.

Nenhum dos Estados da área, e alguns são vastos, velhos de séculos, populosos e ricos, logrou evitar esse destino. Não havia um movimento interno viável querendo liquidar a soberania portuguesa. Havia que jogar com a conjuntura política internacional, que há muitos anos não estava do nosso lado e assim continuou adversa e difícil. Todos os analistas que omitem estas circunstâncias, tratam apenas de concluir que era preferível deitar Goa fora do que perdê-la. Para além das convicções nacionalistas, a consciência cívica portuguesa era geralmente a contrária. Por causa das repercussões na estrutura geral, podíamos perder um território, mas não podíamos deitar nenhum fora.

Havia sim, nessa linha, duas questões: poder-se-ia tentar uma alteração conveniente da conjuntura internacional? Até onde podíamos pagar o preço da coerência, perdendo o território sem o deitar fora?

Entendi que a primeira questão tinha uma possível resposta afirmativa e durante meses tentei convencer o Doutor Salazar. A China estava em conflito com a União Indiana na fronteira, havendo incidentes armados sérios. Os EUA e a Inglaterra faziam orelhas moucas às inquietações portuguesas. As nossas relações com a China eram nesse tempo boas. Porque é que não haveríamos de oferecer à China a franca utilização do nosso porto e

ENTRE O TEMPO GANHO E O TEMPO PERDIDO

do nosso aeroporto na costa de Malabar? Porque é que não haveríamos de, por esse modo, tentar consolidar a posição em Macau? As ligações dos nossos interesses com as potências ocidentais, nas outras partes do mundo, não se via que pudessem sofrer por esse facto alteração, salvo que talvez passassem a olhar para nós com mais ponderação. E ganharíamos algum do tempo que a Carta da ONU acolhera, e que a dinâmica internacional dispensara.

Só poucos dias antes da invasão de Goa é que o Doutor Salazar concordou em transmitir ordem urgente ao Governador de Macau, Coronel Lopes dos Santos, para tentar a diligência por intermédio de Ho Hin, o famoso chefe da comunidade chinesa da cidade, milionário, e deputado comunista em Pequim, pai do actual chefe do executivo de Macau, com o qual o governador tinha boas relações.

A diligência foi efectuada, com febril expectativa da parte do Chefe do Governo. O notável Ministro dos Negócios Estrangeiros Chu-en-Lai respondeu estar interessado, que tal proposta demandava alguma meditação, mas que, dada a posição internacional pacifista de Nehru, havia tempo, porque não acreditava que fosse seu interesse qualquer invasão que lhe prejudicasse a imagem que cultivava. Coincidia nesse ponto com o juízo em que se baseava a política definida há anos pelo Doutor Salazar para a defesa do território, e reforçou-lhe a opinião. Poucos dias depois desta resposta, a invasão efectuava-se.

O Chefe do Governo quis que estas diligências fossem efectuadas à margem do Ministério dos Negócios Estrangeiros, e que se mantivessem secretas. No Arquivo Histórico Ultramarino, em envelope fechado, foram depositados os textos dos telegramas trocados.

Ficou apenas o problema do preço a pagar pela coerência da doutrina nacional, domínio onde tudo correu diferente do desejável. O Governador-Geral e Comandante-em-Chefe, General Vassalo e Silva, entendeu que não devia dar nenhum combate. Mal servido de comunicações, aparentemente só resistiram os grupos

A ESPUMA DO TEMPO

que perderam a ligação com o comando central. No resto, foi a entrega sem resistência, ignorando a doutrina avalizada pelo Tenente-Coronel Costa Gomes.

Não conhecia o General, nomeado ainda pelo Almirante Lopes Alves. Conheci-o quando regressou a Lisboa. Foi-me visitar. Pareceu-me profundamente perturbado. Sentou-se e começou por se queixar de eu não o ter ido receber ao aeroporto ao contrário do que sabia que fizera para os governadores de Damão e Diu. Não tinha dúvidas sobre a excelência da sua conduta e ignorava que já não tinha sequer o título de Governador-Geral. Depois, dissertou largamente sobre os planos de desenvolvimento em execução no Estado da Índia e que era necessário continuar. Punha muito a peito a restauração da Velha Goa e queria saber de sugestões e garantias para isso andar por diante. Para isso entregou-me pesado volume de projectos.

Falei-lhe com a compreensão que pude. Mas não podia deixar de lhe manifestar as minhas dúvidas. Dizia ele que era muito fácil dar ordens de resistência à distância quando quem se arrisca é quem está no lugar do combate. Referia-se especialmente a um telegrama do Doutor Salazar que lhe dizia não esperar ver militares vencidos e vivos. A observação é talvez fundada, mas sempre me pareceu que o telegrama era para o bronze da História, e não para se ver cumprido. Todavia, ele sabia das instruções, incluindo as do Subsecretário Costa Gomes, e das condições quando aceitou o cargo, observei-lhe, e devia ter delas um entendimento de Comandante-Chefe. E também é certo que a Nação o honrou, o promoveu, o rodeou de segurança e de dignidades durante uma carreira inteira para que, num dia incerto, nas condições que lhe fossem determinadas e aceitou sem imposição, arriscasse a vida.

Não o fez, mas evitei quanto pude julgá-lo por me sentir incapaz de imaginar a tensão espiritual de um homem posto em face do fim da História do seu próprio país, talvez pressentindo que uma resistência simbólica podia evoluir para massacre. É admissível que a sabedoria aconselhasse não resistir para salvar da destruição valores insubstituíveis, mas a repercussão interna cional foi grave na medida em que afectou a credibilidade da nossa vontade política. O Governador-Geral não cumpriu nem sequer as mais simples determinações respeitantes à administração civil. Dei-lhe, por exemplo, ordem para transferir para Lisboa, a tempo e horas, o corpo de S. Francisco Xavier, e nem tentou, e assim perdemos uma arma que parecia importantíssima de negociação do estatuto futuro do território, incluindo a tranquilidade dos católicos. A fotografia dele, que correu mundo, e que o mostrava tomado pela emoção, foi um golpe sério no nosso prestígio, porque foi mal interpretada, como era de esperar.

Passado algum tempo, e já fora do Governo, almoçando em Madrid em casa de amigos, estando ali o Capitão-General Munõz Grandes, este não teve embaraço em criticar severamente a conduta do seu camarada português, lamentando o prejuízo que daí adviria para a imagem do nosso país. Procurei pintar-lhe o quadro com tintas mais claras, insistindo na perturbação do Governador, perante um acontecimento historicamente esmagador para Portugal. Incidentalmente, e para documentar essa interpretação, relatei-lhe a queixa que fizera de eu o não ter ido esperar ao aeroporto quando do seu regresso, o que não era previsto pelo protocolo do Estado, acrescendo que já não era Governador, qualidade que por lei lhe fora retirada para facilitar as negociações. O Capitão-General Munõz Grandes teve este comentário: o que lhe deveria ter dito, em lugar de procurar ser compassivo, era o seguinte – "se em vez de vir, tivesse mandado o seu cadáver, era a Nação inteira que estaria à espera no aeroporto".

A credibilidade da resistência foi realmente afectada e era isso que Munõz Grandes, numa época em que a Espanha ainda sustentava com clareza a nossa política ultramarina, sentia e queria exprimir.

Também correu mal a maneira como os factos foram comunicados ao público. Houve um Conselho de Ministros, no dia da invasão, que não conseguiu dispor de quaisquer notícias. Nem

A ESPUMA DO TEMPO

nossas, porque as comunicações foram logo cortadas, nem alheias, porque a censura indiana as não deixava passar. Os jornalistas, cá fora, ansiavam por informações. O Ministro de Estado, Dr. Correia de Oliveira, foi encarregado de os contactar e de lhes dizer e descrever a situação real, que era a da ignorância.

De tal modo se desempenhou da missão, levado pela imaginação heróica, que fez uma espécie de discurso patriótico e dissertou sobre as vítimas tombadas no cumprimento do dever. Nessa mesma noite a televisão punha o país de luto, fazendo projectar fotografias dos heróis mortos que o Dr. Correia de Oliveira anunciara. Um dos membros do Governo, com muitos filhos, alinhou-os perfilados diante da televisão familiar a cantar *A Portuguesa* enquanto desfilavam as fotografias.

No dia seguinte começou a ser conhecida a verdade. Nada disto foi um epitáfio decente para a Índia.

Não correria melhor a negociação para a retirada das tropas portuguesas que ficaram prisioneiras. Os dias, as semanas, os meses, começaram a criar um problema político interno, em vista da compreensível reacção das famílias, e da inquietação dos militares noutros teatros difíceis, como a Guiné. Mas o nosso Ministro dos Negócios Estrangeiros não conseguia resultados, nem o Brasil, que assumiu a representação dos nossos interesses, conseguira progressos.

Sugeri ao Doutor Salazar que mandasse lá o Engenheiro Jorge Jardim, que muitas vezes ele utilizara em missões confidenciais e difíceis. Decidido isso, telegrafei para a Beira para que viesse a Lisboa. Por essa altura já tínhamos mandado simbolicamente internar os indianos (não os goeses) que habitavam o território português e congelar os respectivos bens, coisa que apenas se poderia fazer selectivamente e quando necessário, tudo na responsabilidade de Sarmento Rodrigues, o qual, como de hábito, conduziu o processo sem alarde, sem queixas, sem injustiças.

Medida difícil de executar, e por isso mais simbólica do que efectiva, pelos interesses de outras entidades que eram afectadas e também pelos laços familiares e afectivos com cidadãos portu-

ENTRE O TEMPO GANHO E O TEMPO PERDIDO

gueses, em regra originários de Goa ou descendentes de goeses, muitos deles colocados em posições de muita influência, bastando notar que na administração do Estado da Índia praticamente não havia metropolitanos. Todos os funcionários goeses que o Conselho Superior de Disciplina do Ministério do Ultramar ou o Conselho Ultramarino processaram por não terem cumprido os deveres do cargo ou por terem colaborado com o inimigo, de acordo com documentação enviada matreiramente para Lisboa pelas autoridades invasoras, lograram mais tarde ser reintegrados ou absolvidos sem dificuldade, em revisões ordenadas sem novos factos e julgados eventualmente pelos mesmos juízes. Na altura, porém, havia a possibilidade de exercer alguma pressão sobre o Governo da União, tendo em vista o número e qualidade dos detidos, a que se somaria um médico ilustre na Índia, detido no aeroporto de Lisboa, em trânsito num avião que ocasionalmente desceu com avaria, e doente em termos de ser internado no hospital.

O Engenheiro Jorge Jardim, com instruções pessoais do Presidente do Conselho, e uma carta minha determinando aos detidos em Goa, de qualquer categoria, que lhe obedecessem, partiu para Bombaim. As cópias dos documentos foram enviadas para o Arquivo Histórico Ultramarino.

Foi acompanhado por um influente indiano residente em Moçambique, cuja família ficou bem instalada em Lisboa até à notícia da solução final e regresso do Engenheiro Jardim. Foi este quem negociou o acordo para a retirada das nossas tropas e repatriamento recíproco de civis. Foi o documento por ele elaborado durante essas negociações, a partir de bases gerais que lhe dei escritas, que constituiu e definiu as obrigações recíprocas. Por recompensa foi-lhe dada a Ordem do Império, discretamente e sem publicidade dos motivos.

Muitos outros e relevantes serviços já tinha prestado directamente ao Presidente do Conselho, sempre fora da hierarquia. Quando partiu, e sendo arriscada a missão de que ia incumbido, procurou mostrar a sua boa disposição habitual e insistia em que

A ESPUMA DO TEMPO

deveria trazer uma recordação de Goa, que comprovasse a sua estadia no território. Disse-lhe, sem nenhuma convicção, que salvasse ao menos o retrato de Afonso de Albuquerque.

Voltou com a missão cumprida e, acidentalmente, disse-me que tinha conseguido o retrato, que vinha a caminho. Também informou o Presidente do Conselho e a mim de que, depois de feito o acordo, pedira para o levarem a Goa para visitar o general Vassalo e Silva. Quando ali chegou, e depois de breve introdução, disse ao General que teria sido melhor para a História que o último Governador da Índia tivesse morrido em combate, mas que, não tendo ele decidido assim, recomendava-lhe escolher um método de suicídio que lhe desse a morte tranquila que preferia. Partiu para a Beira.

Passadas semanas chegou ao Ministério a embalagem com um retrato que, depois de aberta, se viu ser de D. João de Castro. Telegrafei-lhe para a Beira a agradecer, acrescentando que todavia o retrato não era de Afonso de Albuquerque. Respondeu-me imediatamente com um telegrama cujo texto dizia simplesmente: – Vou lá buscá-lo. E foi. Os dois retratos estiveram no edifício novo que mandei construir para instalar o Ministério do Ultramar, no Restelo, onde depois se instalou o Ministério da Defesa, identificados com duas chapas que informavam terem sido recuperados em Goa pelo Engenheiro Jorge Jardim. As chapas desapareceram mais cedo do que os retratos.

As sequelas da invasão de Goa também não foram úteis para a nossa causa. Claro que a violência foi condenada, mas ninguém tirou quaisquer consequências dessa condenação. Passadas semanas, o Presidente dos EUA mandava a sua própria mulher, a famosa e sedutora Jacqueline, a visitar a União Indiana, apagando qualquer vislumbre de condenações.

A Lei, ainda que platónica, votada pela Assembleia Nacional, no sentido de assegurar uma versão de administração goesa, de que foi Alto Comissário o General França Borges, que ao menos defendesse os vínculos com as colónias de emigrantes goeses, não foi executada. Os militares foram discretamente julgados por

ENTRE O TEMPO GANHO E O TEMPO PERDIDO

Conselhos de Disciplina e não nos Tribunais Militares, como preferiam, porque os comandos assim quiseram. O Patriarca D. José da Costa Nunes ficou pelos Açores, sem poder regressar, e a diocese entregue a um administrador, tudo à espera que as leis do tempo abrissem uma oportunidade discreta no episcopado da área que não ofendesse mais Portugal. Um ponto final sem grandeza. A procissão que em Lisboa acompanhou as relíquias de S. Francisco Xavier foi concorridíssima, e nela estive, e também esteve o magoado Francisco de Sousa Tavares, sinal de que o ponto final afectou a consciência nacional profundamente.

A perda da soberania portuguesa no Estado da Índia tem sido persistentemente apreciada como um corolário da filosofia de descolonização da ONU, ao abrigo da qual se trataria de uma "reintegração" de Goa, Damão e Diu no território da União Indiana, ela própria nascida da desagregação do Império Britânico. Julgo que é necessária uma correcção deste ponto de vista tão largamente adoptado.

Em primeiro lugar, tem sempre de recordar-se que a doutrina apoiada na Carta da ONU, e consistentemente seguida, foi a de que os territórios coloniais se tornavam independentes com a definição geográfica imposta pela potência colonizadora que retirava.

Foi por esta razão que os estatutos da OUA, à semelhança de outros textos internacionais, estabeleceram que não seriam objecto de revisão as fronteiras dos Estados africanos nascidos para a vida internacional, e os genocídios dos Grandes Lagos, decorrentes de uma tentativa de revisão das fronteiras, recordaram a prudência em que se apoiava aquele princípio.

Depois de um processo de divisão interna do território antes britânico, apareceram nesse espaço a União Indiana, o Paquistão, mais tarde o Bangladesh, tudo com um preço que inclui o assassinato de Gandhi, quatrocentos mil mortos no confronto entre muçulmanos e hindus, combates intensos no âmbito dos quais se eterniza o drama de Caxemira.

Este último conflito desenvolve-se apoiado numa atitude dominadora, cruzada de colonialismo e imperialismo da União Indiana, cujo aparelho político teve e manteve um projecto revolucionário terceiro-mundista, que aproveitou alternadamente da doutrina da ONU, da ideologia marxista, da teoria dos grandes espaços, para servir o conceito estratégico da Grande Índia, que Gandhi queria baseada no consentimento, e os factos encaminharam para as decisões da física do poder.

Antes, como lembrámos, sendo Ministro dos Negócios Estrangeiros português o Prof. Paulo Cunha, o método da invasão pacífica foi ensaiado, na esperança de que a massa dos invasores subvertesse as capacidades portuguesas de resistência, mas o antes referido esforço diplomático foi gratificado por um apoio que parou a União Indiana, ciosa da imagem pacifista, já suficientemente ameaçada pelos graves incidentes no processo de consolidação interna, sendo notória a preocupação de Nehru com essa vertente do prestígio internacional.

Esta experiência viria a condicionar a decisão do Governo português nos acontecimentos que finalizaram com a invasão, a ocupação, e a integração do Estado da Índia na União Indiana.

A invasão de 18 de Dezembro de 1961 foi qualificada pelos terceiro-mundistas como uma acção a que a União Indiana se vira forçada pela intransigência do Governo português em reconhecer os justos propósitos do invasor, que teria preferido a via diplomática, mais de uma vez proposta e sempre rejeitada, uma crítica adoptada por sectores internos portugueses.

Talvez seja necessário distinguir dois aspectos: o da legitimidade e o do confronto. Quanto à legitimidade, a acção da União Indiana corresponde exactamente à acção da Indonésia em relação a Timor, com a importante diferença de não ter cometido o genocídio pelo qual esta última é responsável. Nos dois casos, Goa e Timor, os territórios estavam submetidos a uma soberania diferente, a portuguesa, daquela que se exercia no território dos invasores, o Reino Unido na Índia, a Holanda na Indonésia.

Por isso, nos dois casos, a invasão foi um acto de agressão condenado pelo direito internacional, e foi reconhecendo isso que o Presidente Sukarno sempre declarou que não tinha pretensões ao território de Timor. Tal violação do direito internacional foi nos dois casos seguida de outras duas violações, a ocupação e a integração na potência invasora.

É de sublinhar a benevolência com que a acção da União Indiana veio a contar, em comparação com o repúdio que finalmente venceu a Indonésia, talvez justamente pela diferença de tratamento da sociedade civil pelas potências invasoras.

Questão diferente era a de prestar atenção a movimentos internos goeses, de que recordei o Grupo de Margão, apenas ouvido pelo Almirante Sarmento Rodrigues, que pretendia evoluir para um estatuto de federação, tendo realisticamente em consideração a ameaça à identidade do Estado da Índia (Goa) que decorria da filosofia independentista da Grande Índia.

Quanto a esta ameaça, o triunfo diplomático de Paulo Cunha, e a bandeira pacifista de Nehru, embora animador de Bandung, encaminharam o Doutor Salazar no sentido de supor que o êxito podia ser repetido.

Tinha eu próprio assumido havia pouco tempo o cargo de Ministro do Ultramar, e programara uma primeira visita ao Estado da Índia, quando a ameaça se tornou aguda.

Não parece exacto imaginar que Salazar supunha capaz de triunfo uma resistência armada a qualquer tentativa de invasão, mas admitia todavia, de acordo com a doutrina militar que designadamente lhe fora exposta pelo Subsecretário de Estado Costa Gomes, quando ali quis diminuir os efectivos, que havia a capacidade suficiente de dissuasão para um adversário que pretendesse guardar a imagem de pacifista, pelo que as hostilidades arma-das não seriam o corolário das ameaças verbais.

Testemunho que o Governador-Geral Vassalo e Silva comunicava que a situação era controlável, e existiam registos dessas conversas telefónicas com o Doutor Salazar, pelo que admito, como disse, que as instruções do Presidente do Conselho, hoje conhecidas, no sentido de que esperava que apenas tivéssemos soldados vitoriosos ou mortos, em caso de agressão, eram mais

A ESPUMA DO TEMPO

um ditado para o bronze da História, do que uma previsão e ordem de catástrofe.

Adianto a hipótese de que a agressão armada foi predominantemente, ou exclusivamente, uma política do Ministro da Defesa da Índia, Krishna Menon, um personagem tortuoso, conhecido pelas intervenções na ONU contra Portugal, e pela sinuosa argumentação justificadora da intervenção em Caxemira, que desenvolveu no Conselho de Segurança. Com o feudo político em Bombaim, e em declínio de prestígio, encontrou talvez nessa violência um expediente de recuperação de influência local, desencadeando uma operação que foi ignorada por grande parte da população da União Indiana.

Como disse no que respeita à defesa do Estado da Índia, encontrei-me sem companhia quando fui esperar ao Aeroporto de Lisboa os Governadores de Damão e Diu, um deles ferido, mas evitei emitir qualquer juízo público sobre o comportamento do General Vassalo e Silva, que via num diálogo solitário com a sua consciência e com a História, entregue à bondade divina, talvez sabendo, como S. Thomas Moore, patrono dos governantes, que se Deus não nos reservar mais do que justiça, ninguém se salva.

Mas a loucura da honra e dos valores, que ilumina a crónica de tantos responsáveis pela missão histórica de Portugal no mundo, ficou documentada e salva pela acção de homens cortados de comunicação com o comando, entregues mais uma vez a si próprios, que foram, designadamente, o Comandante Aragão, que também fui receber, e o jovem 1.º Tenente Oliveira e Carmo.

Na solidão dessa hora, lembraram-se do imperativo da Marinha – honrai a Pátria, que a Pátria vos contempla, e assumiram o risco. E as consequências. É razoável que a emoção seja sobretudo suscitada pela lembrança desse jovem Tenente que avançou ciente para o sacrifício supremo, e aceitou morrer no mar salgado pelas lágrimas de Portugal, por causa dos valores, do civismo, e da honra. Ficando assim, por direito próprio, na legião dos lutadores que, em séculos de História, com pontos fortes e debilidades, decidiram que só podiam cair de joelhos diante do altar da Pátria, tal como a tinham aprendido, amado, e servido.

Naturalmente, o processo político das forças contrárias à política seguida pelo Governo também ia ganhando consistência, à medida que novas lideranças de uma nova geração, submetida à exigência do sacrifício nas fileiras, tomava conhecimento da realidade interna e externa, e a racionalizava de acordo com as suas perspectivas de vida futura.

Mas igualmente se verificava o alinhamento dos interesses estruturados no enquadramento da vida habitual do Estado corporativo, afeitos à longa segurança da estabilidade política, e que desempenharam a função retributiva de apoio ao aparelho do poder.

Nesta área também aparecia um afloramento modesto do que viria a ser conhecido pelo globalismo económico, na primeira fase com o nome de desenvolvimentismo, antecipador da frieza com que as grandes potências vieram a considerar suficiente o exercício de uma teologia de mercado para coordenar as soberanias emergentes, e hierarquizar as antigas.

Produziram um anticolonialismo empresarial que, avaliando os riscos de uma nova conjuntura, e antecipando que a jurisdição interna e os condicionamentos teriam de ceder perante a mundialização da economia, decidiram desmobilizar a presença, redefinir os conceitos de empresa, e mudar de ramo.

Ainda não estavam concretizadas em diplomas legais as muitas reformas anunciadas, e legitimadas pelos imperativos de uma justiça social inadiável, e logo se deram incidentes de leitura inequívoca.

As exigências financeiras do esforço militar reflectiram-se inevitavelmente nos equilíbrios financeiros e orçamentais de todas as Províncias, e naturalmente naquilo que se referia às despesas gerais da soberania. Uma das medidas avulsas que fez revelar aquela atitude empresarial em crescimento, foi a que se traduziu no agenciamento de um empréstimo de um milhão de contos para

A ESPUMA DO TEMPO

Angola, preferentemente negociado com as empresas que ali tinham presença significativa.

A primeira contribuição, muito publicitada, foi um crédito de 105.500 contos aberto pela Companhia dos Diamantes, representada pelo lendário Comandante Ernesto de Vilhena, que fora o arquitecto da nacionalização da gestão da sociedade.

O alerta que lancei, ao anunciar a necessidade e a exigência do empréstimo, foi que estávamos "a promover a execução de uma política de que não há memória: política ao mesmo tempo de guerra e de desenvolvimento económico".

O exemplo foi frutificando, até que o Dr. Alberto Carvalho Neto, que bem conhecia da minha aldeia, onde casara com a minha amiga de infância Maria Antónia de Sá Miranda Figueiredo, e administrador do Banco Burnay, me procurou para me consultar sobre a dimensão em que seria razoável que aquele Banco também contribuísse, porque lhe parecia que a larga medida em que os seus interesses dependiam do Ultramar não lhe consentia um discreto alheamento. Anunciava que, salvo erro, julgava bem concorrer com vinte mil contos. Disse-lhe, sem comentários, que mandaria lavrar o contrato.

Não tardou que o Dr. Carvalho Neto fosse dispensado da administração do Banco, por se ter excedido, concluíram, no apoio a uma política sem futuro, num território de alto risco, para o qual se anunciava uma intolerável legislação social esquerdizante.

O Dr. Carvalho Neto não era pobre, mas tinha doze filhos, e parece que os prudentes accionistas do Banco também por isso esperavam dele maior juízo e prudência.

Resolvi colaborar na prudência da administração do Burnay, e por isso mandei o Director-Geral da Fazenda do Ministério averiguar rapidamente o montante de depósitos do Ultramar que estavam naquele Banco. E averiguar no Banco de Portugal a situação de liquidez da instituição.

Existiam umas centenas de milhares de contos provenientes das relações privilegiadas com as Províncias, com a Agência Geral do Ultramar, com a Delegação de Compras do Ultramar,

ENTRE O TEMPO GANHO E O TEMPO PERDIDO

com os organismos de coordenação económica, juntas e institutos, e assim por diante. Dei ordem para que todos os depósitos fossem transferidos para as instituições de crédito do Estado, e reparei que os serviços fizeram isso com diligência e satisfação.

Na manhã seguinte, mais cedo que habitualmente, o Doutor Salazar telefonou-me a perguntar o que tinha acontecido com o Banco Burnay, e naturalmente expliquei-lhe em detalhe as razões pelas quais considerava intolerável que uma instituição que assentava toda a sua prosperidade nas relações privilegiadas, sem fundamento conhecido, com organismos públicos do Ultramar, pudesse assumir a atitude de comungar nos benefícios recusando os riscos.

O Doutor Salazar, revelando uma discreta faceta íntima, explicou-me que o tio do empresário Fausto de Figueiredo, Mário Luís de Sousa, na data Vice-Governador do Banco de Portugal, o tinha auxiliado com eficácia, na sua época gloriosa de Ministro das Finanças e do saneamento financeiro, e por isso não desejaria magoá-lo, sugerindo que revisse a decisão que afectava o sobrinho.

A crónica que me forneceram atestava que Mário Luís de Sousa, tal como seu irmão Álvaro Pedro de Sousa, ambos licenciados em Inglaterra e accionistas únicos do Banco Fonsecas & Burnay, foi de facto um activo colaborador do Doutor Oliveira Salazar na reforma financeira dos anos 30. Nessa altura, o primeiro era Vice-Governador do Banco de Portugal e o segundo Presidente do Conselho de Administração do Fonsecas & Burnay. Os dois irmãos estiveram ligados às negociações para a obtenção dos empréstimos externos, acompanhando o Ministro Mário de Figueiredo na missão a Londres. Foi destacada a sua intervenção nas negociações, em que especialmente Mário Luís de Sousa se tornou o principal interlocutor das autoridades britânicas, como o reconheceu Mário de Figueiredo em carta enviada de Londres ao Presidente do Conselho.

Depois de mostrar que compreendia a sua questão de consciência, lembrei-lhe que os distantes anos recordados tinham feito

A ESPUMA DO TEMPO

somar aos benefícios de intermediários na colocação dos títulos da dívida pública, a confortável intermediação de uma boa parte do mercado financeiro ultramarino que lhes não exigira qualquer esforço de competição. Ficámos assim.

Foi um novo sinal cujo significado não me passou despercebido de que as coisas caminhariam, com mais ou menos rapidez, para um estrangulamento do processo, um sinal que se foi tornando mais nítido à medida que se tornou definitivo que não conseguia acordo para nomear o Dr. Carvalho Neto para nenhum dos numerosos cargos de administração na dependência do Governo. Quando o Dr. Correia de Oliveira transitou para a Presidência do Banco Burnay pareceu-lhes talvez que a vida habitual estava de regresso, mas ele também perceberia dolorosamente, quando logo o dispensaram em 1974, que a utilidade era o critério de deferência empresarial.

Do lado da popularidade, o *Jornal do Congo* conseguiu produzir um novo sinal quando, em parangonas, que foram sendo repetidas noutros lugares, pediu em nome da população de Angola a Torre e Espada para o seu Ministro, sem imaginar os efeitos mobilizadores que produziu na comissão de vigilantes.

O Almirante Sarmento Rodrigues dizia por vezes que, no regime, para viver era necessário fazer de morto, mas esta noção não a tinha adquirido, e percebi, com total frieza, que as consequências viriam em tempo não demorado.

Desta vez a campanha tradicional procurou raízes comunistas no passado do Ministro, invocando uma alarmada suspeição e, por outra linha menos vermelha, apoios maçónicos severamente condenadas pelo Código do Direito Canónico em vigor. Neste caso foi ajuda anedótica o facto de que, para retribuir uma obra histórica que me ofereceu o Embaixador de Inglaterra, adquiri na Feira da Ladra uma gravura de Jorge VI, com a insígnia da Maçonaria, que guardei no meu escritório, encostada à parede, para lhe enviar.

Recebi ali acidentalmente um atento funcionário graduado do Ministério dos Negócios Estrangeiros, que depois, soube, transmitiu alarmado ao seu Ministro a evidência recolhida, e este, certamente com intenções úteis, não deixou de fazer circular por via doméstica a inquieta verificação.

Algumas vezes transformaram assim as suspeições em sussurradas certezas, mas qualquer das atitudes alimentou suficientemente a intervenção da secular e permanente comissão de vigilantes pela integridade dos interesses estabelecidos. Continuaria a teimar que, em face das circunstâncias, era inadiável "deitar fora os anéis que fazem sombra aos dedos", e a entender que correspondia à boa doutrina social da Igreja.

A legislação que rapidamente foi mandada promulgar não apaziguaria esse sector tradicional, mas ia de encontro às exigências ao mesmo tempo da justiça devida às pessoas, e da recuperação de apoios externos.

O sentimento de que o tempo era escasso esteve sempre presente, agudizando-se cada dia, e seria por meados do ano de 1962, em 11 de Maio, que na Casa do Infante, no Porto, entendi dar expressão pública ao juízo que a experiência veloz me inspirava, numa conferência que incidentalmente referi antes, intitulada *Geração Traída*, onde estão estas palavras de abertura: "Aqueles que atingiram a maioridade na década de quarenta, bem podem considerar-se os representantes de uma geração traída. Todos nos lembramos da mobilização das consciências para a defesa da liberdade do homem contra os totalitarismos que cobriam a humanidade de vergonha pelo simples facto de a dominarem pelo medo. Nunca no caminho do calvário do Ocidente, tinham morrido tantos milhões de homens sucumbidos ao peso de uma cruz demasiadamente pesada para ser transportada até ao fim. Nesses anos tumultuosos, nações inteiras, e tantas que não podem contar-se pelos dedos, alimentaram-se exclusivamente da esperança num mundo melhor, e a isso sacrificaram, quase alegremente, a totalidade da sua juventude. Homens cuja vida não conhecera um só dia de plenitude, encontraram ainda forças e meios para gravar no coração dos filhos as promessas dos chefes em que todo o Ocidente acreditou: nunca mais uma nação seria destruída em

A ESPUMA DO TEMPO

benefício de outra; todo o homem poderia amar a Deus como quisesse e teria direito de não ter medo; a liberdade contra a miséria ficaria inscrita para sempre na carta dos direitos do homem, os interesses puramente económicos nunca mais seriam considerados legítimos contra o núcleo de convicções morais em que se traduzia o nosso ideal de justiça e liberdade do homem e dos povos.

Depois, nem sequer ainda enterrados mas já esquecidos os mortos, a Estónia, a Letónia, a Lituânia, a Hungria e assim por diante, faziam-nos perceber o que era isso de nunca mais uma nação poder ser destruída em benefício da outra; a igreja do silêncio, e o silêncio de tantos povos escravizados, demonstraram o alcance do direito de amar a Deus e de não ter medo; o caudal de refugiados, que constitui um dos graves problemas do nosso tempo, o alargamento do trabalho forçado a zonas vastíssimas do Mundo, a aceitação no convívio internacional de Estados que legalmente consagram a escravatura, definiram o que se entendia por liberdade contra a miséria; os Estados condutores que se declararam contra uma concepção materialista do mundo e da vida, não encontraram outra bandeira que não fosse o enriqueci-mento e o bem-estar económico para encabeçar o seu programa, e assim definitivamente nos esclarecerem sobre o sentido do idealismo que pregaram. Não para evitar qualquer escusada dureza em relação a tais chefes, mas para benefício da nossa tranquilidade de espírito, seria útil encontrar uma palavra diferente de traição para designar o procedimento de que todos fomos e estamos a ser vítimas".

O ataque à estrutura portuguesa não era apenas um plano identificado em nome da ONU que fornecia a cortina global da legitimidade descolonizadora. Neste aspecto, aquilo que se auto-nomizava como força específica era o terceiro-mundismo, que progressivamente ganhou identidade, doutrina e política.

Todavia, à margem dessa cobertura normativa, que as delibe-rações da Assembleia Geral envolviam, as duas superpotências que lideraram os Blocos militares confrontaram-se desenvolvendo

ENTRE O TEMPO GANHO E O TEMPO PERDIDO

planos mundialistas bem identificados, o mundo livre contra o mundo soviético, a herança ocidental contra o negativismo do leste, e em todo o caso a ameaça do recurso às armas capazes de destruir a humanidade, e os seus interesses de Estado em primeiro plano.

Mas este bipolarismo que assistia à organização ao sul dos 3AAA (Ásia, África, América Latina), não absorvia totalmente a questão da Europa, que fora a sede do Governo do mundo até à guerra de 1939-1945, que não perdera a memória da grandeza imperial do euromundo, e que mantinha uma sede de recordação viva e não desistente de vir a recuperar uma posição equivalente à do passado não distante.

Muitos dos líderes da passada catástrofe como Churchill, sobreviventes como De Gaulle, até na Espanha o Generalíssimo Franco permanentemente reivindicador da natureza de cruzada para a sua guerra civil, sempre conceberam a intervenção nos Blocos com autonomia não separada da renovada e possível recuperação mundial europeia.

É por isso que à margem das diplomacias institucionais em que os interlocutores eram a ONU desafiada pelos factos, e depois os Blocos que colocaram progressivamente a ordem da ONU entre parênteses, organizações privadas, inspiradas por valores tradicionais europeus e pouco ou nada articuladas com os poderes instituídos, participaram activamente na defesa dos interesses dos europeus, resistentes à total dissolução da velha ordem euromundista, nos territórios franceses ou portugueses, designadamente.

Talvez o Centro Europeu de Informação e Documentação (CEDI), fundado em 1952, tenha sido o mais desenvolto e interveniente. A iniciativa foi do Embaixador Alfredo Sanchez-
-Bella (Membro de Honra), então director do Instituto de Cultura Hispânica, fixando-lhe a sede em Munique em acordo com o direito alemão das sociedades.

Nunca perdeu a natureza de associação de personalidades, conservadoras do espírito cristão e europeu, nos termos da Mensagem do Papa Paulo VI, à reunião de Roma de 21 de Janeiro de

A ESPUMA DO TEMPO

1967. Disse: "Nós desejamos de todo o coração que este contacto com Roma seja frutuoso para as vossas deliberações, as ilumine e as enriqueça, para o maior bem dos fins que perseguem. Uma segunda reflexão nos é sugerida por uma característica do vosso Movimento, que nos apraz evidenciar, porque ela está de acordo com uma das grandes orientações do recente Concílio, é a sua dimensão ecuménica. Os membros do CEDI pertencem aos três grandes grupos religiosos que um mesmo baptismo liga a Cristo. E ao lado dos nossos filhos católicos militam igualmente nas vossas fileiras ortodoxos e protestantes".

Dos relatores portugueses destaco Adriano Moreira (1958--1964), Mário António Fernando de Oliveira (1965), Óscar Soares Barata (1966-1967), João Pereira Neto (1966), Hermes de Araújo Oliveira (1967), Joaquim da Costa Pinto (Brasil) (1968), Carlos Krus Abecassis (1968), Georg Listopad (1968), António Jorge Dias (1970), além da participação de Gilberto Freyre, Marcello Caetano, Amaro da Costa, e Luís Fontoura.

Do seu Conselho Internacional fizeram parte os portugueses Carlos Krus Abecassis, Luís Forjaz Trigueiros, Jorge de Mello e Almirante Sarmento Rodrigues. E dos vários presidentes internacionais destacam-se o Doutor Otto de Habsbourg, Alberto Martín Artajo, Hans-Joachim von Merkatz, M. Edmond Michelet, John Rodgers, Adriano Moreira, Marquês de Valdeiglesias, Michel Habib-Deloncle .

O grande inspirador foi Otto de Habsbourg, que mais usava o seu título de Doutor de Louvaina do que o título nobiliárquico que o distinguia de toda a nobreza europeia, mas que nunca invocava. Profundamente culto, falando praticamente todas as línguas do antigo Império, vivendo do trabalho, exercia com dignidade o seu vasto labor de cronista e conferencista.

É certo que a coincidência ocasional do Escorial e da Espanha, que se afirmava *una, grande y libre*, não facilitava a projecção da organização, mas é indiscutível que a intervenção de Manuel Fraga Iribarne, e de Martín Artajo que depois de longos anos de Governo pensava sobretudo na Europa do futuro, e ainda a selecção de relatores das mais diversas tendências, foram acreditando os debates e as conclusões. É certo que a quantidade de alemães, representantes muitos deles da antiga aristocracia mais depositária das tradições anteriores à guerra de que todos se lamentavam, a reabilitação do conceito de igualdade étnica, e o acento tónico posto na democracia pelos representantes das várias nacionalidades, muitos com responsabilidades de Governo, correspondiam a valores que constituíam o núcleo da democracia-cristã, mas também à ambição de repor a Alemanha com presença permanente, reunificada, e contribuinte para a derrocada do inimigo sempre presente que era a União Soviética.

Por isso alinhavam pragmaticamente com todos os interesses que se opusessem ao programa de expansão soviética, e tendo dúvidas sobre o tempo possível da resistência portuguesa, estavam sempre inclinados activamente no sentido de impedir que o resultado pudesse ser um vazio dos territórios portugueses ocupado pela supremacia soviética, e tentaram contribuir, sem grande êxito, para a definição de uma hipótese em que os interesses portugueses conseguissem uma salvaguarda possível.

Por seu lado a Espanha, que sofrera pela guerra civil um sério esvaziamento diplomático, e teria em Martín Artajo, em cerca de catorze anos de Governo, um agente eficaz de rompimento dessa situação, já nessa data doutrinava o sacrifício da guerra civil como um preço que fora necessário para evitar o que teria sido a hecatombe da participação na segunda guerra mundial, e também valorizava a histórica experiência de Governo da Europa, com Carlos V reposto no lugar cimeiro das grandes figuras nacionais. O Doutor Otto de Habsbourg, com diferente intuito que era o de ressuscitar e consolidar o ideal da Europa unida, ia contribuindo com a sua literatura para esse efeito.

Realmente o CEDI ajudou a Espanha a formular um novo destino europeu, que se manifestou no facto de, com a monarquia democratizante logo após a morte de Franco, assumir a Direcção-Geral da UNESCO, a Presidência do Parlamento Europeu, a

A ESPUMA DO TEMPO

Secretaria-Geral da NATO, a responsabilidade pela Política de Segurança e Defesa Comum Europeia.

Mas esse não era o objectivo do CEDI e do seu principal interventor, foi um efeito colateral inteligentemente aproveitado, do grande desígnio de conseguir uma Europa unida e formalmente reunificada.

Os seus mais de 20 congressos anuais dispersaram-se por várias cidades, além de reuniões para formular os princípios, em Salzburg (1961), Stuttgart (1963), Bruxelas (1958, 1965, 1970, 1971), Madrid (1968), Paris, (1962, 1964), Château Pouy (1969), Bordeaux (1971), Londres (1966), Roma (1967), Liechtenstein (1958), Lisboa (1962, 1966), Funchal (1969).

Os temas eram políticos, económicos e sociais, de segurança e de ajuda ao desenvolvimento, questões étnicas e de integração europeia: por então, o objectivo era o de uma Europa confederada, forte, unida, e fiel à matriz cristã, o que muito claramente significava anti-soviética, desejando e vaticinando a desagregação da URSS vencida pelas questões internas, e pela realidade atlântica com expressão na NATO.

De facto, a linha que encontrou apoio no CEDI acompanhou a visão política democrata-cristã da Europa, e muitos de nós não tínhamos a ingenuidade de supor que, sendo o caso português apenas uma parcela do euromundo em crise ao mesmo tempo de declínio e de decadência, podia alhear-se dos movimentos de regeneração europeia, e deixar de procurar um novo apoio de substituição da passada balança de poderes em que assentara a perdida imunidade com expressão na vida habitual.

Grandes nomes apoiaram a indagação e a formulação das definições políticas que tiveram a liderança de Adenauer, de Schuman e De Gasperi no plano partidário, mas muitos eram membros do CEDI e participaram, sempre com a presença respeitada do Deputado Europeu Otto de Habsbourg, grande amigo de Portugal. Por aqui viera refugiar-se menino trazido pelos pais depois da queda do Império Austro-Húngaro, na Madeira ficou o túmulo de seu pai agora em processo de beatificação, aqui guardou amizades e procurou conhecer todos os territórios coloniais portugueses, não descansando na tarefa de encontrar viabilidade para uma solução política do conflito.

Em 4 de Novembro de 1962 fundei em Lisboa o Centro Português de Estudos Europeus, com relatórios de Hans-Joachim von Merkatz, Ministro Federal da Alemanha, Contra-Almirante Manuel Maria Sarmento Rodrigues, Governador-Geral de Moçambique, e Adriano Moreira, Ministro do Ultramar.

A apreciação da revolta da juventude (1969) teve a intervenção de Günther Nenning, Luiz Sánchez Agesta, Bryan Wilson, Jesús Fueyo Alvarez, Laszlo Hadik, Hervé de Fontmichel, e foi certamente uma das mais concorridas, em Lago de Entrepeñas, com mais de uma centena de congressistas de dezasseis países. A pergunta essencial feita na minha comunicação foi esta: porque é que a juventude europeia discute a legitimidade dos Governos que temos? Era sobretudo a *legitimidade de exercício* que estava em causa.

Ainda será necessário, para concluir este ponto, falar no pensamento matricial de Coudenhove-Kalergi, que representa um patamar essencial da futura intervenção democrata-cristã na Europa, mas antes importa insistir em que o CEDI foi um movimento mobilizador da sociedade civil europeia, não obstante a participação activa na política de alguns dos seus membros, comungando nos valores dos *Colóquios de Genève* que a Europa-América divulgou em Portugal e foram largamente usados no ensino do ISCSP.

No Parlamento Europeu Otto de Habsbourg foi uma figura de referência da democracia-cristã, pela sua devoção à causa europeia sem compromissos pessoais de interesses, cultivando a experiência histórica do Império Austro-Húngaro, do seu cosmopolitismo, da multiplicação étnica e cultural dentro de uma unidade política, fronteira do leste ameaçador que fizera de Carlos V um inspirador, e sempre omitiu ambições pessoais que animassem a ilusão do regresso a extintas heranças políticas do legitimismo.

A ESPUMA DO TEMPO

Quando a Revolução portuguesa de 74 fez com que correntes políticas, aliás mal definidas, corressem para as democracias--cristãs europeias como sendo o exercício de uma iniciativa sem passado e carregada de futuro, fizeram um exercício habitual de apagamento, muito evidente quando se pensa no que representou Coudenhove-Kalergi em toda a problemática de recuperação do espírito europeu. Tem de abrir-se pelo menos uma excepção para o malogrado Amaro da Costa, que nunca omitiu a sua experiência no CEDI.

Numa das declarações fundadoras do movimento, em 22 de Dezembro de 1958, no Liechtenstein, Otto de Habsbourg disse o seguinte: "o nosso trabalho para o futuro do nosso continente é portanto lutar em favor da Confederação Europeia.

Em consequência, as autoridades superiores europeias não se ocuparão senão das questões que excedam as normas próprias dos Estados federados. É por isso que o nosso objectivo futuro não é um Estado europeu unificado, mas uma verdadeira confederação de pátrias, é também a expressão do patriotismo para toda a Europa".

Em 20 de Janeiro de 1959, encerrando a reunião de Paris, o Ministro Edmond Michelet sublinhava que "a nossa Europa é a Europa das Pátrias, representadas pelos seus governantes, e não a concepção abstracta de uma tecnocracia ou de uma burocracia internacional". Por outro lado, a libertação da Europa do Leste foi um objectivo permanente, e eu próprio, falando no acto da fundação do CEDI português, sublinhei a necessária reconciliação portuguesa com as democracias do mundo ocidental e a cooperação reforçada com Washington, o que foi posto em evidência pela imprensa estrangeira, que recordou a propósito uma linha antiga do pensamento do Presidente Kubitschek, que em tempos falara de uma federação de Portugal, de Angola e do Brasil, criando uma comunidade dos países do Atlântico.

Viria eu depois a insistir na necessidade de organizar a segurança do que chamei "o Oceano Moreno", o Atlântico Sul onde se multiplicaram as soberanias. Tudo com expressão no livro

ENTRE O TEMPO GANHO E O TEMPO PERDIDO

A Europa em Formação (1972), escrito para o doutoramento na Universidade Complutense, um texto no qual dei forma a muita da experiência ganha naqueles anos de peregrinação pela Europa de Upsala, Helsínquia, Oslo, Copenhaga, Londres, Paris, Bruxelas, Berlim, Madrid, Vaduz, Munich, Atenas, Roma, sempre com a limitação da cortina de ferro, que em todo o caso no CEDI ajudámos a ultrapassar cooperando com as emissões de rádio para os povos do leste europeu.

Mas deste tema, como disse, não pode falar-se com rigor sem pôr em destaque a figura matricial de Richard de Coudenhove--Kalergi, que se notabilizou a partir do primeiro apelo, de 21 de Julho de 1922, intitulado *A questão Europeia*. Marcou o nascimento do Movimento Pan-Europeu, e no Manifesto Europeu de 1924 definiu este ponto de partida: "A questão europeia é esta: será possível que, na pequena quase-ilha europeia, vinte e cinco Estados vivam lado a lado na anarquia internacional, sem que um tal estado de coisas conduza à mais terrível catástrofe política, económica, e cultural?". Éduard Herriot reconheceria, já em 1925, que todos os pluralistas europeus, contrários ao negativismo de Mussolini, Hitler, Pilsudski, Horthy, Metaxas, devem a Coudenhove-Kalergi a ideia da unidade no pluralismo.

No I Congresso Pan-Europeu, reunido em Viena de 3 a 6 de Outubro de 1926, aparecem alguns dos grandes nomes da política dessa época, e alguns outros teriam a sua grande hora só depois da guerra de 1939-1945. Nesse congresso, foram presidentes – Édouard Bénés, Joseph Caillaux, Paul Loebe, Francesco Nitti, Nicola Politis, Ignaz Seipel. Aristid Briand foi eleito presidente de honra da União Pan-Europeia. Konrad Adenauer, Gustav Stresmann, Albert Einstein, Heinrich Mann, Thomas Mann, Conde Sforza, Guglielmo Ferrero, Gaitano Salvamini, Éduard Herriot, Louis Loucher, Paul Boncour, Henry de Jouvenel, Jules Romains, Paul Valéry, Paul Claudel, Ortega y Gasset, Miguel de Unamuno, Salvador de Madariaga, Winston Churchill, L. S. Amery, Noël Baker, Wickham Steed e Bernard Shaw foram europeístas presentes.

A ESPUMA DO TEMPO

Em 1930, reúne-se o II Congresso em Berlim, e nele é lido o *memorandum* de Briand aos Governos europeus. Em 1932, reúne--se em Bále o III Congresso, onde se destacam Maurice Schumann e Alfred Fabre-Luce. Em 1936, reúne-se em Viena o IV Congresso, tendo como presidente o infeliz Chanceler Kurt Schuschnigg. Entretanto, e depois do fracasso da iniciativa de Briand de 1929, quando lançou na SDN a ideia dos Estados Unidos da Europa, a tradição maquiavélica europeia vai-se multiplicando em acontecimentos de significado ameaçador, desde a subida de Hitler ao poder até ao apelo, de 18 de Junho de 1940, de De Gaulle.

Ensinando por esse tempo na New York University, Coudenhove-Kalergi dirige um seminário sobre a Europa federal depois da guerra, e anima a constituição de um comité americano para uma Europa unida e livre, de que foram presidentes Fulbright e W. Bullit.

Em 1943, realiza-se o V Congresso Pan-Europeu em Nova Iorque, e ali é lida uma mensagem de Churchill preconizando a criação do Conselho da Europa, ideia que já não abandonará.

Em 1947, a União Pan-Europeia convoca o I Congresso Parlamentar Europeu, e, em 7 de Maio de 1948, reúne-se o Congresso da Europa em Haia, sobre a presidência de Churchill.

De então em diante, os projectos correspondentes às várias tendências europeias sobrepõem-se a esse trabalho de consciencialização. Mas a contribuição dada pelo movimento de que Coudenhove-Kalergi foi responsável está presente na maioria dos projectos relevantes.

A *Fundação Coudenhove-Kalergi*, com sede em Genève, perpetua o seu pensamento no plano do debate, e dela continuo membro, agora de regra ausente, mas seguindo a correspondência e documentação. A questão do federalismo europeu, como se nota facilmente dos textos referidos, conduziu a um semantismo prejudicial, porque obscurece que a unidade europeia marcha com originalidade e sem modelo observante assumido, com o objectivo fundamental que foi proclamado por Coudenhove-Kalergi.

236

ENTRE O TEMPO GANHO E O TEMPO PERDIDO

As urgências do Ultramar não me faziam esquecer estes apoios, valores, e projectos, que ia confrontando com as experiências das inevitáveis viagens a África.

Fixando as orientações para Angola, parti para Moçambique e tive boas razões para meditar sobre a questão da concentração de poderes que, como disse, era regra sem excepção em todas as administrações coloniais, e se revelou de alto melindre nas circunstâncias de guerra, uma situação bem diferente do comando militar nos regimes de paz.

Naturalmente tem que ter-se em consideração a personalidade de cada titular envolvido, porque a formação cívica é certamente uma tensão necessária para contrariar os desvios. Recordo o caso do Comandante Correia de Barros, Governador de Moçambique substituído pelo Almirante Sarmento Rodrigues pela lembrada razão de a cultura castrense não consentir a entrega do Comando--Chefe a um oficial com posto inferior ao generalato, e que imediatamente se comportou de maneira exemplar, com uma modéstia que apenas evidenciava mais o sentido de Estado que o animava. Morreu passado pouco tempo, mas a sua memória deve ser preservada do esquecimento pelo muito que honrou a Marinha e desenvolveu o sentido do dever.

Todavia, como tese geral comprovada nas crises coloniais portuguesas em mais de uma ocasião, a concentração dos poderes da administração civil com o poder da guerra tende para causar a vertigem do titular.

É um tema que exige reflexão, porque são muitos os factores envolvidos e mal sabidos, incluindo a cultura castrense da chefia, a confusão da legitimidade derivada da nomeação com a popularidade apoiada eventualmente na acção mas também na teatrologia.

O caso do Governador Venâncio Deslandes, escolhido por exclusão para o mais elevado posto do Comando-Chefe, apenas excedido simbolicamente pelo desaparecido caso da Índia (Goa), foi claramente um fenómeno de vertigem do poder. O Doutor Salazar queixou-se algumas vezes de que fazia as nomeações

A ESPUMA DO TEMPO

para altos postos, designadamente para o Governo, e rapidamente os nomeados passavam a considerar-se eleitos, alguns acreditando numa misteriosa escolha da História em marcha.

Passar de um Gabinete confortável em Madrid, como lhe aconteceu, para o Governo de um território catorze vezes maior do que a metrópole portuguesa, dispondo do poder do fogo, com todas as hierarquias submetidas à cadeia de comando, no exercício da reverência que o poder absoluto aconselha, exige uma estrutura espiritual que resista ao constante desafio à vulnerabilidade.

Provavelmente não teve bom aconselhamento, tendo a seu lado pessoal comprometido com o frustrado golpe do General Botelho Moniz, com secretários provinciais novíssimos em cuja escolha o ajudei sem grande acerto, e que o animaram para a perspectiva da grandiosidade.

Feliz nas operações militares, que considerava limitadas, mas que eram a principal inquietação das populações, rapidamente passou a anunciar projectos e objectivos que excediam qualquer possibilidade de lhe angariar recursos.

O Ministério tinha-se visto privado da colaboração meticulosa do Engenheiro Carlos Abecassis, que deixou o cargo de Subsecretário do Fomento para concorrer a um lugar de professor no Instituto Superior Técnico. Um concurso que lhe não correu bem, acidente que procurei diminuir nomeando-o no mesmo dia para Presidente da Junta de Investigações Científicas do Ultramar, que só beneficiou com isso.

Mas tive a boa oportunidade de contar com o Engenheiro Amaro da Costa (Pai), um exemplo de rigor técnico e administrativo que não escondia as suas preocupações com as liberdades do Governador, e depois, tendo ele sido requerido para o Ministério das Obras Públicas, o seu substituto Dr. Moreira Rato não logrou maior tranquilidade.

Fiz algumas declarações públicas, de modo a que a advertência ao Governador de Angola não aparecesse identificada em separado da advertência global para a necessidade de contenção e rigor, mas o método pareceu exceder a possibilidade de entendimento em Luanda.

Coisas que não tinham que ver com a honorabilidade mas apenas com a vertigem do poder foram-se reflectindo em advertências inspectivas totalmente descuidadas, ao mesmo tempo que o culto da personalidade entrava em exercício.

Os Ministros, e menos o do Ultramar, começaram a queixar--se da sobranceria e descaso do Governador, designadamente o General Mário Silva, Ministro do Exército, que foi totalmente ignorado na visita a Angola, o Almirante Quintanilha, Ministro da Marinha, que julgava impróprio alongar-se nos comentários sobre o ambiente da Província, e finalmente o Dr. Franco Nogueira, que julgou apropriado passar a referir-se ao Governador chamando-lhe D. Pedro de Angola.

O Doutor Salazar, Ministro da Defesa, deixou eventualmente cair um lamento sobre a falta de resposta a mensagens que lhe enviara, mais tarde soube das suas verdadeiras inquietações de Ministro da Defesa de quem dependia o Governador enquanto Comandante-Chefe.

Voltarei adiante ao tema, ao ocupar-me do último Plenário do Conselho Ultramarino, referindo o quadro geral do conflito inevitável em que tal vertigem dos cimos do poder teve presença. Agora destacarei apenas aquilo que na opinião pública, especialmente orientada nesse sentido, ficou na data como causa próxima do processo que levou à sua decisão, e foi a criação dos Estudos Gerais Universitários. O comentário corrente entendeu que por isso também eu acompanhava a saída. E foi por isso, mas não por decisão salomónica, como tentarei relatar.

Portugal foi secularmente resistente ao estabelecimento de Universidades no Ultramar, e naquela data apenas a Escola Médica de Goa, cujos cursos aliás não eram reconhecidos na metrópole, tinha esse estatuto de ensino superior. Depois da extinção da Universidade de Évora por Pombal, Coimbra ficou como a sede exclusiva da obtenção do grau de Doutor, carência que o Brasil herdou e levou tempo a superar, e que se manteve

A ESPUMA DO TEMPO

no Império até às mudanças apoiadas na crise, que seria final, do Império.

Multipliquei os liceus nos territórios africanos sem encontrar resistência, instalei os Institutos de Serviço Social que traziam por acréscimo o apoio da Igreja Católica ao ensino superior, mas o projecto universitário era certamente o mais importante, e não deixava de suscitar resistência. Eram duas as linhas da resistência: a defesa do estatuto de exclusividade das Universidades metropolitanas, por uma residual mas poderosa franja de interventores; a versão nacionalista que entendia que a obrigatória frequência desses cursos na metrópole servia o objectivo da unidade, esquecendo a falência da mesma perspectiva que levara à criação da Casa do Império, produzindo o efeito contrário da unidade contra o Império, e fazendo por ignorar os caminhos abertos para a formação das elites em Universidades estrangeiras.

Mais de uma pessoa responsável tivera a ideia, e no Brasil não foi certamente por falta de vontade dos jesuítas que se ficaram pelo grau de mestre, considerando-se ali que Nóbrega foi o primeiro Secretário do Ensino do futuro Estado Soberano. Na data, a voz mais insistente para mudar de rumo era a de D. Sebastião de Resende, e resolvera, e cumpri, anunciar na Beira o projecto em que o Bispo punha tamanho entusiasmo.

Comecei com as minhas diligências, apoiando-me em primeiro lugar na Universidade Técnica de Lisboa, que era a minha, e onde havia um espírito de inovação digno de registo. O Prof. Moisés Amzalak era quem estava a servir-me de intermediário nas consultas de aproximação, podendo sempre contar com o seu empenho, mas, sobretudo, contava com a intervenção autorizada do Dr. João de Almeida, Director-Geral do Ensino Superior e Belas Artes do Ministério da Educação, do qual o Doutor Salazar dizia que, com o Embaixador António de Faria, eram os melhores funcionários do Estado português.

A autoridade do Director-Geral, presidente da secção do ensino superior da Junta Nacional de Educação, onde se reuniam

ENTRE O TEMPO GANHO E O TEMPO PERDIDO

reitores e representantes dos ramos, era enorme por lei, acrescida no caso pelo prestígio pessoal.

As negociações foram conduzidas com presteza e rigor, havendo especial preocupação no sentido de evitar a oposição de qualquer das Universidades metropolitanas, e a definição de um modelo que pudesse contar com pessoal docente qualificado para todas as licenciaturas a instituir. Os Governadores de Angola e Moçambique eram informados porque neles iria recair a obrigação de organizar o *campus* em cada uma das respectivas Províncias, e isso era tarefa exigente de recursos humanos e financeiros.

Nessa minha passagem por Luanda a caminho de Moçambique, em fins de 1961, o General Deslandes deu-me a notícia de estar seguro de que eu não conseguiria acordo do Presidente do Conselho para instituir o ensino superior no Ultramar, porque ele próprio teria resistências vindas eventualmente de Coimbra, e mais tarde atribuídas ao influente Doutor Antunes Varela.

Por isso propunha que, no exercício do poder legislativo que me estava atribuído, publicasse em Luanda o diploma que os seus serviços tinham preparado, criando o que chamava Escola Superior Politécnica de Angola (ESPA), que seria talvez um primeiro antepassado dos futuros politécnicos, neste caso inspirado nos modelos do leste, e que depois chamou Centros de Estudos Universitários, consumando os factos.

Expliquei-lhe que os poderes delegados são para serem exercidos com fidelidade ao pensamento de quem os delega, que seria inteiramente errado publicar em Angola um diploma que deixava um vazio em Moçambique, e que se afastava do modelo universitário em vigor no país. Finalmente, que ele estava completamente errado quanto às informações que dizia possuir, embora as resistências existissem, mas ele não tinha informação suficiente para as avaliar. O erro, que finalmente cometeu, viria fortalecer as oposições que mais imaginava do que sabia, porque lhes deu argumento para que o início dos Estudos Gerais se desse experimentalmente com a inicial instituição apenas dos três primeiros anos

A ESPUMA DO TEMPO

de licenciatura, à espera de que a experiência justificasse a inteira execução do projecto.

Não se deixou convencer, insistiu em que pretendia ajudar-me ao fazer aquela proposta, que poderia assumir por si, e ficou silencioso quando lhe respondi que não a publicava, e disse *que lhe proibia a publicação do projecto* mesmo alterado que, nem sequer aproveitando da documentação do Ministério que possuía, era inconstitucional e ultrapassava a sua competência, e sobretudo contrariava a orientação que conhecia, que lhe repetia, e que lhe impunha. Dei-me conta que a palavra – proíbo – fez empalidecer o Comandante-Chefe a sentir-se orientado pela autoridade civil, mas não previ o desatino seguinte. Fiquei, pois, erradamente convencido de que a questão estava resolvida, e guardei para a Beira, para homenagear D. Sebastião de Resende, o anúncio universitário. Verificaríamos mais tarde que o Governador guardava a memória de me ter comunicado as suas intenções, e perdera a lembrança da orientação a que devia obediência, porque se considerava geralmente isento desses atrevimentos da hierarquia civil.

Anos depois vim a saber que estabelecera uma correspondência directa com o Presidente do Conselho, tendo-lhe proposto, por carta de 8 de Fevereiro de 1962, a abolição de um regime de subordinação institucional que corresponde ao sistema colonial, e a criação de um Governo autónomo para Angola. Disto ninguém me deu conhecimento. Não tinha ele a percepção da política de reforma global para o Império, nem das circunstâncias envolventes, nem da hierarquia civil que o incomodava, fascinado pela função a que ascendera. Esta correspondência fez-me compreender melhor as perplexidades em que Salazar ficara mergulhado, como explicarei, quanto à consistência da sua autoridade, mas não o segredo de que as rodeou.

Na referida viagem a Moçambique, com a passagem por Luanda, queria ter já publicado a revogação do Estatuto dos Indígenas, e isso fora conseguido em 6 de Setembro de 1961. O Governo de Moçambique não causava as apreensões de

Luanda em vista da categoria excepcional do Almirante Sarmento Rodrigues, da sua larga experiência, do sentido da dignidade do Estado que imediatamente transmitia às instituições e ao seu funcionamento, e ainda a qualidade de colaboradores sempre dispostos a acompanhá-lo.

O longo relatório do diploma de 6 de Setembro de 1961, com um só artigo, foi escrito por mim, e por muito que continuasse a hoje atenuada crítica ao chamado lusotropicalismo, este tem de ser lembrado, até pela participação que tivemos, na sua divulgação, Sarmento Rodrigues no Centro de Estudos da Guiné quando a governou, e eu na Universidade Técnica ao introduzir a matéria na cadeira de Política Ultramarina.

Trata-se de uma teoria que assume a totalidade do fenómeno da colonização portuguesa nos trópicos como objecto de estudo, tentando racionalizar a emergência de uma sociedade civil a partir de um aglomerado heterogéneo, plural do ponto de vista étnico-cultural, mas condicionado por um poder político exterior e por uma afirmada específica concepção lusíada do mundo e da vida.

O Presidente da República do Brasil F. H. Cardoso declarou o Ano 2000 como ano de Gilberto Freyre, e com esta decisão relançou o debate sobre a teoria que o mestre de S. António de Apipucos no Recife formulou, e que ali orienta as actividades do Instituto Joaquim Nabuco de Pesquisas Sociais que fundou e dirigiu até morrer.

Intelectuais de diferentes formações, como Florestan Fernandes, Octavio Ianni, Guilhermo Mota, Darcy Ribeiro, F. Henrique Cardoso, reagiram contra a visão consagradora das emergências da vida patriarcal, que lhes parecia passar longe da situação dos negros em trânsito da escravidão para a exclusão social. Mas viriam depois a admitir, pela voz de F. H. Cardoso, que o Brasil é simultaneamente "culturalmente integrador e socialmente injusto" pelo que as duas perspectivas eram conciliáveis, e a concluir, na análise de Darcy, o seguinte: "creio que poderíamos passar sem qualquer dos nossos ensaios e romances, ainda que fosse o melhor que se escreveu no Brasil. Mas não passaríamos sem

A ESPUMA DO TEMPO

Casa Grande e Senzala, sem sermos outros. Gilberto Freyre, de certa forma, fundou – ou pelo menos espelhou – o Brasil no plano cultural tal como Cervantes à Espanha, Camões à Lusitânia, Tolstoi à Rússia, Sartre à França" (Ribeiro, *Gentidades*, Editora Revan, Rio de Janeiro, e Editora L & Pm, Porto Alegre (edição de bolso), 1997), afirmando ainda algures que "no Brasil a miscigenação nunca foi crime, nem pecado, daí o surgimento de um povo, o povo brasileiro que em nada se parece com o português, o negro ou o índio". Mais tarde, nas *Confissões* (1997) afirmará que Gilberto "escreveu a obra mais importante da antropologia brasileira" (pag. 120).

O fim revolucionário do Império português incluiu, nas doutrinas de justificação correntes dessa intervenção, a condenação do Lusotropicalismo recorrendo frequentemente à metodologia marxista, e definindo o processo colonizador como paralisante do desenvolvimento humano das comunidades nativas, sem emergências de assinalar. O próprio Brasil parecia assim deixar de ser um resultado da colonização.

Destaca-se neste domínio a intervenção do Comandante João Belo (1876-1928), um oficial que viveu o fervor das campanhas de ocupação dirigidas pelo lendário Mouzinho de Albuquerque (1897), e que em Moçambique passou a maior parte do seu tempo de serviço.

Chamado para Ministro das Colónias em 1926, morreu no exercício do cargo, para o qual viera com a noção vivida da ameaça que a África do Sul representava para Moçambique.

O projecto nacionalista que adoptou, e que foi agressivo em resposta às inquietações que vinham da África do Sul, acolheu inevitavelmente elementos que viriam a ter efeitos negativos na década de sessenta, mas que então se inscreviam sem arbitrariedade na política dos Impérios europeus em África.

A política de João Belo não foi apenas defensiva, também procurou canalizar os esforços no sentido de um pacto colonial (28/07/26), adoptando o modelo belga das culturas obrigatórias na área do algodão.

ENTRE O TEMPO GANHO E O TEMPO PERDIDO

Este conjunto de medidas, baseadas numa perspectiva patriótica situada, evolucionou no sentido de na década de sessenta serem internacionalmente avaliadas como responsáveis por situações sociais injustas, contrárias ao normativismo de que foram responsáveis a ONU depois da guerra de 1939-1945, e de novo o BIT que manteve sem interrupção a actividade que vinha da SDN.

Do conjunto dessas medidas, que politicamente seriam coroadas pelo Acto Colonial de 1930, destacou-se o referido Estatuto dos Indígenas, que, articulado com aquele, definiu um regime de direito privado e direito público privativo dos nativos, e ligado com o direito público e privado dos colonos pela ponte que se chamou assimilação.

A expressão estatística da utilização desta faculdade foi sempre insignificante, e o processo não beneficiou pela introdução do conceito da *assimilação parcial*, em 1945, pelo Ministro Marcello Caetano, tudo dando azo a que a definição legal de indígena, que começara por imprudentemente identificar a área de aplicação por referência "aos indivíduos de raça negra", servisse para internacionalmente denegrir a tradicional atitude portuguesa de respeito pela igual dignidade das etnias.

Parece incontestável que o trabalho compelido foi um passivo da intencional mobilização da força de trabalho nativo para o progresso da economia, é certo que as culturas obrigatórias induziram práticas condenáveis nos preços praticados por um mercado monopolista, também se reconhece que a angariação de mão-de-obra para as minas sul-africanas suscitou intervenções não aceitáveis das próprias autoridades administrativas no recrutamento. Uma moldura que tornou mais gravosa a intervenção da ONU, a partir de 1960, no sentido de Portugal se preparar para aceitar a autodeterminação das suas colónias fora de qualquer dos modelos possíveis de unidade portuguesa.

Foi para ao mesmo tempo restabelecer a justiça social que se tinha afastado da intenção primeira de João Belo, acreditar a autenticidade de procedimentos do Governo português, e chamar

A ESPUMA DO TEMPO

a uma cooperação renovada as populações, que em 6 de Setembro de 1961 foi por mim revogado o Estatuto dos Indígenas, acto pelo qual todos os portugueses passaram a ser iguais perante a lei política, uma decisão tão importante na evolução da legislação portuguesa como foi a que revogou a escravidão e o tráfico em 1836 e 1837 pela mão de Sá da Bandeira.

Era tradição que o Ministro do Ultramar português, quando se deslocava a Moçambique pela primeira vez, fizesse uma visita de cortesia ao Governo da África do Sul. Tal oportunidade verificou-se na data da publicada revogação do Estatuto dos Indígenas. Desta vez não houve conflito com a Inglaterra, onde tinham desaparecido os herdeiros de Palmerston, mas deixarei um apontamento a respeito da reacção da África do Sul, posta perante a necessidade de cumprir o preceito tradicional nesse ano de 1961.

O Embaixador da África do Sul procurou discretamente o Ministro responsável pela revogação do Estatuto dos Indígenas, pedindo-lhe que não fizesse tal visita, porque ela poderia servir de ocasião para demonstrações contra o regime de *apartheid*, com previsíveis danosas consequências para o regime de trabalho africano nas minas. Deste modo se interrompeu a tradição, sendo o Embaixador informado de que não seria retomada enquanto o *apartheid* se mantivesse. Talvez não seja inoportuno deixar este apontamento na data da transição do milénio em que o Governo da África do Sul, mau discípulo de Mandela, deixou mobilizar as cóleras nativas contra a colónia portuguesa.

A lógica da revogação do Estatuto implicou a publicação de um Código do Trabalho Rural, em 27 de Abril de 1962, que tratava todos os trabalhadores por igual sem distinção de etnia, eliminou as sanções penais na área desse direito, excluiu as autoridades do angariamento, que principalmente visava o mercado das minas sul-africanas, tudo em obediência às orientações obrigatórias dos tratados filiados na acção do BIT. Concretamente, as culturas obrigatórias, em que avultava o algodão (Decreto n.º 43875, de 24 de Agosto de 1961), foram extintas. Não era fácil tornar internacionalmente credíveis tais medidas, em face do

ENTRE O TEMPO GANHO E O TEMPO PERDIDO

adverso ambiente internacional criado, mas o BIT certificou-lhe a autenticidade com base no Relatório de uma comissão que enviou aos territórios, de que adiante falaremos.

Continuei, pois, em 25 de Setembro, a viagem para Moçambique, onde Sarmento Rodrigues estava rodeado de um grupo de responsáveis com larga experiência e confiabilidade, ele próprio no uso de uma autoridade que os congregava há muitos anos.

Só para não perder o fio da questão universitária, que acompanhou a viagem, começarei por recordar o anúncio feito na cidade da Beira, em sessão a que assistia D. Sebastião, da futura e próxima instalação dos Estudos Gerais Universitários, destacando-se ali na área de gestão do ensino o Prof. Ario de Azevedo, que viria a ser Reitor de Évora, e, como grande conhecedor da realidade moçambicana, o Secretário do Governo Comandante Ferreira de Almeida, que viria a ser Chefe do Estado-Maior da Armada.

O discurso que ao mesmo tempo pretendeu prestar homenagem ao sentimento municipalista de Moçambique, e por isso foi proferido na sede da Câmara Municipal a que presidia o Comandante Soares Perdigão, julgo que foi muito claro quanto aos objectivos, dificuldades, e modelo, tudo seguido com verdadeira emoção pelo Bispo.

O Ministro da Educação, Prof. Lopes de Almeida, enviou um telegrama, que toda a imprensa reproduziu, manifestando "interesse, regozijo e reconhecimento, pelo estabelecimento dos Estudos Gerais nas nossas queridas províncias ultramarinas de Angola e Moçambique". Curiosamente, em Angola foi logo viva a defesa de Sá da Bandeira como a Coimbra da província, e no regresso a Lisboa, ao demorar-me por ali ainda algum tempo para visitar lugares que tinha omitido na visita anterior, o interesse dos estudantes foi enorme. Recebi um pergaminho, assinado em Sá da Bandeira, em Outubro de 1961, por vários representantes da Câmara Municipal, do Bispado, das associações económicas, e por muitas centenas de cidadãos, sublinhando esta afirmação que inicia o texto: "a população da Huíla e de Sá da Bandeira vem

A ESPUMA DO TEMPO

junto de V. Ex.ª exprimir o seu profundo reconhecimento pela instituição do ensino superior em Angola".

Desta vez não deixaram de me recordar que, na visita das horas do desespero, e tendo verificado a perturbação causada no ritmo dos estudos, as várias circunstâncias em que os jovens foram afastados da regularidade escolar para participarem nas tarefas da segurança e até para suprirem faltas de mão-de-obra, tinha decretado uma atribuição de dois valores para todas as áreas do ensino, o que ajudou a restaurar a esperança e a confiança dos estudantes, e ainda hoje encontro pessoas que me agradecem por esse gesto de há tantas décadas. Nada permitia antever a posterior descontrolada iniciativa do Governador, talvez instrumentalizado, e que viria contribuir para avolumar as causas da interrupção do reformismo em curso, recompensado depois do afastamento de Salazar pela nomeação para Chefe de Estado-Maior General das Forças Armadas, por onde passou chamado pelos que mais se tinham oposto às reformas, incluindo os Estudos Gerais, e no Governo foram obrigados a obedecer aos factos.

Voltando ainda à presença na Beira, dei-me à novidade de, finda a sessão, me colocar à disposição do público para responder a perguntas, e D. Sebastião não resistiu a perguntar o seguinte: a que velocidade vai ser executada a revogação do Estatuto dos Indígenas? Senhor D. Sebastião, disse-lhe, a sua lei já tem uns dois mil anos, e agradecia que me dissesse a que velocidade vai para ver se o acompanho.

Naturalmente, o primeiro acto político tinha sido em Lourenço Marques, e apenas tentarei recordar algumas linhas fundamentais das orientações gerais a que se destinavam os actos públicos.

Moçambique era um território de serviços, com os seus excelentes portos, caminhos-de-ferro, e depois o *pipeline* da Beira, atentos às necessidades dos territórios de soberania britânica que o rodeavam. Lourenço Marques virada para a África do Sul, a Beira para a Federação das Rodésias, então com outra perspectiva de vida, e Nacala organizando-se para servir o Malawi, questão em que a relação pessoal de Jorge Jardim com o Dr. Banda foi

ENTRE O TEMPO GANHO E O TEMPO PERDIDO

um facto de importância nem sempre mensurável mas sempre presente.

Mantive a decisão de não visitar a África do Sul, mas recebi a visita dos Ministros da Federação, Sir Donald Macintyne (Transportes), Dr. Es Owens (Comércio e Indústria), e J. M. Caldicott (Economia), para discutir a consolidação das interdependências com a Beira, e a própria estabilidade da Federação.

Recebera em Lisboa o Primeiro-Ministro Sir Roy Welensky, antigo *boxeur* de prestígio desportivo, cujo livro *4.000 Days* (1964), é um bom documentário das ilusões da época. Tinha-me dito que não receava os separatismos do Dr. Banda, porque este dependia inexoravelmente do financiamento rodesiano. Passado algum curto tempo recebi o Dr. Banda, um homem franzino que ainda o parecia mais quando se falava do combate político, e que comentava com simplicidade que Sir Roy Welensky não estava informado de que o Malawi já existia antes de os ingleses saberem que existia a África.

Ofereci-lhe um dos preciosos volumes organizados por Armando Cortesão e Comandante Teixeira da Mota com a cartografia portuguesa seleccionada (Agência Geral do Ultramar), nunca deixou de me enviar cumprimentos por intermédio do seu Cônsul em Lisboa Jorge Jardim. Alguns anos antes de 1974, fui convidado para um jantar no Ritz pela *Lady in assistance* do Presidente Banda, um cargo que ficava com grande dignidade dito em inglês, cuja segurança vinha a cargo do Chefe da sua polícia (britânico), e que era uma africana de uma inteligência viva e informada, e de uma surpreendente beleza.

As atenções da opinião pública moçambicana às questões internacionais era muito grande, a imprensa tinha qualidade, o seguimento da conjuntura africana e internacional era generalizado. Por outro lado, base de grandes empresas, da tradição das companhias majestáticas, e das recordações cultivadas desde a rota de Vasco da Gama à intervenção de António Enes e da tristeza suicida de Mouzinho, havia um culto do patriotismo do

A ESPUMA DO TEMPO

último Império que os europeus radicados faziam tender facilmente para um brasileirismo salvador da unidade.

Dos deputados da Província, desse tempo, recordo como símbolo interventor o meu amigo Dr. Gonçalo Mesquitela, descendente de uma ilustre família, nascido em Macau, estudante em Lisboa, advogado em Moçambique, exilado para morrer no Brasil, sempre caminhando pelos elos que o Império tece. E sempre apoiado pela Clotilde (Tildica) Mesquitela, desembaraçada na intervenção pública, mãe presente de numerosa família, escrevendo memórias de uma vida que considerou penosa mas gratificada, ambos arriscando-se na loucura do 7 de Setembro de 1974 (Movimento de Moçambique Livre) no Rádio Club, supondo que neste caso era o bater das asas da borboleta que podia eliminar o tufão.

Neste ambiente foram explicadas algumas orientações importantes que a compreensão dos meios de comunicação reduzia a fórmulas que circulavam. Na intervenção feita na sessão extraordinária do Conselho Legislativo de Moçambique, foi chamada a iniciativa empresarial às responsabilidades cívicas, a evitarem supor que o Estado é segurador dos riscos, e avisando de que as circunstâncias muitas vezes obrigaram a "deitar fora os anéis que fazem sombra aos dedos". O *Diário de Moçambique* comentava a seguir que o "poder económico não está distribuído com justiça; a participação do povo na gestão da coisa pública necessita de efectivar-se, pelo menos na medida em que a legislação vigente o determina. Porque não basta que os destinos e interesses públicos, nos seus diversos escalões, estejam confiados a pessoas dos mais reconhecidos méritos, adequados à responsabilidade da função. É necessário, além disso, que cada cidadão se sinta comprometido na livre escolha que faz."

A linha da responsabilidade municipalista foi defendida com apoio na tradição e provas dadas. As transferências das gestões administrativas para os territórios foram anunciadas, e tiveram logo começo de execuções.

250

ENTRE O TEMPO GANHO E O TEMPO PERDIDO

Os islamitas afirmaram que "Portugal contará com todos nós, súbditos de Sua Alteza Aga Khan", acreditando a política da igualdade das etnias. Na Ilha de Moçambique as mulheres africanas reclamaram uma política de igualdade de direitos, e a comunidade manifestou-se orgulhosa porque ali "estiveram albergadas as maiores figuras da História dos descobrimentos". Quanto a Porto Amélia, era obrigatório visitar Mueda pelos incidentes recentes, e sobretudo honrar os Macondes, um povo com identidade e valores específicos, aos quais o nosso Centro de Estudos, em Missão com a direcção de Jorge Dias, dedicou o mais importante dos trabalhos que nos legou, partindo daqui para assumir a direcção do Museu Etnográfico que o encarreguei de organizar, e ele preferia que fosse Museu do Homem Português.

Fui ao Lago Niassa fazer a viagem de soberania que fixava a nova linha das águas portuguesas, e onde a imaginação e vontade de Sarmento Rodrigues via, no velho porto de Mtangula, nascer a futura Cidade do Lago. Tinha sido épico o transporte por terra da lancha em que fiz a viagem, e os jornalistas, que tinham geral afeição ao Governador que regressara a Lourenço Marques, despejaram um saco de sal no Lago, e informaram-no de que a Marinha tinha também ali deixado de ser de água doce.

Independentemente dos condicionamentos da censura, o trabalho dos profissionais da comunicação, nessa data, mal servidos de recursos técnicos, exigia um suplemento de capacidade e devoção profissional a que de regra correspondiam e que talvez hoje não sejam lembrados com rigor. Antes de sair de Moçambique, numa cerimónia pública em Lourenço Marques, condecorei com a medalha de prata dos serviços distintos do Ultramar o notável operador de televisão António Silva, e o locutor da Emissora oficial de Angola Humberto Mergulhão, simbolizando neles o respeito que os profissionais mereciam.

Das medidas legislativas tomadas falarei adiante, fazendo a síntese a que me obrigou o processo de saneamento de 74, que não parece ter provocado que muita gente lhe desse a resposta que merecia.

A ESPUMA DO TEMPO

Deixarei algumas notas de factos que talvez só para mim tenham importância. Primeira, o método que o Bispo da Beira inaugurou de democratizar a vida, abrindo no jornal uma secção intitulada – *o que gostaria de dizer ao Ministro?*, que foi antecipadora da correspondência dos leitores que hoje se pratica. E que, por outro lado, lembrava o *Livro do Povo de Deus*, que o Bispo tinha numa estante à entrada da sua chamada Catedral, e no qual os fiéis lavravam as súplicas, os lamentos, e as esperanças. Um livro que desapareceu.

Depois, a peregrinação pela História que a Ilha de Moçambique incorpora, lugar real do encontro entre o ocidente e o oriente, e à qual voltaria anos depois para os Congressos das Comunidades de Cultura Portuguesa que organizei. Finalmente o trajecto da resposta à afronta do *Ultimatum* de 1890, os lugares dos combates, o chão concreto pisado pelos oficiais de Mouzinho, que parecia inspirar o modelo do Brasil que os fixados na terra, para viver e ficar, ainda imaginavam. Por todos esses lugares o apelo ao realismo foi constante, a urgência das reformas estruturais estava na vontade dos responsáveis, a confiança no futuro estava na gente simples, como os transmontanos dos colonatos, que me receberam com as alheiras, o folar de carnes, o pão feito em casa mas que não era centeio.

A utopia teve uma das expressões maiores com as inquietações do Engenheiro Trigo de Morais, um transmontano responsável pelos colonatos. Doente no Hospital do Ultramar desejou que o visitasse, e foi para me pedir que o mandasse enterrar no colonato para se misturar aos alicerces da obra que empreendera. Por ali ficaria quando o tempo chegou.

Claro que a visita a Moçambique era uma oportunidade excelente para meditar longamente com Sarmento Rodrigues sobre a perspectiva nacional, estando ambos convictos de que, como declarei no discurso que fiz no Conselho Legislativo, em 27 de Setembro, desta forma "não fazemos agravo a ninguém, salvo o escândalo de termos princípios, e História, e coragem, e razão".

ENTRE O TEMPO GANHO E O TEMPO PERDIDO

É oportuno recordar que de facto não havia correntes portuguesas que votassem na eternidade da estrutura imperial de 1961,
porque a História dava a mesma lição a todos. Mas havia referências fundamentais que dividiriam para sempre os responsáveis.

Uma delas era a que mantinha o destino do Brasil como
exemplo repetível e inevitável, sempre acolhida e até glorificada
pelos regimes e Governos anteriores à intervenção da ONU,
incluindo Salazar, Marcello Caetano, e o Cardeal Cerejeira, ensinada nas escolas, e animada pelo projecto de uma solidariedade
futura em novas formas; outra, enfrentando a conjuntura, lutava
pela reposição do factor tempo que a Carta da ONU estabelecera
e fora posto de lado, pretendia pelo reformismo conseguir que a
violência revolucionária não fosse a dinamizadora da evolução,
marchando pela via da "autonomia progressiva e irreversível"
segundo a fórmula que enunciei, e mais de uma vez desenvolvi
em reuniões internacionais, designadamente na NATO, pondo
sempre em evidência que era a fórmula que melhor salvaguardava
o interesse nacional português e das populações; finalmente a
fórmula que Salazar aceitou na recta final do seu Governo, vinda
da frente diplomática, segundo a qual a paz militar estava estabelecida, quem vence não reforma, a crise Leste-Oeste acabaria por
obrigar os ocidentais a ajudar a resistência portuguesa.

Na Beira ainda aproveitei para aprender com a experiência e
fogo interior de D. Sebastião, que me ajudou a aprofundar os
conhecimentos das circunstâncias da população nativa. Seguro da
independência cívica dos portugueses que ali viviam, andei ano-
nimamente, principalmente ao fim do dia e à noite, pelas instalações portuárias, pelos bairros mais carenciados, com amigos que
conservei, dos quais destaco o modesto e decidido António
Nogueira Pereira, moçambicano de segunda geração, socialista
de credo, que em 1974 perdeu tudo o que a família agenciou,
excepto o patriotismo, o sentido da amizade, a determinação de
recomeçar na metrópole como fizeram a generalidade dos chamados retornados, o amor a Moçambique e a convicção de que um
dia se dará o reencontro.

A ESPUMA DO TEMPO

Foi nesse lugar que pronunciei o apelo à igualdade das mulheres, tantas viúvas de homens vivos que, por várias circunstâncias, garantiram o Governo da sociedade civil enquanto os homens eram lançados a longe, para obedecer a D. João II, para encontrar outra liberdade, para conseguirem outra qualidade de vida.

Não pude concretizar o projecto de ali erguer um monumento ao esforço das mulheres, tendo sido rico de propostas o concurso público que foi aberto pela Agência Geral do Ultramar. Em Lisboa, porém, a chamada Nossa Senhora de África, que está na Av. da Ilha da Madeira, junto ao edifício que mandei construir e onde funcionou o Ministério do Ultramar antes de ali se instalar, depois de 1974, o Ministério da Defesa, representava Santa Filomena para uma Igreja de Sá da Bandeira, e por cá ficou porque o Concílio Vaticano II eliminou esse culto.

Do mesmo autor, estavam prontos e igualmente abandonados baixos-relevos dos Apóstolos, lindíssimos. Estes foram oferecidos ao Arcebispo – Bispo de Coimbra D. Ernesto, que os pediu para os colocar no seu Paço, e espero que tenham durado para além da placa de agradecimento que por lá esteve. A imagem da Santa foi destinada a homenagear a mulher portuguesa no recinto interior do edifício, mas a militarização do lugar, por misteriosas razões, licenciou-a. Foi acolhida na rua pela caridade de Nuno Abecassis, Presidente da Câmara, cuja fé viu nela a Nossa Senhora de África, como finalmente a identificou.

No decurso desta preocupação, sem aviso prévio, o Governador-Geral de Angola, pelo Diploma Legislativo n.º 3235, de 21 de Abril de 1962, instituiu os Centros de Estudos Universitários, porque, declarou: "Angola não podia desperdiçar um minuto do seu tempo precioso nem arriscar-se à inanição". Contou, segundo alegações posteriores, com a cooperação avulsa de Manuel Rocha, então Director do Laboratório de Engenharia Civil, do sempre impulsivo Prof. Edgar Cardoso, que foi o mestre das pontes portuguesas, e do Prof. Fernando Cruz Ferreira, do Instituto de Medicina Tropical, que aparentaram não saber nada da

ENTRE O TEMPO GANHO E O TEMPO PERDIDO

desobediência em que colaboraram, nem do projecto do Governo, uma coisa que Sá da Bandeira festejava desde Outubro do ano anterior.

Por essa altura já não parecia haver surpresas possíveis, e tentei amenizar o facto pela convicção de que a breve publicação do diploma governamental, que tornaria inútil a iniciativa provincial, evitaria termos de enfrentar frontalmente a indisciplina e os seus efeitos, e ficando com tempo suficiente para encontrar uma solução que não enervasse mais uma vez a hierarquia militar em tão melindrosa conjuntura.

Infelizmente congregaram-se várias circunstâncias que agravaram a situação, a primeira delas sendo a publicação pelo Governador de um diploma que tributava retroactivamente as empresas angolanas, o que significava por junto a Companhia de Diamantes. Esta considerou, com fundamento, que o seu regime de concessão fora violado, e reclamou para o Presidente do Conselho que ficou altamente inquieto com a eventual repercussão entre os investidores, designadamente organizações bancárias inglesas.

Foi então que me manifestou as crescentes preocupações que lhe causavam as distâncias que o General se permitia, mas não identificava, e pediu-me para tomar a iniciativa de revogar esse diploma usando da competência constitucional que pertencia ao Ministro do Ultramar.

Respondi-lhe que não faria isso, porque o diploma violava o contrato de concessão e não a Constituição, ainda porque tal diploma era festejado pela opinião pública de Angola, que consideraria a revogação como um proteccionismo reprovável, e finalmente porque a Companhia dos Diamantes tinha os tribunais à disposição e ganharia certamente o recurso.

Teve dúvidas sobre a última razão e, a meu conselho, mandou ouvir com urgência a Procuradoria-Geral da República. Passados dias chamou-me, e falou-me com preocupação do Parecer em que a Procuradoria apoiava o diploma do Governador. Pedi-lhe para ver o texto, creio que ainda hoje reservado, e reparei que

A ESPUMA DO TEMPO

despachara secamente, sobre a reclamação da Companhia dos Diamantes, solicitando o Parecer com urgência.

A experiência dos usos da comarca fez-me admitir que a Procuradoria, advogada do Estado, tinha entendido que lhe pediam uma alegação judicial a favor do Governo de Angola, e perguntei se o Doutor Salazar lhe tinha dado uma palavra de explicação do embaraço em que o diploma o tinha colocado. Para seu abono, respondeu surpreso que não lhe ocorrera ser possível dizer uma palavra à Procuradoria. Sugeri-lhe que podia manter esse rigor dos princípios guardando o Parecer, e dizendo à Companhia que recorresse, o que fez com o resultado previsto de ela ter ganho a causa.

Ficou, porém, excedido pelo que lhe parecia um deslizar de autoridade a favor da impertinência angolana, e a murmurar sobre a necessidade de intervir. Não é de agora a falta de reserva dos procedimentos governamentais, o sussurrar correu pelos canais do costume, o que deu a maior audiência ao Parecer que o Dr. João de Almeida, pouco inclinado a condescendências, fez votar na Junta Nacional de Educação pedindo a revogação imediata do diploma provincial que criara os Centros de Estudos, por ser inconstitucional, o que em todo o caso pareceu a maneira menos prejudicial de, praticando um acto desnecessário quanto aos efeitos, chamar o Governador à ponderação que todos consideravam necessária.

A ponderação obtida foi a de ele convocar o Conselho Legislativo para 21 de Julho, onde lembrou que comandava "o maior exército português de todos os tempos", o que tirou significado a todas as demais prudentes considerações que proferiu e também à medicina paliativa que pediu e se traduzia em o Governo lhe renovar a confiança. Daqui em diante, a Marconi foi repetidamente responsabilizada pelas anomalias de recepção dos telegramas oficiais, o que nunca acontecia nas relações do Governador com o General Gomes de Araújo, que me dava conhecimento de todos, incluindo os que eram escritos numa linguagem que resolvemos considerar que era latim.

256

ENTRE O TEMPO GANHO E O TEMPO PERDIDO

Um efeito colateral da iniciativa provincial foi que o Prof. Moisés Amzalak viu abalada a confiança das pessoas que contactara, porque a estrutura do regime tornava pouco crível que o Governador excedesse a disciplina, e foi necessário que eu escrevesse uma carta ao Reitor da Universidade Técnica, a qual foi publicada pela imprensa, garantindo-lhe que existia tal excesso, mas tomando a responsabilidade pela minha incapacidade demonstrada de o prevenir e controlar.

Por esse tempo a preparação da legislação estava finda, mas sobretudo tinha facilmente obtido do meu amigo Prof. Braga da Cruz o compromisso de a Universidade de Coimbra patrocinar especialmente Moçambique, ao mesmo tempo que a Universidade Técnica patrocinaria especialmente Angola.

Ao primeiro pedi que sugerisse uma lista para escolher o eventual Reitor para Lourenço Marques, e ao Prof. Amzalak igual procedimento para Luanda. Foi assim que, dos nomes propostos, escolhi, de entre os mencionados, o jovem Doutor Veiga Simão, que não conhecia, e que viria a ser a figura de proa da reforma do sistema educativo no Governo de Marcello Caetano, para primeiro Reitor em Moçambique, e para Reitor em Luanda foi escolhido o Prof. André Navarro, com uma larga experiência e autoridade na Universidade Técnica.

Para tudo me apoiei no Conselho Universitário da Universidade Técnica e, para execução do diploma, nomeei uma Comissão Instaladora presidida pelo Reitor Amzalak, e composta por: André Navarro, Director do Instituto Superior de Agronomia; Francisco Jacinto Sarmento Correia de Araújo, Professor da Faculdade de Engenharia do Porto; Herculano de Carvalho, Professor do Instituto Superior Técnico; Xavier Morato, Professor da Faculdade de Medicina de Lisboa; Joaquim Fiadeiro, Professor da Escola Superior de Medicina Veterinária; Délio Nobre Santos, Professor da Faculdade de Letras de Lisboa; Xavier da Cunha Marques, Professor da Faculdade de Ciências de Coimbra; José Veiga Simão, Professor da Faculdade de Ciências de Coim-

A ESPUMA DO TEMPO

bra; Engenheiro Carlos Abecassis, Presidente da Junta de Investigações do Ultramar.

O diploma instituidor, aceitando os critérios aprovados pela Junta Nacional de Educação, procurou equilibrar a viabilidade dos objectivos declarados, com os obstáculos de ordem política que existiam e não eram formalmente assumidos.

As instituições foram chamadas *Estudos Gerais* para acentuar, sem êxito, que o espírito era o mesmo da origem das universidades europeias, e sem êxito porque a semântica cultural tinha peso equivalente ao que conserva, e a designação Universidade era mais aristocratizante; foram instituídos, de início, os três anos primeiros das licenciaturas, por imposição da corrente que queria manter na metrópole a exclusividade de conceder os títulos finais, em nome de um mal fundamentado nacionalismo que dera na Casa do Império as provas de conduzir ao efeito contrário; para garantir a igual dignidade, e assegurar a plenitude do futuro desenvolvimento, afirmou-se expressamente que "um ponto que se afigura fundamental, e nunca poderá ser esquecido, é que a Universidade de facto é só uma...", nota que mereceu o reparo do Doutor Marcello Caetano que repudiava o conceito, mas que todavia viria a aceitar ser o primeiro Doutor H.C. por Moçambique quando já era Presidente do Conselho, ao contrário do que fizera Salazar, que respondeu à Universidade que já era Doutor pela Universidade portuguesa.

Não havia por então o conceito geral de licenciaturas bi-etápicas, que era, porém, o regime do Instituto Superior de Ciências Sociais e Políticas da Universidade Técnica, nem o título de bacharel tinha sido conservado. O diploma acautelou os embaraços do desenvolvimento completo dos currículos prevendo que "a lei poderá considerar como habilitação profissional suficiente, para o exercício de funções determinadas, a aprovação no número de cadeiras professadas na *universidade*, que a mesma lei indicará".

O Dr. João de Almeida fortalecia o meu convencimento de que esta limitação seria ultrapassada pela dinâmica das instituições agora criadas, e a sua dedicação ao projecto foi principal

ENTRE O TEMPO GANHO E O TEMPO PERDIDO

para que assim acontecesse, quando a lei reconheceu que os recursos humanos e materiais permitiam abandonar para Angola e Moçambique a mal imposta prudência inicial, e assegurar o funcionamento integral dos cursos, um triunfo que fez esquecer as tremendas dificuldades que fora necessário ultrapassar para criar os Estudos Gerais que serviriam de plataforma a muitos êxitos.

Esta criação dos Estudos Gerais, foi uma das mais difíceis tarefas levadas a cabo, mas também certamente a de maior significado tendo em vista o número de pessoas que depois invocaram a participação determinante que tiveram no projecto, dando-me a tranquilidade de me dispensarem de figurar entre os intervenientes das suas memórias, com a excepção teimosa e habitual de Sarmento Rodrigues.

É necessário deixar estabelecido, por gratidão e memória, que sem o Dr. João de Almeida não teriam existido os Estudos Gerais, nem estes veriam completado o projecto da minha responsabilidade. Pertence ao Ministro Silva Cunha, aceitando a autoridade dos factos, ter decidido pelo Decreto-Lei n.º 48790, de 23 de Dezembro de 1968, reconhecer que em Angola e Moçambique o modelo estava completamente implantado, cinco anos depois da criação.

Ainda hoje, ao avaliar o que me resta da lembrança desse episódio, não consigo atenuar o incómodo pela inconsideração com que o General envolveu em mediocridade uma das mais importantes intervenções para o futuro do Ultramar. Escrevi então que três coisas havia susceptíveis de me fazerem perder a serenidade, que eram a arrogância, a falta de educação, e a inteligência moderada, e até agora não consegui esclarecer qual delas me afectou naquela intervenção do Comandante-Chefe. Mas não foi a última vez que fiquei nesta perplexidade.

O Embaixador António Pinto da França, em *Angola – O dia-a-dia de um embaixador*, Prefácio, Lisboa, 2004, pg. 41, documentou os factos: "Na longa noite dos fins de 1962 em que o Governador Deslandes convocou os próceres do Governo da Colónia para discutir da possibilidade da declaração unilateral de

A ESPUMA DO TEMPO

uma independência branca, na manhã seguinte, foi naquela Casa que aguardei os resultados dessa reunião histórica que para mim tinha então o fascínio imediato de mudança, dinamismo e incógnita. Foi afinal o chefe do meu amigo, o General Holbeche Fino, velho e acabado, que saiu da sombra do seu apagamento para convencer o Venâncio Deslandes a abandonar os seus desígnios fantasiosos". O que não se podia tornar público naquela data, omissão que deu conforto aos analistas e até memorialistas de fim de milénio, que continuaram, salientando méritos próprios, a versar a proeminência da questão universitária. Independência branca que revelações recentes incluem nas instruções, dadas pelo último Presidente do Conselho da Constituição de 1933, ao seu governador de Angola.

A invocação do maior exército de todos os tempos, e o que eu próprio ignorava das inquietações que Salazar recolhia das relações directas com o seu subordinado Comandante-Chefe Deslandes, foram talvez os motivos que o levaram a começar a falar dos problemas que tivera com Angola quando exercera interinamente o cargo de Ministro das Colónias, e publicara o Acto Colonial, envolvendo o General Filomeno da Câmara. Também este fora enviado para Alto Comissário de Angola depois de envolvimento conspirativo em Lisboa, e ali seria objecto de uma revolta militar contra o seu estilo de administração, incidente em que foi morto o seu Secretário. O Presidente do Conselho recordava que tentara em vão conseguir que a destituição fosse adaptada a um formal respeito pela legalidade, mas encontrara-se obrigado a submeter-se a todas as exigências dos revoltosos, com cada um dos quais, acrescentava, teria depois oportunidade de ajustar contas.

A confiança estava quebrada e o trabalho para trazer a Lisboa o Governador foi difícil, não obstante a intervenção mediadora do General Gomes de Araújo, que se surpreendia com o teor da prosa com que se aliviava o correspondente, que por outro lado lamentava a falta de recepção de telegramas do Ministro do Ultramar, e se dizia vítima de falhas técnicas da Marconi quando queria e não conseguia diligentemente responder ao Ministério da

260

ENTRE O TEMPO GANHO E O TEMPO PERDIDO

sua dependência civil. Quando finalmente encontrou oportunidade de obedecer e vir a Lisboa, foi obrigado a apresentar-se ao Ministro do Ultramar, a hierarquia civil que o incomodava, para uma conversa que se esperava esclarecedora.

Fardado, e com todas as insígnias, não suportou ouvir os primeiros termos de referência, e, dando um violento murro sobre a secretária, decidiu iniciar um discurso que pareceu do teor da instrução castrense, começando pelo prestígio e autoridade de um Comandante-Chefe.

Levantei-me com tranquilidade, disse-lhe que aquela mesa era uma preciosidade da Fundação Espírito Santo que era necessário tratar com delicadeza, e pedi ao oficial às ordens, que entretanto acudira ao toque da campainha, que acompanhasse o senhor Governador à saída com as deferências do estilo, prometendo-lhe que lhe enviaria um questionário que o dispensava do incómodo de voltar ao Terreiro do Paço.

Elaborei e enviei-lhe o Questionário, com cópia para o Presidente do Conselho, e teve duas respostas: o Doutor Salazar telefonou-me para comentar o Questionário, que considerava rigoroso na formulação, mas o inquietava com "a maneira como o senhor Ministro consegue colocar as palavras a seguir umas às outras"; o General pediu para regressar a Luanda, de onde daria a resposta fundamentada nos elementos que ali teria à mão, o que de novo fez lembrar "o maior exército de todos os tempos". O Governo mandou vigiar o aeroporto para evitar algum excesso de zelo que o levasse a tentar tal regresso ao comando efectivo.

Uma análise de todo o processo, feita pelo Subsecretário Dr. Costa Freitas, responsabilizava o Governador pela criação de um ambiente de sublevação, mas o Dr. Franco Nogueira mais tarde viria a responsabilizar também os Secretários provinciais por "excesso de zelo, inexperiência, mesmo alguma demagogia", dando assim objectivo apoio a um "golpe extremista de separatismo", querendo certamente referir o modelo rodesiano, e amenizar a severidade pioneira com que interviera ao longo do processo. Julgo que a juventude dos Secretários não seria um elemento

A ESPUMA DO TEMPO

suficiente para condicionar a idade, experiência, posto, e responsabilidade do Governador. A vertigem do poder continuou a parecer-me mais responsável. Mas ficou por esclarecer a conduta de um Secretário Provincial, autor de uma surpreendente e vultuosa importação de tractores que envelheceram no campo sem realizar a parada agrícola a que os destinava, autor de um imaginado despacho ministerial que autorizaria a compra já proibida de uma fazenda pela Junta de Povoamento, autor da intervenção preponderante no modelo dos Centros de Estudos de inspiração do leste, e que se ausentou rapidamente para desaparecer em lonjuras.

Sem resposta ao Questionário, e com circulação de mais algumas prosas pesadas de estilo castrense abreviado, o Doutor Salazar, inesperadamente, no fim de um dos raros Conselhos de Ministros, colocou a questão da manutenção ou demissão do Governador. O único Ministro que mostrou estar preparado e informado para a questão foi o Dr. Franco Nogueira, que dispunha de um volumoso *dossier*, em grande parte composto de recortes de imprensa angolana, e que fez um ataque demolidor ao comportamento e confiabilidade do General Deslandes, que acusava de ir ao ponto de censurar a publicação de notícias respeitantes a orientações da política externa e interna do Governo. De todos os Ministros, apenas o Engenheiro Arantes e Oliveira, ele próprio militar, recomendou que se procurasse modo de atrasar alguns meses a decisão, que lhe parecia inevitável, mas que exigia arrefecimento do ambiente para evitar reacções militares e civis derivadas do clima criado em Angola.

Falando eu por último, disse que, embora a questão fosse posta sem aviso prévio, era a mim que competia propor a demissão, e os factos aconselhavam a que não deixasse de assumir essa responsabilidade. Foi demitido por unanimidade, embora as esperadas reacções tivessem afectado brevemente algumas memórias que acidentalmente se mostraram inseguras quanto ao voto que teriam dado no Conselho.

ENTRE O TEMPO GANHO E O TEMPO PERDIDO

Não foi fácil encontrar um oficial general que assumisse, com consentimento, as responsabilidades, de novo alertando Salazar para a quebra de autoridade pessoal sobre as Forças Armadas, pelo que teve de separar as funções de Governador-Geral e de Comandante-Chefe, quebrando na maior das províncias a solução que as próprias Forças Armadas tinham considerado necessária.

Por isso, convidei para Governador-Geral o Tenente Coronel Silvino Silvério Marques, que se distinguia em Cabo Verde, e que teve a modéstia de responder ao convite com um telegrama deste teor aproximado: calculo a dificuldade que V. Ex.ª terá encontrado, para se lembrar deste modesto servidor.

O lúcido Dr. Augusto de Castro, o meu vizinho e amigo com quem almocei por esses dias, procurou, com interesse de jornalista arguto e sabedor, adivinhar quanto tempo levaria o Doutor Salazar a arranjar maneira, se pudesse, de recuperar a autoridade suficiente sobre a hierarquia militar, para atalhar à crise evidente.

As tréguas com o desafio encontrou-as recorrendo ao princípio, que aconselhava quando o poder não era suficiente, de "meter os perturbadores num beco de honras", no caso a criação do decorativo cargo de Vice-Chefe de Estado-Maior General, e, a pedido do General Araújo, a comenda da Torre Espada, que depois lembraria em cada nova mudança de chefias militares, usando a suave fórmula – não esquecer a Torre Espada, como é costume.

A solução encontrada, embora fragilizando a coerência da política de concentração de poderes civis e militares, e revelando a debilitação do Presidente do Conselho perante o poder militar, a qual era evidente desde a questão Botelho Moniz, chamava um homem de excepcional mérito ao Governo de Angola, com as qualidades para assumir o cargo num ambiente que começava por acentuar criticamente a sua diminuição de estatuto em relação ao antecessor, e a diferença de patente militar, dificuldades que ultrapassou com dignidade e prudência.

Antes tinha-me deslocado a Cabo Verde e ali, transportado pelo contratorpedeiro *Vouga*, pude visitar todas as ilhas.

A ESPUMA DO TEMPO

Cabo Verde era por esse tempo um fascínio, sem qualquer repercussão interna, que inquietasse, do movimento fundado por Amílcar Cabral, embora este fosse o mais lusotropicalista dos líderes da revolta africana, com um notável comando da língua, riqueza de pensamento, e prestígio reconhecido entre as chefias do anticolonialismo que lhe dispensaram honras de Chefe de Estado. Os seus textos devem ser revisitados sempre que se pretenda estudar o enquadramento teórico, político e cultural da época, e não foi certamente útil para o futuro da Guiné o assassinato que o vitimou.

Não era muito divulgada na metrópole a literatura específica dos povos do Império, muito especialmente a poesia que antecipou a voga e importância da negritude a que Sartre deu cidadania europeia.

Por 1959 tínhamos feito uma recolha global, com o sentido de amostra significativa, publicada na *Revista Estudos Ultramarinos* do ISCSP, e a fileira de contemporâneos é impressionante. Agostinho Neto (*ó vozes dolorosas de África!*); Aguinaldo Fonseca (*trinta anos, solteira, de cinco pais diferentes*): Alda Lara (*pela estrada desce a noite, Mãe-Negra desce com ela*); Arnaldo França (*teu sonho se realizará na própria morte*); Ary de Almeida Santos (*mas a malemba secou*); Augusto dos Santos (*negra, de natural, qualquer um me cospe no corpo o seu desprezo*); Costa Alegre (*desapareceu longe de mim distante, como uma estátua de ébano ambulante*); Fonseca Amaral (*os saborosos nomes que juntos aprendemos, e não outros: bokota, shikumbela timbila, zavala*); Francisco José Tenreiro (*estrada da escravatura, comércio de holandeses – e foste quarenta libras esterlinas em qualquer Estado do Sul*); Gabriel Mariano (*recordo a tua vida, João Cabafume... agora eu recordo a tua morte*); Geraldo Bessa Victor (*e o menino negro não entrou na roda*); Gualter Soares (*os sonhos aqui, mirraram*); João Abel (*conheço bem o negro João... a olhar as letras, impressas a negro, no enorme jornal, que ele não sabe entender*); Jorge Barbosa (*este desespero de querer partir, e ter de ficar*); José de Almeida Santos Júnior (*eu*

264

queria que o meu minino desta terra se partisse); Kalungano (*menino negro como tu... ficou lama com seu rosto torturado*); Manuel Lopes (*tu julgas ver ainda, o perfil do vapor que não te quis levar...*); Maria Joana Couto (*não chores, Samba, não chores! Não chores... é o teu destino*); Mário de Oliveira (*minha avó negra, de panos escuros... andas de luto, toda és tristeza...*); Noémia de Sousa (*ó minha África misteriosa, natural! Minha virgem violentada! Minha mãe!*); Orlando Mendes (*hoje o menino branco negoceia especiarias, e os negros carregam especiarias, nos dias que foram de São Vapor*); Osvaldo Alcântara (*Mãe, ó noite sem lua! Pecado sem culpa! Casa sem lume!*); Rui de Noronha (*Quenguelequezé... uma mulher de vez em quando vinha, coleava a espinha, gingava as ancas voluptuosamente, e diante do homem, frente a frente, punham-se os dois a simular segredos...*); Tomás Medeiros (*Maxibim tem um fato, é homem de um fato somente, se chover não sai de casa, o mesmo fato é pijama*); Tomás Vieira da Cruz (*tu eras bela e virgem... Pobre Buzi, levaram-te no branco*); Victor de Matos e Sá (*e poder, Amigo, chamar-me irmão da tua dor, já que o não posso ser, na mesma cor*); Viriato Cruz (*lá vai o sô Santo... bengala na mão... se ela é o símbolo da Raça, ou vingança do Sander*).

Anos antes, o I Congresso Internacional de Escritores e Artistas Negros (1956) apelava à mobilização da cultura africana na luta pela libertação; e no segundo Congresso (Roma, 1959) estavam os escritores e artistas negros da Etiópia, Libéria, Ghana, Nigéria, Senegal, Congo, Angola, Madagáscar, Sudão, Costa do Marfim, Camarões, Togo, Quénia, Tanganica, Ruanda-Urundi, Rodésia, Somália, Moçambique, e representantes das comunidades negras dos EUA, Haiti, Brasil, Uruguai, Colômbia, Martinica, Guiana, e outros, reclamando, numa audiência de João XXIII, o fim da violência contra os africanos, a eliminação da segregação, o direito à autodeterminação.

Livros de poemas como *Cubata Abandonada*, de Geraldo Bessa Victor, *Linha do Horizonte*, de Aguinaldo Fonseca, *Destino*, de Judith Beatriz de Sousa, *A Ilha e a Solidão*, de Raymundo

A ESPUMA DO TEMPO

Soares, *O País dos Outros*, de Rui Knoftli, *Poema para Uma Brasileira Negra*, de Alfredo Margarido, circulavam e alguns eram premiados. Escritores como Alexandre Cabral (*Terra Quente*), Rodrigues Júnior (*Calenga*), e o pioneiro Castro Soromenho (*Nhari, Viragem, Terra Morte*) e ensaístas como Mário de Andrade (*Caderno de Poesia Negra de Expressão Portuguesa*, 1953), José Redinha (*Etnossociologia do Nordeste de Angola*), o estudo dos falares em que se distinguiam Baltazar Lopes da Silva (*Dialectos Portugueses do Ultramar, o Dialecto Crioulo de Cabo Verde*, 1957), e Manuel Ferreira (*Comentários en Torno do Bilinguismo Cabo Verdiano*, Revista de Portugal, 1959), estavam à disposição das poucas atenções debruçadas sobre a especificidade do fenómeno cultural no Ultramar português.

A vertente da revolta brotaria a seguir apoiada na riqueza de que os autores mencionados são limitada amostra, mas em Cabo Verde, tão singular em todo o Império, a alta cultura não fez emergir uma mobilização política com apelo à violência.

Lembro-me de cabo-verdianos devotados como Júlio Monteiro, que foi membro das primeiras delegações à ONU, e que descreveu assim a gente do Mindelo: "formada pela miscigenação de sangues de estranhas e remotas origens, ela tem características próprias, entre as quais sobrelevam: a fidalga hospitalidade do povo, o amor ao trabalho, ao progresso, notável poder de assimilação, equilibrado sentimento artístico, respeito pelos deveres e direitos de cidadania, e, até, um fino humorismo para apreciar as coisas mais graves desta vida".

Havia um interesse profundo pelas novidades literárias, e um debate dialogado sobre os problemas da actualidade tal como deles chegava notícia, sendo 1936 uma data de referência por então se ter publicado o primeiro número da *Claridade*. A geração de Jorge Barbosa, Manuel Lopes, Jaime de Figueiredo, Baltazar Lopes, Teixeira de Sousa, tivera uma atenção fixada na literatura continental, designadamente no movimento da *Presença*, com evidente sentido crítico. O Liceu de São Vicente e o Semi-

ENTRE O TEMPO GANHO E O TEMPO PERDIDO

nário de São Nicolau tinham uma influência para além e acima do nível de vida da população.

A influência da literatura brasileira era evidente, designadamente Luís do Rego, Jorge Amado, Manuel Bandeira, segundo o testemunho de Baltazar Lopes, não faltando Gilberto Freyre, e a dinamização devida a José Osório de Oliveira.

A música era uma voz genuína do Arquipélago, e pessoas como Eugénio Tavares e Leza, consagraram a *Hora di Bai*, que seria tocada nas festas de despedida dos que partiam em busca de outra liberdade e qualidade de vida, embalados nos dois mares que rodeiam respectivamente a *Terra-Longe* e a Terra-Mãe, pelo barco ao qual Jorge Barbosa suplicava *"leva-me contigo/navio. Mas torna-me a trazer"*.

Este vínculo entre a emigração e a terra resultava do facto de ali se ter desenrolado a mais profunda integração de todas as contribuições trazidas pelo povoamento forçado às ilhas desertas, fenómeno que Nuno Miranda descreveu admiravelmente, chamando a atenção para a mistura dos pilões e moinhos de pedra com as casas de raiz europeia, reminiscências africanas convivendo com a religiosidade cristã, a cozinha misturada, as gentes miscigenadas que não vêem diferenças de pele, tudo factos que fascinaram estudiosos como Almerindo Lessa, ou os sempre dedicados Jacques Ruffié da Universidade de Toulouse, Soares Amora da Universidade de S. Paulo, Hélio Simões da Universidade da Bahia, e Darcy Ribeiro da Universidade de Brasília, este tão desafiado pelo confronto entre a metodologia marxista e as emergências multiculturais, um grupo a que me juntei com Jorge Dias.

Nessa viagem foi incluída uma breve passagem pela Guiné, um território de escasso povoamento europeu, e então à espera de grande protagonismo na próxima sessão da Assembleia Geral da ONU.

Era governada por um homem discreto e modesto, o comandante Peixoto Correia, debruçado sobre as exigências da Administração, pendor que o indicaria para me substituir no Ministério

A ESPUMA DO TEMPO

do Ultramar. A situação ainda não atingira ali a gravidade que em todo o caso se podia já antever, numa data em que a Organização Mundial de Saúde elogiara a nossa organização sanitária, e a Repartição Internacional do Trabalho se dispensara de visitar o território com o fundamento de bem saber que nada de preocupante se passava no domínio das relações de trabalho.

Estávamos em meados de Agosto de 1962, a situação internacional agravava-se em resultado da concretização do Muro de Berlim, o movimento de contestação terceiro-mundista não podia deixar de utilizar a questão da Guiné, bem assumida pela acção inteligente de Amílcar Cabral, para acentuar a política de isolamento do Governo português.

A convicção, que fortaleci nas conversas em Bissau, de que ali se manifestaria um dos pontos mais críticos da crise colonial portuguesa, levou-me a insistir em duas linhas de acção, talvez aparentemente contraditórias, mas que ainda hoje me parecem bem apoiadas na circunstância do tempo.

A Guiné era um território em que a presença europeia estava dimensionada pelas exigências da Administração, por limitada e concentrada intervenção empresarial, não correspondia à Guiné das crónicas, e cuja identidade assentava na presença da soberania portuguesa, tal como era pressuposto da ONU para a decisão sobre o destino das autodeterminações.

Os comentários dos responsáveis militares não asseguravam paz nem fácil contenção do perigo agudo que se aproximava, o que tudo fazia supor a necessidade de um empenhamento excessivo de forças e de recursos financeiros. Perspectiva que inclinava a pensar no desastre do Estado da Índia (Goa), sem condições que legitimassem o critério que ali se apoiara, com erro de avaliação, sobre a eficácia da punição pela defesa, como moderadora da agressão pressentida.

Tinha cogitado, por isso, reconstituir o Governo-Geral de Cabo Verde-Guiné, com o intuito de não empenhar forças e recursos que escasseavam, na defesa do território, se a antevista crise se concretizasse, para que, no caso possível do desastre, ele

ENTRE O TEMPO GANHO E O TEMPO PERDIDO

fosse tratado como ocupação parcial de uma unidade, e não como um Estado autodeterminado. O tempo que me restava não foi suficiente para as conversas com Salazar, por natureza extremamente demorado a aceitar mudanças estruturais, neste caso vista a necessária alteração da definição, que era constitucional, dos territórios de soberania portuguesa.

O mesmo embaraço que não consentia fazer passar de sugestão, a "meditar quando houvesse tempo", de completamente autonomizar Cabinda, quando o cheiro do petróleo obrigou a não esquecer que ali estava a costumada ameaça aos povos pobres pelos interesses multinacionais, e a repensar o tratado de *Simulambuco*, que com interpretação jurídica conveniente, legitimava uma atitude específica, talvez moderadora perante a ONU, quanto ao destino do território, um tema agora de novo a perturbar a restauração da paz em Angola.

Tudo visto, levei para Cabo Verde um projecto que me parecia corresponder à definição humana de um povo na fronteira do encontro das culturas europeia e africana, onde a harmonia étnico--cultural era sem réplica em qualquer outro território, e que nos conceitos de hoje corresponde a uma região ultraperiférica da União Europeia. Tratava-se de lhe atribuir o estatuto de Ilhas Adjacentes, como acontecia com a Madeira e os Açores.

Nessa data era muito emocional o facto de o herói de Mucaba Hermínio Sena ser caboverdiano, e eu próprio não estava imune a esse sentimento quando disse, num discurso feito na cidade da Praia, que me fez Cidadão Honorário, que "estas ilhas estiveram sempre como que adormecidas no meio do mar à espera de poderem ser portuguesas".

Não encontrei a menor receptividade para o projecto, e verifiquei que o modelo mais ambicionado, até pelos jovens, porque correspondia à experiência passada e resistente, como de regra, aos desafios da mudança, era ter o estatuto de província de Governo-Geral, com o consequente alargamento das perspectivas tradicionais de carreira e de dignificação, embora sem considerações sobre os horizontes da mudança que emergiam.

A ESPUMA DO TEMPO

Não eram temas para lidar com pressas, e as circunstâncias não apontavam para que tivesse ainda vagares à minha disposição.

Os dias passados em Cabo Verde, com a ajuda da chuva sempre tão rara e que por então foi abundante, permitiram comprovar mais uma vez a especificidade daquele povo, atormentado pela terra avara, paupérrimo de recursos, de quando em vez atormentado pelas crises que se traduziam em pesadas mortes causadas pelas carências, e que mantinha uma cordialidade geral, uma amorosidade transbordante, uma alegria amargada a que dava voz pelas mornas, e uma malícia atrevida nos requebros das coladeiras.

Lembro-me de alguns episódios comoventes. Por exemplo, a chegada à Ilha do Fogo, aquela em que os Reis Filipes nunca reinaram, e que pelas circunstâncias do lugar implicava que o *Vouga* fundeasse a duas milhas da terra. Por isso, o desembarque se fazia utilizando botes que remadores conduziam. Uma companhia braçal permanente entrava pelo mar para agarrar o bote, e à força de braços o levava até varar na praia. A pega de touros não exige maior coragem, nem atinge a beleza da perigosa intervenção. Recordo-me de uma velhinha de mais de oitenta anos, na Cidade da Praia, que atravessou a rua para me oferecer pilão, dizendo: "é lembrança por o senhor se ter incomodado a vir cá ver-nos". Um dos rapazes da equipa de futebol ofereceu-me uma bandeirinha, acrescentando – "somos muito pobres, não temos nada para oferecer ao senhor".

Pequenas decisões eram recebidas como dádivas havia muito esperadas, por exemplo a criação da modesta Caixa de Crédito Agrícola, a ordem para a construção de cisternas para captação de água, no Fogo, ou de uma pequena pista para aviões, ou a viabilização de um pequeno jornal – *O Arquipélago*. Na visita à Ilha Brava, onde a Vila de Nova Sintra foi de um extremo carinho, deparei-me com os "americanos", que noutros lugares se encontram, mas ali são mais numerosos. Parecem uma réplica das nossos brasileiros de torna-viagem, que nos Estados Unidos ganham uma reforma, voltam para casas confortáveis que manda-

ENTRE O TEMPO GANHO E O TEMPO PERDIDO

ram entretanto construir, naturalizados americanos para terem direito aos benefícios sociais, pendurando nas paredes litografias com os retratos seriados dos Presidentes dos EUA, levando um nível de vida superior, mas sem poderem resistir ao apelo das raízes.

Logo no início de funções no Ministério, tinha sido procurado pela esposa do Dr. Agostinho Neto, a qual conhecia da minha vida profissional, e que pediu intervenção a favor da libertação do futuro líder da independência de Angola, que considerava detido sem fundamento, sobretudo sem qualquer relação com os movimentos de filiação comunista. Pedi informação ao Governador de Angola, de facto eram suspeitas que por então fundamentavam a detenção, e não havia objecção à sua libertação desde que em termos de não afectar as perspectivas de segurança e respeito a que as autoridades locais não podiam renunciar.

Tudo ponderado, mandei perguntar, por intermédio da esposa, se estaria interessado em ingressar no quadro de saúde de Cabo Verde, onde havia carência e vagas de médicos, tendo respondido afirmativamente. Providenciei a nomeação com carácter de urgência, e também a reunião da família, que esperava o nascimento de uma criança. Verifiquei que mais tarde, nas biografias oficiais, esta colocação é substituída pela afirmação de lhe ter sido imposto o desterro, o que não me recordo de então ter sido aflorado entre os agradecimentos.

No exercício da profissão de médico no Arquipélago rapidamente ganhou o afecto das populações, ali sempre decididas à gratidão, mas vim a saber mais tarde que não resistira a assumir um activismo político que, também vim a saber, levou o Governador a providenciar a sua transferência para Lisboa.

O tempo curto que me restou não me deu oportunidade, depois da minha decisão, de saber o seguimento, e apenas na altura da assinatura dos Acordos do Alvor, depois de 1974, voltei a recordar o episódio, quando, discursando ele no acto, me pareceu ser o interventor que recordou com mais equilíbrio o período histórico da relação de Portugal com Angola, e a jornalistas

271

A ESPUMA DO TEMPO

respondeu que reservava para mais tarde explicar como saíra de Portugal.

Quando, em Maio de 2002, fui convidado pelo Engenheiro Miguel Anacoreta Correia para almoçar com a D. Maria Eugénia, sua viúva, na Assembleia da República, senti-lhe uma suave alegria interior ao discorrer, agora com serenidade e experiência reflectida, sobre o processo angolano, o significado histórico da intervenção de Agostinho Neto, e convidando-me para dar alguma contribuição aos depoimentos em preparação, sem referir nunca a tragédia em que se traduziu o processo político da independência.

De todas as intervenções feitas em Cabo Verde, quero destacar a criação do Instituto do Trabalho, Previdência e Acção Social. Entre as questões que dramatizavam os problemas de responsabilidade destes Institutos, ali avultava a questão da emigração, que principalmente me preocupara nas visitas anteriores a S. Tomé, onde o regime de fazenda, que tanto inquietava o BIT, exigia atenção.

A mão-de-obra em S. Tomé era predominantemente cabo-verdiana, e acontecia que a chamada autonomia das Províncias Ultramarinas, no que tocava a recursos orçamentais, não dava a Cabo Verde a possibilidade de se responsabilizar pela protecção aos emigrantes. Houve recurso a uma prática, no sentido de ultrapassar o regime legal, que se traduzia em as províncias de Governo-Geral, isto é Angola e Moçambique, aumentarem as contribuições para as despesas de soberania, crescendo assim as verbas do Gabinete, que depois as transferia para o Governo de Cabo Verde. Por esse tempo, sendo já Governador o Tenente Coronel Silvino Silvério Marques, e Subsecretário do Fomento o Engenheiro Carlos Abecassis, constituiriam reservas de milho para enfrentar as crises cíclicas de carência, organizando então um programa de obras públicas, e desse modo evitando, pela primeira vez eficazmente, os desastres demográficos do passado. Quem pôde ver ao menos os documentários fotográficos de crises anteriores, pôde também avaliar a importância do esforço organizado.

ENTRE O TEMPO GANHO E O TEMPO PERDIDO

Esta carência endémica era o motor das migrações para destinos variados, por exemplo, os EUA, o Senegal, a Guiné, a Holanda, e S. Tomé, parecendo que eram os critérios patriarcais do patronato que limitavam o esquecimento dos direitos.

Por todas estas razões, o Instituto do Trabalho, Previdência e Acção Social, entregue à competência do meu antigo aluno Doutor Afonso Mendes, foi definido para também actuar como delegação dos Institutos do Trabalho e Juntas de Povoamento de Angola, Moçambique, e S. Tomé. Tratava-se, portanto, destas províncias financiarem o Instituto em vista da função delegada, de modo a manter "o contacto permanente intensivo e directo com as Juntas do Povoamento das Províncias Ultramarinas, para onde existem fluxos emigratórios. Assim poderá orientar a deslocação de pessoas com o propósito de fixação e proporcionar aos emigrantes e famílias condições de vida digna e progressiva e facilidades, com concessão de passagens e garantias de colocação permanente".

Em todos os lugares, nesta longa visita, era fácil reconhecer que entre pobreza e revolta não há certamente uma relação necessária, que a confiança dos pobres se alimenta de pouco, e que mais se anima de esperança do que de resultados. O que converte num sentimento de angústia a incapacidade de lhes evitar a frustração, como rapidamente aconteceria em relação às expectativas criadas, que inspiravam as concentrações das gentes entusiasmadas, que se repetiam.

Quis distinguir alguns dos intelectuais que davam expressão à identidade cabo-verdiana, voz às suas dores, e horizonte aos projectos que não deixavam de acalentar. Foi assim que me deparei com a impossibilidade de falar com o notável Baltazar Lopes, porque o seu estado de saúde, por causas várias, lhe reduzia severamente a mobilidade e a capacidade de comunicação. Disse ao Capitão Níveo Herdade para o meter num avião com destino ao Hospital do Ultramar, onde recuperou. Nunca tive oportunidade de o encontrar, mas tenho esperança de que não tivesse queixas deste abuso de autoridade.

A ESPUMA DO TEMPO

Em 1999, a convite de Onésimo Silveira, o então combativo autarca de São Vicente, fui ali participar nas celebrações do Dia de Portugal. Precisei de fazer uma compra num modesto estabelecimento, e o dono, depois de me atender, acrescentou que me reconhecia, e se lembrava da ajuda que eu dera ao Dr. Baltazar Lopes. Quando, em Junho de 2002, o Primeiro-Ministro de Cabo Verde, José Maria Neves, discursou na Aula Magna da Universidade de Lisboa, e fez a avaliação do progresso do país, começou por afirmar: "Temos mais água". A política das cisternas e dos poços era de facto importante, mas exigia muito mais.

A permanência em Cabo Verde foi talvez excessiva naquilo que dizia respeito à retaguarda em que se desenvolvia e agudizava o conflito de interesses, e também de projectadas carreiras, tudo afectado pela evolução da conjuntura internacional adversa, e pelas propostas legislativas que se acumulavam com as iniciativas do Ministério do Ultramar.

Um dos pontos crescentemente críticos dizia respeito ao alinhamento com o movimento institucionalizador europeu, e à sua relação com a dificuldade de manutenção do modelo colonial português.

A personalidade mais significativa na gestão governamental desta temática era o Dr. José Gonçalo Correia de Oliveira, servido na frente diplomática pelo excelente Embaixador Rui Teixeira Guerra, um dos mais informados e atentos portugueses sobre a evolução europeia, e a repercussão desta nos interesses nacionais.

Correia de Oliveira, que fora meu condiscípulo na Faculdade de Direito, parecia ser o menos indicado dos homens para suscitar a profunda estima que lhe dispensava o Doutor Salazar. Inteligente, embrenhado desde a licenciatura no Conselho Técnico Corporativo, tinha uma experiência apreciável da economia corporativa, e acompanhava os movimentos europeus.

Por outro lado, não obedecia ao padrão composto dos técnicos da área em que trabalhava, partilhava a exigência da moda e do

ENTRE O TEMPO GANHO E O TEMPO PERDIDO

estilo de vida da linha, preguiçava com regularidade, e não desdenhava uma intriga política bem urdida.

Talvez depois da intervenção marcante de Teotónio Pereira na organização corporativa, nenhuma figura tenha sido mais influente na área da política económica, sobretudo nesse período crucial da década de sessenta.

Naquela data era Ministro de Estado adjunto do Presidente do Conselho, a versão de então (1961-1965) do antigo Ministro da Presidência, o qual tinha sido uma criação de Salazar porque, dizia, os ministros não apreciavam receber indicações do Chefe de Gabinete, e assim resolveu os melindres dispensando-se do último.

Da preguiça recordo a dificuldade com que se conseguiu que elaborasse o chamado Plano Intercalar de Fomento para adaptar a planificação em vigor às circunstâncias da guerra, que tiveram uma incidência imediata em toda a engenharia financeira.

O José Gonçalo tivera recentemente um acidente quando passeava a cavalo pela serra de Monsanto, e partira uma perna, o que obrigara a internamento no Hospital do Ultramar, e a visitas de Salazar, que ali ia para despacho de processos inadiáveis, o que lhe aumentou enormemente o prestígio. A inquietação de Salazar com a demora do Plano Intercalar, levou-o um dia a desabafar, dizendo-lhe com paternal malícia: o que me convinha era que o senhor partisse a outra perna.

Este afecto dava muito peso às intervenções do José Gonçalo, que andava a querer organizar o chamado *Mercado Único Português* (Decreto-Lei n.º 44016, de 8 de Novembro de 1961), integrador de todos os territórios, e ao mesmo tempo apanhar o movimento de *integração europeia*, neste caso tendo em vista a adesão à EFTA (1959) e ao GATT (1962), sem abandonar o verdadeiro objectivo que era conseguir a entrada nas Comunidades Europeias.

Por esse tempo a questão que assumia era a de atender à defesa dos interesses empresariais que continuavam a basear-se na relação colonial, e abrir caminho aos que previam o colapso da

A ESPUMA DO TEMPO

estrutura, e pretendiam *mudar de ramo* na rota da nova Europa. Um estudo de Teixeira Pinto, que circulava a coberto da sua capa académica, advertia que era crescente, e irreversível, a influência de pólos estrangeiros de atracção para cada uma das províncias portuguesas, e o projecto apelava, com dramatismo assumido nas exposições de motivos, no sentido de contrariar essa desagregação.

O desnível do desenvolvimento entre os territórios fazia com que os responsáveis pelo Ultramar não aderissem com entusiasmo ao projecto, porque a tendência previsível seria no sentido de dar proeminência aos interesses metropolitanos, contrariando a autonomia progressiva e irreversível, sendo no plano político que se devia antes de mais procurar a redefinição da unidade futura. A questão dos *atrasados*, cuja evolução histórica foi profundamente analisada por Adelino Torres, viria a ser a expressão económica mais clara do predomínio da economia metropolitana sobre a dos restantes territórios, uma previsão que na data da criação do Mercado Único Português atormentava Correia de Oliveira, que se via suspeito de antecipar o neocolonialismo, e em resposta decidiu combater a linha autonomista, acusada de desagregadora da integridade definida na Constituição.

Adoptou, aperfeiçoando, o método tradicional, e um pequeno grupo de credenciados conferencistas começou a percorrer o país, promovendo reuniões temáticas, nas quais desmantelavam a política do Ministério do Ultramar, fazendo circular pela imprensa, de maneira comedida, as inquietações.

O acolhimento local parece ter encontrado dificuldades logísticas em Trás-os-Montes, de onde vieram pedidos municipais de esclarecimentos, e alguns jornais fizeram chegar, ao Gabinete de Negócios Políticos do Ministério do Ultramar, notas recebidas de pedido de apoio à divulgação das intervenções. Este apontamento destina-se apenas a deixar mostra do persistente método artesanal de lidar com a opinião influenciadora do aparelho político, e também para anotar o espírito juvenil com que o José Gonçalo lidava com estes problemas, colhendo geralmente simpatias absolutórias, em que também participei. Neste caso convidei-o para almoçar, e então discorremos longamente sobre a situação, verberou ele o abuso das intervenções que andavam a ser feitas utilizando apoios das administrações locais, sustentou que não havia alternativa para a política de autonomia progressiva e irreversível. Dei-lhe, para informação, um pequeno *dossier* com a escassa documentação pertinente, que abriu para verificar, surpreso, que as notas de recomendação de apoio à excursão doutrinal eram do seu próprio gabinete. Terminou o exame, fechou o *dossier*, e declarou, com voz de censura, que não era decente tê-lo submetido ao desconforto do discurso em que se empenhara durante o almoço.

O efeito absolutório funcionou como era costume desde o Campo de Santana, mas a leitura sobre o fim próximo da minha intervenção fortaleceu-se.

Note-se que o projectado caminho, que pareceu mais viável de aceitação pelos países da CEE para o relacionamento entre Portugal com o seu Ultramar, e as estruturas europeias da então CEE, era o de Portugal continental negociar uma ligação progressiva e gradual, primeiramente no campo económico, embora com responsabilidades políticas, com aquela comissão. O Dr. João Rosas daria consistência ao projecto, que caracterizou a política governamental que orientou as negociações efectuadas em 1972, e efectivadas em parte, com grande apoio, sobretudo da França, no período em que Giscard era Ministro das Finanças e da Economia. Posteriormente, teria lugar um processo autónomo de negociação de cada província ultramarina, caso a caso, e consoante as condições e possibilidade de cada uma, de acordo entre estas e a CEE, em que Portugal interviria para assumir a responsabilidade perante a CEE pelo cumprimento desses acordos. Esta segunda fase do processo relativo à participação do Ultramar nunca ficou, no entanto, bem esclarecida, não passando de projecto internacional, como acontece muitas vezes nas negociações diplomáticas, quando as situações sobre que se trabalha não estão perfeitamente definidas para ambas as partes.

A ESPUMA DO TEMPO

É, porém, certo que persistiram, até 1974 concepções e movimentos de grande pressão política, sobretudo de restritos mas importantes interesses económicos, que desejavam e lutavam – nem sempre com clareza e frontalidade, porque o tema lhes não era, na situação internacional que se vivia, favorável – por uma integração mais forte, mais unitária com o Ultramar, e até mesmo radical, permanecendo até ao fim a contradição do modelo semântico do Mercado Único Português com a autonomia progressiva e irreversível.

Regressado a Lisboa, fui logo informado das diligências apaziguadoras do Presidente do Conselho a tentar recuperar a autoridade pessoal sobre as Forças Armadas, e sem dar mostras de se aperceber que a cadeia de comando estava, ela própria, a deixar deslizar o poder em direcção às bases, com incerteza sobre o patamar da paragem.

Resolvi convocar aquilo que foi o Último Plenário do Conselho Ultramarino, que decorreu em Outubro de 1962, acto para o qual me dispensei de pedir concordâncias e amparo. Está acessível a documentação suficiente, com extenso comentário que escrevi para anteceder as Actas publicadas pela Academia Internacional da Cultura Portuguesa. Por isso, recordarei apenas alguns termos de referência que interessam para o entendimento do essencial.

O Conselho era, com o Supremo Tribunal Militar, o mais antigo órgão da administração, e reunia as mais autorizadas personalidades da área colonial, às quais agreguei, nos termos legais, uma larga representação de interesses económicos, culturais e científicos, e todos os antigos Ministros e Subsecretários de Estado do Ultramar que quiseram responder ao convite.

As, nem sempre identificáveis, forças em presença, compreenderam que se tratava de um palco onde dificilmente deixariam de se tornar visíveis as contradições de interesses e respectivos titulares, pelo que a tormenta foi grande. A censura, que assim documentava a situação interior do Estado, passou a exercer uma descontrolada acção, suprimindo textos que podem ainda estar

278

amontoados nos arquivos dos Ministérios mais interessados no silêncio, designadamente a Presidência do Conselho e o Ministério dos Negócios Estrangeiros, e até nos arquivos dos serviços de segurança, que não conseguiam perceber em que sentido estavam a ser instrumentalizados.

Pequenos factos faziam suspeitar que tinham levado aos extremos da tensão a luta pelo poder, que já era verdadeiramente a da tomada de posição para suceder ao Presidente do Conselho. Uma distraída proposta do Almirante Sarmento Rodrigues, feita em recente reunião de um restrito Conselho de Ministros para o qual fora convidado, aumentava a concentração de atenções no Plenário. O Almirante tinha ali dito que todos os serviços nacionais deveriam ser subordinados a um Vice-Presidente do Conselho, que lhe parecia dever ser o Ministro do Ultramar, dirigindo um Ministério de simples coordenação das administrações autónomas das Províncias. Quando caiu em si era tarde, e a distracção, a que depois chamava atrevimento, teve sequelas que não precisam de especificação.

O Engenheiro Jorge Jardim escreveu de Moçambique a apoiar firmemente a iniciativa da convocação, e até o atrevimento do Governador, o que fazia erradamente suspeitar aos inquietos que o não faria sem estar seguro do acordo de Salazar.

O transmontano Norberto Lopes não deixou de sair em defesa do processo, com um discutido artigo – *A coruja da sabedoria*, publicado no seu *Diário de Lisboa*, que Correia de Oliveira mandou censurar, e eu mandei publicar, porque tornava claro que no Conselho se tratava de "forte reacção do Ministro contra o movimento que se desenha contra o regime de autonomia das províncias, movimento que tem o apoio em conhecidos críticos da transferência de organismos para o Ultramar e adversários do que tem sido chamada a política de descolonização económica das províncias".

Deve esclarecer-se um facto que anda a ser objecto de leituras contraditórias, a posição do Doutor Marcello Caetano em relação ao Plenário.

A ESPUMA DO TEMPO

Convidado, como todos os antigos Ministros do Ultramar, a participar na reunião, escreveu-me uma carta, já publicada, de 9 de Outubro, a escusar-se porque "afastado total e definitivamente da vida pública, longe dos problemas, desconsiderado pelo Governo, a minha presença nessa reunião seria inútil."

Todavia, iniciados os trabalhos do Plenário, apareceu um *Comentário* escrito em papel timbrado de Marcello Caetano, mas não assinado, que, elaborando sobre as ideias assumidas por escrito por Sarmento Rodrigues, considerava tímidas as sugestões, e avançava com uma breve proposta de modelo federal. Alguém iniciou a lenda – talvez Raúl Rego, na sua *História da República*, de que se tratou de um parecer que lhe fora solicitado por Salazar, o que não tem fundamento conhecido, porque a única manifestação que este teve foi a de não apreciar a circulação desse documento logo que lhe foi enviado pelo Secretariado, como acontecia com todos os documentos que iam sendo apresentados.

De facto, quando Marcello Caetano tomou posse de Presidente do Conselho, com o compromisso de manter a política colonial do antecessor, o documento reapareceu a circular em Moçambique, e então queixou-se de que se tratava de uma manobra para o desacreditar, criando a dúvida, que já mencionei algures, sobre se o papel existia, se tinha escrito o papel, ou se alguém escrevera em papel dele. Admito que o texto tenha sido fornecido ao Dr. Almeida Cotta, Secretário-Geral do Ministério e seu amigo, que o usou para toscamente contrariar o protagonismo crescente de Sarmento Rodrigues.

Publiquei uma avaliação que julgo suficiente, pelo que me respeita, do acto histórico que foi o Plenário, o qual decorreu em ambiente de tormenta, e com um relatório final da autoria do Prof. Joaquim da Silva Cunha, que tinha solidariedades pessoais assumidas e conhecidas, e amenizou a expressão do real pensamento dominante na reunião.

Pela imprensa ultramarina apareceram desabafos contra a tentativa de minorar ou apagar o debate aberto que tivera lugar, o

ENTRE O TEMPO GANHO E O TEMPO PERDIDO

alarme do Parlamento informal, por onde corria o habitual sussurro, que condicionava a opinião do aparelho político deu sinal, a debilidade perante a cadeia de comando militar manifestou-se pelo acrescentamento anónimo, e grosseiramente visível, do louvor costumeiro ao texto original do decreto de exoneração do Governador-Geral de Angola. O ponto final posto no reformismo estava colocado, e não desejo alterar nada aos comentários com que finalizei o relato publicado sobre o Plenário, repetindo os parágrafos seguintes, relativos à reunião final com o Presidente do Conselho.

"Na conversa que tivemos no Forte do Estoril, e que foi longa, depois de o Plenário terminar, não lhe manifestei espírito diferente daquele que consta da carta para o Almirante Sarmento Rodrigues, como também não evitei dizer claramente o que pensava da anarquia que se tinha instalado na Administração, em defesa de interesses sectoriais, que nem se davam ao trabalho de ter rosto, limitavam-se a demonstrar que tinham máquina.

Em relação às coisas desagradáveis, o Presidente do Conselho tomou a atitude do pretor, condenando-as com higiénica distância, mas assumiu o facto de que o seu poder estava em erosão, explicou o alheamento não como indiferença mas como meditação, entendia que a descentralização já existente tinha demonstrado, especialmente em Angola, a incapacidade política em que se encontrava de controlar iniciativas aberrantes que ameaçariam multiplicar-se, e assim não estava seguro de poder manter-se como Presidente do Conselho se continuasse na linha que lhe demonstrara perigos graves, lhe fazia prever novas confrontações, pelo que lhe era imperativo mudar de política.

Disse-lhe que acabava de mudar de Ministro, o que não estranhou, mas sugeriu, já de pé ao cimo da escada e a despedir-se, que a conversa deveria continuar noutro dia, e acrescentou que não lhe era fácil encontrar rapidamente um substituto. Respondi que considerava a decisão tomada definitiva e que seria possível encontrar um Ministro para a nova linha parando em

A ESPUMA DO TEMPO

bom ponto da leitura da lista dos governadores, ou dos mais antigos membros do Conselho Ultramarino.

Passados dias, com a habitual cortesia, escreveu-me dizendo que escolhera o Comandante Peixoto Correia, e adiantando que tomara em conta que lhe dissera incidentalmente que considerava o indigitado, então governador da Guiné, bom administrador. Não lhe dei sempre opiniões erradas. Respondi muito favoravelmente, e imediatamente convoquei publicamente os meus colaboradores para anunciar a mudança, antes de qualquer outro anúncio oficial, o que foi considerado contrário ao bom costume.

Um dos seus conselheiros (Dr. Supico Pinto) foi encarregado de me convidar para ocupar o Ministério da Educação, mas não foi difícil explicar-lhe que não podia ficar num Governo a ver executar a política ultramarina com que não concordava. Esta diligência não tinha outro objectivo senão o de ficar claro que o Presidente do Conselho tinha querido conservar o Ministro, e que era este que não tinha a flexibilidade necessária do estadista para entender as necessidades das mudanças tácticas. Ficou feita a prova.

No que respeita ao beco das honras, recebi a costumada grã--cruz de Cristo, imposta costumeiramente, na ocasião do costume, pelo Presidente da República. Agradeci polidamente, retirei e guardei logo as insígnias. O motivo invocado pelo Presidente da República para o decorativo acto não era exacto, e pareceu-me que, se não podia, por educação, corrigi-lo, também era embaraçoso andar com uma coisa dada por engano. Voltei para as ocupações que tinha no dia em que entrei para o Governo e de que mais tarde seria demitido pelo primeiro acto político do sucessor na Presidência do Conselho."

Desses anos curtos, que foram de tempo longo e acelerado, guardo experiência do sistema de Governo, muito afastado da definição normativa, sobretudo constitucional, embora seja exacto que a chamada de atenção para os textos era constante.

A sede do poder tinha sido transferida para o Presidente do Conselho, que se mantinha atento aos formalismos sem descurar

ENTRE O TEMPO GANHO E O TEMPO PERDIDO

a preservação da sua proeminência, que por essa data tinha entrado em declínio, mas assegurando que a reunião de dois ministros já era Conselho.

Tem-me parecido que o seu modelo era o do Código do Direito Canónico, na parte em que regulava o Ordinário do lugar, entendendo que o poder deve ser exercício por um homem aconselhado, e que era a legitimidade de exercício, e não a legitimidade de origem consagrada pelo voto, que assegurava a obediência suficiente da sociedade civil. Não dispensava a intervenção da autoridade para submeter a desobediência, que tinha de ser marginal à vida habitual, para não disfuncionar o sistema.

Ficou célebre a referência que um dia fez aos safanões a tempo, uma pedagogia de perfeito de estudos que a década de sessenta remetia para a inutilidade, tal era a dimensão e diferenciação dos desafios novos: Humberto Delgado e a comoção pública derivada do assassinato, ensaio de golpe militar de Botelho Moniz, revolta no Ultramar, invasão de Goa, assalto ao *Santa Maria*, revolta estudantil de 1962 que não cabia no conceito dos rapazitos, tudo num enquadramento internacional desfavorável ao conceito estratégico nacional cujo acento tónico estava no Império.

Quanto ao formalismo, recordo ter lido parte da correspondência trocada entre ele e o General Craveiro Lopes, na qual é notável a evolução do tratamento: enquanto candidato, as cartas são dirigidas ao "senhor General" com conselhos, orientações, e até instruções sobre o comportamento eleitoral; eleito, as cartas são respeitosamente dirigidas ao "senhor Presidente", solicitando audiência, concordância, reflexão. O poder não mudava de sede, como brevemente se comprovaria com a dispensa do General.

A idade e as exigências da conjuntura, sem precedentes, que reduziram o uso colegial do Conselho de Ministros, raramente convocado, tornaram mais dominante o conselho do grupo informal que o acompanhava de longos anos com pouca renovação. Isto não proporcionava uma interligação sólida entre os ministros, muitos passando anos sem despacharem directamente com ele, à

A ESPUMA DO TEMPO

medida que a guerra aumentava de gravidade e o obrigava a concentrar-se na defesa, nos negócios estrangeiros, e no Ultramar.

A relação bilateral entre os membros do Governo era portanto ocasional, e até o processo legislativo se ressentia do método artesanal: um portador, em regra agente da PSP, ia visitando os Ministérios com os diplomas para recolher as assinaturas dos titulares que frequentemente só então tinham conhecimento da matéria, lendo as notas explicativas.

Por outro lado, julgo não haver exemplo de um diploma ser publicado se um Ministro mostrava a sua indisponibilidade, sendo possível que, havendo persistência no projecto, este tivesse de esperar pela mudança de titulares. Esta dificuldade não aparecia no que se refere ao Ultramar, visto que os diplomas para as províncias, constitucionalmente, eram assinados apenas pelo Presidente e pelo Ministro, e as leis gerais eram tornadas extensivas ao Ultramar por Portaria do Ministro, que lhes podia introduzir as alterações que lhe parecessem necessárias.

Esta concentração de poderes para as colónias era uma regra de todas as potências, ainda as que apareciam como modelo histórico e consolidado das democracias.

O Ministro do Ultramar, quando se deslocava com delegação do Conselho de Ministros, tinha poder legislativo completo, podendo inovar, revogar, modificar qualquer diploma, e, em todas as colónias dos ocidentais, o Governador, Alto Comissário, Vice-Rei, não importa a semântica, também concentrava todos os poderes, pelo que a democracia política não era o que o euromundo projectava nas suas dependências. Daqui a vertigem que de quando em vez afectava os titulares.

Por isso é merecedora de estudo a função ao mesmo tempo de orientação, de apoio, de contenção, que o aparelho técnico e burocrático do Ministério, sempre limitado de recursos humanos suficientes, desempenhava. Alguns Directores-Gerais tinham responsabilidades efectivas, assentes por vezes no costume, que não possuem os Secretários de Estado actuais, nas áreas da fazenda, das obras públicas, do ensino, da justiça, da administração, do

ENTRE O TEMPO GANHO E O TEMPO PERDIDO

fomento. Eram apoios sólidos da decisão política que, no que respeitava aos actos de inteligência da administração, da informação, da responsabilidade técnica, desconhecia as burocracias paralelas que se multiplicaram com as alternâncias partidárias mal orientadas.

Tal espírito estendia-se a todos os aparelhos de cada território, e algum historiador virá a prestar justiça ao corpo administrativo, espalhado pelas interioridades tropicais, com frequência em grande solidão, certamente falhando algumas vezes na resistência à vertigem do poder, com deficiência de recursos, mas de regra atentos, interventores, registando e relatando os desvios, os riscos, as disfunções que os excediam. Nos Governos intermédios, e nos Governos das províncias, a presença de oficiais das Forças Armadas era numerosa, e o conceito de espelho da Nação era referência dominante. A derrocada da vida habitual, sobre a qual assentava o sistema político, foi disfuncionando toda a estrutura penosamente erguida desde as campanhas do século dezanove, até à desagregação final.

Naquilo que deveria ser o topo da meditação, da previsão, e da decisão, a colegialidade legal tinha a debilidade mencionada, a qual não era compensada pela colegialidade informal dos amigos políticos de Salazar, alguns de longa data, outros nem tanto, como Mário de Figueiredo, Bissaya Barreto, Supico Pinto, José Soares da Fonseca, Marcello Caetano, Albino dos Reis, solitários tirocinantes, agentes da vida económica como o muito escutado Ricardo Espírito Santo, mulheres influentes de forte personalidade como era Cecília Supico, a advogada contra injustiças que era Arminda Cértima, ou mulheres participantes de projectos políticos familiares actuando frequentemente no parlamento informal dos sussurros.

Por vezes com inesperadas chamadas à ordem, a lembrar que o poder não tinha partilha, como se passou com a remodelação de 1958. No rescaldo da crise Craveiro Lopes, tornara-se evidente a consolidação de uma estrutura informal de apoio à futura personalização do poder em Marcello Caetano, tendo como histórico

A ESPUMA DO TEMPO

opositor o rígido General Santos Costa. Contavam participantes no conselho informal em que as remodelações se organizavam, que todos os ouvidos eram favoráveis à substituição do Ministro da Defesa, e inevitavelmente à consolidação do marcelismo. No dia da conclusão do processo, Salazar leu os nomes dos seleccionados para o Governo, iniciando a enumeração pelo fim da lista. Quando chegou ao topo, foi dizendo – como todos estão de acordo em substituir o Ministro Santos Costa, para a Presidência nomeio o Dr. Teotónio Pereira. Foi a gota de água que para sempre alterou a relação de Marcello Caetano com Salazar, e consagrou definitivamente aquele como a esperança de reforma do regime.

Por tudo, as relações pessoais entre os Ministros ou resultavam de uma História de vida entrelaçada, ou não eram estimulados pela escassa institucionalização.

Por isso tenho limitadas recordações de muitos deles, mas alguns devo salientar, começando pelo Professor António Pinto Barbosa, que passara pelo Gabinete de Estudos do Conselho Técnico Corporativo, e estava no Governo desde 1951, primeiro como Subsecretário do Tesouro, passando a Ministro das Finanças, cargo que exerceu na década de 1955 a 1965. Assinalável como professor do Instituto Superior de Ciências Económicas e Financeiras, tinha o respeito de todos os sectores, nunca recusando o apoio a projectos cuja consistência lhe fosse demonstrada, firme na recusa a superficialidades. Discreto em todas as facetas da vida pública, devi-lhe sempre um lúcido e autorizado apoio nas difíceis circunstâncias do Ultramar, com uma autoridade académica que o fez referência de homens como Francisco Pereira de Moura, Manuel Jacinto Nunes, Luís Teixeira Pinto, somando a sua acção aos que, em poucas décadas, fizeram do ISCEF uma escola de excelência.

Naturalmente, o Ministro da Educação Prof. Manuel Lopes de Almeida, cuja concordância e apoio para a transformação da Direcção-Geral do Ensino Superior e das Belas Artes, a cargo do Dr. João de Almeida, em serviço nacional, foi indiscutível.

ENTRE O TEMPO GANHO E O TEMPO PERDIDO

Teve a enorme dificuldade de enfrentar a greve académica de 1962, um dos sinais do fim da vida habitual ao tempo em que a crise do Ultramar se agudizava, e talvez se tenha atardado demais em entender que era restrita e inapropriada a referência de Salazar à "questão dos rapazitos", sublinhada por ineficaz recurso ao método dos "safanões a tempo".

Do Ministro da Marinha, Almirante Quintanilha Dias, com larga carreira colonial, recordo sobretudo o conflito que levou Sarmento Rodrigues a afastar se da vida pública. Este último era Ministro do Ultramar (1950-1955) num período que coincidiu com o exercício de Governador do Estado da Índia (1948-1952) por Quintanilha. Foi em 1952 que Sarmento Rodrigues visitou Timor, Macau, e Goa, e aqui não pôde evitar o conhecimento, quase presencial, de um confronto físico entre o Almirante Quintanilha e Bruto da Costa, que visitava o Ministro a convite deste, e que Quintanilha não apreciou encontrar no Palácio. Pareceu necessário substituir o Governador.

Quando Sarmento Rodrigues governava Moçambique, vagou o cargo de Chefe do Estado-Maior da Armada, e pareceu-lhe que, pelo costume, lhe caberia a designação, do que me avisou por carta, para que procurasse novo Governador.

Pareceu-me que não estava a avaliar bem a situação, e pretestei uma reunião com o Almirante Quintanilha, na qual incidentalmente referi que esperava dele uma perturbação para os Governos do Ultramar porque constava que proporia Sarmento Rodrigues para Chefe do Estado-Maior. Respondeu logo que nem pensar, pelo menos sendo ele Ministro da Marinha.

Escrevi a Sarmento Rodrigues aconselhando-lhe prudência na manifestação das expectativas, porque havia, disse-lhe, outros pretendentes, e que, se fosse o escolhido, o Ministro do Ultramar diria que não podia recusar esse serviço à Marinha, e não sendo o escolhido sempre se diria que não podia ser dispensado do Governo de Moçambique. Tratava-se de evitar o sussurro do parlamento dos murmúrios do costume, porque muitos de nós pensávamos que Sarmento Rodrigues seria o ideal Presidente da

A ESPUMA DO TEMPO

República para enfrentar a mudança, e não queríamos a sua imagem beliscada.

Tinha ele um excessivo conhecimento dos usos da comarca para que não lhe viessem à memória as circunstâncias passadas em Goa, e apareceu subitamente em Lisboa, sem chamamento nem aviso, para um confronto entre ele, transmontano de Freixo de Espada à Cinta, com o transmontano de Chaves que era Quintanilha.

Foi possível apaziguar os comportamentos, mas não as memórias, e Sarmento abandonou o Governo de Moçambique (1964) para onde o tinha nomeado, e não voltou a deparar-se qualquer oportunidade que fizesse reanimar as esperanças que muitos tinham na sua intervenção.

Dos líderes africanos, depois de sair do Governo, tive apenas espaçadas mensagens de cumprimentos vindos de Eduardo Mondlane, que morreu assassinado em 1969. Tínhamos travado conhecimento em Nova Iorque, sendo ele funcionário da ONU no departamento dos fideicomissos, e sempre disposto a conviver com os portugueses. Era Doutor em sociologia e antropologia pela Northwestern University, e tínhamos um amigo comum, o professor Jacques Freymond que organizou e dirigiu o Instituto de Estudos Internacionais de Genève, para onde encaminhei alguns bolseiros.

Quando o conheci não falava de intervir em movimentos armados, e olhava para a evolução africana com perspectiva académica e exigências éticas, embora tendo passado brevemente pela Casa do Império, onde conhecera Agostinho Neto, Amílcar Cabral, Mário Pinto de Andrade, e outros que ali se encontravam.

Fui visita de sua casa em Nova Iorque, a mulher Janet era inteligente, informada, determinada, e empenhada na carreira do marido e nas causas da autodeterminação e direitos humanos.

Convidei-o, quando entrei para o Governo, para vir ensinar para Portugal, o que em princípio aceitou, querendo porém submeter-se a concurso.

288

ENTRE O TEMPO GANHO E O TEMPO PERDIDO

Criei um lugar de professor de Antropologia no Instituto de Medicina Tropical, e Mondlane passou por Lisboa com a mulher, seguindo ele para Genève e tratando eu de proporcionar à Janet uma visita a Moçambique, para conhecer a terra, as gentes, e a família.

Quando esta regressou, ficou na York House, onde a fui visitar, e ali me disse claramente que havia uma distância apreciável entre os meus projectos e as resistências de que tivera experiência em Moçambique, pelo que o casal não viria para Portugal. Ela era branca, e parecia não ter encontrado a igualdade de tratamento pela qual se batia. Nunca mais vi o Eduardo, que em *"Struggle for Mozambique"* (1969) expôs o seu programa, no ano em que foi vítima mortal de um atentado em Dar-es-Salam.

Já depois da Revolução de 1974, a Janet veio visitar-me a minha casa em Lisboa, quando andava na recolha de depoimentos para uma biografia do Eduardo. Mais tarde (2001) Nadia Manghezi publicou um livro intitulado *"O meu coração está nas mãos de um negro"*, usando para a biografia de Janet algum material que esta recolhera, e não pude deixar de comover-me com as referência feitas ao passado, incluindo as inquietações que o casal sentira pela extrema fadiga que eu revelava, e a esperança que apesar de tudo depositaram na minha intervenção.

Manteve-se em Moçambique, onde de novo casou, enfrentando as dificuldades sem perder a fé na utopia e nos amanhãs melhores.

Do Eduardo deixou este trecho de uma carta de Abril de 1957: "O mundo africano está em grande comoção política e social. Se os portugueses não mudarem a sua posição política vão perder a sua influência em todos os territórios que hoje controlam. Se há um português que está disposto a fazer mudanças profundas na posição portuguesa sobre África, esse será o Dr. Adriano Moreira. Se ele não conseguir fazer nada nessa direcção, Portugal estará perdido".

Da inquietação dela fiquei agora a saber, por uma carta para o Eduardo, a impressão de esgotamento que lhes causava: "no

A ESPUMA DO TEMPO

que diz respeito ao próprio Moreira, gosto cada vez mais dele. É o único português de que eu verdadeiramente gosto (para além da empregada da York House)... Ele próprio tem que enfrentar uma montanha de oposição, cada passo é por uma ribanceira acima... Não fazes ideia de como ele parece cansado".

Anos mais tarde reparei que, no que toca à política do "beco de honras", a que mais me lisonjeava era o facto de ser o único Ministro do Ultramar que não recebera a Ordem do Império, certamente o sinal mais significativo de que todo o reformismo, todo o esforço de conciliação das etnias e culturas, toda a dificilmente racionável esperança de fazer convergir os valores da História com as exigências do futuro urgente, eram inconciliáveis com a irracional, dominante, e raras vezes comprovada ilusão, de que era possível, e justo, e irrenunciável, fazer regressar a vida habitual.

V

O Tempo Íntimo

O regresso ao ensino foi uma espécie de bênção, fazendo-me reencontrar uma tranquilidade de que andava mal lembrado. E não porque a exigência de atenção aos problemas tivesse deixado de crescer, mas porque as pressões, os condicionamentos, as encruzilhadas, que eram o trauma permanente da vida política, praticamente desapareciam e permitiam aumentar a visão descomprometida da realidade.

Embora o conflito, em larga medida armado, fosse a tónica da evolução colonial, a ideia da convergência das civilizações, das culturas, e das ciências, era dominante na minha perspectiva, que estava presente em todo ensino.

Foi por isso que um dos acontecimentos mais importantes, nessa data, e pelo que respeita à vida do Instituto, se traduziu no *Colóquio sobre a convergência das civilizações e das ciências*, que se realizou no Palácio Burnay, nova sede da escola.

De facto, tinha resolvido transferir o Instituto da velha casa situada no Príncipe Real, para este novo edifício, comprado em tempos pelo Ministro Vieira Machado, e onde estava precariamente instalada a Junta de Investigações do Ultramar.

Tendo mandado construir o edifício onde hoje se encontra o Ministério da Defesa Nacional, para sede do Ministério do Ultramar, e dos serviços então dispersos por mais de uma centena de locais arrendados, também para ali foi transferida a Junta, conforme o seu pedido, e de acordo com as suas próprias especificações.

O financiamento foi possível pela conjugação de recursos que eram a soma dos salvados da perda de Goa, depósito de desaparecidos e ausentes de S. Tomé, que por regra eram cabo-verdianos das fazendas, sobras da Delegação de Compras do Ultramar, tudo recursos que a lei mandava empregar em imóveis.

A ESPUMA DO TEMPO

Nunca tomei lugar nesse edifício, que seria apropriado pelo Conselho da Revolução e depois pelo Ministério da Defesa.

Mas o Palácio Burnay foi objecto de profunda recuperação, e entregue à Universidade Técnica para albergar o Instituto, ponto final de uma ridícula saga.

Tratava-se do processo de transformação de uma Escola de quadros, natureza que lhe tinha sido dada na origem, numa escola universitária, acompanhando o movimento que se afirmava noutras metrópoles coloniais, tema a que voltaremos.

De facto esteve aqui a causa principal, talvez única de importância, da divergência crescente com Marcello Caetano. Este era intransigentemente defensor do modelo da Escola de Quadros, que acentuou na reforma que ali introduzira quando Ministro das Colónias, e como em tudo extremamente melindrado quando lhe tocavam em alguma coisa na qual tivesse ele tocado previamente.

Dispensou mesmo do ensino alguns professores que não o tinham acompanhado nessas passadas convicções e projectos, o que era recordado por uma caricatura de afogados que os estudantes mantinham afixada na sala da sua Associação, e tem de reconhecer-se a beleza literária com que por então descreveu o chamamento do Império a uma juventude incitada à liderança de grandes futuros.

Aconteceu que o mundo fosse entretanto por outros caminhos, e repito aqui considerações que, longe dos acontecimentos, fiz sobre a época.

Os regimes políticos autoritários não tendem a ser favoráveis às ciências sociais, entre outras razões porque estas, ainda que cultivadas com inteiro rigor científico, são intervenientes pelo simples facto de existirem e prognosticarem. O complexo de Savonarola, o frade advertido para que falasse pouco *de futuribus*, implica essa atitude defensiva, e assim se passou em Portugal até à crise colonial anunciada na década de cinquenta do século passado. Seguiu-se entre nós o modelo que seria o francês da *École National de la France d'Outre Me*r (1934), substituída pelo *Institut des Hautes Études d'Outre-Mer*, mais tarde *Institut*

294

O TEMPO ÍNTIMO

International d'Administration Publique (1966); que era o da Escola Colonial Superior belga (1920), mais tarde Institut Universitaire des Territories d'Outre-Mer (1949).

Em Portugal criara Moreira Júnior (1906) a Escola Colonial, na esteira das propostas de Francisco Adolfo Coelho, professor do Curso Superior de Letras, do empenhamento de Teixeira de Vasconcelos e, sobretudo, da clarividência de Luciano Cordeiro (1878), o dinamizador ilustre da Sociedade de Geografia. Era sobretudo a administração pública das colónias que orientava o ensino, tal como acontecia com a experiência inglesa.

Nesta conta-se a criação do *East India College* pela *East India Company* (1805), que inspiraria a reforma do *Home Civil Service* (1854), o mercado que chamou a atenção das universidades para as carreiras abertas aos seus diplomados, o que esteve na base do precoce interesse de Oxford pela Índia, seguida por Cambridge, desenvolvendo-se os estudos linguísticos, de antropologia, de geografia.

Nesta se distinguiu o famoso Halford Mackinder, que transportou o seu saber para a direcção da *London School of Economics and Political Science*. Este trajecto fez ultrapassar o objectivo da administração, autonomizando o interesse pelas culturas primitivas (Taylor, 1871), antropologia (1905), levando à criação do Instituto de Antropologia Social dirigido por Radcliffe-Brown (1881-1955), e ao aparecimento do *African Survey* (1920) que adiantou a autonomia dos estudos africanos.

Este movimento teve réplica na evolução da Escola Superior Colonial Portuguesa, como documentou Lopo Vaz ao justificar a reforma de 1926, e ficou demonstrado na *Síntese de África* que Mendes Correia publicou em 1949. Esta deriva da administração para as ciências sociais seria acentuada, a partir do fim da segunda guerra mundial, quando se tornou evidente que as estruturas político-coloniais entravam em crise, e os povos dos chamados 3 AAA (Ásia, África, América Latina) assumiam progressivamente uma voz própria.

A ESPUMA DO TEMPO

É por esse tempo que Georges Balandier teoriza sobre a *Afrique Ambiguë* (1957), se desenvolveram a sociologia e a antropologia, e os sinais precursores da derrocada dos Impérios coloniais foram lidos na área do ensino colonial, cuja intervenção não pode deixar de ser anotada, sobretudo desde que a Escola evoluiu para Instituto Superior de Ciências Sociais e Políticas.

Já integrada na Universidade Técnica de Lisboa, na lição proferida na abertura solene das aulas em 14 de Novembro de 1966, com o título – *Para um Ministério da Ciência,* fiz o seguinte diagnóstico das ciências sociais: "falta de recursos, deficiente definição de objectivos, falta de pessoal especializado, falta de definição de uma carreira de investigador, falta de representação apropriada nos órgãos consultivos ou decisórios, falta de um estatuto profissional. Estas carências não podem deixar de ser tomadas em conta, ao lado de muitas outras, quando se procurar definir outra coisa que falta e é a seguinte: uma política para a ciência, em geral e neste domínio particular."

Entendeu-se, na esteira até da OCDE, que "o problema não é simplesmente de permitir aos homens adaptarem-se às condições novas, mas ajudá-los a compreender uma sociedade de uma complexidade crescente e a encontrar o seu caminho nas suas normas e instituições".

Era o julgamento da Universidade Técnica, que deste modo respondia à pergunta fundamental de Hauser, justamente no fim da guerra – *are the social sciences ready?* A experiência vinha do Centro de Estudos Políticos e Sociais que eu conseguira fundar em 1956, na Junta de Investigações do Ultramar, e confiado ao ISCSP. Dali partiu, como disse, a autonomização da *Ciência Política* e das *Relações Internacionais* (A. Moreira), da *Diplomacia* (Martins de Carvalho), da *Antropologia Cultural* (Jorge Dias), recepção da *Geografia Humana* (Francisco Tenreiro, Raquel Soeiro de Brito), da *Política Social* (António Ribeiro, futuro Cardeal), da *Missionologia* (Silva Rego), da *Metodologia das Ciências Sociais* (Magalhães Godinho), da *Expansão da Cultura Portuguesa* (Luís de Matos), da *Tropicologia* (Almerindo Lessa).

O TEMPO ÍNTIMO

Nestes casos afirmou-se a então novidade do reconhecimento dos títulos universitários estrangeiros, iniciou-se a política de envio de bolseiros para essas universidades, designadamente Óscar Soares Barata (Louvain), Narana Coissoró (London School of Economics), João Bettencourt da Câmara (Oxford), Lima de Carvalho (Columbia), Alfredo de Sousa (Sorbonne), José de Sousa Brito (Alemanha), Maria da Conceição Tavares da Silva (Louvain).

Multiplicaram-se missões de estudo nos territórios coloniais, e abriu-se a investigação e o ensino ao debate público com uma série de ensaios, colóquios e conferências onde participaram designadamente Eduardo Mondlane, Domingos Arouca, Orlando Ribeiro, Florestan Fernandes, Alfredo Margarido, Mário Murteira, e muitos outros. Dali nasceram o Centro de Estudos Antropológicos, o Centro de Estudos Missionários, o Centro de Estudos Geográficos, a Missão para o Estudo do Rendimento Nacional, etc..

Homens como Jorge Dias foi ali que encontraram a oportunidade de se realizarem cientificamente. Muitas dezenas de volumes publicados documentam esta viragem de uma Escola de Quadros para um Instituto Universitário, um trajecto que se verificou nos outros países com responsabilidades coloniais, a experiência da qual se perdeu o *Instituto de Línguas Africanas e Orientais*, anexo ao ISCSP que foi desactivado, e depois finalmente extinto, no percurso revolucionário de 1974, desaparecendo com ele a inovação de ensinar a língua e cultura russa (Listopad), e a língua e cultura chinesa (Padre Guerra).

Entre os colaboradores eventuais do ISCSP contaram-se Pereira de Moura e Adérito Sedas Nunes (*Introdução ao estudo das sociedades*, pol. 1963/1964), ambos vinculados ao Instituto Superior de Ciências Económicas e Financeiras, o qual, também enfrentando a incompreensão dos quadros clássicos do ensino e da investigação, se orientou pelo conceito de que a economia é a rainha das ciências sociais. Uma série de nomes ilustres, onde se contam Moisés Amzalak, Bento de Jesus Caraça, Leite Pinto,

A ESPUMA DO TEMPO

Pinto Barbosa, Jacinto Nunes, um trajecto que atingiu o seu ponto alto com a Revista *Análise Social* (1962), a primeira grande contribuição de Sedas Nunes para a autonomização e radicação das ciências sociais.

O tema da convergência, para a geração que crescera no ambiente de vida habitual e se defrontava com a derrocada do euromundo, a lidar com uma juventude para a qual o futuro era urgente e o presente difícil de racionalizar, podia simplificadamente definir-se como a questão de ser português num mundo em acelerada mudança. Não era indicado desvalorizar, por motivos ideológicos, o confronto político das culturas e etnias, mas parecia inadiável avaliar outras perspectivas de relacionamento, tudo finalmente orientado no sentido de substituir a metodologia que tratava os povos colonizados como a cera mole, destinada a receber uma nova forma ocidental, pela capacidade de dialogar as trocas de padrões e de contratualizar as interdependências, uma indagação que se alonga pelo novo milénio, rodeada de conflitos armados e de lutas pela imposição de hegemonias de modelos renovados.

A descoberta do pensamento do Padre Pierre Teilhard de Chardin, S. J., que em vida fora obrigado ao silêncio por disciplina acatada, provocou um movimento internacional de enorme curiosidade, e até inspirara alguns diálogos, rodeados de suspeições, entre cristãos e marxistas, que não foram capazes de se inscrever no apaziguamento político que alguns reclamavam em nome da paz, à margem dos interesse armados. Mas foi importante no que respeita à identificação do pluralismo, que também inquietava a UNESCO, como realidade a considerar, valor a reconhecer, e complexidade a ordenar.

No meio português o Padre Manuel Antunes, S. J., que se distinguira no ensino na Faculdade de Letras de Lisboa, e na tribuna que manteve por cerca de meio século na autorizada revista *Brotéria*, não deixou de abordar a novidade do pensamento que se tornara conhecido à revelia da hierarquia.

O TEMPO ÍNTIMO

Mas julgo que o primeiro debate público, em ambiente acadé-mico, foi o referido Colóquio, cuja organização foi entregue a Almerindo Lessa, que escreveu o seguinte: "Não posso dizer se o P. Teilhard levou em vida muitos alunos para o seio da Igreja Católica. Mas sei que sozinho, pelo convívio pessoal ou o diálogo póstumo com os leitores, conduziu, só por si, para os caminhos de Cristo, muitos homens resistentes ou hesitantes. Eu sou um deles."

O Colóquio foi organizado com a colaboração da Société Pierre Teilhard de Chardin de Bruxelas, e do Centro Português de Estudos Europeus que antes referi, contando com a presença de Dominique de Wespin, que fora Secretária do padre na missão científica que desenvolvera como geólogo e paleontologista, na China, onde descobriu o famoso "sinanthropus" em fins de 1929. No laboratório os sábios descobriram que se tratava de uma mulher, e o padre baptizou-a de – Nelly.

Sempre rodeado pela adversidade, em 1941 resolveu confiar ao navio de guerra americano, *Presidente Harrison*, levar para lugar seguro os seus preciosos fósseis, quando estava próximo o pesadelo de Pearl Harbour. O navio foi afundado e para sempre perdida a colecção que testemunhara o êxito das pesquisas.

A intervenção de Dominique, que como poeta usava o pseu-dónimo de Magloire, era sobretudo interessante pela informação que transmitia da maneira de ser do padre: persistente, rigoroso, acolhedor, amando a beleza das coisas, das pessoas, dos ambien-tes, dos comportamentos, respondia à adversidade dizendo, com um sorriso de esperança e convicção – "demain, tout sera bien".

O romance de Morris West, *As sandálias do pescador*, autor que ele próprio foi sacerdote, parece ter antecipado a chegada de João Paulo II ao pontificado, dando-lhe de conselheiro um padre que lembra em detalhe a personalidade de Chardin.

Recordarei também, dos intervenientes, Didier Lazard, Louis Darms, Jean Overloop, Hubert Cuyers, Jean Hiernaux, debruça-dos sobre a mensagem do homem que, em 1948, viu recusada por Roma a autorização para publicar *Le Phénomène Humain*, e para

299

A ESPUMA DO TEMPO

assumir uma cátedra no Colégio de França. E também o que foi chamado o *furor teilhardicus*, que animou uma cadeia de analistas alemães, belgas, franceses, ingleses, italianos, holandeses, polacos, suíços, podendo lembrar-se Adolf Haas, S. J., Madaule, Ladrière, Emiliano de Aguirre, Paul Chauchard, Claude Guinot, Labourdette, Henri de Lubac, Madeleine Barthélemy, Madaule Bernard Towers, Zunini, Anna Morawsca, Kerstiens, Surgranyes de Franch. Durante anos participámos na animação da Société de Bruxelles, que tinha a presidência de honra da Rainha, convencidos, como Claude Guinot, de que o pensamento do Padre entrara na História da filosofia, e se integrara no movimento de ideias dos cristãos. Eu próprio tentaria seguir a evolução da conjuntura à luz de uma proposta – *Lei da complexidade crescente da vida internacional,* que formulei inspirada por aquele pensamento.

Em 10 de Abril de 1955 morreu solitário em Nova Iorque, com a obra inédita, e tendo por acompanhantes, nas cerimónias fúnebres, o número simbólico de doze amigos.

Amigo de Julien Huxley e de Toynbee, morreu firme na convicção de que a idade da convergência estava a caminho para superar o passado das confrontações.

O globalismo, com que nos defrontamos, pode corresponder formalmente ao essencial da estrutura que antecipou para o encontro de todas as áreas culturais e étnicas, mas não tem nenhum elemento do quadro de valores que não dissociava da sua inquietação científica.

Quanto ao tema da maneira de ser português, foi enquadrado na questão mais vasta da desagregação do euromundo, de que me ocupei longamente nos cursos, e, de maneira sistematizada, na referida *Europa em Formação* publicada em 1973. Por isso, João Ameal, como recordei, antecipou no Instituto muitas das inquietações europeias de hoje, chamado para reger um curso sobre a *Ideia da Europa* (1967), na sequência da sua obra pioneira que foi a *História da Europa* (1961). Tudo áreas onde as literaturas do CEDI e dos Encontros de Genève sobre o espírito europeu

O TEMPO ÍNTIMO

foram de apoio, e por então a identidade assumida por ele e por homens como Karl Jaspers, Lazard, Gonzague de Reynold, ou Voyenne, convergia no reconhecimento de um espírito, de uma ordem, de uma concepção da economia, elementos sempre complementados pela lucidez de Valéry, quando assinalou a vontade do poder, e a ameaça de decadência determinada pela renúncia e essa proeminência.

Esta noção de que ser português no mundo implicava uma componente europeia, já então ameaçava ser deturpada pelo conflito ideológico interno que aliava a persistência na defesa do Império à negação da Europa, quando realmente o que estava em causa era reconhecer as várias maneiras de o pluralismo estadual se articular com a reformulação do euromundo.

E nem todos seguiram igual estratégia, nem todos adoptaram um novo modelo final convergente, nem todos mediram o tempo por iguais relógios.

Mas todos finalmente chamaram as legiões a Roma, e laboraram na definição dos limites geográficos, na identificação dos valores e dos interesses, e na formulação dos grandes quadros jurídicos e institucionais do reencontro no ponto ómega terrestre ainda apenas pressentido.

Todavia a questão mais íntima da identidade portuguesa, de que o europeísmo era apenas uma das componentes, aconselhava a revisitação do pensamento nacional.

Lembrarei a contribuição, tantas vezes discreta, e sempre inquieta, do meu amigo Padre Lúcio Craveiro da Silva, S. J., que foi o responsável pela existência do Instituto Superior de Economia e Sociologia de Évora, desactivado pela Revolução de 1974, dirigiu a Faculdade de Filosofia de Braga que seria a primeira da Universidade Católica, e foi o primeiro Reitor eleito da Universidade do Minho, regressando à cidade dos Arcebispos e ao ambiente da fundação do Reino.

Beneficiou-nos com a síntese das suas indagações sobre *Ser Português* (2000), conjunto de alguns ensaios que produziu como que pontuando a trajectória do seu magistério.

A ESPUMA DO TEMPO

Enquanto o conflito armado alastrava por todo o Império global do euromundo, a limitada inquietação regional portuguesa reproduzia o debate sobre o espírito europeu, voltando esporadicamente à relação entre o Império e a cristandade.

Debate que não tinha necessária relação dos protagonistas com o regime político e a oposição ao regime, porque não se demonstrou curiosidade que não tivesse de procurar apoio em Pascoaes quanto à *saudade*, ou que pudesse olhar para o futuro dispensando-se de meditar no pressentimento de novo *Quinto Império* que se apossou de Vieira, que se manifestou nas vozes que Fernando Pessoa escutou – *falta cumprir Portugal* –, e que nesta angustiada modernidade despertou Cunha Leão para o inquérito sobre *O Enigma Português* (1960) no depoimento de vivos e mortos.

Acontecia, porém, que a natureza do regime como que aprisionava o amor aos valores nacionais no discurso oficial, e tirava visibilidade às perspectivas que se afirmavam como horizontais no panorama escasso das correntes políticas, e essencialistas na indagação das linhas duras da saga portuguesa.

Sem ignorar os muitos que se afadigaram no *aprofundamento* das especificidades dos valores culturais portugueses, como António Quadros, talvez seja indicado destacar o discurso historiográfico de Jaime Cortesão, seguido da conclusão visionária de Agostinho da Silva, e o comentário mais sóbrio e liberto de Vito-rino Nemésio, porque todos estiveram frequentemente presentes no processo político.

O tema do Império do Espírito Santo tinha projecção na atitude cívica interventiva, e justamente Cortesão, que circulou do nacionalismo de Leonardo Coimbra, Teixeira de Pascoaes, José de Magalhães, da *Renascença Portuguesa*, para o intervencionismo de Raúl Proença ou António Sérgio da *Seara Nova*, foi o mais autorizado renovador da perspectiva, e sempre presente na salvaguarda do republicanismo em oposição ao regime.

Na leitura recente de Eduardo Rosa (2002), este da geração que já não teve o peso do Império, mas teve o das sequelas do abandono, e que retoma a exegese de Hernâni Cidade, tratou de

O TEMPO ÍNTIMO

filiar no franciscanismo dominante "as determinantes do humanismo universalista" com que a História distingue Portugal entre as nações. Como deixei lembrado, foi a defesa da integridade da sua imagem de opositor ao regime que não consentiu a Cortesão intervir nos debates públicos do Instituto.

Vitorino Nemésio, mais inquieto com a açorianidade do que com a projecção do Império do Espírito Santo na Portugalidade, limita o exame da questão à religiosidade do ilhéu, e não esconde a distância do seu pensamento em relação à presença da herança do frade Joaquim de Flora nas especulações de Agostinho sobre o futuro português.

Mas o magistério de Vitorino, completamente anárquico, com expressão nas aulas fascinantes e sem linha de rumo, era um dos mais excitantes desafios, que se abrigavam nos claustros, à total liberdade da realização pessoal, e à projecção dela na vida da comunidade.

A chegada da televisão deu-lhe a oportunidade de transferir para essa cátedra, no inesquecível programa – *Se bem me lembro*, essa actividade pedagógica, cuja agressividade, envolta em desarmante simplicidade, talvez explique a rigorosa censura com que lhe amarguraram a breve hipótese de uma tribuna jornalística.

Nos últimos anos, desencantado das perspectivas do futuro português, passeava descobertamente um amor paliativo de fim dos tempos, e confiava a uma viola tardiamente assumida a expressão do seu lamento interior. Explicava-se dizendo que se recolhia a um estilo primitivista, e sentia-se reanimado quando lhe pedíamos uma demonstração.

Havia em Lisboa, nesse fim de década de sessenta, um último salão mantido pela senhora D. Octávia Pereira que, pela sua idade, tratava o velho Vitorino como filho. Uma noite em que juntara, na sua casa da Avenida da Liberdade, amigos de Gilberto Freyre num jantar a este dedicado, Nemésio não esqueceu a viola e esperou pela solicitação habitual.

Enquanto surpreendia Gilberto com a melodia tropeçante, ouvimos a voz contida de D. Octávia a segredar, mais alto do que

A ESPUMA DO TEMPO

supunha, esta perplexidade: *este rapaz tem tanto talento, e não percebo porque é que o esbanja a tocar viola, mal.* O mundo de que se despedia dificilmente consentia um discurso inteligível.

Todavia, na linha de *O Humanismo Universalista dos Portugueses* de Jaime Cortesão, da sua laicização do Império do Espírito Santo, é que Agostinho da Silva, antes e para além do fim do Império em 1974, manteve sempre a referência a Joaquim de Flora, à chamada heresia dos irmãos espirituais do século XIII, e fidelidade ao mito do Quinto Império.

Parecia por vezes admitir que Portugal deveria sacrificar-se num Calvário, pressentido na Revolução de 74, para ressurgir como centro de uma unidade abrangente dos povos e etnias por onde passara a evangelização, a cultura, e a soberania extinta.

A primeira vez que tive notícia de Agostinho, era estudante do liceu e acompanhava a minha querida Mãe nas Termas de Caldelas, onde o médico já por então recebia as *Cartas* que aquele circulava com notícia das suas inquietações, um método que manteve ao longo dos anos. Julgou que seria eu capaz de as entender, e emprestou-me a colecção que guardava e sobre a qual meditava.

Tinha Agostinho emigrado para o Brasil, Doutor pela Faculdade de Letras do Porto, aparentemente porque não se sentia habilitado a subscrever as declarações de compromisso que a Constituição de 1933 exigia aos funcionários, não porque lhe fosse impossível jurar obediência às leis, mas porque, não tendo sido, e não sendo membro de qualquer organização secreta, lhe era impossível jurar que de futuro também nunca o seria.

Pelo Brasil fez carreira universitária, e encontrou-se envolvido no projecto da Universidade de Brasília, um dos sonhos de Kubitschek de Oliveira, com reitoria de Darcy Ribeiro.

Ali organizou um centro de Estudos Portugueses, fora do edifício chamado Minhocão em que a Universidade começou a instalação, e usando sempre dos pré-fabricados a que se abrigava a esperança e determinação dos que levaram por diante o excelente projecto.

O TEMPO ÍNTIMO

Por intermédio de Almerindo Lessa, em 1962 mandou-me pedir, sem que nunca o tivesse antes contactado, ajuda para organizar a Biblioteca do Centro.

Foi possível conjugar a contribuição de várias entidades, incluindo editoras, e com apoio do Ministério do Ultramar e dos Governos das Províncias, o que se traduziu na reunião de um dos mais representativos acervos da cultura portuguesa. Fizeram em Brasília uma exposição muito noticiada, com cartazes a reproduzirem passagens de algumas das minhas intervenções públicas relativas à relação Portugal-Brasil, e enviaram-me generosos uma colecção de fotografias demonstrativas.

Quando por meados de sessenta, a convite da Universidade, ali fui para ver o adiantamento do sonho de Kubitschek, Agostinho mandou-me convidar para jantar em sua casa, para onde fui guiado por uma das suas assistentes.

Tinha ele conseguido que fosse atribuído a Portugal um terreno destinado à construção do edifício definitivo do Centro, que era o único da instituição. Enquanto esperava pela iniciativa portuguesa, que nunca viria a concretizar-se, e temendo que o terreno viesse a ser desviado para outro destino, mandou ali construir uma barraca de favela, na porta da qual uma inscrição anunciava que tinha capacidade para 1.000 quilos ou 10 pessoas. E ali vivia, tendo plantado um pinheiro que lhe viera da Serra do Marão. Por sua intervenção, fizeram-me Doutor H. C. de Brasília.

Quando, já ele regressado a Lisboa (22/02/92), o convidámos para ser eleito para a Academia Internacional da Cultura Portuguesa, respondeu assim: "Senhor Professor, meu Ex.mo Amigo: Respondi como devia, ao oficio da Academia. Mas o que eu realmente lhe queria dizer ao retomar a nacionalidade portuguesa é que é o senhor Doutor a pessoa que no País mais respeito e admiro. Seu servidor. Agostinho da Silva".

As noites admiráveis do Planalto deram-lhe inspiração, não o preveniram, porém, da Revolução de 64 que o obrigaria a deixar Brasília, mas não a intervenção que continuou.

305

A ESPUMA DO TEMPO

Poucos anos mais tarde, estando eu na Bahia a convite do admirável Luís Vianna Filho, por então Governador do Estado, encontrei o Jimmy Carvalho Silva, antigo discípulo entusiasta de Agostinho, que os tinha numerosos, o qual me disse que ele se encontrava a uma centena de quilómetros, numa pequena velha casa que Jimmy lhe oferecera, a organizar um Centro de Estudos Afro-Brasileiros.

Fui visitá-lo, e lá estava sem qualquer assistente, na desarrumada construção sobranceira ao rio, apoiado por uma japonesa que tratava dos arranjos domésticos: ela não falava português, e ele não falava japonês.

A disseminação de Centros de Estudos pelas rotas do Império era uma ideia que o entusiasmava, e por exemplo Ceuta era uma das sedes que ambicionava, Goa parecia-lhe urgente, as comunidades do Pacífico despertavam-lhe a atenção.

Quando vinha esporadicamente a Lisboa, os antigos discípulos festejavam-no, e Manuel Vinhas, o empresário que se mantinha fiel aos investimentos em África, nunca se dispensava de convidar os amigos, e sobretudo os jovens, para uma reunião em sua casa, destinada a ouvir as dissertações agostinhas.

Era tão disperso como Nemésio, exercia o poder do discurso sem quebra de ritmo durante horas, e dele ficava mais detalhada memória nos ouvintes do que pelos escritos que legou.

Assim como, nas aulas de Brasília, interrompia a exposição para uma pausa destinada a – *olhar*, ficando o silêncio a reinar na turma, depois da Revolução de 25 de Abril manteve-se em Portugal, reformado na sua Universidade de Santa Catarina, para acompanhar o processo revolucionário português – olhando.

Do poleiro que era o seu apartamento na Travessa do Abarracamento de Peniche, desfrutava uma vista admirável de Lisboa, tinha por companhia um gato, e apoiou-se numa instituição supostamente desaparecida, que André Brun tinha romanceado para a posteridade, e que era *a vizinha do lado*. O Príncipe Real servia-lhe de jardim doméstico, e por vezes visitava os amigos, em minha casa esteve muitas, sempre discreto, com receio de

O TEMPO ÍNTIMO

incomodar, escapando-se a convites, e difundindo os pensamentos pelo generoso método epistolar.

Apareceu na televisão, que ia ganhando presença e poder, nem sempre encontrando ali o ambiente de completo respeito pela sua autenticidade, mas exercendo a cidadania até ao fim. Convicto de que o ponto final posto no Império, era o ponto de partida para o sonhado encontro dos seus povos numa unidade espiritual.

Não se tratava, nesta perspectiva, de fugir ao mundo, como por vezes é sugerido pela crítica que repudia a presença dos elementos míticos nos projectos, mas sim de ir ao encontro do mundo novo com os olhos postos em lonjuras. De resto, a renovação da temática sobre a maneira de ser português encaminhou-nos para a visitação académica das diversas áreas culturais, também para o conhecimento da acção e mensagem dos que por elas falavam numa comunidade internacional em acelerada mudança.

A observação comprometida com o princípio de que a violência não devia ser o motor da mudança, implicou por isso uma atenção privilegiada à literatura que testemunhava a inutilidade da guerra, depois do cataclismo de 1939-1945, e agora com os prolongamentos das guerras coloniais. Não faltavam alarmes de sobrevivências ameaçadas, como o de Louis-Ferdinand Celine, morto no ano crucial de 1961, que na década de trinta escrevera os ameaçadores panfletos racistas intitulados *Bagatelles pour un massacre* e *L'École des Cadavres*.

Mas já então, sem que o tema do *globalismo* tivesse entrado em circulação, se multiplicavam as tentativas de compreensão da nova sociedade em formação, como era o caso de Elias Canetti com o famoso *Masse et Puissance* (1960), de Jünger com *Le Travailleur* (1932) e *Traité du Rebelle* (1951), Guy Debord com *Le société du spetacle* (1967), onde advertia contra "a submissão dos homens vivos na medida em que a economia os submeteu completamente".

Despontava o interesse pelas hipóteses científicas de racionalização da nova sociedade, designadamente a proposta da *socie-*

A ESPUMA DO TEMPO

dade industrial de Aron, do *Estado industrial* de Galbraith e da sua *sociedade afluente*, complementadas pelo pessimismo de Marcuse com o *homem unidimensional*, de que a entrada no milénio da globalização económica haveria de voltar a recomendar a leitura.

Perspectivas que não secundarizavam a questão dos mitos raciais de todas as variantes, pois continuava presente e dominante o massacre nazi dos judeus, o conflito documentado com larga difusão pelo texto de Poliakov sobre *Le Mythe aryane*, e por Hilberg com *Le Destruction des Juifs en Europe*, antes que a UNESCO assumisse o tema como principal.

No desastre geral que se perspectivava para África, Leopold Sider Senghor distinguia-se sem réplica na área da valorização do encontro reflexivo das culturas, afirmando que o seu apelido de família era uma deturpação da palavra *senhor* da língua portuguesa, e afirmando-se como uma das referências vivas da época.

De parceria com Aimé Césaire criou o conceito da *negritude*, mas não partiu para a pregação da violência como instrumento da libertação, embora recolha a indignação pelas injustiças, designadamente quando em *Hosties noires* (1958) acusa *"L'Europe qui enterre le levain des nations"*. Assim entrou no Governo francês de De Gaulle, foi eleito para a Academia Francesa, e seria o Presidente do Senegal (1960-1979), até que resolveu retirar-se, dando o exemplo da capacidade de manter o poder carismático sem degradação. Muito pela intervenção de Lessa manteve um interesse permanente pela salvaguarda dos valores sincréticos da intervenção portuguesa em África, e foi com comprovado orgulho que o tivemos na Universidade de Évora a receber o título de Doutor H.C., mas não era fácil encontrar-lhe companhia no vasto continente que por então já parecia destinado ao estado de destruição em que entrou no milénio.

Pelo contrário, o que parecia mais dominante em todas as comunidades negras, mesmo fora da África em revolta, era o *Black boy* que Richard Wright publicou em 1945, cuja obra tinha

O TEMPO ÍNTIMO

as raízes na miséria dos negros do Mississipi onde nascera: "ao ver os brancos comer, o meu estômago vazio contraía-se e uma cólera surda tomava conta de mim".

A juventude entregue ao sistema educativo, e a outra menos apoiada pela informação e propostas desse sistema porque o acesso não lhe era proporcionado, estava pois condicionada por uma ambiente de incertezas quanto ao futuro ao mesmo tempo exigente, angustiante, enigmático, e conscientemente débil de respostas, exigindo dos mestres o esforço de ensinar para a incerteza.

O marxismo andava tragicamente cristalizado em sovietismo, ideologia de um Estado com um conceito estratégico imperial, que defendera os seus interesses soberanos contra a degenerescência nazi com duas dezenas de milhões de mortos, mas explorava a vitória tiranizando os povos do leste europeu, e orientava a intervenção pelo sul pobre e colonizado do mundo apoiando a subversão debilitadora dos ocidentais, não para fomentar os Governos livres, mas para criar um vazio de poder que pretendia ocupar.

A época, que tendia para ser doutrinada com o anúncio da morte das ideologias, era antes de mais de lutas pelo poder de múltiplas novas formas, mas igualmente caracterizada, supomos que sem contradição, pela submissão dos homens a serem dominados pelo que Ionesco chamava a contradição entre "a inutilidade do útil", que era a suspeitada sociedade do trabalho e consumista, e a "utilidade do inútil" que eram as artes e os valores. Por isso, em *Rinocerontes* (1958) proclamava – "sou o último homem, sê-lo-ei até ao fim. Não capitulo".

A morte das ideologias, anúncio que seduziu o próprio mestre Aron, era mais o desafio para a reformulação das respostas humanistas para o mundo novo que se erguia sobre as ruínas da guerra mundial, e que tinha fragilidades susceptíveis de inutilizar o sentido da vitória aliada, dando novo significado ao vaticínio de Ibsen, segundo o qual um dia se veria que a vitória é a derrota, e a derrota é a vitória.

A ESPUMA DO TEMPO

Talvez Camus, dos homens que tinham experiência vivida do conflito colonial, passara pela tentação soviética, tomara parte na resistência francesa, recusara o existencialismo de Sartre, seja um dos genuínos representantes dessa angústia que lhe inspirou *L'Homme Revolté* (1951): "um homem que diz não. Mas se repudia, não renuncia; é também um homem que diz sim, desde o seu primeiro movimento. Um escravo, que recebeu ordens toda a sua vida, julga subitamente inaceitável uma nova imposição.... Assim, o movimento da revolta apoia-se, ao mesmo tempo, sobre a recusa categórica de uma intromissão julgada intolerável e sobre a certeza confusa de um breve direito, mais exactamente a impressão do revoltado de que tem "direito de...".

Nesses anos era a revolta armada que, abrangendo progressivamente todas as colónias, mais punha em evidência a geração de guerrilheiros de onde saíram generais notáveis, como Giap, e que por isso tendiam para esgotar a atenção da juventude envolvida.

Mas a noção de que o mundo não seria verdadeiramente cosmopolita, sem todas as áreas culturais a exprimirem-se com autonomia, obrigava a escutar as vozes que, de mais de uma latitude, pretendiam que a cólera não fosse a dinamizadora da mudança.

Deste modo, a doutrinação de líderes como Gandhi e Luther King obrigava a dar o passo da articulação da descomprometida antropologia cultural com a difícil neutralidade da ciência política e das relações internacionais, e a comparar a sua intervenção liderante com os valores e métodos dos que, como Che Guevara ou Camilo Torres, não viam alternativa para a luta armada, todos, porém, mortos violentamente sem diferença de crença, de cultura, de etnia.

O destino de Gandhi, chamado apóstolo da não-violência, e talvez então o único santo laico da política, ou de Luther King a pregar o sonho – "I have a dream" – de uma América pacificada, adensavam a perplexidade de uma geração, a qual, embora finda a tremenda segunda guerra mundial, tinha que escolher aceitar ou

O TEMPO ÍNTIMO

recusar o "outro mundo" em que Nasser e Castro apelavam às armas, a partir da Conferência de Bandung de 1955.

Nesta incerteza, Maio de 68 foi uma explosão de revolta, de recusa pela juventude universitária, e de recusa desta pelos trabalhadores, sendo discutível poder identificar a percepção daquilo que recusavam – quer *les enragés* de Nanterre, quer os *insubmissos* da Sorbonne, e das outras universidades que aderiram. O poder francês vacilou nas mãos de De Gaulle, desafiado pela violência das barricadas, excedido pelos milhões de pessoas que rompiam com o normativismo e a rotina que consideraram alienantes.

Por aqui chegaram as recolhas dos aforismos que encheram as paredes e alegraram as iniciativas editoriais, ficando famosos gritos como "a poesia está na rua", "a vergonha é contra-revolucionária", "a imaginação ao poder", desencadeando um ainda inexplicado movimento de contracultura, ao qual os que seriam chamados novos filósofos não pareceram dar uma contribuição para ficar.

Talvez avultasse o que um panfleto, aparecido pouco tempo antes, definia em título como "a miséria do meio estudantil condenado nos seus aspectos económico, político, psicológico, sexual e sobretudo intelectual, e alguns meios para lhes dar remédio", num ambiente de marasmo.

A violência teve símbolos de pouca qualidade como o recentemente ressuscitado Cohn-Bendit, um dos resultados evidentes foi que a revisão dos modelos da vida quotidiana, do homem comum, do alienado pelo sistema, tornou-se central e entrou num processo de mudança. Talvez para isso tenham sido mais determinantes os Beatles, reafirmando a eficácia do poder encantatório da voz e da música, maior do que a revolta das ruas sobretudo dirigida à área do poder.

A geração de Maio de 68 já não tinha a experiência da guerra mundial e da humilhação da França pelo inimigo íntimo que era a Alemanha. Mas havia a crise do Vietname, o drama da Argélia, o regresso e fuga do abandonado Império, e também ali a mono-

A ESPUMA DO TEMPO

tonia dos horizontes, esta provocando uma conclusão inquietante – "*La France s'ennuie*". A violência foi buscar alento a uma mistura de maoísmo, de anarquismo, de desespero, de utopismo, tudo conduzindo ao que Althusser chamou "um grande sonho que abortou", que Malraux definiu como "uma imensa ilusão lírica", e que o crítico Raymond Aron, mestre de uma geração de cientistas políticos, considerou "uma peripécia triste na História da França", condenando "une certaine intelligentsia parisienne qui mêle le bysantinisme, l'argent, au castrisme ou au maoisme".

Do lado do Estado, o General De Gaulle não era, porém, mais imaginativo do que os Governos peninsulares, e também ele, no célebre discurso de 30 de Maio, regressado da meditação no seio do exército de Massu na Alemanha, proclamava: "A França, com efeito, está ameaçada de ditadura. Querem obrigá-la a resignar-se a um poder que se imporia no desespero nacional, o qual poder seria então evidentemente e essencialmente o do vencedor, quer dizer do comunismo totalitário". Os reflexos do movimento na juventude portuguesa seriam na questão colonial, e sobretudo na envolvente da mobilização, esta um dinamizador. Dois aspectos da reacção da sociedade civil merecem alguma reflexão, porque talvez a imagem fixada esteja em desacordo, ao menos parcial, com a realidade.

O primeiro é o que diz respeito à *emigração a salto*, que multiplicou os dramas dos homens e mulheres que se arriscavam pelos caminhos das organizações clandestinas, sofrendo humilhações e abusos que ainda não encontraram o escritor que lhes assegure memória e preito. De algum modo, essa emigração para a Europa cobria a quebra das remessas da emigração atlântica, especialmente do Brasil, contribuindo para equilibrar a balança de pagamentos afectada pelo esforço militar. Dos apontados dois milhões de portugueses que emigraram durante a vigência do regime, as necessidades da reconstrução europeia que atraíam a mão-de-obra foram responsáveis pela atracção dos novos destinos e pela constituição das comunidades portuguesas migrantes que cresceram até à crise petrolífera de 1973, recebendo mesmo enqua-

312

O TEMPO ÍNTIMO

dramento em tratados com a França e a Holanda (1963) e com a Alemanha Federal (1964), na época da adesão à EFTA. A coincidência deste acentuar da mudança do fluxo migratório com a guerra de África, permitiu observar que a *emigração a salto* não era tão clandestina como parecia, porque a negligência oficial variava de atenção conforme variavam as circunstâncias internas do mercado de trabalho.

Coisa que também se passava com as mercadorias em relação ao mercado espanhol, recordando-me de o General Mário Silva, que foi comandante da Guarda Fiscal, ter desabafado que recebera instruções para deixar de surpreender o contrabando de café para Espanha, fonte de divisas.

A emigração política era de outra natureza, e qualitativamente importante desde o 28 de Maio, do ponto de vista político em oposição com o regime, e tendo como objecto principal o regresso à democracia que os atingidos tinham professado e de que se consideravam expropriados. Contava antigos políticos, professores universitários, homens das profissões liberais, que esperavam conseguir derrubar o regime e nunca o conseguiram, sendo mais eficazes na erosão da imagem externa do sistema.

Mas a nova emigração de jovens desertores da guerra colonial, que muito frequentemente se articulavam com os veteranos da diáspora, foi-se vinculando mais realisticamente a um projecto de futuro, aprendendo, no mundo europeu que os acolhia, a distância a que se encontrava o mundo de que se afastaram. Um mundo de que em todo o caso apenas em regra conheciam a dimensão continental, o regime político, os riscos pessoais da política colonial seguida. Mas essa experiência desgastante das colónias seria capitalizada pelos mobilizados para os quadros milicianos, com quebra do ritmo sonhado das carreiras, num esforço que provocaria o cansaço generalizado da juventude, a emulação dos quadros permanentes, roendo o elo frágil da cadeia de comando.

Por outro lado, nos centros universitários instalados em Moçambique e Angola em sessenta e dois, o esforço desenvolvido, o envolvimento directo com a realidade, as especializações

A ESPUMA DO TEMPO

obtidas nas melhores universidades ocidentais, fizeram com que a Revolução de 74 viesse a dispor de uma revoada de convergentes estrangeirados e africanistas, que em muito supriram, à medida que ascendiam na direcção da sociedade civil e da administração, a falta de projecto para o desenvolvimento sustentado dos que romperam o referido elo fraco da cadeia de comando militar.

Neste entretanto de catorze anos, também foi sobretudo evidente a construção lógica do discurso dos negócios estrangeiros, firme na intransigência contra a mudança imposta do exterior por soberanias interessadas, e na recusa das vozes da mudança vindas dos reformistas do interior.

Mas o acesso à informação vai mostrando que, no recinto fechado do círculo que detinha o poder, a firmeza conversada não correspondia à discursada.

O discurso do Doutor Salazar, na Assembleia Nacional em 3 de Janeiro de 1962, deu conta da perda do Estado da Índia, com dramatismo que correspondia aos valores históricos nacionais atingidos, e afirmando que a questão de Goa não terminava com a invasão sofrida, antes realmente começava.

Uma Nota de 12 de Janeiro, não assinada mas muito provavelmente de inspiração do círculo de Franco Nogueira, e que seria talvez chamada hoje um *non paper*, trata de desenvolver a imaginativa interpretação que dá a um parágrafo da Moção que a Assembleia votara a seguir ao discurso, e que diz o seguinte: "formular a sugestão de uma revisão eventual, pelo Governo, da política externa, nos casos em que a mesma se afigura necessária ao interesse da Nação".

Dizendo-se na lógica desta pia sugestão, o aparelho diplomático é declarado alheio ao desaire do país, porque "os factos recentes indicam que o actual isolamento internacional de Portugal não é imputável à sua acção diplomática, mas a não encontrar aceitação nem comparação no plano mundial, a sua política ultramarina"; "sendo assim não parece ser possível obter, na imutabilidade de tal política, maior apoio internacional. Não se

O TEMPO ÍNTIMO

afigura portanto eficaz uma revisão da política externa que não seja acompanhada por uma readaptação da política ultramarina".

Com realismo, vão sendo enumeradas as prioridades dos EUA, a preferência pela valorização da neutralidade afro-asiática no conflito bipolar, a tendência dura da evolução da ONU, tudo desmesurado em face dos limitados recursos portugueses.

Por isto, sugere-se ali que a proeminência constitucional do Presidente do Conselho (queriam dizer proeminência política) fosse exercida no sentido de maleabilizar os textos legais, passando a considerar as especificidades de cada território colonial, afastando a submissão de todos aos mesmos princípios, salvaguardando, em cada hipótese, os interesses possíveis: Angola e Moçambique a caminho de provável independência que não poderia ser rapidamente concedida sem perda de capacidade de intervenção; as outras, chamadas províncias de Governo simples na terminologia corrente, poderiam ser talvez retidas numa unidade política reformulada. Em qualquer caso não seria desejável uma declaração pública de adesão à autodeterminação, e ficava em dúvida passar à ONU as *informações* que reclamava em execução do Art.º 73.º da Carta, mas ficava sem dúvidas a necessidade de manter por longo tempo o esforço militar e financeiro.

Os comentários sobre as distinções entre posições essenciais e não essenciais são por então apenas nominais, e as sugestões estratégicas andam ao redor das categorias existentes: designadamente o reforço da ligação com o Brasil; o reforço da aliança com a Espanha, abrangente do Ultramar onde poderia investir capitais, e até colonos; estudar pequenos passos de associação com o Mercado Comum, prevendo algum afastamento eventual da Inglaterra, dos EUA, e da NATO; e aproveitando a preponderância europeia de De Gaulle, Adenauer e Spaak, abrir a colonização a emigrantes italianos, gregos, franceses da Argélia, da Europa ou do Norte de África; passar a *aliados pagos* na NATO; aproximação com a China incluindo eventual "transferência de soberania (Macau) com a manutenção de laços simbólicos com Portugal; amenizar a hostilidade dos afro-asiáticos; "pactos militares secre-

A ESPUMA DO TEMPO

tos" com a Rodésia e África do Sul, consolidando interesses económicos existentes; colaboração com Israel, concedendo-lhe interesses em Angola ou Moçambique, de algum modo compensando a agressividade crescente dos países árabes": "ao terminar julga-se, porém, dever acrescentar uma nota essencial: a execução de estas medidas não poderá ficar sujeita a limitações de ordem material, de pessoal ou de orgânica de serviços, sob pena de todo o esforço a fazer se revelar ineficaz, se não contraproducente". Salazar despachou para "conversar com o Ministro dos Negócios Estrangeiros numa das nossas conferências", mas nunca houve divulgação a outros interessados desta meditação estratégica, nem sequer para amenizar a oposição assumida contra as reformas internas, a que a crónica oficiosa dedicou displicente nota.

O respeito pelo segredo de Estado era pois uma virtude criteriosamente exercida, de acesso selectivo, mantendo aqui oculta a proposta flexibilidade externa, mas combatendo a intervenção reformista, que se destinava a reconciliar a sociedade civil, neste caso agindo em favor da preservação e mobilidade possíveis de estruturas económicas bem identificadas, e no futuro também selectivamente gratas.

Esta ambiguidade não teve expressão na linha servida pelo grupo de notáveis diplomatas dessa época, em que, além dos já referidos, recordo João Hall Themido, Rui Teixeira Guerra, Calvet de Magalhães, António Siqueira Freire, ou, mais críticos, o meu condiscípulo Fernando Magalhães Cruz e Tomás de Melo Brayner. De facto, mais uma vez, a nossa diplomacia me pareceu ter um profissionalismo de qualidade aproximável da diplomacia do Vaticano.

Entretanto, a sociedade civil movimentava-se à margem das organizações políticas, e a participação da juventude universitária no movimento europeu, que mais uma vez vinha do centro para a periferia, teve pelo menos duas vagas a que faremos referência. Antes anotarei a intervenção da Sociedade de Geografia na valorização da diáspora portuguesa.

1961 Sá da Bandeira. Manifestação a pedir a instalação
dos Estudos Gerais Universitários na cidade a que chamaram a Coimbra de Angola

Setembro de 1962, Cabo Verde. Com o Governador Silvino Silvério Marques

1962. Salazar recebe o Coro de Moçambique no Estoril

1962. O entusiasmo de Salazar: no dia seguinte perguntava-me o que eram os espirituais

5 de Outubro de 1962, Abertura dos trabalhos do Último Plenário do Conselho Ultramarino. Da esquerda para a direita na 1ª fila estão presentes: Almeida Cotta, Sarmento Rodrigues, Costa Freitas, Adriano Moreira, Moreira Rato, Silvino Silvério Marques, Silva Cunha

Salazar recebe os cumprimentos dos vogais do Conselho Ultramarino

8 de Dezembro de 1964. A sala de Portugal da Sociedade de Geografia, na abertura do I Congresso das Comunidades Portuguesas

Abertura do I Congresso das Comunidades Portuguesas presidida pelo Presidente Tomás, na Sociedade de Geografia

Inicio dos trabalhos do I Congresso das Comunidades Portuguesas.
Da esquerda para a direita: Costa Freitas, Almirante Reboredo e Silva,
Trigo de Negreiros, General Câmara Pina

Romaria dos Congressistas aos Jerónimos depositando
flores no túmulo de Camões

Guimarães, 12 de Dezembro de 1964. Visita dos Congressistas ao Castelo, onde assinariam os Estatutos da União das Comunidades de Cultura Portuguesa

Guimarães, 12 de Dezembro de 1964.
Assinatura dos Estatutos da União das Comunidades de Cultura Portuguesa

Guimarães. Celebração da missa de acção de graças presidida
por D. Francisco Maria da Silva, Arcebispo de Braga

I Congresso das Comunidades Portuguesas.
Patriarca das Índias D. José da Costa Nunes

16 de Dezembro de 1964. Encerramento do I Congresso das Comunidades Portuguesas na Sociedade de Geografia, presidido pelo Cardeal-Patriarca D. Manuel Gonçalves Cerejeira

1962,Lisboa. Fundação do Centro Português do CEDI, presidido internacionalmente pelo Arquiduque Doutor Otto de Habsbourg

1966, Madrid – Conselho do CEDI, presidido pelo Arquiduque Doutor Otto de Habsbourg

1965. Otto de Habsbourg e Gilberto Freyre recebidos na Academia Internacional da Cultura Portuguesa

1965. Gilberto Freyre, Madalena Freyre e Almerindo Lessa,
na recepção de Gilberto pela Academia Internacional da Cultura Portuguesa.
Almerindo enverga a toga de Conselheiro da União das Comunidades Portuguesas

Os Conselheiros brasileiros da União das Comunidades da Cultura Portuguesa:
António Simões Celestino, Ives Gandra da Silva Martins
e Paulo Brás, em reunião do Conselho

De 13 a 23 de Julho de 1967, Porto de Lourenço Marques.
Festejando o paquete Infante D. Henrique a bordo do qual
decorreu o II Congresso das Comunidades Portuguesas

1967. Delegados Brasileiros do II Congresso das Comunidades Portuguesas em Lourenço Marques: Lucy Block, Moniz de Aragão e Mulher, Josué Montello e Mulher

13 de Julho de 1967, Lourenço Marques.
Abertura do II Congresso das Comunidades Portuguesas
23 de Julho de 1967, Ilha de Moçambique.
Encerramento do II Congresso das Comunidades Portuguesas

Com a Mónica e o nosso filho António, nascido em 27 de Julho de 1969, no dia seguinte aos graves incidentes no Instituto Superior de Ciências Sociais e Políticas da Universidade Técnica de Lisboa

Os filhos. Nuno, Mónica Maria (com a Teresa ao colo),
António, Isabel e João

Os netos. Maria, Mariana, Leonor, Mónica, Marta e Miguel.
Ana, Duarte, Isabel, Catarina e Diogo

1994, Roma. Entrega a João Paulo II do livro D. Sebastião de Resende, Profeta em Moçambique, onde organizei os seus trabalhos mais importantes. Homenagem ao Bispo da Beira largamente presente na minha intervenção em África. Estão presentes o Padre Aguiar e Manuel Bulhosa, Editor.

O TEMPO ÍNTIMO

O nosso Instituto Superior de Ciências Sociais e Políticas tinha, como lembrei, uma relação histórica com a Sociedade de Geografia de Lisboa, porque ali tinha nascido a Escola Colonial, que foi a sua primeira versão, na época heróica em que Luciano Cordeiro se assumiu como dinamizador da sociedade civil portuguesa, para enfrentar as graves consequências da Conferência de Berlim de 1885, as quais incluíram o *Ultimatum* de 1890.

Tinha uma grande presença na vida cultural portuguesa, sobretudo no meio de todos os que de algum modo estavam relacionados com o Ultramar, possuindo a melhor biblioteca nacional sobre temas tropicais, um riquíssimo museu etnográfico, cartografia valiosa, e uma série de antigos presidentes que todos tinham exercido papéis de relevo na vida portuguesa.

Um *Boletim* regularmente publicado demonstra a actividade cultural e científica da agremiação, naquele tempo já instalada em edifício da família Covões, ao lado do Coliseu, a necessitar de restauração.

A sua presidência era desejada pelo relevo que tinha, sobretudo nos meios coloniais, e não é de surpreender que o Governo se interessasse pelas eleições estatutárias, sempre que se tornavam necessárias.

Em 1964 vagou a presidência, e fui eleito Presidente sem oposição, excepto a clara do Ministro do Ultramar e a discreta do Ministro dos Negócios Estrangeiros, o primeiro sempre mais incapaz de subtilezas e atreito, como se diz da cavalaria, a correr e a pensar, por esta ordem, a primeira operação de ritmo mais acelerado do que o ritmo da segunda.

Eram muitas as personalidades de importância relacionadas com a Sociedade, que tinha no seu passado, de acordo com os Estatutos, contribuído para o estudo das emigrações portuguesas.

Todos os anos se realizava uma Semana do Ultramar, versando temas relacionados com a conjuntura, havendo sempre uma sessão solene inaugural, presidida pelo Chefe de Estado, e realizada na famosa Sala Portugal, uma numerosa série de interven-

A ESPUMA DO TEMPO

ções dispersas pelo país, e finalmente a sessão de encerramento, de regra na Sala Algarve, com presidência variável.

Tentei recuperar as decrépitas instalações, conseguindo contribuições de várias instituições privadas, entre as quais destaco a Fundação Gulbenkian, cujo Presidente Azeredo Perdigão se interessava profundamente pelos temas brasileiros e ultramarinos, e o dinâmico empresário Manuel Bulhosa, ambos meus amigos, que ajudaram decisivamente a mobilizar o interesse de outras organizações nas suas áreas de intervenção. A Agência Geral do Ultramar conseguiu vencer as resistências hierárquicas, usando a paciência e diplomacia habituais do seu ilustre Agente Dr. Banha da Silva, para que o Ministério não deixasse de estar presente. O Arquitecto Luís Possolo, da Fundação Espírito Santo, ocupou-se gratuitamente dos projectos e da direcção das obras, e a Maria(sinha) Espírito Santo Silva, a jovem Ana Maria Adão e Silva, e a Luísa Manoel de Vilhena (Pequenina Alpedrinha), responsabilizaram-se pelas decorações, ao mesmo tempo que os sócios e os fiéis servidores da casa devotadamente cuidaram do arrumo dos vários acervos do património. Grupos de estudantes do Instituto organizaram-se para suprir a falta de quadros privativos da Sociedade, tudo com um excelente resultado.

Passei dez anos na Presidência, e o *Boletim* e as outras publicações documentam a intensa actividade que nessa época fez da Sociedade um centro de referência, com atenção constante da imprensa, para além das limitações correntes.

O grupo responsável incluía João da Costa Freitas, que foi o mais notável dos meus colaboradores, um amigo em "todas as estações", e tive sempre ao meu lado o apoio de Azeredo Perdigão, Virgínia Rau, Almirante Reboredo e Silva, José Nosolini, Gonçalves Pereira, Sarmento Rodrigues, Jorge Dias, Óscar Barata, João Pereira Neto, Júlio Gonçalves, Augusto de Castro, Natércia Freire, Moisés Amzalak, Domingos Monteiro, Teófilo Carvalho dos Santos, Martins de Carvalho, e tantos mais que é impossível recordar, destacando-se o Secretário Perpétuo, António de Almeida.

O TEMPO ÍNTIMO

O Ministério do Ultramar dava tradicionalmente um subsídio à Sociedade de Geografia, o qual passou a ter de ser penosamente negociado em cada ano, valendo-nos sempre o interesse, também tradicional, de instituições privadas. Quando incidentalmente, por diligência do Embaixador Nosolini, tive oportunidade de observar ao Doutor Salazar os escusados impedimentos que vinham do Ministro Silva Cunha, sugeriu-me que valorasse a grande capacidade de trabalho de que ele dava provas, o que me levou a responder que isso apenas aumentava a área do desastre.

Assegurada a recuperação das instalações, e para confirmar a qualidade fortalecida da intervenção da Sociedade de Geografia, decidi, na data da Semana do Ultramar desse ano de 1964, que se realizou em Aveiro, lançar o projecto de uma Congregação Geral das Comunidades Portuguesas, com o objectivo de institucionalizar as relações entre os portugueses espalhados pelo mundo, abrangendo os descendentes de portugueses nos territórios de destino das emigrações, e também as comunidades filiadas na cultura portuguesa porque por elas passara a soberania, a evangelização, ou a aculturação resultante dos contactos.

Com o apoio das instituições empenhadas no restauro da sede e do prestígio da Sociedade de Geografia, sem qualquer outro título que não fosse o de Presidente da mesma, iniciei uma longa viagem que passou pelo Canadá, pelas duas costas dos EUA, pelo Hawai, pela Venezuela e pelo Brasil, por Macau, Hong--Kong e Tóquio, pelos centros europeus de destino das emigrações, contactando com as agremiações de portugueses, em alguns lugares conseguindo que líderes locais se responsabilizassem por alargar os contactos, e assim mobilizei uma vasta representação para o *I Congresso das Comunidades Portuguesas*, que se realizou em Setembro de 1964.

Sabendo dos usos da comarca, fiz saber ao Doutor Oliveira Salazar, sempre por intermédio do Embaixador Nosolini, do que se tratava, e as suas instruções impediram os obstáculos que esperaram por melhor ocasião. Tratava-se de acrescentar à definição portuguesa a dimensão da diáspora que não se queria perdida

A ESPUMA DO TEMPO

definitivamente, quer se tratasse de simples emigração, quer os problemas das independências estivessem envolvidos, sendo por isso o Brasil um elemento fundamental do projecto.

Anos antes, Salazar tivera alguns contactos com o problema dos encontros das civilizações diferentes, e das questões da integração e das trocas de padrões culturais, quando, pela década de cinquenta, reuniu em Lisboa o *Instituto das Civilizações Diferentes*, com sede em Bruxelas, cujo congresso teve lugar no edifício da Assembleia Nacional, presidindo Sarmento Rodrigues que não exercia então funções de Governo, cabendo-me secretariar.

Foi uma das ocasiões em que Gilberto Freyre teve oportunidade de expor publicamente, para um auditório internacional, as suas teorias e previsões.

Aconteceu até que, no fim do Congresso, Sarmento Rodrigues, Gilberto Freyre, e eu como secretário, fossemos recebidos por Salazar para lhe dar conhecimento das conclusões da reunião que os promotores consideraram importante. Nessa reunião ele surpreendeu Gilberto perguntando-lhe em que ponto estavam as suas investigações para o trabalho que se viria a chamar *Ordem e Progresso*, quis saber notícias do Brasil político, e não omitiu os pessimismos sobre a decadência ocidental.

Ao terminar a reunião, Gilberto lembrou a visita que seu velho pai, o Professor Freyre, fizera algum tempo antes a Portugal, a alegria com que percorrera o país, e, acrescentou, o apreço que tinha pelo Doutor Salazar. Este, que ia acompanhando Gilberto para a saída, segurando-lhe no braço, foi dizendo: bem sei, um bom salazarista, mais do que o filho. O Gilberto despediu-se com algum embaraço.

Não constava da experiência portuguesa um acontecimento semelhante ao do Congresso das Comunidades, e as Actas publicadas documentam a variedade das representações e a riqueza das comunicações.

A tendência cultivada foi no sentido de ter presentes os representantes de associações cívicas das comunidades, de natu-

O TEMPO ÍNTIMO

reza aproximada às das casas regionais, porque pela simples existência já demonstravam a permanência de uma ligação às raízes.

Foram identificadas e contactadas comunidades em quarenta e dois países, incluindo as que guardaram a memória da expansão no oriente, como se passava em Singapura, Malaca, Ceilão, ou descendiam dos expulsos, como era o caso dos judeus da Turquia.

Na sessão de abertura, em 8 de Dezembro, falaram Luís Gomes pelas comunidades dos EUA, Roy Teixeira pela comunidade cabo-verdiana, também dos EUA, que se apresentava com identidade própria, Pombeiro de Sousa pela comunidade do Malawi, Jack Braga pela comunidade de Hong-Kong, Deolindo Augusto da Encarnação pelas comunidades de Macau e Timor, Augusto de Sousa Baptista pelo Brasil.

O número de especialistas que se ocuparam de organizar a temática do Congresso foi numeroso e qualificado, acompanhando as contribuições que se baseavam na experiência de vida.

No discurso inaugural procurei definir os objectivos do que já era um movimento importante – ir ao encontro da que chamei *Nação peregrina em terra alheia*. Talvez o trecho seguinte da minha intervenção contenha uma síntese suficientemente clara: "O mundo em que vivemos, na data em que tentamos lançar este movimento de solidariedade entre portugueses, descendentes de portugueses e filiados no portuguesismo, é bem diferente do mundo em que decorreu a juventude da maior parte dos que aqui vieram meditar sobre a possibilidade de unir os seus esforços.[...]

Os países deixaram de poder ignorar-se, tão fortes são as interdependências do nosso tempo e, também por isso, não está de acordo com a sabedoria que as grandes potências tratem com descaso os interesses das pequenas nações.

Qualquer pequeno país pode inesperadamente deter nas suas mãos o destino de todos, e por isso não é aconselhável desfazer solidariedades forjadas no passado em leal cooperação, não é aconselhável ignorar os interesses fundamentais de todos os que pertencem ao mesmo sistema cultural geral, não é útil enfraquecer

A ESPUMA DO TEMPO

qualquer dos pilares de uma civilização construída e mantida por um trabalho comum.

Pelo contrário, a marcha do género humano para uma efectiva igualdade, não apenas sonhada mas vivida, exige que as solidariedades existentes sejam reforçadas e não enfraquecidas ou abandonadas. Isto, porém, não depende apenas do poder político dos Estados, depende também de nós, de todos e cada um, na sua esfera de acção, no âmbito do seu poder e da sua capacidade.

A palavra é uma arma que destrói exércitos, e a acção é uma forma de rezar capaz de mover montanhas: pregar os nossos valores essenciais, agir de acordo com eles, não ignorar os desafios ideológicos, esclarecer, reivindicar a integridade de uma concepção de vida, é uma forma, que se afigura importantíssima, de servir as solidariedades que desejamos ver desenvolvidas e fortalecidas com autenticidade [...]

Não posso antecipar até que ponto nos será possível encontrar, neste Congresso, um método e uma organização. Estou certo de que encetamos um caminho árduo, sei que encontraremos muitas dificuldades e também que não pode chegar-se a um resultado apreciável senão depois de muitos esforços que exigirão persistência, paciência e tempo. Diria que iniciamos hoje um trabalho que pode bem ser a obra da próxima geração.

Mas é necessário começar, e todos os que têm o sentido da continuidade das instituições e das culturas também aceitam alegremente ser apenas um elo modesto na cadeia das gerações que trabalham para a realização dos valores eternos em que acreditam [...] Aquilo que hoje tentamos iniciar, isto é, a busca de uma resposta nova para desafios novos à nossa concepção de vida, foi incontáveis vezes feito no passado por homens que ignoramos, cujo sofrimento foi esquecido, dos quais o nome se apagou.

Mas sobreviveu alguma coisa que foi para eles tão valiosa como é para nós, justamente a nossa maneira de viver, o portuguesismo que é o património comum dos portugueses das sete partidas do Mundo que hoje voltaram ao lar ancestral por amor ao passado e, sobretudo, por amor do futuro".

O TEMPO ÍNTIMO

Na viagem preparatória deste I Congresso foram muitos os encontros surpreendentes com as formas de defesa das raízes, por vezes distantes de gerações. Recordarei apenas a recepção que me organizaram em Honolulu onde existiam sócios da Sociedade de Geografia. Um Comissão de senhoras, encarregada de assegurar os contactos e alguns actos sociais, pediu-me, logo no Aeroporto, duas coisas: que fosse depositar as flores que me ofereceram nas campas dos luso-descendentes mortos na guerra de 1939-1945, e assim fiz; que na manhã seguinte fosse tomar o pequeno almoço com o mais velho luso-descendente da comunidade, um homem de noventa anos, que ficou preocupado com a sobriedade da minha alimentação, não me vaticinando longa vida com tal regime. Finalmente, no jantar que organizaram, presidido pelo Mayor, pediram-me para fazer uma alocução em português, que seguiram com reconfortante atenção, para depois me agradecerem dizendo que não percebiam uma palavra, mas adoraram ouvir a música da língua.

Era apaixonante ir verificando que havia um conjunto de valores, emoções, desígnios, que ligavam esta gente dispersa pelo mundo, com intelectuais e dirigentes das organizações económicas, como Lopo C. Cancela de Abreu, Luís Pina, Luís Teixeira, Rodrigo Leal Rodrigues, Sam Levy, Tito Lívio Ferreira, Silva Rego, Aureliano Leite, Ives Gandra da Silva Martins, Melo e Castro, Joaquim da Costa Pinto Neto, Jorge Dias, Artur Maciel, e o grupo de catorze professores universitários luso-descendentes, que pediram a organização da Academia Internacional da Cultura Portuguesa e da União das Comunidades de Cultura Portuguesa, a primeira ligando académicos espalhados pelas áreas das comunidades, a segunda interligando associações de portugueses e luso-descendentes, ambas legalmente criadas em 1964, e secretariadas pela Sociedade de Geografia de Lisboa.

Tudo acarinhado por comunidades como a representada pelos delegados de Malaca que, pela voz de C. da Silva, modesto empregado do comércio, se dirigiu aos "Muito Respeitado Sinhor Presidente di Congresso, Sinhor Professor Adriano Moreira,

A ESPUMA DO TEMPO

Muito Respeitado Sinhor Sinhora Delegados", para depois explicar com grande esforço e candidamente aos jornalistas curiosos pela sua viagem, que – *barco português chegou na terra, marinheiros desceram, estamos aqui.*

Os estatutos daquelas instituições foram aprovados numa sessão inesquecível realizada no Castelo de Guimarães, e presidida por D. Francisco Maria da Silva, Primaz, e foram depois rapidamente executados, dando prova de vida com o *Boletim* da Academia, a *Revista das Comunidades* editada pela União, e ainda a *Revista Geográfica*, publicações todas com apreciável nível técnico, cultural e científico.

Na recepção organizada nos Paços dos Duques, deu-se um curioso e significativo encontro de antagonismos históricos e reconciliações. Entre os convidados estava Benoliel, descendente de um judeu que fora obrigado a fugir de Portugal, no Reinado de D. João II, e cujos representantes, fixados em Ancara, falavam um português perfeito. Ele próprio era cônsul honorário de Portugal. Convidado como descendente dos príncipes portugueses, estava D. Duarte Nuno, Duque de Bragança. Quando foram apresentados, Benoliel disse ao Duque, com finura e prazenteiro: devo o prazer de conhecer Vossa Alteza ao facto de o seu avô não ter conseguido cortar a cabeça do meu.

Por esse tempo já o Brasil deixara de apoiar Portugal na ONU, e uma corrente mais intransigente com o desvio doutrinava severamente contra o Governo brasileiro. O próprio Doutor Salazar, quando Marcello Mathias, Ministro dos Negócios Estrangeiros, lhe comunicara, na minha presença, que tinham sido inúteis as horas passadas a tentar convencer o Ministro Afonso Arinos de Melo Franco de que não era razoável que o Brasil adoptasse essa atitude, espetou um dedo colérico na minha direcção, e disse – o senhor é que devia governar o Brasil, ali do Terreiro do Paço. Afonso Arinos, nas suas memórias, refere ter sabido do comentário.

Talvez o texto mais severo ficou devido ao respeitado Alexandre Lobato, que de Lourenço Marques enviou uma tremenda

O TEMPO ÍNTIMO

Carta ao Embaixador do Brasil em Portugal (1963) "por mão do cônsul do Brasil em Moçambique". A entrada resumia já todo o azedume da memória: "Português que sou, acompanhei com o maior interesse o comportamento do Governo do seu país na farsa de Nova Iorque, em que tão dignamente colaborou, de maneira necessariamente subalterna e modesta, mas nem por isso menos eivada de sofismas doces, a ver se conseguia, ou pode ainda conseguir, ficar com algum despojo da luta, oferecendo para isso expressões de concordância, que são, em política, formas de investimento, com juros à vista".

Tal estado de espírito esteve completamente ausente do Congresso, interessado em descobrir formas de um futuro conciliado entre colonizadores e colonizados, e não em contribuir para multiplicar as angústias e aumentar as distâncias.

O êxito, ainda mal explicitado em consequências previsíveis e completamente assumidas, conduziu a mais um dos acidentes de percurso que, na época, pouco afeita a larguezas de espírito, agradou ao progressivo fortalecimento dos que não aprovaram o movimento, em regra por medirem cuidadosos a incidência positiva ou negativa no prestígio e autoridade ganhos ou perdidos.

Da parte do Ministro dos Negócios Estrangeiros, fui inquirido por sua doce mensageira sobre as razões pelas quais não tinha comunicado ao Ministro, e com ele acertado previamente, o projecto do Congresso. Respondi que não me tinha ocorrido, e compreenderia mais tarde que não foi a mais apaziguadora das respostas, como haveria de comprovar na primeira oportunidade que teve de me fazer saber pessoalmente, com voz de autoridade e tonalidade harmónica com a imagem do Estado forte, que não admitia semelhantes desconsiderações. O General Câmara Pina e Azeredo Perdigão organizaram depois um almoço, no então requintado Aviz, para que me fosse explicado, pelo próprio, que o arruído da fala ministerial era entusiasmo pela excelência do acontecimento.

Essa excelência fora reconhecida numa sessão realizada em 16 de Dezembro de 1964, no Salão do Teatro do Instituto Superior

A ESPUMA DO TEMPO

de Ciências Sociais e Políticas, e nela pronunciei as seguintes palavras que, por desastre, foram gravadas: "Eu estou muito preocupado. Gostaria de repetir algumas palavras a que alguns dos meus auditórios obrigatórios estão habituados. Este não é um auditório obrigatório, mas as palavras são, penso, igualmente oportunas.

Eu estou extremamente grato e sensibilizado por todas as manifestações de que fui alvo este dia. Mas há uma coisa que desejava pedir com a maior intensidade que for possível exprimir com as minhas palavras: que este movimento não seja personalizado em ninguém. Não serve as ideias diminuí-las encarnando-as num só homem. O culto da personalidade não serve a perenidade dos valores. Não confiem a realização dum objectivo a um homem só. Peço-lhes que confiem num valor permanente que é o povo português e em mais ninguém ...".

Os cuidados hermenêuticos não abrandaram no intuito de conseguirem enumerar todos os sentidos ocultos que pressentiam no texto, e inclinaram-se preferentemente para entender que nem sequer era útil pronunciar o suposto nome do visado. Outros comentaram sobre os perigos da oratória que não passa pelo crivo da escrita meditada.

Foi uma delicada batalha diplomática conseguir que não fosse impedida a realização do II Congresso, apoiada na rápida organização das instituições propostas e regular publicação das edições programadas, que fizeram consolidar os apoios anteriores da sociedade civil, e as expectativas das associações das comunidades, o que tudo conseguiu manter a orientação favorável governamental, com e por intervenção atenta do Embaixador Nosolini.

Desta vez foi aprazado para Julho de 1967, a bordo do *Príncipe Perfeito*, que partiria de Lourenço Marques (Maputo) seguindo a rota de Vasco da Gama, com paragens na Beira (dia 16) em Nacala (dia 19), na Ilha de Moçambique (dia 20), regresso com passagem pela Beira (dia 22), e sessão final em Lourenço Marques (dia 23).

O TEMPO ÍNTIMO

A participação foi mais numerosa e empenhada, já com um geral sentido de programação, e oficial manifestação de apoio do Governo do Brasil por intermédio do Ministro da Educação Tarso Dutra, de Negrão de Lima, governador da Guanabara, e desenvolvida teoria de razões pelo Professor Raymond Moniz de Aragão, antigo Ministro da Educação do Brasil, que via no Congresso *"um instrumento pelo qual hoje iniciamos a construção efectiva da Pátria Maior"*.

Por mim continuei a insistir na internacionalização da vida privada, e portanto na primazia da sociedade civil, nas solidariedades transfronteiriças e transnacionais. Disse na inauguração oficial em Lourenço Marques: "Esta internacionalização da vida privada, um facto inelutável, pode ser também um contributo insubstituível para a defesa, preservação e desenvolvimento de valores essenciais. A experiência da dispersão lusíada no mundo é disso um testemunho sem paralelo. Fora dos territórios onde se exerce o poder político de raiz lusíada vivem alguns milhões de homens ou ainda portugueses, ou descendentes de portugueses ou filiados na cultura portuguesa. Em alguns lugares constituíram um grupo numeroso, cultural e economicamente significativo. Noutros ficaram reduzidos e isolados, cultivando corajosamente as tradições ancestrais. Noutros ainda, implantando-se em face de um condicionalismo de que não têm experiência, mas rodeando a sua fixação dos símbolos culturais da origem. E em todos os casos, quase como regra sem excepção, apenas amparados pela sua fidelidade a uma concepção de vida secular, sem auxílio, orientação ou protecção oficiais.

É verdade que as Pátrias não se escolhem, acontecem, e que as raízes originárias não podem ser recusadas. Mas ambas as coisas podem ser negadas, e viver e morrer-lhes fiéis é uma decisão consciente. Mas em quanta heroicidade radica essa decisão, quando a vida vai decorrer fora da terra dos maiores? E que misteriosa fé leva a preservar, para se transmitir de geração em geração, um conceito essencial da vida que resiste à perda da nacionalidade, ao esquecimento da língua, ao desaparecimento do

A ESPUMA DO TEMPO

parentesco sabido, resiste até à mudança de religião? Com fé e coragem anónimas, aí está, espalhado pelo mundo, esse património lusíada que a Nação peregrina em terra alheia implantou e defendeu.

Num mundo que converge para a unidade de tal modo que não há regiões, nem povos, nem Governos, nem culturas, que possam mutuamente ignorar-se, este património lusíada, espalhado ao redor da Terra, poderá ser uma força moral que contribua valiosamente para a resolução do maior problema do nosso tempo, o qual é simplesmente o de aprendermos a viver juntos sendo diferentes.

Diferentes na etnia, na cultura, na nacionalidade, na religião, nas tradições, na sensibilidade, mas todos membros do género humano que povoa a Terra. Que o nosso património lusíada possa dar um contributo valioso em tal sentido, resulta muito simplesmente da experiência secular de fazer convergir para a unidade grupos humanos diferenciados que de outro modo seriam inviáveis no mundo de hoje.

Se fosse possível que os portugueses, descendentes de portugueses ou filiados na cultura portuguesa, que povoam os EUA, soubessem e se inquietassem com os que povoam a França, e estes com os de Malaca, e estes com os do Canadá, e estes com os da África do Sul, e estes com os do Japão, e todos uns com os outros, e todos com os que vivem em território sujeito a soberania lusíada, ou portuguesa ou brasileira, teríamos ao redor do mundo uma força moral não-agressiva, convergente, praticante da regra da igualdade do género humano, cheia de amorosidade, cristãmente ecuménica, podendo ser extremamente eficaz pela observância da regra de que não são as nossas palavras mas as nossas obras que rezam.

Uma força tecida mais pela internacionalização da vida privada que pelo propósito dos Governos, precisando da ajuda que cabe nos deveres da autoridade política, mas inteiramente apolítica, porque apenas e exclusivamente comprometida com a maneira lusíada de estar no mundo. É este pensamento que anima o

O TEMPO ÍNTIMO

movimento para a unidade e a congregação das comunidades de cultura portuguesa espalhadas pelo mundo.

Embora claro e simples, muitas vezes terá de sujeitar-se ao moderado entendimento que a rotina costuma chamar ponderação. Mas esse será o menor dos escolhos. O maior seria que não se entendesse que este movimento, tocando e procurando congregar grupos de homens fiéis a várias nacionalidades, não pode de nenhum modo ser politicamente comprometido com qualquer orientação partidária".

Como de hábito, o Dr. João da Costa Freitas foi o líder eficaz da Comissão Executiva da Sociedade de Geografia que coordenou as actividades, em Angola o Reitor Ivo Soares dos Estudos Gerais presidiu à Comissão que, com delegação de Costa Freitas, acolheu os congressistas brasileiros e americanos que ali fizeram escala, e em Moçambique igualmente confiou a recepção a uma Comissão presidida pelo jovem Reitor Veiga Simão, com a colaboração indispensável e influente de Jorge Jardim, o qual conseguiu uma organização sem falhas da logística ao longo da costa, difícil a partir de Lourenço Marques, e a pedir a sua influência e autoridade.

Uma circunstância desde logo preocupante foi que o Ministro Silva Cunha e o Ministro Franco Nogueira não se dispensaram de assumir espontaneamente a honra de aparecerem e presidirem, o primeiro à Sessão Inaugural em Lourenço Marques, e o segundo ao encerramento na Ilha de Moçambique, governamentalizando os objectivos, apropriando a iniciativa, omitindo cuidadosamente referir, nos discursos oficiais autorizados à divulgação na metrópole, a origem e temas de referência do projecto, e tornando claro, para os treinados leitores dos usos da comarca, que estavam decididos a impor um ritmo domesticado ao movimento, até à paralisação final.

O *New York Times* de 20 de Agosto sublinhava que "a few delegates showed discomfort over Mr. Nogueira's political tone. They felt they were being pressed to support Portuguese policy in Africa", um texto reproduzido pelo Luso-Americano (Newark)

A ESPUMA DO TEMPO

em 24 de Agosto. Ao mesmo tempo davam relevo a um incidente com um navio de guerra britânico que patrulhava a 12 milhas do Porto da Beira, integrado no bloqueio que desde o começo de 1966 pretendia impedir o abastecimento da Rodésia pelo *pipeline* instalado naquele porto, e que pretendia fiscalizar o *Infante D. Henrique,* o que o comandante recusou, impondo a sua vontade. Da Frente de Libertação de Moçambique, de que se falava, não houve qualquer sinal.

Não obstante a qualidade do grupo de jornalistas que acompanharam o Congresso, o Ministro do Ultramar dedicou especial atenção à filtragem do noticiário, que todavia beneficiou da atenção, capacidade e meios de Francisco P. Balsemão para que uma versão objectiva, e não mutilada, chegasse ao público metropolitano.

Foi numeroso o grupo de universitários brasileiros e portugueses que convidei e anuíram, e destacam-se também os universitários de outras regiões que consegui reunir, por exemplo Eneas Marzano da Escola Superior de Guerra do Brasil, José Condé, Viana Moog, Tito Lívio Ferreira, Sousa Dantas que fora embaixador negro do Brasil em Ghana, Machado da Rosa da Universidade de Los Angeles, Francis Rogers da Universidade de Harvard, Correia Branco da Universidade de Boston, Roberto Arruda do Colégio Universitário de Bridgport, Gonçalo de Reparaz da Universidade de Siena, Pedro Calmon da Universidade Federal do Rio de Janeiro, Manuel Rocha do Instituto Lusitânia de Ludlow, Josué Montello, a quem tanto deve a Universidade do Maranhão, sempre Gilberto Freyre, e outros então menos conhecidos dos portugueses, como o Padre Sousa Nobre, deputado por Minas Gerais, António Pedro Rodrigues, o mais influente livreiro português no Brasil, António Simões Celestino, que se destacava na colónia portuguesa da Bahia, Horácio Pinto Coelho do Real Gabinete Português de Leitura, Thiers Martins Moreira da Universidade do Rio, e Silva Horta, Torquato Soares, Padre Fernando Bastos Ávila, vice-reitor da Pontifícia Universidade Católica

O TEMPO ÍNTIMO

do Rio, Cunha Bueno e Euripedes Cardoso de Meneses, deputados federais do Brasil, D. Francisco Maria da Silva, Arcebispo de Braga, D. António Rodrigues, Bispo de Madarsuma, Richard Pattee da Universidade de Montreal, Herculano de Carvalho, Reitor da Universidade Técnica de Lisboa, e sempre Agostinho da Silva e Almerindo Lessa.

Também foi notável a representação dos potentados da indústria jornalística brasileira, como a infatigável e querida amiga Lucy Block da *Manchete*, e a Condessa Pereira Carneiro do *Jornal do Brasil*.

Todas as conclusões do Congresso vieram a ser retomadas, depois de anos perdidos, pelo programa da CPLP, cujo dinamizador, o Embaixador Aparecido de Oliveira, mal recompensado pelo trabalho e pelo serviço que prestou, nunca deixou de publicamente filiar naquela minha acção a ideia que o animou a enfrentar as dificuldades e os desenganos.

Das crónicas que melhor documentaram o evento, ao lado de Pinto Balsemão, destaca-se a que o ilustre Vianna Moog enviou para a *Manchete* de 23 de Setembro de 1967. Gilberto Freyre dirigiu a I Secção que se ocupou da *Convergência Étnico--Cultural*, Garrido Torres e Beja Neves a II Secção que se ocupou da *Comunidade Luso-Brasileira*, Silva Rego a III Secção que se ocupou de *África-Oriente*, Machado da Rosa a IV Secção que se ocupou da *Europa-América*, Moniz de Aragão e Veiga Simão a V Secção que se ocupou da *Ciência e Educação*, e finalmente uma discussão geral sobre o problema do livro. O trabalho foi duro e com poucas horas livres.

A sessão final, que se realizou na Fortaleza da Ilha de Moçambique, teve uma solenidade talvez única, da qual destaco algumas referências. Por minha proposta não houve aplausos para as intervenções: foi guardado silêncio em homenagem aos portugueses que ao longo dos séculos consumiram a vida a dilatar a intervenção portuguesa no mundo. E finalmente a Missa.

Naquele fim de dia, com a fortaleza iluminada por archotes, presentes todos os cerca de 200 congressistas, mais o povo de

331

A ESPUMA DO TEMPO

todas as etnias, crenças e culturas, que quis comparecer, flutuando pela primeira vez juntas as bandeiras de Portugal e do Brasil, doze prelados e sacerdotes concelebraram a missa de acção de graças presidida por D. Francisco Maria da Silva, Arcebispo de Braga, acompanhado dos prelados D. Custódio Alvim, Arcebispo de Lourenço Marques, D. José dos Santos Garcia, Bispo de Porto Amélia, D. Eurico Dias Nogueira, Bispo de Vila Cabral, D. Felix Nisa Ribeiro, Bispo de Tete, e D. António Reis Rodrigues, Bispo de Madarsuma.

Quando as bandeiras desceram lentamente nos mastros, e a noite se estendeu sobre o mar e a terra, a silenciosa oração foi no sentido de que a sabedoria evitasse que a violência continuasse a dominar o processo da mudança. Já seria gratificante se, como enunciei na abertura do Congresso e repito, pudéssemos ter, "ao redor do mundo, uma força moral não-agressiva, convergente, praticante da regra da igualdade do género humano, cheia de amorosidade, cristãmente ecuménica, podendo ser extremamente eficaz pela observância da regra de que não são as nossas palavras mas as nossas obras que rezam".

No discurso de encerramento dos trabalhos, na Ilha de Moçambique, conclui: "Tivemos ocasião de assistir hoje ao baptizado de um neto de emigrantes. Que esta criança, trazida de longe à reunião da diáspora lusitana, seja o símbolo do homem novo que o nosso povo precisa para enfrentar a nova era".

Houve várias ofertas para sede do III Congresso, sendo dominantes as do Brasil. Nunca mais foi possível dar um passo, até que a marcha foi retomada com a já referida iniciativa que levou à fundação da CPLP. Os velhíssimos subsídios para a Sociedade de Geografia foram penosamente discutidos cada ano, a influência para a secagem de apoios avigorou-se. A União das Comunidades da Cultura Portuguesa paralisou assim por falta de recursos, e as suas revistas, *Geográfica* e das *Comunidades*, deixaram de ser publicadas por igual motivo. Manteve-se com perseverança a Academia Internacional da Cultura Portuguesa, durante anos

O TEMPO ÍNTIMO

presidida pelo Padre Doutor Joaquim António de Aguiar, com apoios exclusivamente privados, até que Teresa Gouveia, Secretária de Estado da Cultura, a inscreveu modestamente no Orçamento que contempla as Academias criadas pelo Estado.

Entretanto casara, em 31 de Agosto de 1968, com a Mónica, o que foi certamente a decisão mais emocional, mais importante, e mais inteligente da minha vida. A família que organizámos, solidária, numerosa de filhos e netos, na qual todos mostram activamente o amor que os une, deve-lhe tudo. Foi celebrante, na Quinta Velha de Sintra, o Padre Alberto, que ganhou nomeada pelo que representou a Capela do Rato, aquela que em criança por vezes supria a falta do templo em Campolide, e que seria assassinado anos mais tarde em circunstâncias nunca esclarecidas. Tinha ele além disso uma íntima relação com a família da minha mulher, que assistira espiritualmente em dolorossíssimas circunstâncias.

Não obstante a distância que mantinha de qualquer actividade política, o Embaixador Nosolini disse-me que o Doutor Salazar soubera que eu ia casar, e estranhara não lhe ter dito uma palavra, sugerindo que tivesse essa deferência.

Assim fiz sem esforço, e recebi um convite para a visita com a Mónica, que ele gostaria de conhecer. No dia aprazado lá fomos, arrumei o carro no jardim, e dirigi-me à pequena porta de uso habitual, hoje desaparecida. Atendeu uma jovem empregada, bem fardada, a qual nos disse que nesse dia era pela porta principal que éramos esperados, e assim fizemos, esperando na avelhentada e sóbria sala de receber. Rapidamente apareceu o Doutor Salazar, rigorosamente vestido e calçado, porque se tratava de receber uma senhora, e ali ficou de conversa durante cerca de uma hora, perguntando apenas a ela, e eu calado, tudo sobre a família, interesses, projectos de vida. Finda a visita, veio acompanhar-nos até ao carro, abrindo a porta para que a Mónica tomasse lugar, despediu-se afectuosamente, e esperou até sairmos do jardim.

A ESPUMA DO TEMPO

Quando chegámos a casa dela, tinha ali um extraordinário ramo de flores que Salazar lhe enviara, acompanhando uma pesada jarra de prata que lhe oferecia como presente de casamento.

Lembrei-me do dia em que, em serviço, o visitei no Forte do Estoril onde passava férias de verão, tendo chegado a pé porque vinha de perto, o que dispensou o habitual toque do sino com que era chamado o guarda que abria os portões ao automóvel.

Quando cheguei ao recinto onde costumava ler os jornais, sentado na cadeira que lhe viria a ser fatal, vi aberta a porta da Capela ao fundo do páteo, e nela o Doutor Salazar, de costas para mim, preparava o altar para o culto, dispondo as flores. Pensei que não podia violar aquela intimidade, voltei à entrada pedindo para tocarem o sino, e regressei com vagares, para o encontrar sentado a ler os jornais, como de costume. O seu apego às práticas da vida conversada, tradicional, discreta, íntima, e no caso, insuspeitada.

Ainda voltaria a falar-lhe a propósito de um lastimoso incidente com o Doutor Marcello Caetano, pouco antes da sucessão, porque eu estava indesculpavelmente cansado de pequenas impertinências, incluindo a impossibilidade que manifestou em público de me continuar a conhecer, e sempre, por causa principal, o Instituto. Quando, numa vasta recepção privada, se me dirigiu, para se despedir dos presentes estendendo a mão, dei por assente que estava equivocado e não me movi, mesmo quando repetiu o gesto pronunciando o meu nome. Adiante comentarei mais detalhadamente o facto e o ambiente.

A primeira grande agitação dos estudantes, em 1962, não teve motivações profundas relacionadas com a situação internacional do país, e o esforço de guerra, mas teve significado importante na medida em que dinamizou uma tomada de consciência geracional, à procura de instrumentos de reflexão colectiva e de meios institucionalizados de expressão.

A causa próxima da agitação, que surpreendeu o poder, foi a recusa de autorização para celebrar *O Dia do Estudante*, que fora

O TEMPO ÍNTIMO

concedida em anos anteriores, então com a presença ocasional de Leite Pinto, Ministro da Educação, uma inteligência aberta, altamente culto, divertido, pouco aplicado, saudoso dos seus tempos de Paris, e da vida criativa da *rive gauche*, nunca se dispensando de trautear algumas ligeiras canções desses anos famosos quando, mais tarde, Reitor da Universidade Técnica, tinha de esperar pelas maiorias de funcionamento dos Conselhos.

A rotina contava com a concordância do então Reitor da Universidade de Lisboa, Marcello Caetano, e dos directores das Faculdades, com o empenhamento das associações académicas em que se destacava a bem organizada associação do Instituto Superior Técnico, e o Ministro da Educação Lopes de Almeida não teve muito que pensar na autorização que concedeu.

Por razões nunca bem conhecidas, o esporádico Conselho de Ministros não concordou com a manutenção da rotina, e orientou-se no sentido da revogação da autorização.

A bem previsível reacção dos estudantes foi ganhando extensão e significado, tendo como causa assumida a liberdade académica, multiplicando as manifestações, os plenários, as ocupações das instalações, e as cargas policiais, para prosseguirem as suspensões das aulas, greves, tumultos nas escolas, adesões dos vários centros universitários, tudo surpreendente para o modelo de vida habitual que apenas retomou aparência no mês de Maio, mas de facto nada seria depois como antes.

Houve um Conselho de Ministros de rescaldo, em que o Doutor Salazar pediu aos ministros mais envolvidos com os acontecimentos que lhe dessem a sua versão das causas da tremenda agitação dos *rapazitos*.

O Ministro da Educação, o das Corporações, o do Exército, o sempre liberal Ministro das Obras Públicas Arantes e Oliveira, foram repetindo que a questão era grave e anunciadora de desenvolvimentos, mas que não podiam ignorar-se culpas da governação, atrasada no reequipamento escolar, na acção social, no alargamento do acesso ao ensino superior, na modernização dos

A ESPUMA DO TEMPO

currículos e da investigação, e assim por diante. Para terminar, o Presidente disse que, entretanto, tinha estado a ver se conseguia lembrar-se de ter proibido os senhores ministros de fazerem todas as coisas que davam por omitidas. E por aqui se ficou a meditação colegial.

A agitação continuou, com plenários, manifestações, ocupações de instalações, e intervenções policiais que o Reitor Marcello Caetano considerou atentórias da autonomia universitária, e embora as autoridades académicas fossem nomeadas, demitiu-se firmemente em sinal de protesto. A duração da desobediência foi de semanas, e só perto do fim do ano escolar é que voltou a aparente tranquilidade.

Este ensaio frutificou, com esporádicas perturbações, acompanhadas de manifestações populares contra o regime, que no Porto foram importantes, agitação do operariado especialmente na área de Lisboa, e inquietação no Alentejo.

Em 1965 já não haveria dúvidas possíveis sobre a politização do movimento académico, ocasionando violência e prisões, tudo agravado pelo encerramento da Sociedade Portuguesa de Escritores.

A Universidade de Lisboa entrou em greve em fins de 1968, denunciando o que lhes parecia "a natureza de classe dos conteúdos programáticos", com uma audácia inesperada que manteve o Instituto Superior de Ciências Económicas e Financeiras ocupado e professando "menos livros" e "anti-sebentas", e finalmente os textos marxistas e neomarxistas.

Foi em Abril de 1969, sendo já Marcello Caetano Presidente do Conselho, que a crise que restava da tempestade de Maio de 68 soprou francamente no país.

Os apelos simbólicos europeus eram contraditórios. Enquanto que em França o Ministro Edgar Faure tentava, em Outubro de 1968, reduzir a revolta estudantil à exigência da reforma da Universidade, definindo-lhe um estatuto baseado sobre a autonomia e a participação, o estudante checo Jan Palach imolava-se pelo fogo em Janeiro de 1969, tornando-se no símbolo da exi-

336

O TEMPO ÍNTIMO

gência de uma nova liberdade civil e política anunciada pela reprimida *Primavera de Praga* que tivera Alexandre Dubcek como inspirador.

As movimentações de 1969 pareciam ter consolidado o passo em frente, iluminado na Europa pela fogueira de Praga, e por isso a perspectiva política era clara e assumida.

Quando, em Abril desse ano, na Universidade de Coimbra, o presidente Américo Thomaz presidia a uma sessão solene, foi desafiado e apupado pelos estudantes como símbolo do regime, e da guerra de África, e das mobilizações, e da proclamada falta de liberdade.

Foi símbolo desse protesto o estudante Alberto Martins, mais tarde elemento importante do Partido Socialista, seguindo-se violentos confrontos com a Polícia de Segurança Pública e Guarda Nacional Republicana, tudo sublinhado por fortes punições disciplinares. No ano seguinte, a radicalização acentuou-se e o Governo encerrou todas as associações académicas, mandou invadir as instalações universitárias pela polícia, estudantes foram castigados com a incorporação militar, e finalmente uma vítima mortal, o estudante de Direito Ribeiro dos Santos, militante do MRPP, dotou a revolta de um mártir.

Deste longo período retenho a intervenção paradigmática de Lindley Cintra, no início da agitação, que recentemente (1962) ganhara a nomeação para catedrático, o qual assumiu uma liderança que ao mesmo tempo conciliava a fidelidade ao magistério universitário com o magistério do exercício da cidadania, um utopismo de referência apelando à tolerância, ao respeito pelas diferenças, expondo-se à agressão policial para não estar fisicamente ausente das manifestações dos estudantes.

Já no Governo de Marcello Caetano, e de novo surpreendido pelo desafio à autoridade o antigo Reitor que se demitira no início do processo, é que a agitação académica foi reconhecida pelo Governo como uma linha dura da evolução da conjuntura, o que todavia era difícil de continuar a ignorar pelo menos desde os referidos incidentes de 1965.

A ESPUMA DO TEMPO

É neste ambiente que Veiga Simão assume o Ministério da Educação, para fazer uma intervenção reformadora que ficará, depois do Estado social, já previsto por Salazar, como uma parcela duradoira da herança marcelista.

Fora do Governo, e de novo completamente ausente de quaisquer organizações, movimentos, ou manifestações políticas, a intimidade que mantive sempre com as preocupações e tendências da juventude universitária teve duas referências permanentes, o ISCSP da Universidade Técnica por um lado, e o Colégio Universitário Pio XII pelo outro.

Quanto a este último, tratou-se de uma instituição dos Claretianos, devida exclusivamente à iniciativa e capacidade do Padre Joaquim António de Aguiar (o Padre Aguiar), ao qual dei ajuda e participação desde a fundação e ao longo dos quarenta anos seguintes.

Procurou-me no Ministério do Ultramar, em 1961, para me pedir que aprovasse o pedido de uma contribuição ultramarina para o financiamento do projecto, que iniciava em Portugal o regresso actualizado ao modelo dos Colégios, que em Espanha ganhavam intervenção, e que ali o Brasil acompanhava com a instituição de uma Casa do Brasil, na cidade universitária, durante anos dirigida pelo meu amigo sociólogo Joaquim da Costa Pinto.

Fui colegial de honra dessa Casa do Brasil, que muito frequentei, a qual acolhia numerosos bolseiros brasileiros, e desenvolvia uma acção de divulgação da cultura brasileira e também portuguesa, no meio académico, com excelentes resultados.

O projecto claretiano que aprovei, e de que me consideravam co-fundador, permitia assegurar um contingente de residentes vindos do Ultramar, compromisso que foi honrado até 1974, e que depois só teve o desaproveitamento que as circunstâncias impuseram.

Mas durante dezenas de anos, incluindo o período agitado da queda do regime, o Colégio Pio XII foi um centro activo de encontro transversal de estudantes residentes, vindos para várias

O TEMPO ÍNTIMO

faculdades, envolvidos num duro programa circum-escolar de debate sobre a evolução da sociedade, do país, do mundo, e da sua interdependência, sempre com assídua participação dos convidados em todos os actos públicos.

Houve uma referência em Roma, que era o Cardeal Larraona, doutor reputado em direito canónico, que ali visitei por vezes, que nas suas vindas a Lisboa ficou amigo para sempre dos meus pais, e que muito contribuiu para irmos entendendo a evolução do pensamento da Cúria em relação à descolonização. Aqui veio propositadamente, para me entregar, com débil pretexto, em cerimónia íntima do Colégio, a Grã-Cruz da Ordem de S. Silvestre, concedida por João XXIII, com que me quis surpreender em dia de anos.

O Colégio teve, porém, uma actividade na qual sempre participei, que tende para ser vítima do processo de esquecimento que todas as mudanças de regime cultivam, e que se desenvolveu à roda da questão da Europa, promovendo dezenas de reuniões multinacionais em várias e numerosas cidades europeias, a última delas St. Petersburgo, depois da queda do Muro em 1989.

A questão do Instituto Superior de Ciências Sociais e Políticas foi grave, e curiosamente objecto do já referido processo de esquecimento, assumido com frequência pela metodologia das mudanças de regime, ou simplesmente de Governo.

O ISCSP era agora a mágoa do Presidente e a queixa do seu ministro Saraiva. Este, inesperadamente, por despacho de 15 de Julho de 1969, de facto anulou os despachos do Ministro Doutor Galvão Teles, de 17 de Abril de 1964, e 7 de Março de 1967, que tinham autorizado os cursos de Serviço Social, Complementar de Serviço Social, e Complementar de Ciências Antropológicas, porque lhe aconteceu a dúvida sobre a legalidade da "criação destes cursos superiores por simples despacho", e a suspeita de já se desenvolverem "situações de desemprego ou subemprego".

Havia nestas alegações o pressentimento positivo de tais embaraços não se verificarem em relação a nenhum outro curso do

339

país, e a circunstância negativa de fazer acreditar que o Ministro só estava a fazer, com gosto, o que lhe tinha sido ordenado, aperfeiçoando a fina pesquisa jurídica com a ajuda do Ministro do Ultramar Doutor Silva Cunha.

Este era aleatoriamente minucioso nessas pesquisas, designadamente quando mandou anular o concurso que Almerindo Lessa ganhara para um lugar de professor do Instituto de Medicina Tropical, impedindo o cumprimento do Acórdão que lhe deu razão; quando anulou o concurso de Narana Coissoró para professor do ISCSP, que teve de esperar pelo Conselho da Revolução para que se cumprisse o Acórdão que lhe dera razão; quando ordenou a Manuel Chantre, futuro Ministro dos Negócios Estrangeiros de Cabo Verde, funcionário que viera legalmente acabar o curso complementar que lhe dava o grau de licenciado, que embarcasse para Moçambique, impedindo-o de prestar as provas finais. Todos, por coincidência, suspeitos de fraca simpatia pelo Governo.

O ano académico tinha sido fértil em factos de "agitação académica", na linguagem codificada da época: a Associação Académica do Instituto Superior Técnico, em situação financeira difícil, entrava em conflito com o Governo pela recusa do subsídio de alimentação que outras associações académicas tinham, e convocou uma Reunião Geral de Alunos (RGA) que juntou uns três mil estudantes, esta decretou a greve, e logo na madrugada de 8 de Dezembro a sede foi invadida pela PIDE e pela Polícia de Choque, fazendo circular a suspeita de que algo de ameaçador estaria por ali oculto; na Faculdade de Direito de Lisboa, a Associação de Estudantes elegeu uma nova Direcção que o Ministro não homologou, e convocada uma reunião dos estudantes, para debater a situação, de novo a Polícia de Choque obrigou à dissolução, e os estudantes dispersaram frente ao aparato militar; na Universidade do Porto, uma Reunião Plenária, que se realizava na Faculdade de Ciências, foi violentamente dispersa sem aviso prévio; na Universidade de Coimbra deu-se o já referido incidente com o Presidente da República, o Presidente

O TEMPO ÍNTIMO

da Associação Académica foi detido, e a concentração de estudantes, que reclamava a sua libertação em frente à sede da PIDE, foi violentamente dispersa com um saldo de vários feridos.

Este desatino serviçal, em relação a um Presidente do Conselho que se demitira de Reitor por não tolerar, na qualidade de autoridade académica nomeada, atentados à autonomia universitária, refinou no caso do ISCSP. O Ministro começou por não homologar a direcção eleita da Associação Académica, e ordenou que se mantivesse em exercício a anterior: descobriu que colocara mal a sua confiança ao deparar-se com o n.º 2 da Revista *IBIS*, órgão da Associação que financiava, no qual via que impudicamente tiravam corolários das teses de Maio para a vida universitária, social e política portuguesa, parecendo-lhe colocada em perigo a ética do aparelho administrativo do Império, coisa de que a *Vida Mundial*, de 1 de Agosto de 1969, avisava a Nação.

Este ardor patriótico do Ministro talvez inspirasse os erros da fundamentação, porque o Ministro não reparava em que não podia haver desemprego de cursos onde não havia ainda licenciados do Instituto, e o Sindicato informava, vista a existência de outras escolas privadas católicas, que não havia qualquer desemprego ou subemprego, o que também valia para as Ciências Antropológicas.

Quanto ao erro jurídico de forma, atribuído à distracção do eminente jurista que criara os cursos, os estudantes divertiam-se a sublinhar que a distracção fora herdada pelo Ministério e pelo novo Ministro que, para aquela área, integrou disciplinas, publicou pontos de doutoramento, abriu concurso para professor catedrático, fizera-se representar em sessões solenes de congratulação pelas actividades.

Naquela emergência, os estudantes, muito apoiados pelo assistente Narana Coissoró, publicaram um folheto intitulado *História de um escândalo político* (Julho de 1969), onde o processo é documentado. Ali vêm reproduzidas a Deliberação do Conselho do Instituto opondo-se firmemente à decisão governamental, e pedindo a convocação do Conselho Universitário da Universidade

A ESPUMA DO TEMPO

Técnica; o Comunicado dos Estudantes ao Conselho Universitário, exigindo justiça e solidariedade; a Deliberação do Conselho Universitário, de 19 de Julho de 1969, na qual por unanimidade se rejeita a decisão e pede a restauração dos cursos.

Da Direcção-Geral da Associação Académica de Coimbra receberam os estudantes do Instituto afirmação de "total solidariedade", de "repúdio veemente das atitudes do M.E.N.", dirigindo-se ao Presidente do Conselho "exigindo reposição imediata da situação anterior", e ao próprio Ministro "exigindo cumprimento imediato das suas reivindicações". Os organismos associativos do Porto manifestaram "apoio incondicional". Os pais dos alunos, num requerimento de 23 de Julho, depois de afirmarem que as explicações ministeriais "nada justificam e deixam pelo contrário subsistir a dúvida sobre a razão autêntica de uma medida inédita e de graves consequências", concluíram dizendo que "perante o traumatismo moral e intelectual de centenas de estudantes, traídos na sua esperança, no seu trabalho e na escolha profunda da sua vida, e feridos na sua dignidade, ousamos esperar uma solução imediata do problema".

A emoção de estar a prestar um serviço político recompensável, e a vertigem do exercício de tanto poder, encaminharam antes o pequeno Ministro para o cenário da imaginada grande intervenção armada, e por isso, em 19 de Julho, patrioticamente alarmado pela suspeita de uma "convocada Reunião de Alunos de várias Faculdades de Lisboa, nas instalações do ISCSPU", mandava que os estudantes abandonassem o edifício da escola, indicando com firmeza o limite das 15.30 horas, sob pena de "ser o assunto entregue ao Ministro do Interior que o resolveria pelas vias "normais". As forças policiais compareceram com todo o instrumental, felizmente comandadas por um oficial mais lúcido do que o Ministro, ao qual pedi que me deixasse conduzir pacificamente as coisas, e ele pacientou na rua o largo tempo necessário que o dispensou de recorrer contrariado à violência.

Fui à reunião, e os estudantes ouviram e fizeram circular o registo das palavras que proferi, e que são as seguintes: "Peço

342

O TEMPO ÍNTIMO

desculpa por interromper os trabalhos da vossa Assembleia, mas acontece que tenho que apresentar-me no Ministério da Educação Nacional onde me esperam, e não posso atrasar essa obrigação.

Todos os senhores têm já conhecimento do despacho do Ministério da Educação Nacional e da reacção do Conselho Escolar. A decisão do Conselho Escolar foi unânime, estando presentes os professores de todas as categorias, e os poucos membros do corpo docente que não puderam assistir estão a enviar cartas de adesão.

Não sei se esta não será a última vez que terei ocasião de me dirigir aos alunos do Instituto e por isso terão a paciência de me escutar mais tempo do que desejaria e também tenho a esperança de que dispensem às minhas palavras a atenção que me habituei no passado a que lhe dispensassem.

Começarei por esclarecer algumas perplexidades que sei terem sido causadas pelas palavras que dirigi aos estudantes dos meus cursos no encerramento das aulas deste ano lectivo. Sei que muitos pensaram que me estava a despedir. Não era assim. Conhecendo o meu país, e não tanto o País mas as pessoas, estava apenas a prever que alguma coisa de grave havia de ser provocada contra o Instituto. Não me regozijo por ter sido lúcido. Mas espero que alguns de entre vós, que, movidos pela devoção ao interesse nacional, adoptaram excessos que todos os professores reprovaram, compreendam agora que era a experiência e o amor por vós que nos levava a aconselhar a não dar nenhum pretexto aos inimigos. Agora também vos aconselho a não reprovar ninguém, porque nas campanhas, mesmo mal conduzidas, os representados devem cobrir os seus representantes.

O Conselho Escolar não conseguiu poder aceitar nenhum dos fundamentos do despacho, do Sr. Ministro da Educação Nacional. Mas como não é presumível que os não tenha, e porque os invocados não são aceitáveis, todos esperamos ansiosamente que nos expliquem os fundamentos reais desta decisão. Entretanto, como a escala do mal é tão extensa como a escala do bem, creio dever adverti-los de que ainda podem ser objecto de decisões

A ESPUMA DO TEMPO

mais graves. Para esta provável hipótese quero recordar-lhes que esta Escola foi sempre uma Escola de civismo e que esse civismo implica a capacidade de se manterem íntegros, dignos, respeitadores dos valores, pacientes, e de mostrarem tudo isto com tanta maior firmeza quanto mais gravemente os seus adversários se afastarem do comedimento, da razoabilidade e da justiça. Este é um bom caso para demonstrarem tudo isso, porque estamos em face de uma decisão da qual tem de dizer-se que não respeita a moral tradicional deste país.

Muitas vezes vos expliquei que cada pessoa é um fenómeno que não se repete e que por isso não pode ser frustrada. O Governo não parece ter reparado que de uma só vez frustrou centenas de jovens. Devemos tratar o Governo com benevolência, esperando que repare o mal causado. Com isto não vos aconselho a transigir em nada, nem a abandonar nenhum dos vossos princípios. Antes pelo contrário. Mas aconselho-vos a virtude da paciência, porque sem ela nenhuma grande tarefa pode ser executada. A paciência implica respeito pelas leis, benevolência, e muita persistência. É a coisa mais difícil que vos posso aconselhar, porque sois portugueses e os portugueses são inexcedíveis para as coisas imediatas mas não muito dotados para as que requerem paciência. Pois este exemplo tem de ser dado.

É possível que um eventual desejo de obstar às consequências gravíssimas da decisão que foi tomada exija uma vítima propiciatória. Numa administração pública onde a culpa morreu solteira há-de ser fácil encontrar palavras piedosas, mas poucos voluntários para as responsabilidades. Estou à disposição. Não tenho qualquer obstáculo a opor no sentido de assumir todas as responsabilidades e culpas que sejam convenientes para uma solução satisfatória. Nunca lamentarei sofrer seja o que for para salvaguardar os interesses do Instituto, que são os vossos.

Neste país as autoridades académicas, em que me incluo, são da confiança do Governo. Eu sou um funcionário da confiança do Governo e cumprirei os deveres do meu cargo, a que jurei fidelidade. Mas a confiança é recíproca e não poderei ter qualquer

344

O TEMPO ÍNTIMO

hesitação, se o momento chegar, em declarar que o Governo não a merece.

Seja o que for que acontecer nunca lamentarei os anos passados convosco. Nada do que se faz neste mundo se apaga. Tudo se soma. Espero que a vossa contribuição seja uma boa parcela para essa soma. Uma parcela devida a cidadãos e a homens livres que não transigem na defesa da dignidade do Homem.

E agora, se me dão licença, vou cumprir as minhas obrigações de funcionário público".

Esperei à porta que resolvessem, e passado um longo tempo saíram em fila, e cada um veio apertar-me a mão, diante do tranquilizado e contido comandante da força policial. No dia seguinte fui demitido de todos os cargos, que eram exclusivamente universitários, incluindo o de vogal da Junta Nacional de Educação, mas o representante eleito dos catedráticos demitiu-se, e elegeram-me para essa vaga. Julgo que ainda a ocupo, porque a Revolução de 74 esqueceu-se de extinguir a Junta.

O ministro Saraiva tinha uma razão de queixa, na perspectiva do apreço que tributava a si próprio. Quando o Doutor Armando Marques Guedes, então assistente da Faculdade de Direito de Lisboa, foi nomeado, por convite e proposta do Reitor Moisés Amzalak, catedrático do agora ISCSP, o Dr. H. Saraiva, que era contratado, reclamou igual tratamento, invocando a antiguidade embora curta. Foi-lhe explicado, depois de consultar o Reitor, que as circunstâncias não eram assimiláveis, mas que, fazendo ele as provas de doutoramento, que todos os professores e o Reitor esperavam, a sua carreira não teria impedimentos. Passados alguns dias informou que fora convidado para Reitor do Liceu D. João de Castro, e que não podia recusar essa oportunidade, pedindo a demissão. Ninguém ignorou o ressentimento, e a desabrida intervenção ministerial, que apenas atingiu irremediavelmente os estudantes, foi-lhe claramente um bálsamo de oportunidade.

Passados anos, incluindo a Revolução e o regresso à normalidade constitucional, estava eu lendo os meus jornais num peque-

A ESPUMA DO TEMPO

no café do Restelo, quando ele entrou e me cumprimentou com um caloroso desejo de bons-dias, que ignorei; foi andando, estranhou talvez o silêncio, e de mais longe repetiu o voto, que ignorei: estacou, e arrancou dizendo – "peço desculpa, não o tinha reconhecido". Anos mais tarde, no julgamento a que foi submetida Edite Estrela, em Sintra, por questões eleitorais e que me pareceram sem fundamento, fui sua testemunha abonatória com a maior convicção. Entre as testemunhas apareceu o Dr. Hermano Saraiva que, entrando na sala de espera, cumprimentou pessoalmente cada um dos presentes e, vendo-me indiferente, aproximou-se e disse: fale-me, que está a falar-lhe um amigo. Não transigi: tinha presente a memória dos estudantes.

Dizem-me que (2007) se colocou a par de João de Barros usando o título das Décadas para escrever sobre si próprio com uma mistura de memória selectiva e realidade virtual. Existe suficiente documentação publicada (Narana Coissoró, *História de um Escândalo Político*) para que o grave e imperdoável atentado que praticou, contra a lei e centenas de estudantes inocentes, não seja remetido para uma fantasia dificilmente tolerada mesmo em entretenimentos televisivos. Não lhe será possível apagar a intervenção corajosa e liderante do jovem assistente Narana Coissoró, que documentou o evento, as generalizadas reacções das associações estudantis, a indignação colectiva das famílias e das autoridades académicas, o aparato policial que mobilizou, o ridículo das justificações oficiais que publicou. Quando então verberei a intervenção do *pequeno ministro*, não me referia à estatura.

Os intervenientes estadistas fizeram circular que tudo tinha sido praticado na ignorância do último Presidente do Conselho da Constituição de 1933, invocando-se incidentalmente o seu passado e comprovado respeito pelas autonomias universitárias, e desse ponto de vista será uma injustiça que sempre me tenha parecido o contrário. E ainda mais incómodo, por não ser a primeira vez, foi que o *Estado de S. Paulo*, em correspondência de Lisboa, titulava (26 de Julho de 1969) que "Caetano afasta um adversário político", e até revelava, também a mim próprio, que

O TEMPO ÍNTIMO

"há quem admita que ele (Adriano) se exila para Espanha ou para o Brasil e que o Governo passa a ter nele um inexorável inimigo".

No dia seguinte nascia o meu filho António, e tinha por isso coisas mais importantes a tratar do que as que vaticinava o comentarista. Designadamente, que o baptizado fosse na Capela do Senhor do Calvário da minha aldeia de Grijó, onde D. Francisco Maria da Silva, Arcebispo de Braga, se deslocou para o acto que reuniu todos os familiares meus e da Mónica, mais a gente da aldeia que todos eram ou parentes ou amigos. Foi uma festa.

Quanto ao regime, circulava sem grandeza para o fim do tempo de vésperas do desastre anunciado, com a enganosa designação de primavera.

VI

O Dobrar dos Sinos

O jovem Marcello Caetano, profundamente católico, foi activo no Integralismo Lusitano, e redactor, com Teotónio Pereira, da efémera *Revista Ordem Nova*. A idade e a experiência moderaram este radicalismo a favor de um humanismo cristão demonstrado como chefe de família devotado, como íntegro servidor do Estado, como praticante daquela *pietas* de que falou Cícero, mas julgo que nunca abandonando completamente o modelo que me tem parecido ser o do fundador do Estado Novo em relação ao exercício do poder.

Este modelo, com raízes na monarquia medieval, tinha nesse tempo as referências no Código do Direito Canónico, quando definia o *Ordinário* do lugar (Bispo): *o governante é um homem responsável, mas aconselhado*, sendo o *conselho* um método destinado a evitar a *solidão do topo da hierarquia* que Schwartzenberg teorizou.

Tendo iniciado a sua mais visível carreira política, pela década de 1940, que foi a data das comemorações do Duplo Centenário, o da Independência (1140) e o da Restauração (1640), a sua visão de Portugal imperial teve na liturgia daquela data uma premissa visível ao longo dos anos: o culto dos valores históricos, a devoção pelos portugueses carismáticos, a doutrinação sobre o espírito de liderança, a mística da evangelização, e sempre a referência aos valores cristãos, fizeram do jovem dirigente um crítico persistente dos desvios do regime da razão e da autenticidade, um advogado da distância em relação a derivas totalitárias, mas sempre mantendo os princípios constitucionais como premissa.

Aquilo que pareceu o distanciamento das percepções consolidadas de Marcello Caetano, em relação à mudança do paradigma internacional e aos seus efeitos no modelo português, correspondia ao seu discurso histórico, aos seus compromissos de vida, às perspectivas dos apoiantes que ocupavam posições nas hierarquias do Estado e da sociedade civil. Foi desta premissa que derivou a esquecida crítica a todo o reformismo da década de 60, que lhe parecia abalar a estrutura, é tal premissa que torna coerente a aceitação dos compromissos que enunciou, e que o Presidente Thomaz, apoiado no parecer do topo da hierarquia militar, lhe pediu no sentido de se declarar fiel à linha anticomunista e colonial sustentada no final do Governo anterior.

A esta primeira versão habitual do discurso político, seguiu-se a verificação, também costumeira, de que há mais coisas no céu e na terra do que cabem nas certezas dos políticos, e a necessidade de um discurso revisto. É da natureza das coisas que apareça uma terceira vertente do discurso, que é a da *justificação do exercício* no fim dos mandatos, mas neste caso a Revolução de 74 remeteu tal discurso para as angustiadas correspondências e desabafos que, vindos do exílio no Brasil, seriam circulados.

Sempre me pareceu que o Doutor Marcello Caetano sofreu íntima e profundamente o drama do conflito entre os princípios e modelos que defendeu ao longo de uma vida dedicada ao bem comum, e que ensinara, e o que a sua lucidez lhe mostrava que eram exigências inadiáveis da evolução, o drama em relação ao qual nem a chamada Ala Liberal julgou ter tempo para condescendências.

Em relação ao destino do Império, fazia parte da doutrina tradicional, ensinada nos cursos de administração colonial, o conceito de que as colónias, como os filhos em relação aos pais, um dia se independentizam. Esta convicção parece ter acompanhado sempre Marcello Caetano, mas tendo sempre em vista o exemplo da independência do Brasil.

Esta independência, como foi regra no continente americano, resultou de uma decisão de europeus transplantados, não foi uma decisão indianista nem do povo afro-americano. Deixou meditação suficiente sobre a sua dificuldade de alargar o conceito às novas circunstâncias da política mundial, e muitas das suas inquietações foram confirmadas pela evolução no terreno.

O facto foi que entretanto a cadeia do comando militar se dissolveu, sem que aparentemente se apercebesse da inutilidade do compromisso público dos generais; que o *carisma* não foi implantado em termos de a firmeza da obediência resistir à ambiguidade da situação; que parte importante da pirâmide económica e financeira de apoio se apercebeu de que lhe era tempo de mudar de ramo; que as Forças Armadas foram afectadas pela inquietação corporativa; que a juventude estava exausta pelo esforço militar de treze anos; que o povo deixara de ver, ao fundo do túnel, a luz anunciada; que a comunidade internacional em mudança deixara definitivamente de corresponder às convicções de quarenta anos de espera para assumir o poder.

O desastre em que se traduziu a descolonização, foi um severo golpe a atingir aquele homem íntegro, cristão, patriota servidor dos interesses públicos ao longo de uma vida dedicada à investigação, ao magistério, e ao Governo. A sua vida íntima, hoje mais conhecida pelos depoimentos familiares, é exemplar de dedicação à excepcional mulher que foi Teresa Queirós de Barros, inesquecível por todos os que, de nós que ainda estamos vivos, lhe ficaram a dever carinho, devoção e conselho, antes que a doença a atingisse severamente; o sólido afecto paternal sem quebra e tolerante para as livres decisões dos filhos, como recorda a notá-vel filha Ana Maria que, à medida que os dias foram passando, também ela foi crescendo em lucidez, dedicação, liberdade de espírito, e tolerância: tudo explica a adesão crescente que recebeu durante os longos anos de espera. Ter-lhe acontecido que o mundo em que sempre procurou intervir, guiado por uma sólida ética, já lá não estava quando assumiu o poder, cabendo-lhe ver escrever o derradeiro parágrafo de uma História escrita até ao fim com "lágrimas de Portugal", julgo que apenas lhe deixou aberto o diálogo com a transcendência. Talvez procurando continuar de bem com Deus, sem conseguir reconciliar-se com os homens.

A ESPUMA DO TEMPO

A intervenção governamental, provocando uma tempestade na ilhota que era uma simples escola, também era um sinal da distância a que estavam as preocupações do Governo em relação ao mundo inquietante que avançava para o fim do século.

Não estava longe da memória o Maio de 68, cujo estribilho mais significativo fora – "*sejamos realistas. Peçamos o impossível*", uma síntese, em busca de coerência, de leituras maoístas longe das realidades chinesas, de inspirações libertárias em relação aos costumes da sociedade burguesa, de insubordinação perante as leis da república, de vazios de esperança a encher de utopia.

Tudo efémeros lampejos, que a maior parte dos intervenientes viria a esquecer com adesão à teologia de mercado, que realmente alteraria o tecido cultural europeu e ocidental.

Mas não faltavam sinais de um fim dos tempos, quer pelo desaparecimento dos líderes da geração da guerra e da reconstrução, De Gaulle vencido em Abril desse ano, Eisenhower falecido poucos meses antes, quer por factores como Jan Palach emulado pelo fogo em Praga no começo desse ano, os EUA com Nixon a preparar o abandono do Vietname, a chegada à lua em 20 de Julho quando o módulo de exploração Lam ali desembarcou os astronautas Armstrong e Aldrin, e Samuel Beckett se preparava para receber o Prémio Nobel com a peça – *À espera de Godot*, que seria representada em Lisboa, e correspondia à imagem das vagas perspectivas oficiais.

Na Espanha franquista, com um líder em apressada degradação física, com o amigo íntimo do Chefe do Governo português, Lopez Rodó, empenhado na mudança sucessória para uma monarquia democrática, ultrapassando os imperativos do falangismo do regime, o chamado Processo de Burgos indignava a Europa ao ser conhecida a condenação à morte de seis militantes da ETA, e aos novecentos anos de prisão distribuídos por outros nove arguidos. O trovejante Soljenitsine estava à beira de receber o Prémio Nobel, pelo que o sentimento geral era o do fim das ditaduras ou autoritarismo no espaço entre o Atlântico e os Urais.

Os primeiros sinais da chamada primavera marcelista alinha-

O DOBRAR DOS SINOS

vam pelo modelo, segundo as leituras oficiosas, mas a prática desmentiria rapidamente a sintonia dos procedimentos governamentais com as proclamadas intenções, e passou uma onda de frio pelos espíritos. No dia 2 de Dezembro de 1970, o Governo anunciou a Reforma constitucional em discurso que o Chefe do Governo pronunciou na Assembleia Nacional. Os deputados ficaram como que imobilizados, nas tribunas houve aplausos discretos, a televisão evitou transmitir as imagens dos representantes. O problema era evidentemente o do Ultramar. No Instituto Superior Naval de Guerra, onde dei aula, a tensão dos oficiais foi evidente. Fizeram perguntas inquietas, sobre se a mudança era de palavras, porque é que a faziam, se a mudança era de essência, porque é que a não explicavam. O que porém chamou mais a atenção, sobre a mudança dos tempos, foi a diferença entre o clima que acompanhou tão importante declaração de intenções governamentais, e o clima que sempre rodeou qualquer declaração do Presidente Salazar, sobre o problema ultramarino. Então, até ao fim da sua intervenção na vida pública, os sentimentos vibravam a favor ou contra. Agora, a temperatura andara pelos níveis da indiferença ou do pasmo, sem calor de ninguém, em nenhum sentido.

Dos pontos que estavam propostos à discussão, directa ou indirectamente relacionados com a revisão constitucional, recordo alguns aspectos que podem interessar ao entendimento das incertezas, os problemas do presidencialismo, da liberdade religiosa e do estatuto das colónias. O primeiro tornou-se actual na sequência de alguns comentários feitos pelo Presidente do Conselho durante a última campanha eleitoral para a Assembleia Nacional. Disse claramente que a época encaminhava para o presidencialismo, e daqui concluíram muitos que desejaria fazer desaparecer a dualidade de figuras – Chefe de Estado e Chefe do Governo, ele que doutrinara o bicefalismo do regime. Se bem me recordo, foi na abertura dos trabalhos da nova Assembleia que o Chefe de Estado deixou cair uma palavra dizendo que o presidencialismo, tal como estava definido na Constituição, não deveria ser alterado.

A ESPUMA DO TEMPO

A questão da liberdade religiosa, que antecedeu de alguns dias a comunicação sobre a reforma constitucional, em meu parecer tinha ainda muito que ver com o problema ultramarino. Diria que verdadeiramente só teve que ver com ele. Na metrópole não havia queixas sobre falta de liberdade religiosa, nem lamentos sobre falta de igualdade. Por isso, aqui, a iniciativa do Governo foi recebida com a surpresa de quem agradece mas não precisa. O mesmo não deve dizer-se do Ultramar.

Em Moçambique, o bispo protestante Pina Cabral, exprimiu um claro entendimento do problema: a iniciativa teria de significar igualdade de estatuto com os católicos e, portanto, igualdade de subsídios governamentais. De facto, foi o Estatuto Missionário que tardiamente esteve em causa. E portanto era a política com a Santa Sé e a definição da política ultramarina que estavam em exame, com omissões sobre o tempo disponível. No jornal *Novidades* apareceram algumas palavras de reserva em relação à iniciativa do Governo, da pena do Padre Moreira das Neves.

Existia um antecedente importante, na linha da ambiguidade que rodearia a política ultramarina do Governo. Vinha da lembrada reunião extraordinária do Conselho Ultramarino que convoquei em Setembro de 1962. O novo Primeiro-Ministro não compareceu, mas, como recordei, apareceu um documento não assinado, dactilografado em papel timbrado com o seu nome. Em resumo propunha uma solução federal, sem qualquer fundamentação.

Durante as eleições para a Assembleia Nacional, a oposição de Moçambique invocou a doutrina desse documento. E o Dr. Salgado Zenha, um dos mais lúcidos oposicionistas da linha a que pertencia, claramente afirmou em discurso público, e em nota enviada aos jornais, que conhecia o documento e a sua doutrina, convidando o Governo a desmenti-lo. Tal desmentido nunca foi produzido, mas o documento não foi assumido.

O modelo de Estado de Segurança Nacional não estava suficientemente teorizado, e o documento não se compaginava facilmente com as circunstâncias em que se deu a substituição do

356

O DOBRAR DOS SINOS

Doutor Salazar na chefia do Governo. Os chefes militares, como disse, ouvidos pelo Presidente da República, e segundo me explicou o General Câmara Pina, declararam-se dispostos a apoiar qualquer pessoa que ele escolhesse, com duas condições: ser anticomunista, e declarar-se pronto a seguir a política ultramarina defendida pelo anterior Governo.

O novo Primeiro-Ministro fez essas duas declarações no seu primeiro discurso. Mas, sucessivamente, foi alinhando fundamentos para uma posição revisionista, que só tinha que ver com as exigências da evolução que reconhecia e nada com os princípios que sempre defendera. Por isso recuava e avançava, vivendo um drama espiritual.

Por um lado, disse que estivera a pensar nas alternativas possíveis e se convencera de que não havia outra viável para a política que herdara. Lembrou a necessidade de não abandonar os colonos. Falou nas dificuldades que a metrópole teria em recolher esses colonos se uma viragem política os obrigasse a abandonar os territórios. E assim por diante, na mesma linha. Alguns jornais estrangeiros falavam, porém, nos pontos progressistas que iria marcando contra o que chamavam a linha dura, mas a ambiguidade foi de facto a tónica dominante, porque as circunstâncias reais não correspondiam às do projecto pelo qual, durante dezenas de anos, tinha orientado a marcha para o poder. Durante esses anos de vida habitual, não foi desafiado pelo que agora merecia ser combatido, incluindo os interesses privados que tinham sentido as reformas de 61 como uma ameaça. Foi por aquele tempo que, sem motivo por mim conhecido, escreveu que deixara de conhecer o Ministro do Ultramar, indicação suficiente para a imaginação dos seus futuros acompanhantes no Governo.

Uma das questões pelas quais os estudantes manifestavam grande interesse, designadamente nas vastas reuniões do Colégio Universitário Pio XII, era pela definição dos instrumentos de apoio político do novo Governo. Procuravam informar-se sobre a Acção Nacional Popular e sobre a nova associação chamada SEDES. A última foi uma fonte de criatividade que se independitizou. A criação da primeira foi um acto certamente inevitável dentro da lógica da mudança. A União Nacional, a formação de apoio ao Doutor Salazar, negava-se a aceitar a qualificação de partido. E de facto não era um partido. Tratava-se, sim, da clássica organização de apoio a um homem, ao qual se reconhece um certo carisma.

A TV fazia os primeiros ensaios de tornar-se insuportável. As posições nos jornais começaram a ser adquiridas pelo Governo ou entidades dele dependentes. E a colaborar na construção da imagem. No Ultramar, constava que apenas o *Notícias da Beira*, o *Diário de Moçambique* e o *Comércio de Luanda*, escaparam ao domínio governamental. Pelo menos dos jornais de maior circulação.

A cerimónia da instalação da Acção Nacional Popular foi surpreendente pela pressa. Em ritmo acelerado, a Assembleia Plenária da União Nacional, presidida pelo Conselheiro Albino dos Reis, praticou os seguintes actos: elegeu o Doutor Salazar como presidente honorário; em seguida, foi declarada substituída pela Acção Nacional Popular; esta, nos estatutos ali mesmo aprovados, dizia-se ser a nova designação da União Nacional; finalmente, foi proposto que o novo Chefe fosse eleito por aclamação e todos se precipitaram para o fazer.

Nessa altura, o Presidente Albino dos Reis pediu atenção, e lembrou que estavam a votar o Presidente da ANP, mas que ainda ninguém tinha feito qualquer proposta nem se declarara o nome do candidato.

Um dos factos marcantes da época foi o salto da capacidade técnica de manipular a opinião pública e as imagens dos Governos e dos povos, a qual foi num crescendo até ao modelo do Estado Espectáculo. O carisma não pode ser inventado. Mas a aparência pode ser fabricada. Um aspecto curioso dessa fabricação foi aqui a ideia da liberalização.

Passados dois anos da posse, os jornais de facto escreveram com mais liberdade, mas foi escassa a autorização para publicar uma linha de crítica ao Presidente do Conselho, com o chamado

O DOBRAR DOS SINOS

exame prévio a substituir a censura. Em contrapartida, puderam criticar à vontade a herança pesadíssima que se dizia terem recebido, uma tradição da governança portuguesa. Puderam circular revistas, puderam exibir-se filmes, puderam representar-se peças, antes não admitidas por motivos de pudor público, certamente entendido de maneira ultrapassada. Mas raros foram ousados de fundar um diário de doutrina independente, ou de simples informação, sendo *O Tempo e o Modo,* uma herança do passado, e ali uma brilhante excepção, e o *Expresso* ousado violador da circunstância nova. O Governo, no qual se festejou a entrada de muitos jovens, não passou, em regra, de um grupo de trabalho. Raros dos seus membros ganharam a personalidade própria que mereciam no conceito público. Todas as luzes viradas, como de tradição, para o Presidente do Conselho. Por outro lado, as primeiras medidas legislativas foram todas no sentido de concentrar os poderes nas suas mãos. Apenas a *Seara Nova*, em pequena nota, sublinhou esse facto. Mas nunca mais voltou ao assunto, nem outra publicação que recorde o comentou.

A revista *L'Express* é um dos documentos significativos a que se pode recorrer para apreciar a eficácia do trabalho de imagem a que os serviços de informação se dedicaram.

A crítica que merece este processo de centralização do poder, de que refiro o essencial, admitindo que com algum erro de pormenor, é a mesma que constituiu elemento conhecido das preocupações de muita gente avisada durante os últimos anos do Doutor Salazar.

A minha geração não conheceu outra forma de Governo. Cada um teve de resolver o seu problema de consciência, agudo sobretudo no momento da crise ultramarina. Mas creio que essa crise tornou pelo menos evidente, para todos, que por muito que Deus ame um povo não é de esperar que lhe mande homens providenciais em cadeia para se ocuparem do Governo. Também, que nada há que substitua as instituições. Mas fortes. Autênticas. Operantes. Respeitáveis. O Doutor Salazar, quando se lhe perguntava pelo futuro depois do seu desaparecimento, respondia

A ESPUMA DO TEMPO

que seria necessário fazer funcionar as instituições. Ele próprio, sem poder esconder que era nas suas mãos que o poder residia, procurava todavia acentuar o valor das instituições, que todavia não funcionavam.

Semanalmente deslocava-se à residência do Chefe do Estado para lhe dar conta da marcha dos negócios públicos. Ouvi-lhe algumas vezes dizer que certos problemas não poderiam ser decididos sem ouvir previamente a opinião do Presidente da República, mas é certo que a aparência não escondia a sede do poder.

De facto, a defesa da dignidade dos homens exige instituições poderosas. Uma Universidade realmente autónoma, científica, cultural e pedagogicamente, com os meios à medida dessas autonomias; as Ordens e Sindicatos verdadeiramente representativos e não meras repartições correspondentes dos Ministérios; as Igrejas independentes e respeitadas; uma administração local que seja o viveiro dos servidores da coisa pública; um empresariado esclarecido, responsável e correndo os riscos; os centros de investigação, em todos os domínios, livres de procurarem alternativas úteis para a nova sociedade; os direitos do homem protegidos por uma jurisdição independente, mesmo quando seja o Estado quem está em causa; uma opinião pública dispondo de um respeitado direito à informação e de uma honesta possibilidade de participação. Um Estado que não pode ser independente da ética, para se limitar a si próprio e para saber os limites que não pode deixar de estabelecer. A convicção institucionalista enfraqueceu no turbilhão de contradições do anunciado processo reformista e de facto morreu nesta afirmada renovação na continuidade.

Não há nenhum homem vulgar que substitua todas estas coisas; não há nenhum homem providencial pelo qual não tenha de pagar-se o preço da renúncia a muitas destas coisas; não há nenhum vulgar ambicioso do poder que não faça desaparecer todas elas. Era tempo de a coisa pública deixar de ser tratada na primeira pessoa do singular. E só as instituições permitem o uso do modesto nós. Até hoje, o hábito não foi estabelecido.

O DOBRAR DOS SINOS

A proposta de alteração constitucional admitiu que as Províncias se viessem a chamar Estados, pacificamente segundo se afirmou. À margem foi-nos lembrado que era o caso de Goa. Tal abuso das palavras, criando o que chamei Estados *Honoris Causa*, não estava à altura das urgências que cresciam a caminho de serem incontroláveis. Pela primeira, e única vez, um oficial da Força Aérea, o Tenente-Coronel Vaz Pinto, procurou-me, inquieto com o facto de o súbito anúncio desarmar o espírito das tropas no terreno, sem informação e preparação indispensável, porque o conceito estratégico era revogado sem anúncio claro de outro. A quebra da cadeia de comando pareceu-lhe um risco eminente, e pedia-me uma manifestação pública de opinião, que camaradas também esperavam de outras pessoas.

Escrevi, com alguma amargura, um texto em que por isso entendi, depois, que me exprimira com excesso, e que vim a saber que ultrapassara o exame prévio. Uma revista de Angola, julgo que chamada *Notícia*, tinha agendada uma entrevista com o Comandante-Chefe Costa Gomes, que seria distribuída por milhares.

O meu texto foi publicado no mesmo número, e o apreço governamental não acompanhou a dimensão da circulação. Em todo o caso, o facto que inquietou aqueles militares certamente fez juntar os desorientados aos já orientados para a quebra da cadeia de comando.

A crítica pública de 1971 foi dominada pelos comentários e discussões sobre um decreto, publicado de urgência, e referente à venda de acções das instituições de crédito. A causa próxima foi a compra, por António Champalimaud, de um lote de acções do banqueiro Cupertino de Miranda, do Banco Português do Atlântico.

O António Champalimaud, sem dúvida um empresário de excepcional envergadura para qualquer país, estava refugiado no México, e era julgado à revelia. Isso não o impedia de dirigir as suas empresas à distância, usando uma espécie de ponte aérea. Os administradores e gerentes circulavam com a regularidade que as circunstâncias exigiam. O seu representante em África era o

A ESPUMA DO TEMPO

Jorge Jardim, e isso fazia-me saber de alguns detalhes, cada vez que o Jorge vinha a Lisboa.

O facto de um homem, que estava a ser julgado à revelia, ter executado uma operação que lhe dava o domínio de 45% do crédito privado em Portugal, provocou o pânico. O Conselho de Administração dirigiu-se ao Ministério das Finanças e ali o próprio Cupertino de Miranda, arrependido, explicou a situação e o desejo de não cumprir o contrato. E aqui vem o decreto. Tal decreto representa uma pedra negra na vida portuguesa.

Numa confusa regulamentação, proíbe aos administradores que vendam as suas acções, desde que o lote atinja 5% do capital, sem consentimento prévio do próprio Conselho de Administração e, tratando-se de instituições de crédito, ainda sendo necessário o acordo do Ministro das Finanças. Finalmente decretou o Governo que o decreto se aplicava aos contratos celebrados até 12 meses antes e ainda não completamente cumpridos. Deste modo, tornou ineficaz a venda feita por Cupertino de Miranda e, indo ao encontro do arrependimento deste, dispensou-o de restituir o altíssimo sinal em dobro, como teria que fazer se a lei o não cobrisse. Não regulou as concentrações económicas e, o mais grave de tudo, legislou retroactivamente, lançando a mais completa insegurança na vida privada. Poucas vezes terá acontecido concorrer no mesmo acto governamental um tal conjunto de calamidades.

Por meados de Janeiro (1971), e sempre ao redor da ambiguidade, recebi a visita dos jornalistas William Rademaekers, da *Time-Life*, com sede em Paris, e Jim Hoagland, do *The Washington Post*, sediado em Nairobi. Vieram acompanhados de Marvin Howe, uma simpática jornalista que há muitos anos representava o *New York Times* em Portugal. O objectivo deles era conversar sobre a proposta de revisão constitucional, cujo sentido, como a generalidade da gente, não alcançavam bem.

Não tem grande interesse tomar nota de todos os detalhes da conversa. Mas é significativo que o Rademaekers, em determinada altura, e perante a minha recusa de comentar certos aspectos da vida nacional, tenha desabafado dizendo que raras vezes encon-

362

O DOBRAR DOS SINOS

trara num país um tal ambiente de retraimento. Em sua opinião, formada nos contactos tidos, a população não sabe a orientação do Governo e não se sente com segurança para comentar. Tinha a impressão de que as pessoas não se sentiam autorizadas a confiar em quem as abordasse. Por seu lado, o Jim Hoagland acrescentou que estivera há poucos dias na Guiné, a conversar com o General Spínola. Perguntou a este se estava disposto a negociar com o Amílcar Cabral. A resposta foi afirmativa. Perguntou-lhe se essa disposição implicava o prévio reconhecimento, pelo Amílcar Cabral, da soberania portuguesa. Respondeu que não havia condições prévias. Perguntou-lhe ainda se essa atitude também se aplicava a Angola e Moçambique. A resposta foi igualmente afirmativa.

O General Spínola, a última vez que estivera na metrópole, e ao despedir-se no aeroporto, perante a TV, declarou que regressava à Guiné integrado no pensamento do Primeiro-Ministro, para executar um conceito de unidade nacional renovado. O jornalista acrescentava que o General constantemente, nas suas prelecções às populações, lhes dizia que logo que os guineenses estivessem bastante fortes e com gente capaz, o poder lhes seria entregue. O discurso doméstico era diferente, e a ambiguidade transbordava para lá das fronteiras.

Neste frágil ambiente de opinião, o tipo social do contentinho começou a proliferar na vida pública, tornando a credibilidade ainda mais frágil. Transborda de sorriso aberto. Este é quase um emblema partidário. Quem acompanha a anunciada renovação na continuidade, mostra-se seguro. Os saudosistas do velho estilo vestem-se de escuro e fecham a expressão. O resto, que é a maioria, limita-se a arregalar os olhos para tentar perceber.

O exemplo típico dessa nova vaga de contentes de regra é rico e desembaraçado. Bom para empenhos. Ignorante e inteligente. Descontraído e tonto. Declara que sempre acompanhou a linha de retirada do Ultramar. Escreveu eventualmente um papel que não se encontra. Fez talvez o que chama agora o abandono do regime. Com o novo chefe volta feliz às lides. Repensara o problema

A ESPUMA DO TEMPO

ultramarino, e acompanha sempre as declarações do Primeiro-
-Ministro. O passado foi, diz, todo mau, e acrescenta que sempre
o dissera. Agora, sim. A viradeira histórica em modesto exercício
para a repetição de setenta e quatro.

Foram a maior parte, e sem dúvida muitos dos agora responsáveis da primeira linha, adeptos fervorosos do Estado Novo e
seguidores de Marcello Caetano no tempo da vida habitual. Ajudaram a construir o Estado Corporativo. Muitas das leis fundamentais deste foram escritas, inspiradas ou corrigidas pelo amargurado Presidente do Conselho, cuja angústia não entendem.
Quando o Ultramar provocou a chegada do tempo das vacas
magras, trataram de se afastar. Muita gente que nada devia ao
regime, e que até fora perseguida pelo regime, decidiu colaborar
com o sentimento popular, por acreditar que o problema ultramarino era nacional e prioritário.

Homens que fugiram então das vacas magras andavam agora
pelos postos da nova viradeira, a lavar as mãos do passado com
o ar de nada terem a ver com as dificuldades do presente. E como
dispunham dos meios de informação, a imagem foi criando raízes.
Eram eles, agora, os reformistas, liberais. Os que já tinham dito.
Guardando, é claro, os proveitos do tempo das vacas gordas.
Estavam contentes e, de momento, tinham de quê. Obtendo con-
cessões. Empregos. Facilidades. Por enquanto, a corrupção da
alegria.

Em fins de Fevereiro desse ano, o Kaúlza de Arriaga veio
almoçar a minha casa, desesperado com o Governo de Moçambique. Parecia-lhe que o Engenheiro Arantes e Oliveira, Governador-Geral, se sentia completamente ultrapassado e inquieto com
a preservação do seu grande prestígio pessoal. A condução da
guerra, no caso de conseguir as ajudas que vinha pedir ao
Governo, parecia-lhe que levaria a resultados satisfatórios. Como
sempre, estava convicto, afirmativo, desembaraçado.

A mulher, que não esqueço, é arguta e simples. Lembro-me
sempre de como ela, Carminho, se portou nos dias maus de
Angola em que me acompanhou e ao marido na visita que ali

364

O DOBRAR DOS SINOS

fizemos. Foi admirável. Uma ajuda insubstituível. Um raio de alegria em todas as circunstâncias. O Kaúlza, como todos os responsáveis militares em comando, estava inquieto com o verdadeiro sentido da reforma constitucional, e o reflexo na determinação das tropas. Queria saber a minha opinião sobre as intenções do Governo. Falei-lhe da visita que recebera dos jornalistas Jim Hoagland e William Rademaekers e das declarações que comentavam do Comandante-Chefe da Guiné.

As dúvidas sobre a real orientação do Presidente do Conselho eram tais, que ele se viu obrigado, numa das "palestras em família", a falar no caso. Lamentou-se de que, embora repetidamente afirme que não tem a intenção de alterar a política ultramarina, todavia sabe que em muitos lugares as pessoas duvidam de que seja essa a sua intenção. Creio que poucas vezes, se alguma, deve ter acontecido que um Chefe de Governo se dirija ao eleitorado para reconhecer a quebra de credibilidade.

As dúvidas eram de facto muitas e a sua raiz parecia estar no conflito da sua consciência com a sua inteligência dos novos factos, sem controlo suficiente do Governo, e recebendo os efeitos colaterais de todos os erros.

A ambiguidade tornou-se-me severa quando, no dia 11 de Março desse ano, o Dr. Narana Coissoró veio procurar-me com uma missão surpreendente. O Prof. Afonso Queiró, relator da Câmara Corporativa para a revisão constitucional, procurou impedir que no texto da proposta ficassem imperativos e sinais muito salientes da concepção federalista. Na discussão da Câmara todavia, e segundo me dissera havia poucos dias o Dr. Supico Pinto, alguns procuradores foram-se apercebendo, mas só então, do alcance federalista da proposta governamental. E então começaram a destruir a suavidade do Afonso Queiró, pondo em risco a tentativa de conseguir as correcções em surdina.

O crítico mais vivo da proposta do Governo foi o Prof. Antunes Varela, e dizem que foi brilhante e combativo. Os votos foram-se dividindo entre 11 para o Governo e 8 para o Prof. Varela, que não deixou de salientar, como documentam as actas,

365

A ESPUMA DO TEMPO

o erro que fora a criação dos Estudos Gerais Universitários, a que se opusera com eficácia de meses, obrigando à moderação do projecto, por estarem, dizia, a diplomar adversários de Portugal.

Começou o Governo a temer que aparecessem votos de vencido que influíssem no debate a organizar na Assembleia Nacional. Movimentaram então todas as pressões para que tais votos não aparecessem.

O Prof. Varela, no calor da discussão, teria afirmado energicamente que a intenção do Governo era realmente federalista, porque esse era o pensamento antigo do Primeiro-Ministro, que até o expressara em parecer dado para o Conselho Ultramarino quando este, em 1962, se ocupou da revisão da Lei Orgânica do Ultramar. Ocorreu então ao Prof. Queiró que o Ministro do Ultramar, nesse tempo, era eu, e que tal documento seria antes uma carta particular que me fora dirigida, e não poderia, sem responsabilidade minha, ser exibida qualquer cópia.

O que mais estranhei foi que pudesse acreditar nisso. Registava, em todo o caso, que o celebrado documento umas vezes não existe, outra é parecer solicitado, outra é cabala, e finalmente agora era carta particular. Um papel não assinado abalava seriamente a credibilidade do Governo.

O antigo Reitor da Universidade de Lisboa talvez não pudesse ter advertido a diferença entre a experiência que o levara a demitir-se em nome da dignidade universitária, e o Maio de 68, exigente de uma mudança intelectual e de valores, que antecederia o Setembro do ano em que finalmente assumia a Presidência do Conselho. Todavia, em 29 daquele Maio, o General De Gaulle descia em Baden Oos pedindo protecção ao General Massu, desanimado, porque "tudo está perdido. Os comunistas provocaram a paralisia do país. Retiro-me. Venho procurar refúgio junto de vós para meditar no que fazer".

Não era fácil esperar que a nova vaga estudantil tivesse aqui mais apoiada leitura do que a perplexidade dos reputados observadores franceses, como Raymond Aron a falar da *revolution introuvable* de Maio, com Marcuse frustrado por ser ignorado,

O DOBRAR DOS SINOS

alguns a pensar que se reproduzia em Paris o 1917 soviético, e os mais lúcidos a evidenciar que os chamados proletários não acompanhavam os estudantes, que a sociedade do consumo é que vinha a caminho.

A convicção de que as Forças Armadas eram a trave-mestra da segurança do Governo, teve enganosa expressão na promessa feita pelo novo Presidente do Conselho de não alterar a política colonial, e na verdadeira advertência que o General Deslandes, esquecido de antigos impulsos, lhe intimou quando as dúvidas começaram a correr, em discurso de celebração do seu primeiro ano de Governo, a exigir a firmeza da promessa feita. E ainda na lonjura de entendimento de todos os responsáveis sobre o que se passava na cadeia de comando, quando o Chefe do Governo se fiou do que seria chamada a Brigada do Reumático, a assembleia de oficiais generais que lhe manifestaram apoio, adesão e obediência em 1974. Reunião à qual não compareceram os Generais Francisco da Costa Gomes e António de Spínola, por isso demitidos dos cargos de Chefe e Vice-Chefe do Estado-Maior General das Forças Armadas.

Foi utilizado sem êxito o método de supor que a benevolência conquistava a devoção, e não a liberdade por direito, para além das divergências de doutrina e de acção. Foi assim que Mário Soares foi autorizado a regressar a Portugal vindo de S. Tomé, onde lhe fora fixada residência pelo Governo anterior. A razão invocada para tal medida tinha sido a acusação, nunca provada, de que divulgara na imprensa estrangeira o escândalo chamado *Ballet Rose*, que viria a ser abordado na imprensa depois do 25 de Abril, mas sem esclarecimento.

Também permitiu o regresso ao país do Bispo do Porto D. António Ferreira Gomes, exilado havia uma década depois de escrever uma nota que em 1958 dirigiu a Salazar, e que este considerou não ser apropriado ter sabido em circulação antes de receber o signatário, que lhe pedira uma entrevista. Seria ele uma referência fundamental para muitos dos que alinharam no PPD--PSD depois da Revolução, e ficaria presente no património da doutrina social da Igreja e da exigência da sua aplicação para vencer a miséria do povo, reivindicando a reforma do regime e a intervenção responsável dos católicos. Talvez Marcello Caetano não tenha realizado que os destinatários consideravam ter ganho uma batalha pelo seu direito, sem nenhum motivo para reverenciar o governante.

De todos os actos que pensou renovadores, o que ficou como determinante de uma gratidão que perdura, foi a sua intervenção no sentido de melhorar a condição social dos rurais, uma intervenção prevista pelo antecessor, preferindo a designação do Estado Social à de Estado Corporativo, mas esse povo não era participante na política que continuou a ser o domínio das cidades que o campo seguia, e naquelas de uma parcela restrita de interventores.

No plano internacional, todo esse período de governação se caracterizou pela irrelevância nas atenções dos observadores e analistas mundiais, ficando de recordação, e talvez de precedente, a hospedagem concedida a Nixon e Pompidou nos Açores, com três débeis árvores plantadas para memoriar o acontecimento.

As primaveras não pareciam de longa duração, coincidindo o início da anunciada liberalização portuguesa com a Primavera de Praga em que Alexandre Dubcek anunciava as *garantias contra o arbítrio*, com exercício de curto alcance. O Maio de 68 tinha o que poderia ser considerado réplicas portuguesas: mas enfrentando a Crise Académica de 69, com José Hermano Saraiva a imaginar encerrar a Universidade de Coimbra, ensaiando na TV uma imagem de ferocidade com o dedo espetado; mas com a PIDE, que ainda não mudara de nome, a encerrar o Instituto Superior Técnico, início de uma agitação que teria um marco de angústia com a morte do estudante José António Ribeiro dos Santos (1972), vítima da intervenção da agora DGS; e um desafio à imagem de liberalização com a interpretação imediatamente dada à instituição pelo Ministério da Educação dos *vigilantes* em 1973, chamados *gorilas* pelos estudantes, os quais se destinavam a reforçar o controlo das manifestações contra a guerra colonial e a

O DOBRAR DOS SINOS

demora das prometidas reformas políticas, uma medida que resistiu escassos meses à contestação.

A atitude da Igreja deixava de corresponder ao padrão hierárquico que sempre fora estrutural durante o exercício de D. Manuel Gonçalves Cerejeira. A tomada de posse de D. António Ribeiro no Patriarcado (1971), com a presença do Chefe de Estado, foi historicamente marcada pelo discurso em que aquele antigo professor do ISCSP insistiu na separação da Igreja e do Estado, resumindo a doutrina que recebera total acolhimento no Concílio Vaticano II, e que na data tinha muito que ver com a liberalização do regime e o destino do Império.

Mas os sinais de afastamento da Igreja em relação à política do Governo multiplicaram-se, pelo que podemos chamar as bases, e assim, na cidade da Beira onde estava o púlpito de D. Sebastião de Resende, o Padre Joaquim Sampaio, em Janeiro de 1972, proferiu uma desafiante homilia sobre Paz e Justiça, severamente condenatória da acção das Forças Armadas. Isto depois de Paulo VI, em 1970, ter recebido no Vaticano os dirigentes do MPLA, PAIGC e FRELIMO, na data em que em Roma se realizava um encontro intitulado Conferência Internacional de Solidariedade com os Povos das Colónias Portuguesas, tendo a representação de mais de meia centena de países. No ano seguinte, são expulsos de Moçambique os Padres Brancos, e julgados os padres do Macuti por denunciarem massacres em Tete.

O conflito com D. Sebastião de Resende, quando em 1956, celebrando a Concordata, criticou o ensino desfeiteando a censura, levando a um debate judiciário que ainda durava quando morreu, mereceria outra leitura da relação com a Igreja, que o conflito com o Bispo de Nampula, em 1974, defendendo a autodeterminação, mostrava que não tinha sido feita.

Que o Papa Paulo VI pretendesse visitar Goa, em 1964, o que dificilmente foi impedido, não antecipou a leitura de que o Padroado de séculos tinha perdido peso nas decisões, pelo que na visita que fez a Fátima, em 1967, não apenas evitou Lisboa como foi evidente, mas também deixou registado, nas fotografias e

A ESPUMA DO TEMPO

documentários da época, que não dispensava ao Doutor Salazar mais que atenção distante de pastor.

Na metrópole era menos a autodeterminação que animava os protestos do que a guerra, que tinha levado a juventude e as famílias à fadiga extrema. Por esse tempo vi, pela primeira vez, na Rua de Artilharia Um, os mutilados que circulavam em cadeira de rodas, e a reacção popular era evidente no sentido de que não considerava possível continuar, eliminando completamente as emoções esperadas com a prática das condecorações públicas das famílias dos sacrificados.

De todas as manifestações, a mais significativa foi a da vigília na Capela do Rato, no fim do ano de 1972, a pequena Capela da minha infância. Ali exercia o Padre Alberto Neto, que presidiu ao meu casamento. Assistiria ele, em 1967, de maneira que recolhera a gratidão de todos, o sofrimento em que morreu, de cancro, o jovem Nuno Mayer, de 19 anos de idade, antecedido pela morte em desastre de automóvel do irmão Duarte, meu aluno, de 21 anos, apoiando a família com incomparável dedicação e amor. O misterioso atentado em que o mataram, e nunca foi desvendado, aprofundou as orações em sua intenção dos que então amparou. A referida comemoração do Dia Mundial da Paz, com uma vigília que reuniu alguns dos nomes mais influentes dos católicos chamados progressistas, mas não só, sendo detidas umas setenta pessoas, levou o Patriarcado a demitir o Padre Alberto, mas estavam distantes os tempos em que a concessão da Rosa de Ouro pareceu um bálsamo para o facto de o Bispo de Bombaim ter sido elevado a Cardeal, relegando para segundo plano o Patriarca das Índias D. José da Costa Nunes.

Tive então cuidado em assegurar a D. José a dignidade de vida a que tinha direito, e por isso lhe foi dada residência no Colégio de Santo António Roma, lhe foram oferecidas as vestes cardina-lícias, assegurando também a pensão de reforma do Acordo Missionário. Ainda o visitaria em Roma, já tão frágil que parecia levitar, não renunciando aos seus longos passeios, mas resistindo intransigente a escrever as memórias que todos lhe pedíamos.

O DOBRAR DOS SINOS

Na vertente política da afirmada liberalização, também a credibilidade não acompanhou as intenções proclamadas, com total irrelevância da mudança da designação da PIDE para Direcção-Geral de Segurança – DGS, logo em 1969, a qual exerceu a repressão sempre que os desafios surpreendiam a perspectiva governamental.

A imagem da liberalização prometia que não se repetiriam os modelos que tiveram a primeira demonstração nas eleições presidenciais de 1949, em que o General Norton de Matos desafiou o Marechal Carmona e desistiu por alegar falta de idoneidade do processo, ou nas eleições presidenciais de 1951 em que o candidato oposicionista Almirante Quintão Meireles desistiu perante o Marechal Craveiro Lopes pelos mesmo fundamentos, ou, sobretudo, as eleições de 1958 em que a candidatura do General Humberto Delgado, concorrendo contra o Almirante Américo Thomaz, abalou o sistema, tendo federado as várias oposições, e instalado em largas camadas da população a convicção de que ganhara.

A partir daí, *para evitar um golpe de Estado constitucional* (Salazar), o Presidente passou a ser eleito por um Colégio Eleitoral seguro, que manteve o Almirante até ao 25 de Abril.

Foi nas eleições de 1969 que, fracassadas as oposições, ganhou relevo aquilo que a Imprensa chamou a Ala Liberal, todavia eleita com os votos da ANP como Marcello Caetano lembraria quando entraram na dissidência.

Nesse grupo, e nessa data, o mais notável era Miller Guerra, académico consagrado, e que teve mais longa presença intelectual do que política, sendo que este foi o domínio específico, entre outros, de Pinto Leite, Sá Carneiro, Pinto Machado, Pinto Balsemão, Magalhães Mota, José da Silva e Mota Amaral.

Miller Guerra tornou claro que aceitava a candidatura para vencer a contradição de "querer ao mesmo tempo o progresso e a conservação das estruturas, hábitos e concepções velhas", e viria a aderir ao socialismo democrático. O grupo de facto aceitou a ambiguidade quanto ao problema colonial, porque a lista da ANP comprometia-se a rejeitar o abandono do Ultramar.

A democratização foi o empenho, a opção europeia o seu anúncio, incompatibilizando-se com o Chefe do Governo por causa da polícia, ou do exame prévio, com Miller Guerra a exigir a reforma da Universidade, e todos a abandonarem o anunciado Estado Social de modo que nas últimas eleições de 1973 apenas José da Silva e Mota Amaral se mantiveram nas listas da ANP, mas não foi suficiente a abertura que se traduziu em consentir a realização do III Congresso da Oposição Democrática em Aveiro, para deter os efeitos da ambiguidade.

Entretanto, a chamada Ala Liberal perdeu a sua maior promessa que era José Pedro Pinto Leite, morto num desastre aéreo na Guiné, em 1970, inteligentemente a orientar a reforma do regime agindo dentro dele, e procurando fazer coexistir o personalismo cristão com o socialismo democrático representado por Mário Soares. A presença de *O Tempo e o Modo* era visível na sua atitude agregadora, e também estive presente com o numeroso e variado grupo de pessoas que o ouvia na festa que organizou no Grémio Literário e que perturbou as estratégias governamentais. Fez falta no 25 de Abril, tendo morrido na véspera da morte de Salazar.

Com ele também se perdeu, no acidente aéreo da Guiné, Pinto Bull, um dos três irmãos que foram notáveis guineenses, todos servidores da via pacífica da evolução, mas ele íntimo conhecedor da administração colonial, advogado da igual dignidade das etnias, experiente do processo internacional. O irmão Benjamim Pinto Bull, Doutor pela Universidade de Dacar, com uma profunda cultura humanista, líder de uma autodeterminação negociada, amigo de Senghor, que o inspirou na admiração pela acção portuguesa, viria depois de 25 de Abril para Portugal, a renovar as suas raízes.

Depois do 25 de Abril os historiadores vão encontrando as marcas de negociações, de contactos, de tentativas, que não foram publicamente divulgadas na altura, mas que acentuaram o ambiente de perplexidade e ambiguidade em que a primavera marcelista se esgotou num Outono tormentoso.

O DOBRAR DOS SINOS

A ruptura vinda do interior tivera os seus agentes históricos, como Henrique Galvão e Humberto Delgado, tivera a desilusão da vaga de liberais que pretenderam dar consistência e sentido à primavera anunciada, vira a inépcia dos ultras, agentes da fragilizada concepção da relação de suporte entre as Forças Armadas e o regime, aquelas a verem afastar-se António de Spínola e Costa Gomes, tentando eles em vão usar uma cadeia do comando que tinha mudado de titulares do poder efectivo.

De facto, era o tecido conjuntivo da sociedade e do Estado que se esboroava, gasto pelo ácido dissolvente da ambiguidade, pela distância entre o proclamado e o feito, pela contestação da legitimidade de origem de poder, que não conseguiu obter legitimidade pelo exercício. Quanto a Marcello Caetano, uma vida inteira de serviço e devoção ao interesse público via dissolver o prestígio e o capital de esperança acumulado, porque tendo ganho crédito com a justeza da crítica à vida habitual, nenhum anúncio de futuro correspondeu aos seus valores, à sua posição, à sua vontade de escolher e decidir.

Alguns dos que o tinham acompanhado na juventude cedo começaram a advogar acções para o substituir, convencidos de que era a sua atitude que animava a desagregação, sem reparar que, ao contrário, era o mundo em mudança acelerada que o manietava.

Foi o caso do Dr. Castro Fernandes, antigo nacional-sindicalista, corporativista de Estado, Ministro da Economia e presidente da Comissão Executiva da União Nacional, que iniciou uma ronda cada vez mais alargada de contactos para derrubar o Governo por convencimento do Presidente da República.

Inevitavelmente, o Jorge Jardim foi contactado em lembrança dos tempos do Conselho Corporativo, e ficou-lhe claro que era o destino do regime que inquietava o angustiado interlocutor, não era o destino dos territórios e dos povos. Outros, como o mesmo Jorge Jardim, estavam mais preocupados com o destino dos povos e territórios, ele próprio progressivamente imaginoso e

373

A ESPUMA DO TEMPO

interventor para salvaguardar Moçambique da guerra interna que vaticinava, e da expansão soviética que tinha por certa.

Da velha guarda, homens como o Doutor João Pinto da Costa Leite (Lumbralles) lamentavam a visível próxima morte anárquica da missão nacional, sem cuidar por quem e onde era escutado, descuidado do regime e de qualquer interesse próprio. As previsões eram muitas, as desavenças multiplicaram-se, mas a inevitabilidade do desastre, que exprimiam, mostrava que definitivamente a estrutura do regime era uma ficção abrilhantada pelas festas e excursões do século, que davam imagem a alguns financeiros do regime.

A publicidade que rodeou a manobra de Botelho Moniz não foi superior à que rodeou o aparecimento do depois chamado Movimento dos Capitães, que ficou muito marcado por interesses corporativos mobilizados contra a legislação do Ministro General Sá Viana Rebelo, que pretendeu integrar os oficiais milicianos nos quadros, sacrificadas como foram as suas próprias carreiras civis pelo serviço militar prolongado e exigente durante a guerra. Em *O Novíssimo Príncipe* (1977) procurei analisar o movimento que se traduziu no maior desastre da História portuguesa, e não repetirei aqui as minhas conclusões.

Foi todavia notável que os próprios oficiais-generais envolvidos, os que procuraram encabeçar o movimento ou foram chamados a dar-lhe imagem, haviam penosa e lentamente compreendido que definitivamente se consumara a evolução que Salazar tinha sentido, e que era o divórcio entre as Forças Armadas e o regime, agora tornado irreversível pelo facto de a cadeia de comando ter sofrido o deslizamento da autoridade das cúpulas para as bases.

Dos oficiais chamados a constituir a Junta de Salvação Nacional conhecia pessoalmente o General Spínola, o General Jaime Silvério Marques, e o Almirante Pinheiro de Azevedo.

O General Jaime Silvério Marques era irmão do General Silvino Silvério Marques, e governava Macau quando fui nomeado Subsecretário de Estado do Ultramar. Os dois irmãos tinham uma sólida reputação de integridade, e de jovens por vezes lhe

O DOBRAR DOS SINOS

chamavam os Irmãos Gracos. Em Macau tinha ele temido um corte de água pela República Popular da China, e as coisas agravaram-se a ponto de ser necessário chamá-lo a Lisboa para acertar a política de conciliação, que era a única ao alcance português, e que executou com perícia e ajuda de Ho Hin, pai do primeiro governador de Macau após a retirada portuguesa.

Quanto ao General Spínola, tinha-o conhecido quando, frequentando ele o curso do Instituto de Altos Estudos Militares, precisou de informação para um trabalho sobre o Ultramar, que devia apresentar. O Tenente-Coronel Jaime da Fonseca, então Comandante da Polícia de Segurança Pública do Porto de Lisboa, e que era meu amigo, acompanhou-o ao ISCSP para o apresentar e falar sobre as matérias que lhe interessavam. A amizade entre os dois oficiais era muito sólida, e o Tenente-Coronel Jaime da Fonseca, futuro Subsecretário de Estado do Exército, era, como Spínola, um homem moldado pela mística militar, franco no falar, transparente nas atitudes, fazendo da hierarquia um valor principal.

Por esse tempo, o Instituto e o Centro de Estudos eram certamente as instituições mais ocupadas com a evolução da conjuntura que desafiava as estruturas da vida habitual, e designadamente atentos à guerra então chamada subversiva, tendo produzido vários relatórios de campo sobre os sinais dos tempos. O Coronel Hermes de Oliveira, que andou pelo Norte de África a estudar as questões da Argélia, com atenção especial à guerra subversiva, era presença activa e colaborador interessado. Jaime da Fonseca seria morto na intentona de Beja, quando, sendo Subsecretário, partiu desabrido de Lisboa, sem informar sequer o Ministro Mário Silva, convencido de que chamaria os revoltosos à obediência, morrendo ali, de maneira nunca suficientemente esclarecida, fuzilado quando avançava, a peito descoberto, para o quartel.

O 25 de Abril chegaria anunciado, com uma publicidade de projecto talvez superior à da intervenção palaciana de Botelho Moniz, a primeira advertência feita a Salazar de que o apoio

375

A ESPUMA DO TEMPO

militar estava a afastar-se, uma advertência que deixou de pretender ignorar depois da desobediência provocadora, mas dessa vez tratada com a terapêutica do beco de honras, do Comandante-Chefe e Governador Deslandes.

O próprio Doutor Marcello Caetano, que doutrinara o bicefalismo do regime, se esqueceu do Presidente da República quando abandonou o despojado cargo, chamando o General Spínola, para entregar o poder que lhe tinha sido delegado. Foi também público que alguns generais procuraram ser aceites para a direcção do movimento, e com isso talvez conscientes do deslizar, que se revelou imparável, da chefia efectiva para as bases da cadeia de comando.

A Igreja calara as vozes que se tinham oposto ao Bispo do Porto D. António Ferreira Gomes, sem todavia acompanhar a censura pública do Governo, nem as diligências diplomáticas junto da Santa Sé para remover o prelado.

A dissidência da Ala Liberal, que organizaria a social-democracia, não deixou de mostrar a veneração pelo legado de D. António, e rapidamente a Igreja Católica nacional demonstraria que era o movimento em que depositava maiores esperanças. O socialismo democrático encontrara em Mário Soares a liderança que melhor se articulava com a Europa em formação, e oposta ao sovietismo. O Partido Comunista, pronto a emergir da clandestinidade com a liderança histórica de Álvaro Cunhal, parecia tão ameaçadoramente longe da percepção da mudança dos tempos como o Governo português estivera longe de perceber que a estrutura do Estado desabava.

Depois da Revolução, Baptista-Bastos, nas entrevistas que empreendeu, tornou popular a pergunta – *onde estava no 25 de Abril?* Talvez a resposta mais apropriada fosse que todos estavam à espera de que o anunciado facto se consumasse, seguros de que a mudança era imparável, inseguros quanto aos efeitos, falhos de notificação sobre o dia e hora.

Segundo uma tradição de muitas das nossas chamadas revoluções, o único objectivo dos activos era derrubar o Governo sem

O DOBRAR DOS SINOS

planos para a responsabilidade de governar, e neste caso sem entendimento claro de que a marcha militar, animada por canções inspiradoras, desfilava pelo vazio do poder e por isso sem oposições.

O processo, de desenho incerto, dos responsáveis pelo movimento teve um traço revolucionário que foi o *dos saneamentos*, esporadicamente punitivo, mas na substância varredor dos titulares de cargos públicos e privados, para aterrar anos depois numa política que seria chamada de *jobs for the boys*.

Também não fui esquecido pela Comissão Ministerial de Saneamento e Reclassificação do Ministério da Educação e Cultura, de onde recebi a acusação elaborada sob a presidência inquisitória do Professor Torre de Assunção. Entretanto, no ISCSP, a suponho que Comissão espontânea, animada pelo Prof. Doutor Armando Marques Guedes, aligeirou a fadiga da incipiente administração pública, e tratou dos saneamentos caseiros, com êxito.

Dei-lhes a resposta apropriada, a qual foi publicada pela primeira vez em edição de 1976 com o nome de *Saneamento Nacional*. Porque o Instituto Superior Naval de Guerra foi também a minha escola durante dezenas de anos, escrevi um texto explicativo, dirigido aos oficiais dos Cursos daquele Instituto, que desejo incluir nestes apontamentos, e que é o seguinte:

«1. Teria preferido que as respostas dadas ao questionário que me foi enviado pela Comissão de Saneamento implantada pela Revolução, lidassem apenas com problemas de interesse público. Mas as perguntas sendo as que os estadistas responsáveis fizeram, a outra alternativa seria não responder. Também me ocorreu, mas não me pareceu o indicado. Decidi anteceder os textos das acusações e das respostas de alguns comentários, tudo dirigido aos meus alunos do Instituto Superior Naval de Guerra, último lugar onde exerci uma função pública. Trata-se de continuar um interrompido diálogo que durou anos, e no qual nunca foi omitido qualquer aspecto na conjuntura portuguesa. Todos eles, no activo ou expulsos, entenderão porque é que estas palavras lhes são dirigidas. Outras pessoas é natural que não compreendam, mas isso não tem importância.

2. Os documentos em causa são peças de um processo de saneamento que a Revolução de 25 de Abril empreendeu à luz da legitimidade que pertence aos vencedores, e que também lhes permite decretarem a quem é que venceram. Acontece que, como ensinou Antígona, há um ponto de vista acima e fora do alcance do Poder, que habilita todos e cada um a julgar a gestão de quem manda. E neste caso, usando a franqueza e terminologia de Frei Bartolomeu dos Mártires, parece indubitável que é o aparelho político instalado pela Revolução de 25 de Abril que está necessitado de um eminentíssimo e reverendíssimo saneamento.

Trata-se, em primeiro lugar, do ufanismo e triunfalismo de alguns revolucionários. Não tem que ver com a motivação abundante para a revolta, porque essa esgotou-se no momento da vitória. Mas o pacifismo com que o movimento assumiu o completo domínio do Estado, em poucas horas, demonstra suficientemente que o risco por alguns supostos não existia, e que o ambiente nacional e internacional não esperava por outra coisa. O aparelho político expulso pareceu até aliviado. Este facto não diminui as responsabilidades assumidas. O que implica é que todos os revolucionários militares assumam a linha de modéstia exigida pela facilidade e pelas consequências da intervenção.

Também é útil esclarecer que o Movimento não foi uma decisão arbitral das Forças Armadas, a qual estaria na tradição, duvidosa embora, de um suposto poder moderador. Este, nos países onde existiu e foi exercido, traduziu-se sempre num julgamento feito pela Instituição Militar sobre a conjuntura, e numa intervenção disciplinada para repor a autenticidade da vida pública. Aqui, o que houve foi um Movimento que assumiu o controlo da Instituição Militar, a qual deste modo ficou fora do jogo político, foi saneada como qualquer serviço público, e não teve intervenção institucional. Por isso, a responsabilidade do Movimento não é a mesma coisa que a responsabilidade e função das Forças

O DOBRAR DOS SINOS

Armadas. Agora, trata-se apenas do Movimento e das consequências da política que impôs ao País.

3. A mais óbvia das consequências que se seguiram, é que Portugal é hoje, em termos geopolíticos, um País muito pequeno. Restam 92 000 km² para governar, com separatismos latentes. De treze fronteiras físicas que tínhamos, só ficou uma que é a Espanha. Esta evidência não implica por si nenhum julgamento sobre se poderia ser de outro modo. Mas é um facto. E conviria não o omitir. Não existe hoje qualquer decisão política internacional em curso que necessite do acordo português, salvo por cortesia. E, todavia, o 25 de Abril foi, depois da Paz de 1945, o acontecimento político de consequências mais importantes para a nova definição política do Planeta. Que os revolucionários todos o soubessem, ou que todos o presumissem, é discutível. Mas é indubitável que o punho que, sem necessidade de muita força, bateu em Lisboa, abriu definitivamente a rota do Índico e do Atlântico Sul ao poderio naval soviético. Na estratégia mundial, foi objectivamente genial. E pode supor-se que foi subjectivamente, porque também há por esse mundo centros inteligentes de comando político. Poucos outros exemplos, se alguns poderão ser dados de uma tal economia de meios em função do resultado. Umas escassas centenas de homens, de nacionalidade diferente das grandes potências interessadas, sem dar um tiro, arruinaram os planos dos Estados-Maiores dos Exércitos mais poderosos do mundo e favoreceram de maneira prodigiosa um dos contendores que é a URSS Que a demonstrada actual incapacidade dos EUA, aliado inseguro em busca de coerência e de credibilidade, lho fizessem merecer, é outra questão. Mas havia a comunidade internacional. Ora é certo que não constitui qualquer novidade, não se trata de uma revelação feita pelas consequências, saber que a retirada do poder político português das suas posições ultramarinas implicaria um imediato preenchimento do vazio por um dos poderes mundiais em competição. Qualquer oficial medianamente informado estava consciente desta circunstância. Realmente, todos o sabiam e nenhum político o ignorava. Decididos a calar

A ESPUMA DO TEMPO

as armas perante os movimentos nacionalistas dos vários territórios, não podiam ignorar que a comunidade internacional era o terceiro interlocutor, em vista dos interesses em jogo. Esta é a outra coisa, pela qual de quando em vez perguntam, e que devia ter sido feita. Com finalidade contrária à do expulso regime, também os revolucionários preferiram agir orgulhosamente sós.

Por isso, a análise do processo das decisões revolucionárias mostra algumas originalidades que não são as que o ufanismo corrente costuma salientar.

Assim, não houve qualquer Revolução no passado, que renunciasse, sem negociação de contrapartidas, a interesses estaduais. A Revolução Americana, a Revolução Francesa, a Revolução Soviética, as Revoluções Neutralistas, todas e cada uma começaram por reter as posições herdadas. Nenhuma delas enjeitou um só elemento do património estadual assumido. Quando não puderam conservar, negociaram. Tinham princípios, mas também tinham uma ordem de batalha. Tiveram revolucionários, mas entre eles estavam os estadistas. No caso do Movimento, as posições abandonadas e cobiçadíssimas, foram todas fortalecer o expansionismo de estranhos, sem contrapartida.

Nem ordem de batalha, nem negociações, nem assessoramento da comunidade internacional, a favor dos interesses portugueses.

Chamar a este procedimento um processo modelar de descolonização, é um abuso semântico. A descolonização implica a eliminação de tudo o que se considera ética ou ideologicamente reprovável na relação entre a minoria que governa e os grupos submetidos. Acontece que as centenas de milhares de portugueses que povoavam os territórios africanos, não eram participantes do aparelho do poder que o Movimento expulsou. Eram trabalhadores esforçados. Nem os centros de decisão lhes pertenciam, nem os abusos eram deles. A sede do poder não estava nas suas mãos. A maioria não tinha uma qualidade de vida superior à da classe média metropolitana. No trabalho encontravam a legitimidade do seu património. Muitos viviam como simples operários e camponeses. Mas todos foram vítimas indefesas de um processo de

O DOBRAR DOS SINOS

retirada que, ignorando a negociação multilateral, beneficiou directamente os interesses de uma das grandes potências em expansão mundial, e a publicidade eleitoral de políticos civis e militares intervenientes. Não é descolonização um acto que abriu caminho à eliminação física e silenciosa de milhares de homens de todas as etnias, que entregou às piores violências mulheres e crianças portuguesas sem conta, que submeteu à humilhação membros das Forças Armadas Nacionais, e que obrigou à salvação da vida, pela fuga, a centenas de milhares de portugueses que tudo perderam, sem ao menos terem o amparo das opiniões públicas mundial e nacional, mantidas desinformadas dos acontecimentos. Dizer que tudo se deve à falta de palavra dos interlocutores, é o mesmo que dizer que não houve política. É pouco também adoptar, para este desastre, a justificação que Jorge Amado ofereceu no prefácio ao volume de poesias de Agostinho Neto, recentemente publicado. Ali disse que desejando um acolhimento humano para os portugueses de Angola que estavam a chegar em fuga desordenada, utilizando em regra barcos de fortuna, não podia deixar de notar que só os exploradores procuravam salvar-se pela fuga, porque os outros, brancos e pretos, ficavam a cooperar na construção de nova República Popular. Com este comentário, Jorge Amado, evidentemente mal informado dos factos, pesou, creio que involuntariamente, com o seu nome e formação, no avolumar de injustiças que perseguem esses portugueses. Nos trópicos em revolta, o modelo que mais naturalmente se processa é o da imposição do poder de uma minoria aos restantes grupos. O poder alienígena que se retira é substituído por uma minoria nativa que se impõe. Isto é assim, entre outros motivos, porque ali não existem nações, existem apenas projectos nacionais. A análise só descortina grupos étnicos e culturais. Por isso a descolonização é um processo complexo, que não pode ser substituído pelo abandono ou pela capitulação. Quando assim acontece, a condição humana piora. Seguem-se por vezes coisas como a guerra surda do Sudão, onde morreram quinhentos mil homens que não fugiram, mas não puderam colaborar; ou o genocídio do Biafra, onde massacraram um milhão de homens, que não conseguiram nem fugir nem integrar-se; ou o que se passou na União Indiana, onde ninguém sabe quantos homens sobram dos oito milhões de Nagas que lá existiam e que o Governo de «libertação» liquidou sistematicamente; ou o que se está passando em territórios que eram portugueses, a despeito das advertências que eram conhecidas. O problema não é pois de consciência leve ou pesada dos que fogem, é de sinal ideológico dos que mandam. Trata-se da fraqueza dos homens, brancos, pretos e mestiços, diante da força. Não pode aceitar-se que, nestas circunstâncias, se fale em descolonização modelar, e que por antecipação fique assente que não há responsáveis pelas consequências. As assinaturas apostas nos documentos de Lusaka que datam o início do processo, não foram assinaturas de estilo. Ninguém foi coagido para querer a qualidade de signatário. Alguns se reclamaram depois, perante o eleitorado, de com essa intervenção terem posto fim à guerra e trazido soldados para casa. Ora, as sequelas do processo também faziam inelutavelmente parte dos serviços alegados pelos signatários. Não foi de descolonização que se tratou. Os retornados são as vítimas visíveis. Dos que não voltaram, não se sabe quantos é que não tiveram sequer direito a epitáfio. Todos, porém, têm direito ao respeito.

4. Este sacrifício inglório está relacionado com um elemento da ideologia revolucionária, tal como esta se foi revelando, que necessita de saneamento. Não existe precedente, nas revoluções conhecidas, de se ter repudiado a História nacional e de a ter confundido com a de um regime abatido. A Revolução Francesa derrubou a antiga ordem, mas glorificou a França de sempre e o seu projecto de futuro; a Revolução Americana apressou-se a proclamar a superioridade ética de um povo que se revoltava; a Revolução Soviética não derrubou um monumento, não sujou um Palácio, não enjeitou qualquer dos actos de expansão moscovita, não libertou qualquer dos seus povos e territórios coloniais que ainda conserva, aceitou a tradição ecuménica nacional, e tratou de a afeiçoar ao novo esquema ideológico; as Revoluções Neutralis-

O DOBRAR DOS SINOS

tas, de muçulmanos, de pagãos, de hinduístas, trataram de enaltecer o seu passado histórico, por vezes de bem difícil identificação, sem prejuízo de proclamarem um projecto socialista. Em Portugal assistimos à confusão da Pátria com o regime derrubado, à negação da validade ecuménica da expansão, à destruição da imagem nacional dos sábios, poetas, heróis e santos, à humilhação dos símbolos de um passado secular. Nenhum povo merece isto. Nenhum povo pode ser humilhado e ofendido, não por inimigos externos, mas por nacionais. O povo português não tem de que arrepender-se. Pelo contrário, tem fundamentos indestrutíveis para se gloriar na contribuição que deu para que o género humano possa ter hoje um sentimento planetário de interdependência e socialização. Mal servido, foi muitas vezes. Mas, na relatividade de cada época, nenhum o excedeu em moderação. É inaceitável que se reduza a gesta lusíada à violência inerente à expansão dos Estados, e sobretudo tem de repudiar-se a crítica quando vinda dos mesmos que, já no século XX, empenhados numa competição planetária, e alinhados pelas nacionalidades ou simplesmente pelas servidões ideológicas, não dispensam o arsenal atómico, nem os mísseis intercontinentais, nem os submarinos nucleares, nem as armas biológicas, nem se privaram de esmagar a Checoslováquia e a Hungria ou de destruir a Indochina. O povo português tem o direito de exigir que respeitem a sua gesta mundial; tem direito ao orgulho pelo seu passado; tem direito de impor isso aos seus nacionais. Pertence-lhe o direito de encarar os futuros agora possíveis, sem humilhação.

5. Para encarar esses futuros, nenhum elemento do seu património material e humano deveria ser dispensado, e menos ainda delapidado. Mas aquilo a que assistimos foi a uma destruição dos quadros técnicos forçados à dispersão pelo estrangeiro. Não são capitalistas, nem se trata de emigração ideológica em busca de outra paz. É um problema de direitos do homem, do mercado do trabalho, da tranquilidade e segurança que esse mercado exige para funcionar. Os professores, os médicos, os engenheiros, os agrónomos, os economistas, os agentes técnicos, os contra-mes-

A ESPUMA DO TEMPO

tres, os operários especializados, os médicos e pequenos empresários, foram compelidos a partir. O investimento nacional perdido não pode sequer ser avaliado. O País não tem qualquer possibilidade de reposição, sobretudo tendo em conta que o aparelho do ensino entrou em perda acelerada. O único caminho é o da recuperação, a volta, mas isso não se faz, não se consegue, sem o prévio restabelecimento de uma economia e de uma administração. Entretanto, os débeis serviços que se mantêm são entregues a pessoal recrutado entre camadas que frequentemente têm mais ambições do que capacidade. São o que há, e não o que é preciso. Acontece assim que o equipamento português na indústria, no comércio, na agricultura, nos serviços, e que devia ser uma plataforma de lançamento para qualquer Governo revolucionário, entrou em completa perda de desorganização por incapacidade de gestão e manutenção. Criticar a pobreza do desenvolvimento existente em muitos sectores, antes do 25 de Abril, poderia ser um estímulo para um novo programado salto em frente. Não aguentar o equipamento que existia, por meio de uma imediata intervenção gestora, ao serviço da nova ordem de coisas, foi uma inaceitável delapidação. Chamar-lhe sabotagem económica, não muda o facto.

6. Fazer face a essa quebra de desempenho da Sociedade e do Estado pelo recurso imoderado ao património das nossas reservas em divisas e em oiro, traduziu-se em usar um capital nacional como se de um rendimento se tratasse. Pela janela escancarada da incapacidade administrativa, foi deitado fora um património que não deveria ser utilizado legitimamente senão para o reequipamento nacional. Em dois anos foi liquidada a reserva de divisas. Com mais a extraordinária circunstância de se ter esperado pelo esgotamento dessas divisas para recorrer ao oiro existente, já sem nenhuma liberdade de negociação porque a urgência é muita. O oiro começou a partir. Tudo sem que nunca se tenha publicado a conta dos gastos, para que se saiba como se sumiram as nossas divisas, quem negociou e assumiu as obrigações, que entidades e pessoas receberam o nosso dinheiro e estão a receber o nosso

O DOBRAR DOS SINOS

oiro, para fazer o quê, a que preços e em que condições. Sabe--se apenas que, sendo pobres, alguém gastou o mealheiro que tínhamos e nos deixou reduzidos a uma política de mendicância.

7. A negação dos valores nacionais, que nada têm a ver com os regimes, explica em parte, mas absolutamente não justifica, que a vida política portuguesa se tenha orientado para aquilo que Ortega talvez chamasse um *espelhismo*. Não falta quem se veja na figura de qualquer dos grandes nomes que pesam na condução dos negócios mundiais, e sem modéstia o diga ou faça dizer. As imagens sucedem-se, as reputações fazem-se por recorte e sobreposição. Nenhum desses interessados parece ter sido advertido de que jamais a uma dessas figuras mundiais, ou aos seus adeptos, lhes ocorreu comparar-se com qualquer deles. A reciprocidade não existe. Pelo contrário, parece que os políticos estrangeiros cada vez mais se consideram autorizados a opinar paternalmente sobre o destino português, emitindo diagnósticos e prognósticos conforme as respectivas tendências ideológicas. Por eles sabemos o que se projecta para nós. E já não o fazem apenas na discreta lonjura nos seus países, sentem-se antes no dever de vir opinar localmente, trazendo ou retirando apoio aos agrupamentos. E deste modo, o País mais vai parecendo uma sucursal dessas forças estranhas, do que um centro que deve contribuir autonomamente para a solução dos problemas que são de todos. A dimensão paroquial foi atingida.

8. A Revolução organizou-se em termos de o *poder político* pertencer ao Movimento e de a *administração* ser entregue a um colégio chamado *Governo*, composto de pessoas fornecidas pelos partidos considerados ideologicamente idóneos, e convidados a colaborar na Revolução que não fizeram. Amparados ainda estes com uma *Lei do Indigenato*, destinada a facilitar o reconhecimento eleitoral dessa idoneidade pelo simples processo de eliminar as lideranças competitivas. Esta nova *Lei do Indigenato* é diferente da que vigorou em África porque desta última saía-se por via judicial, e daquela apenas se sai por via graciosa. Graciosidade logo exercida em relação a vários merecedores do

A ESPUMA DO TEMPO

estatuto de assimilação revolucionária, por motivos até hoje não declarados.

A imposta distribuição de funções implicava, para quem só conhece o que se publica, que o dever do chamado Governo seria administrar, e que os chamados ministros, que não detinham poder político, eram realmente Secretários de Estado obrigados a mergulhar nas tarefas da Intendência. Em vista do que depois se passou, quem se considera responsável pela delapidação de tantos elementos do património português? Quem é que administrou mal? A probabilidade é que haja muitos voluntários para falar do peso da herança recebida, que muitas considerações ideológicas sejam tecidas, mas que a culpa continue, como antes, a morrer solteira. E, entretanto, nunca foi tão numeroso o grupo de pessoas responsáveis, com hierarquias empoladas, em todos os sectores. Quanto menos exército precisamos, mais chovem as estrelas nos ombros dos jovens oficiais revolucionários; quanto menor função tem a marinha, mais vice-almirantes possui; quanto mais pequenos são o território e a população, mais cresce o Governo. Temos, se a conta está certa, setenta e dois membros do Governo e mais vinte e dois membros do Conselho da Revolução. Nunca tantos governaram tão pouco.

Ao mesmo tempo, as missões e viagens ao estrangeiro multiplicam-se em flecha, com séquitos sem precedentes e com resultados não compensadores. É urgente compreender a mudança de estatuto internacional português, e abandonar a aparência de que cada líder político tem uma missão ecuménica a realizar, por vezes excedendo a que atribui ao País. O que existe é um País pequeno e pobre à procura de um novo estatuto internacional. E precisa de o alcançar sem vergonha pelo seu passado, com a dignidade e sobriedade que são corolários do sentido da responsabilidade. Não pode consentir-se o provincianismo que pretende substituir o inexistente estatuto político internacional português pelas relações pessoais de cada político. A política internacional assenta em interesses, não se baseia em compadrios. As amizades formais diplomáticas duram apenas o tempo que servem os

O DOBRAR DOS SINOS

interesses de cada Estado. E para servir os interesses reais de cada Estado, qualquer agente encontra logo as amizades e a cordialidade que são de estilo, sendo que os profissionais são os mais indicados para tal efeito. É urgente o regresso ao sentido da medida.

9. A inscrição no debate europeu está a fazer-se com tendência para colocar o assento tónico das dificuldades na atitude do Partido Comunista Português, acusado de não acompanhar o jogo democrático. Sobretudo, é frequentemente dito que o seu secretário-geral está desactualizado em relação à evolução do comunismo, que lhe conviria aprender com os dirigentes comunistas italianos, e entender melhor a actualização da esquerda europeia. Em vista da consagração que o referido secretário-geral recebeu em Moscovo na reunião de 1976 do Soviete Supremo da URSS, a impressão que fica é a de que são esses críticos, alternadamente seus companheiros de jornada, que terão vantagem em clarificar os seus conceitos sobre o papel do sovietismo e do internacionalismo proletário no mundo. A noção soviética dos interesses nacionais dos outros não coincide com a noção que é tradicional no Ocidente entre as correntes que não têm raiz moscovita. Na linha da U. R. S. S., ao contrário de o secretário-geral do Partido Comunista Português estar destinado a morrer na situação de vencido, como lhe foi prognosticado, parece antes que será recordado como tendo dado uma das mais valiosas contribuições para a expansão do internacionalismo soviético. A política chamada descolonização portuguesa foi, objectivamente, o mais importante dos acontecimentos, desde a paz de 1945, no desenvolver da estratégia mundial da URSS As palavras que, no programa do Movimento das Forças Armadas, se referem a esse passo foram literalmente recolhidas de textos antigos do Partido. Conseguido isto, o caso do território português europeu é para eles um detalhe pequeno num vasto plano, e não há motivo para supor que tem qualquer autonomia dentro das zonas estratégicas de relevo actual. Pelo contrário, tudo indica que a Península Ibérica e a Europa é que são o problema. Por tudo, os que apoia-

A ESPUMA DO TEMPO

ram e acompanharam a acção comunista até este ponto, intervindo na execução da chamada descolonização e formulando ou aceitando os corolários inerentes, não são os indicados para advertirem contra a existência de um perigo comunista que só denunciam quando ameaça os seus interesses políticos próprios. A única alternativa é procurar uma definição de metas, uma escala de valores, e a correspondente metodologia, em função dos espaços aos quais ainda pertencemos, todos no Ocidente. Uma coisa são relações com todos, outra é pertença. Um estatuto internacional próprio não parece que possa ser encontrado por outro caminho. O pluralismo das opções ocidentais que andam propostas, esse enriquece e alarga as possibilidades de escolha.

10. A tónica do saneamento de que necessita o aparelho montado pela Revolução de 25 de Abril é que é inadiável fazer Administração. Sobre ideologias é fácil dissertar e mostrar criatividade; de contracultura todos podem ser arautos; fidelidades internacionais são fáceis de invocar. Mas a Intendência é para quem sabe. As grandes aventuras, a salvação vinda do exterior, o passadismo, o futurismo, a denúncia por ofício, a intriga por método, o boato por arma, a difamação como arte, o insulto como distracção, o carreirismo como modo de vida, estão sempre ao alcance de qualquer Revolta das Salamandras. A vida da Sociedade e do Estado fica assim reduzida a uma teoria de golpes, que não necessitam de demonstração, e onde são sempre os outros que se magoam e o interesse geral que se perde. Montar uma administração tem outras exigências. A sociedade civil precisa de uma lei que lhe defina a autonomia, e de um aparelho estadual que garanta o exercício dessa autonomia. O Estado tem de assegurar o desempenho que lhe incumbe e que não depende das lutas partidárias: a justiça, o trabalho, a saúde, os transportes, as comunicações, as finanças, o crédito, a produção, a circulação de bens, a salvaguarda de recursos, não podem estar à mercê dos alinhos e desalinhos de conveniência. Têm de estar fora disso para que sejam possíveis sem dano. A administração tem que ser entregue a um corpo com experiência, saber e idoneidade profis-

O DOBRAR DOS SINOS

sional. É a primeira medida destinada a salvar o que ainda resta. Um ponto final para que seja possível definir um novo plano de vida. Plano cuja trave-mestra tem de ser a possibilidade de os portugueses viverem em paz e em paz decidirem o seu futuro».

Aquilo que pensei, da maneira como foi conduzida a luta pelo poder, a partir da anarquia estabelecida, consta de um livro que intitulei – *O novíssimo príncipe*, e por isso não o repetirei aqui. Tive notícias do movimento pela Rádio, e procurei, na medida em que os factos o tornavam possível, cumprir todas as obrigações, sobretudo profissionais. A Universidade deixou de ser um dever possível, mas a Standard Eléctrica exigia naturalmente maior atenção, pelo apoio ao Prof. Carvalho Fernandes, que era o notável administrador-delegado. A normalidade não foi excessivamente contaminada, tendo um desempenho moderador o Padre Felicidade, que ali encontrara acolhimento em vista das suas dificuldades com o Patriarcado, e que casaria com uma estimada e competente assistente da Universidade Técnica. A inquietação maior era da ITT, que requeria informações e juízos sobre a evolução. Da Junta de Salvação Nacional conhecia, além do General Spínola, o General Jaime Silvério Marques, e o Almirante Pinheiro de Azevedo, o primeiro que fora governador de Macau como ficou referido, o segundo dos cursos do Instituto Superior Naval de Guerra. Do Governo findo, foi activíssimo o Prof. Veiga Simão, no sentido de contribuir para uma evolução razoável de transição, sobretudo apoiado na amizade e respeito que lhe dispensava o General Spínola, e ouvi-lhe esperanças e inquietações ultrapassadas pelos factos, que não lhe permitiam ter no Governo a intervenção responsável que esperava que lhe fosse confiada.

O General Jaime Silvério Marques, primeiro detido e depois chamado para a Junta, meu vizinho e amigo, apresentou-se com maior perplexidade do que informação. O irmão, General Silvino Silvério Marques, com larga experiência de governação colonial, seria chamado de novo a governar fugazmente Angola, para onde

A ESPUMA DO TEMPO

partiu por dever, com serena consciência do risco, e das dificuldades que rapidamente o fizeram regressar a Lisboa.

Alguns incidentes podem merecer referência. Um dia apareceu-me em casa o Jorge Jardim, que viera de Moçambique para se explicar e entender com o General Costa Gomes a respeito da força privativa que tinha ao seu dispor na Beira, em Moçambique, e que era apoiada por um subsídio do Governo provincial, suponho que concedido por Baltazar Rebelo de Sousa, seu amigo de sempre. A questão dizia respeito aos financiamentos, não, surpreendentemente, à natureza, função, e desempenho da força. Vinha completamente tranquilizado pelas palavras do General, e aliviado de qualquer suspeição, risco, ou consequência. A minha opinião amiga foi que, vista a garantia, o melhor era não perder tempo a proteger-se, se possível, para o desastre que estaria para lhe acontecer. Partiu logo, sem acabar o jantar, para a sede da Embaixada do Malawi onde teve ocasião de concluir que tinha sido prudente.

Passados dias, tive a visita de Dominique de Roux, o autor do *Le Cinquième Empire* (1977), crítico da administração portuguesa, que morreria jovem, que era amigo de Jardim, e do qual queria notícias. Informado do pouco que era sabido, aconteceu que passados poucos dias, segundo os rumores que circularam, uma viatura militar parou à porta da Embaixada, alguns soldados entraram ruidosos no prédio, voltaram a sair e a viatura partiu. Dizia-se que por intervenção de um membro da Junta de Salvação Nacional, nela ia o Jardim, que vestira uma das fardas, e foi instalar-se em Madrid, onde o encontrei algum tempo depois, animado e a preparar-se para regressar à África. Morreria subitamente no Gabão, à mesa do Conselho de Administração do Banco que ali orientava.

Tive de ausentar-me, nesses primeiros dias, para tomar parte numa das reuniões do Instituto de Estudos Políticos de Vaduz, e, na minha ausência, uma das múltiplas organizações proclamadas de esquerda, que se multiplicaram, impôs realizar uma sessão na Sociedade de Geografia, a qual era atacada publicamente como

O DOBRAR DOS SINOS

uma sobrevivência colonialista, reaccionária, destinada a desaparecer. Quando regressei, e tomei conhecimento do abuso que violava os próprios estatutos, resolvi ir falar com o Almirante Pinheiro de Azevedo, meu antigo aluno no Instituto Superior Naval de Guerra.

Expliquei-lhe que considerava a Sociedade de Geografia em perigo, destacando o risco para o seu património científico e artístico. Lembrei-lhe que, na fundação, fora o Ministério da Marinha e Ultramar que exercera o patronato da Sociedade; que instituído o Ministério das Colónias (Ultramar) fora este que assumira esse patronato; e que agora, desaparecido o Ministério do Ultramar, seria oportuno que o Ministério da Marinha voltasse à função, para o que promoveria eu a eleição de um oficial de marinha para a Presidência, e o Ministério tornaria pública a sua intervenção, o que seria suficiente para evitar os riscos. O Almirante insistiu em que desejava que eu continuasse na Presidência, mas compreendeu que era mais urgente uma farda de fuzileiro naval. Pediu-me nomes, de que eu levava já uma lista de três, com preferência pelo primeiro. À noite, o Almirante telefonou-me para me informar, sabiamente, que "o Comandante Fonseca já recebeu ordem para ser eleito". A sociedade ficou em segurança.

Entretanto, necessitei de ir a Grijó, a minha aldeia onde estavam os meus pais, e parti de automóvel com a minha mulher, e os filhos muito pequenos, para uma longa viagem por estradas onde as dificuldades cresciam com as barreiras de populares que assumiam uma autoridade revolucionária. Passada Vila Franca, numa dessas barreiras fomos mandados parar para identificação e revista da viatura. Aos arvorados fiscais foi explicado destino e trajecto, e pedida atenção para a idade das crianças que necessitavam de horários e tranquilidade. O voluntário principal, cujo nome não soube, escreveu laboriosamente, no verso de uma pequena folha de anúncio de cinema, que tínhamos sido fiscalizados, e que nos dava livre trânsito até ao destino. Chegámos sem inconvenientes.

A ESPUMA DO TEMPO

Esta simplicidade alegre de revolucionar fazia supor o regresso a uma feição descuidada dos anos trinta, quando a frente popular apareceu, e alguém festejava a guerra, "em si mesma uma alegria. Uma alegria sem mistura", enquanto também advertia que "a vida dura vai recomeçar dentro de poucos dias".

Embora estivesse na lembrança mundial o Prémio Nobel atribuído a Alexandre Soljenitsine (1970), e o seu *Arquipélago do Goulag* fosse um documento demolidor contra o sovietismo, o Partido Comunista, sem de facto renunciar à ditadura fundamentalista, foi exercitando uma semântica alargada da luta pela liberdade e pela democracia que abriu caminho a excessos cujo ponto crítico mais ameaçador da rejeição do Estado de Direito viria a ser o Governo de Vasco Gonçalves. Por seu lado, a História da *revolução cultural* (1966) com os estimados milhões de mortos, denúncias como a devida a Simon Leys no seu *Les Habits neufs du president Mao* (1971), não impediram uma contaminação local daquilo que foi chamado a *hagiografia maoísta*, com rebentos à esquerda e à direita, em alguns casos anunciadores de futuras grandes carreiras.

E todavia Leys, recordando uma das mais recentes intervenções de Mao, escrevia: "toda a revolução vem acompanhada sem dúvida inevitavelmente de massacres; mas os que se cometem hoje na China são de sua natureza fundamentalmente diferentes dos que acompanharam a implantação do regime há vinte anos. As vítimas de hoje não pertencem já à classe minoritária dos exploradores e dos proprietários ... são pelo contrário camponeses, trabalhadores, estudantes, representantes da juventude revolucionária, filhos e filhas da China nova. O Sol vermelho do maoísmo não é mais do que um sangrento Sol poente..."

O desempenho do aparelho organizado pelos que tinham derrubado a frágil estrutura estadual dava poucos sinais de compreender as exigências para a inserção na mudança da ordem mundial em curso, mais atento às questões de pessoas, de grupos, de pequenas ambições, de discursos ideológicos confusos, de referências estratégicas ultrapassadas.

O DOBRAR DOS SINOS

Em nome dos EUA circulava pelo mundo o Secretário de Estado Henry Kissinger (*Dear Henry*) a negociar os acordos sobre o Vietname e decidido a exercitar a agudeza de espírito com a tranquila convicção de que a deriva portuguesa para o marxismo seria uma vacina para a Europa. O esquerdismo semântico da maioria das correntes que se tornaram visíveis não ouvia Jean Baudrillart – *Le Miroir de la production* – analisando a deriva ocidental para o modelo de sociedade consumista que a *teologia de mercado* viria a enquadrar no fim da guerra fria.

Não tardaria muito que a URSS, com uma considerável ajuda em material, incluindo aviação, utilizasse os meios aéreos para enviar para Angola, apoiando o MPLA, 15.000 militares cubanos, com esta orgulhosa afirmação de Castro: "O sangue africano corre abundantemente nas nossas veias... Cuba não é apenas um país latino-americano mas também um país latino-africano. A solidariedade com o MPLA não necessita ser sublinhada, mas é bom lembrar que não se trata de um caso isolado."

Passaram décadas, e não foi possível introduzir na auto--avaliação do movimento militar o facto de que as potências da frente marítima europeia, que descolonizaram, foi para abrirem portas à nova *competição pelas hegemonias*, em que logo se destacaram os EUA e a URSS, para no virar do Milénio a China aparecer como parceiro do jogo. Não parece útil, nem sequer para a compreensão do processo, continuar na tarefa legitimadora alicerçada em enumerados erros debitados à estratégia do Governo derrubado ao fim de quarenta anos de regime corporativo, ignorando as políticas seguidas pelas potências coloniais no Vietname, na Argélia, nos territórios colonizados pelos soviéticos, ou na Namíbia.

A questão foi a de uma *nova estratégia* dessas potências, que teve como elementos, entre outros, transferir as despesas não produtivas para os orçamentos locais, assegurar a apreensão das matérias-primas, recursos energéticos e mercados, sustentar as guerras locais dando apoio às facções preferidas, com erros como os que os EUA cometeram apoiando os talibãs que depois

393

A ESPUMA DO TEMPO

combateram com pesados custos, e apoiando o Iraque contra o Irão com surpresa equivalente de mudança de lealdades.

Que Portugal tivesse aparentemente seguido uma política de *resistência*, com derivas incoerentes de políticas furtivas apenas recentemente acessíveis, não é uma percepção suficiente: como notei, as tropas foram para o Ultramar com o compromisso de *ganhar tempo* para as *soluções políticas*, e aqui a gestão foi hesitante talvez pela aleatória convicção de que a terceira guerra mundial era inevitável, uma percepção que afastava das cogitações a evidência de que Portugal não tinha capacidade para se inscrever como parceiro igual nas *políticas de hegemonia*, e aparentemente supunha que o agravamento das contradições entre as superpotências daria à sua resistência uma mais-valia para os ocidentais.

Enquanto escrevia estas notas, apareceu um livro crítico de Witney W. Schaseidmen, intitulado – *Confronto em África* (2004), que exigiu o desenvolvimento, publicado, das minhas críticas à versão, e que a seguir recordo.

"A edição deste livro, a sua publicação em português, e o seu tema da relação entre a política de Washington e a queda do Império português, fazem recordar o aforismo, segundo o qual, *só a verdade é reconciliadora*. É por isso que a investigação académica, quando observadora das regras da arte, e feita com atenção à advertência de Max Weber de que todo o saber será contestado, também contribui para a reconciliação com os passados, para a reconciliação das sociedades civis, para a purificação das cóleras. Não pode deixar de reconhecer-se que este trabalho, recebido com louvores de profissionais e de políticos, participantes alguns nos processos que fazem parte da temática das relações entre os EUA e o Governo português, para além da Revolução de 74, está baseado em profunda, talvez exaustiva, visita aos arquivos já abertos à investigação, em entrevistas com actores sobreviventes, na literatura internacional disponível. Dá uma contribuição apreciável para avançar no conhecimento deste processo de pesados custos que foi a descolonização. Este mergulhar

O DOBRAR DOS SINOS

nos arquivos, feito com perícia profissional, de regra traz à luz novidades imprevisíveis que alteram a leitura corrente dos processos, confirmam suspeitas ou destroem certezas, o que também acontece com o texto que vai ser posto em circulação.

Há, para todos os investigadores, a dificuldade de serem independentes em relação à sua dependência cultural, o que abrange por vezes a dependência em relação à sua cultura e fidelidade nacional. O que também implica uma prevenção que mantenha viva a atenção ao ambiente que rodeia necessariamente um dos recursos muito usados, que são as entrevistas com participantes na História. Neste caso, quer a inevitável pressão da primeira circunstância, mas também o descuido em relação à segunda, parecem reconhecíveis em mais de um ponto.

A percepção que o autor construiu, ao longo da extensa viagem pelos documentos e pela memória das pessoas, tende para valorizar uma adoptada premissa que se traduz na solidez racional, e também de acordo com os valores internacionais que despontavam, da conduta da administração americana, com acidentes que não lhe parecem afectar a justeza da direcção política assumida, e correlativamente evidenciam o erro persistente do Governo português, conduzido ao acatamento dos ventos da História mais pela pressão sistémica, e pela intervenção externa, do que por uma racionalidade assumida. Em todo o caso, alguns leitores não deixarão de reconhecer omissões, pelo menos na meditação sobre os factos.

Por exemplo, é difícil ignorar a necessidade de procurar, definir, e repartir responsabilidades internas e externas para dois períodos de combates: o período da resistência armada portuguesa, que dura 13 anos de 1961 a 1974, e o período de guerras internas, que em Angola durou 28 anos de 1974 a 2002, e em Moçambique durou 18 anos de 1971 a 1992. A continuidade do conflito, com outras tentativas de hegemonia, ligadas à competição dos blocos, aponta para o exercício, não feito, de encontrar alguma continuidade de causas, com alguma permanência de agentes exteriores aos territórios.

A ESPUMA DO TEMPO

É talvez apressado considerar que os esforços externos do Embaixador Elbrick no sentido de apoiar o movimento de Botelho Moniz, o apoio americano ao embargo do uso de armas americanas em Angola, e as diligências junto da Assembleia Geral e do Conselho de Segurança da ONU, faziam parte de uma adesão aos ventos da História, e que a decisão também documentada no sentido de evitar que Portugal recorresse ao embargo do uso dos Açores pelas forças dos EUA fazia parte da prudência.

Estamos mais inclinados a entender que o sistema clássico da política externa americana, o critério do *interesse permanente* de conteúdo variável, é uma premissa mais abrangente de todas as intervenções, omissões e severas imposições feitas ao Governo português.

Lembremos que a política de descolonização orientada pela ONU, uma organização que recebeu a herança do princípio maquiavélico no Conselho de Segurança, traduzido em que nos conflitos de interesses quem tem força joga-a, implicou a desmobilização dos Impérios coloniais de todos países da frente atlântica europeia, mas nunca se deparou com qualquer território ou povo, na área do poder ou influência das duas superpotências, EUA e URSS, que devessem ser conduzidos para a autodeterminação. Os blocos militares explicitaram a ordem a que o mundo ficaria submetido durante meio século, os EUA foram autorizados a integrar o Alasca e o Hawai, a Rússia exigiu a integridade do Império que Lenine tinha recomendado, mas a França, embora também com o direito de veto, não gozou de igual êxito na Argélia da qual o socialista Mitterrand, futuro presidente, disse que tinha sido a França, era a França, e seria a França, quando ordenou a resistência armada. Falta alguma meditação sobre a questão de saber se a luta bipolarizada pelo domínio da área dos 3 AAA (Ásia, África, América Latina), em que se incluíam as colónias europeias com, nessa data, frustradas intervenções da China, quando ambos os pólos estratégicos da guerra fria pretendiam obter a hegemonia exclusiva na região, procurava alguma coisa diferente da hegemonia das afastadas soberanias coloniais,

O DOBRAR DOS SINOS

ao definir a transferência das despesas improdutivas para os orçamentos dos novos Estados, e chamando modestamente *influência* ao poder adquirido.

Na mesma data em que Portugal perdeu o terço do voto protector contra a condenação no Conselho de Segurança da ONU, em 1961, onde seria embaixador o vencido candidato à presidência dos EUA Adlai Stevenson, todavia um dos grandes espíritos americanos da época, as coisas não lhes eram tão fáceis quando se tratava de discutir a guerra do Vietname, de empurrar o Muro de Berlim, de fracassar em Cuba, de suportar a presença longa dos cubanos em Angola. Lembranças amargas para todo o ocidente, que mais explicam as variações de atitude que vão de Kennedy a Nixon, mais orientadas pelas leituras diferentes do equilíbrio dos poderes e preservação dos seus interesses nacionais na cena mundial, do que pelo culto dos princípios firmados em S. Francisco. O equilíbrio dos poderes teve sempre precedência sobre os princípios, e assim continuamos hoje quando em vão se pretende reformar a ONU. A descolonização não foi obra de missionários, que não faziam parte nem do Governo dos EUA nem do fraco Governo português.

Talvez esteja a sublinhar estas diferentes premissas pela razão de que o autor me lisonjeia considerando necessário referir a crítica que, em discurso que proferi em Madrid em 10 de Julho de 1962, fiz aos EUA, dizendo que eles adoptavam "a neutralidade para com os inimigos, a hostilidade para com os amigos, e a amizade para com os neutrais", e nota que o embaixador Elbrick informou a Secretaria de Estado de que as reformas pelas quais fui responsável *"abriam uma considerável esperança para o futuro"*, reformas vindas, na opinião do nosso autor, colhida em entrevistas que cita, mas não identifica, consentindo um erro metodológico porque estes trabalhos não beneficiam do privilégio de proteger as fontes, de um *hábil* e *ambicioso* Ministro do Ultramar, omitindo beneficiar-me com a final conclusão sobre o erro quantificado da mistura que determinou a falta de resultados. A tese que me parece mais correcta, e que encontra no importante

A ESPUMA DO TEMPO

e profundo estudo elementos para uma resposta, é que a Revolução portuguesa de 74 encontrou no poder americano um Kissinger sem *dossier* africano, com o Muro de Berlim e a Muralha da
China a requererem todas as suas atenções à luz dos princípios do
Congresso de Viena de 1815, um estudo académico de que nunca
perdeu a recordação e a referência. É por tudo isto que ilumina
o processo mas não se estranha a confirmação do *ultimatum* que
o Presidente Nixon enviou a Marcello Caetano, exigindo o uso
incondicional dos Açores, não admitindo recusas nem reservas da
soberania portuguesa, pela urgência que tinha de acudir a Israel,
no Outono de 1973, quando a guerra do Yom Kippur ameaçava
os interesses dos EUA. A energia não foi igual em relação à
Espanha, e aos membros da NATO que recusaram a cooperação,
mas por esse tempo ainda não havia interpretações vinculando os
EUA a Marte e a velha Europa a Vénus. No acelerado desaba-
mento final da resistência portuguesa, este *ultimatum* pouco
divulgado fez menos estragos emocionais do que o inglês de
1890, mas dobrou igualmente a vontade do Governo do pequeno
país que se orientou, afirma-se isto apenas como hipótese, pela
convicção não confirmada do Presidente Salazar de que a
III Guerra Mundial era inevitável, e todo o Ocidente teria vantagem em ter à disposição as posições portuguesas. O mesmo
pessimismo, não documentado, mas que pode inferir-se da persistência da política contra os factos, com os quais nunca vale a pena
discutir, informou o tardio livro de Nixon traduzido com o título
– *A Terceira Guerra Mundial Já Começou*. O cansaço da comunidade portuguesa foi, supomos, um facto importante para mudar
militarmente de conceito, mas o ultimato, agora posto em evidência pública, foi uma imposição no sentido de o destinatário medir
as capacidades limitadas do pequeno Estado português, de atender à razoabilidade das perspectivas, e também da confissão da
impossibilidade em que o Governo português em exercício se
encontrava de adoptar uma nova linha que evitasse os custos de
uma revolução. Uma das contribuições valiosas deste trabalho é
ajudar ao conhecimento e avaliação do importante papel, lúcido

pelo que no texto se aprende, do Embaixador Frank C. Carlucci no sentido de evitar o progresso das ligeirezas de Kissinger, acreditando na estabilização do ambiente político, a caminho da reformulação constitucional interna que abriu caminho para o novo período europeu de Portugal".

Pouco tempo depois, o meu amigo Almeida Santos publicou as suas *Quase Memórias* (2006), que me enviou, e a respeito das quais lhe enviei uma carta (23 de Outubro de 2006), que dispensa muitos outros comentários e lembranças, do seguinte teor, onde algumas repetições foram inevitáveis:

"Não me foi possível usar o seu sugerido método da espreitadela, e, pelo contrário, li as cerca de mil páginas em que nos deixa o testemunho da sua intervenção durante o chamado processo de descolonização. Com evidente transparência, assumida responsabilidade, generoso com frequência, o texto das suas *Quase Memórias* vai ficar como elemento indispensável para os historiadores, quando tiver passado o tempo que lhes garanta a serenidade da distância.

Na minha modesta posição de "árvore sem frutos", atrevo-me a algumas, talvez sem importância, observações e comentários. Em primeiro lugar, por convicção mas também por amizade, em favor de Gilberto Freyre. Os estudos de Gilberto, com primeira notável expressão em *Casa Grande*, não tiveram inicial relação com *O Mundo que o português criou*. Foi uma resposta ao estruturalismo dos *Tristes Tropiques*, para repor a *alegria dos trópicos*, não ignorando ele todo o passivo da colonização, mas debruçado sobre as emergências, a mais evidente delas chamada Brasil, e a convergência criativa e explosiva das diferenças. Fernando Henrique Cardoso, que teve reservas maiores que as suas, como Presidente da República do Brasil declarou o Ano 2000 como Ano Gilberto Freyre; Darcy Ribeiro, tão activo e fiel às premissas marxistas, nas *Memórias* diz que assim como a Itália seria diferente sem Dante, e Portugal seria diferente sem Camões, o Brasil seria diferente sem Gilberto.

A ESPUMA DO TEMPO

Este só depois, visitando Goa pela mão de Sarmento Rodrigues, alargou a perspectiva para o lusotropicalismo, derivou mais tarde para o iberotropicalismo, e morreu a pensar no eurotropicalismo. Quando visitou Angola, deixou em *Aventura e Rotina* a crítica que deu origem à famosa polémica com o Comandante Vilhena, de um lado o humanista, do outro o gestor. Por tudo, sugiro que o critério das *emergências* vai ser útil para o reencontro dos povos e Estados de língua portuguesa, também sem virem os historiadores e políticos a ignorar os pontos fracos que agora ainda estão em maior evidência.

Por outro lado, continuo a pensar, por si melhor informado, que não houve qualquer plano de descolonização, mas sim um plano militar de ponto final na guerra sem previsão dos trabalhos e dos dias que outros enfrentariam. Não deve omitir-se que as tropas partiram com o compromisso de ganharem tempo para soluções políticas, e o tempo ganho esgotou-se sem estas serem assumidas e procuradas. Não encontrei ainda analista que tenha meditado sobre o corte entre as reformas que foram aceites no início do conflito, e o tempo que depois se estendeu até 1974. Uma das fontes da sua maior confiança, nos longos escritos sobre Salazar, não aborda o facto de alguém ter enunciado e fortalecido o mito da guerra ganha, e que a vitória era incompatível com sinais de fraqueza como são as reformas.

É difícil separar tal perspectiva paralisante do cansaço que levou ao desastre final, uma espécie de fadiga dos metais que também afecta as estruturas imperiais, como igualmente me parece difícil falar em plano de descolonização para designar intervenções destinadas a gerir as consequências. Com maiores prudências, sempre revisitadas, também nos seus volumes (agora publicados), agiu a Inglaterra que não poupou os 400 mil mortos da separação do Império da Índia, e a França que não poupou o massacre que sofreu na Indochina, nem a tragédia da Argélia.

Aquilo que me parece de assumir é que a sua intervenção esgotante e justificadamente exaltante, traduz, muitas vezes para além da resistência humana presumível, sua e dos que o acompa-

O DOBRAR DOS SINOS

nharam, uma intervenção pouco livre no assinar dos tratados de paz, mas visando salvar o possível dos interesses, direitos, e dignidade, que ainda poderiam sobreviver ao desastre que atingiu por igual europeus e nativos.

A sua conclusão, com tristeza lúcida, de que a luta pelas hegemonias travada pelas grandes potências, EUA, URSS e, no caso, África do Sul, é que comandava de facto o processo, estava tirada por alguns de nós na década de cinquenta, e o alarme com que entramos na governança mundial do terceiro milénio tem agora mais intervenientes emergentes, mas isso só alargou a companhia.

Procurei dar corpo a algumas advertências de D. Sebastião, e para honrar a sua memória organizei o livro, que cita, *Profeta em Moçambique*, que fui entregar, acompanhado pelos nossos amigos Manuel Bulhosa (editor) e Padre Aguiar, a um comovido João Paulo II, que depois mandou repetir por escrito o sentimento. Para o honrar em vida, fui à Beira anunciar os Estudos Gerais que pedia havia décadas: uma iniciativa tão importante que vários se reclamam hoje dela sem mencionar nem o Bispo nem o ministro. No ano passado (2000) fui, imerecidamente, discursar na inauguração do monumento que lhe ergueram na terra natal e espero que seja para sempre lembrado em África.

A nossa guerra em Angola levou quinze anos, a luta pelas hegemonias animou dezoito de guerra interna, com réplica em Moçambique. É por isso que grande parte das intervenções dos que agiram em nome do poder dos que não têm poder, fica registada nos textos que, como o seu, as documentam, mas é mais testemunho de uma dolorosa espuma do tempo, do que do tempo que friamente vai organizando as consequências.

O Santo Thomas Moore, que João Paulo II proclamou patrono de governantes e parlamentares, deixou-nos advertidos de que se Deus não nos reservar mais do que justiça, nenhum se salva. O seu esforço em nome dos que não têm poder, e a generosidade para com os adversários, são sinais de que não precisa mais do que a justiça pelo caminho andado nesta longa estrada de mil

A ESPUMA DO TEMPO

páginas que lhe garantem presença em toda a investigação e meditação futuras."

De facto, visto retrospectivamente, todo o esforço civilista parece apenas espuma do tempo, porque tudo dependeu mais das grandes potências do que do poder decisório dos que assinaram em nome de Portugal. A ameaça da tomada do poder pelo Partido Comunista, com a explosão desequilibrada da nomeação do General Vasco Gonçalves para chefiar o Governo, num ambiente de expulsão das lideranças anteriores, não apenas políticas, também da sociedade civil, fez emigrar elites qualificadas para o estrangeiro.

O Teófilo Carvalho dos Santos, que nunca deixou de estar presente, avisava que seria acertado organizar por algum tempo a vida no estrangeiro, e deu-se ao sacrifício de me visitar com a querida Maria Fernanda em Caritel (Galiza), onde fora passar o Natal com o meu amigo Manuel Bulhosa, para insistir no conselho. Ali mesmo, o Manuel Fraga Iribarne não deixou de abrir os braços para, com a solidariedade dos nossos amigos do CEDI e da Universidade de Madrid, organizar a instalação.

Não me pareceu que por então fosse tão severo o risco, mas acabei por vir a ficar no Brasil sem projecto.

De facto, a ITT pediu à Standard Eléctrica a designação de um dos advogados portugueses para no Rio estudar a consistência dos anúncios de uma intervenção legislativa que retiraria dos concursos as empresas de telecomunicações que não tivessem capitais brasileiros. Parti para Nova Iorque onde me informei das circunstâncias, e segui para o Rio onde comecei a lidar com os documentos e factos conhecidos. Dentro de poucos dias, a ITT dispensou-me da tarefa e dos seus quadros, porque entendia que se agravara a situação em Lisboa, com o por então graduado General Saraiva de Carvalho a emitir mandados de captura em branco, e os activistas a afixar listas de pessoas que deveriam ser detidas, incluindo o meu nome.

A frieza americana concluiu que um antigo Ministro do Ultramar não lhe convinha nos quadros, onde tinha passado umas três

O DOBRAR DOS SINOS

décadas, quando se desenvolvia uma negociação difícil com o poder revolucionário, e dispensou-me em acatamento formal aos saneamentos lisboetas.

O Almirante Pinheiro de Azevedo, sempre preocupado comigo, um cuidado que devi à Marinha ao longo das muitas décadas em que a servi, aconselhou a demorar-me no Rio, e providenciou para que a minha mulher e filhos fossem ter comigo sem embaraços.

Passados alguns meses difíceis, fui procurado pelo padre Prof. Alexandre Bugalho, que me vinha convidar para o cargo de professor catedrático da Universidade Católica do Rio de Janeiro, e rapidamente também fui convidado para dar aulas na Escola de Comandos e de Estado-Maior, e na Escola Naval da Praia Vermelha.

O meu convite foi para organizar na PUC um Mestrado no Curso de Direito, de que deixei memória no meu livro – *A Comunidade Internacional em Mudança,* e um Instituto de Relações Internacionais e Direito Comparado (IRI), o que fiz com prazer e excelente companhia de professores, dos quais destaco o querido e saudoso Celso de Albuquerque Mello.

As minhas relações brasileiras eram numerosas, e a Academia Brasileira de Letras, a que pertencia, um centro de encontros animados e úteis, com a presidência de Austragésilo de Athaide que a exerceu longos anos.

Amigos muito queridos, como Vianna Moog, Luís Viana Filho, Josué Montello, Pedro Calmon, Lucy Block, Juscelino Kubitschek de Oliveira, e instituições como o Real Gabinete Português de Leitura, ou o Liceu Literário Português, além de várias outras associações de portugueses, rapidamente provoca-ram um envolvimento empenhado, ao mesmo tempo inquieto e interessado pela evolução de Portugal e das suas relações com o Brasil.

Fiz algumas diligências bem apoiadas, designadamente no Instituto da Ordem dos Advogados do Rio, a que pertencia, o qual pediu ao Governo brasileiro uma intervenção na ONU para

A ESPUMA DO TEMPO

que esta se ocupasse dos portugueses obrigados a abandonar as antigas colónias; fui a Londres, à Amnistia Internacional, pedindo intervenção para evitar as brutais repressões e convulsões que alastravam naqueles territórios, para finalmente verificar que o grupo de jovens activistas, que ali tinham responsabilidades, consideravam justas as atribulações dos portugueses na sequência do colonialismo anterior; fui a Boston visitar o Cardeal Medeiros, para o informar e fortalecer a determinação com que estendia a sua protecção aos deslocados, muitos deles ilhéus como o próprio notável Cardeal. Tudo não foram actos que ultrapassassem a espuma do tempo que antes deixei referida.

No Brasil, não apenas a chamada colónia portuguesa, mas também brasileiros ilustres, abriram portas e oportunidades à nova emigração, que em todo o caso não teve a dimensão nem o efeito da chamada segunda colonização espanhola, uma designação para as elites que fugiram ao triunfo franquista e animaram as universidades dos países da hispanidade.

Pude avaliar o facto quando, a convite da colónia portuguesa da Venezuela, fui ali discursar sobre a situação portuguesa, em agudo processo revolucionário, na inauguração de um Centro Cultural que era justificado motivo de orgulho para a então próspera e respeitada comunidade.

Presidiu um notado Conselheiro da Revolução, resultado de uma coordenação mal orientada, o qual abandonou a presidência da sessão e se retirou por dificuldade invencível de ouvir. Em vista da perplexidade da vasta assistência, terminei a fala, dirigi--me à mesa, sentei-me na cadeira vazia, agradeci o convite, e dei por encerrada a sessão. Correu tudo com muita ordem e cortesia.

Entre os movimentos de solidariedade brasileira é de justiça não esquecer a iniciativa de Fernanda Pires da Silva, a empresária que conheci quando, como advogado, sendo ela muito jovem, tivera intervenção a defender, num ridículo processo que a envolvia, a minha amiga pintora Maria de Vasconcelos, com ela arguida. Organizou um ficheiro de imigrantes em busca de emprego, e um ficheiro de oportunidades, tudo elaborado com o

O DOBRAR DOS SINOS

recurso a devoções pouco apoiadas por recursos técnicos, um esforço recompensado e agradecido.

Naturalmente, o que mais despertava as curiosidades era a chegada de responsáveis pela governança derrubada pela Revolução.

O Almirante Tomás, sem recursos financeiros, foi alojado com a família num hotel da Avenida Atlântica, e apoiado por um grupo anónimo de amigos que procuraram assegurar-lhe a dignidade a que tinha direito. Julgo que Adriano Seabra, um amigo seu de velha data, e respeitado na colónia portuguesa, deve ser recordado pela solidariedade nos bons e nos maus tempos.

Recordo que Azeredo Perdigão, sempre notavelmente senhor em todas as circunstâncias, indo ao Brasil em missão da Fundação Gulbenkian, integrada na visita presidencial do General Ramalho Eanes, fez empenho em incluir no programa, tornado público, uma visita ao velho Almirante, que respeitou integralmente a discrição a que o estatuto de refugiado anda ligado.

Foi sempre objecto de respeito pelos brasileiros e portugueses, mas não tanto por alguns portugueses que, em trânsito, passavam frequentemente pelo hotel, e consideravam excitante fazer-lhe chegar os recortes de tudo quanto o procurava diminuir na imprensa portuguesa. Recordo uma divertida manifestação de carinho, a de um empresário português chamado Frutuoso, que tinha um estabelecimento na Avenida Copacabana, no lado oposto ao Teatro. Deu-se conta de que o Almirante estava de pé no passeio do Teatro, aparentemente à espera de alguém, e defendendo-se mal de uma chuva miudinha.

Convidou-o para se abrigar no estabelecimento, acomodou-o numa cadeira confortável, e depois, mãos nos bolsos, com a barriga a segurar os calções, e o interesse afectuoso no rosto, perguntou: "Ora diga-me lá, senhor Almirante, como é que deixou tresmalhar o gado?" O Almirante foi sempre discreto nas respostas.

Um companheiro de sempre do antigo Presidente, o Almirante Tenreiro, encontrou apoio e função na empresa do riquíssimo

A ESPUMA DO TEMPO

industrial Tomé Feteira, que toda a vida apoiou os movimentos, pacíficos ou não pacíficos, contra o Estado Novo. Todo o ruído feito, ao redor desse oficial, teve que entrar em surdina quando foi irrefutavelmente conhecida a carência em que se encontrava, e depois da sua morte se divulgou que em testamento, feito no tempo em que tinha bens e recursos, os deixava por inteiro às Casas de Pescadores.

Naturalmente, a presença do Professor Marcello Caetano era a que atraía mais as atenções, sempre protegido pelo prestígio de académico de que merecidamente desfrutava em todo o Brasil, e também pela sua natural reserva que limitava as curiosidades e abusos habituais da imprensa.

Encontrei-o uma única vez na Academia Brasileira de Letras, a que pertencíamos, numa das reuniões das quintas-feiras, essa incluindo a homenagem à memória de Domingos Monteiro, que falecera em Lisboa. Ambos tínhamos de falar sobre o amigo, ele do condiscípulo que defendera como testemunha no processo que lhe arruinou a carreira de advogado, mas não o crédito e admiração que mereceu como pessoa e extraordinário contista; eu falando mais da circunstância de adversidade e injustiça que superara, da intervenção corajosa a que regressara no período revolucionário, do companheirismo que dispensava aos mais novos, aos quais pertenci.

Não voltei a vê-lo na Academia, e julgo que certamente apreciou o acolhimento que lhe foi dispensado pela Universidade Gama Filho, mas que dificilmente se deve ter acomodado com o tão diferente ambiente das universidades brasileiras.

A contenção que conseguiu manter em público, foi violada pela revelação das confidências de desespero íntimo, altamente distantes, na forma e no sentido, do seu comportamento de sempre, a respeito do processo político, dos colaboradores, dos antigos amigos e dos adversários. Os livros publicados pelo historiador Joaquim Veríssimo Serrão certamente são fiéis aos desabafos do homem amargurado, mas não ao perfil interior do

O DOBRAR DOS SINOS

homem que perdeu a serenidade perante o desastre a que não foi alheio.

Todavia, o grande evento foi a chegada do General Spínola, depois do 11 de Março. Tive anúncio do esperado desembarque em casa do Carlos de Lacerda, que se deslocou ao aeroporto para o receber, e chegou tarde para o combinado jantar. Não vinha tão entusiasmado como quando partira, e, tremendamente crítico como era, pareceu-lhe que o ânimo de liderança não correspondia ao cerimonial da apresentação.

Também se instalou num hotel das redondezas de Copacabana, organizou uma rotina afixada dos encargos dos oficiais que o acompanhavam, e fez algumas noticiadas diligências em Brasília, sem suscitar um interesse apreciável da colónia portuguesa, embora a curiosidade jornalística fosse enorme.

Um dos seus oficiais, filho do meu grande amigo Tenente-Coronel Jaime Fonseca morto em Beja, procurou-me dizendo que o General gostaria de me visitar, discretamente. Marcou-se o encontro, e nessa noite apareceu, com muitos cuidados de passar despercebido. Depois da ocasião, já distante, em que me procurara no ISCSP para colher informações para o seu trabalho no Instituto de Altos Estudos Militares, raras vezes o terei encontrado.

Todavia, quando o então aluno do Instituto de Altos Estudos Militares Major Carlos Fabião declarou numa aula que havia uma conspiração, incluindo três generais, para assassinar o General Spínola, indicou os nomes dos Generais Silvino Silvério Marques, Kaúlza de Arriaga, e Luz Cunha. O jornal *Expresso*, responsabilidade de Pinto Balsemão, ao dar a notícia, resolveu colocar a minha fotografia fora do texto, mas ligando-a ao texto com uma interrogação sobre quem seria o inspirador.

Por isso telefonei a Pinto Balsemão, que teve a paciência de ouvir aquilo que não me sinto suficientemente recordado para repetir aqui. Dos generais, tive notícia de que Silvino Silvério Marques exigiu do Ministro da Guerra a necessária acção disciplinar contra o imaginativo major, sem sequência.

407

A ESPUMA DO TEMPO

Mas o General Spínola, então vice-chefe de Estado-Maior General das Forças Armadas, compareceu fardado, inesperadamente, e com os seus ajudantes, numa próxima sessão da Sociedade de Geografia a que eu presidia, e na qual teria uma intervenção, para demonstrar assim o que pensava da inspiração do *Expresso*.

Recebi-o, pois, no modestíssimo apartamento do edifício Luís de Camões. Ali me disse que sentia a falta dos conselhos do Doutor Veiga Simão, por então embaixador na ONU, e que por isso não tinha ninguém com quem pudesse trocar impressões sobre a sua visão da situação portuguesa, e os seus projectos.

Afirmou terem-lhe prometido autorização para organizar apoios, com os quais regressaria então a Portugal para o libertar do extremismo esquerdista, contando obter a ajuda dos EUA para o transporte aéreo. Pareceu-me inteiramente fora da realidade e sem serenidade para avaliar os factos. Muito claramente, mas com atenção ao que me parecia ser o seu estado de espírito, disse-lhe que não considerava crível o comprometimento dos EUA, e, quanto ao Brasil, não pude evitar dizer-lhe, por me parecer que seria eficaz, que os oficiais da Escola de Comandos e de Estado-Maior não apreciaram o facto de ele ter abandonado Portugal, vindo para o Brasil.

Retirou-se apreensivo, mas afirmando-se confiante no que projectava.

Passados alguns dias, por intermédio do mesmo oficial, mandou-me pedir para o visitar num apartamento na Avenida Atlântica. Lá fui, e encontrei-o absolutamente só, desanimado, queixoso de que não encontrara apoio para, afirmou, salvar a Pátria, e não pude fazer mais do que escutar e dizer palavras inúteis para minorar tão severo abatimento.

Só voltei a encontrá-lo em Lisboa, depois de serenados os procedimentos do Estado, e frequentemente me telefonou para trocar impressões sobre as circunstâncias, ou aproveitou encontros ocasionais em actos oficiais para conversar. Pareceu-me que se tinha reconciliado com a evolução do regime, e com os

O DOBRAR DOS SINOS

acidentes que sofrera, consciente de que a sua parte de contribuição não seria esquecida.

No Brasil, e naquela data, a opinião de Carlos de Lacerda, nos meios militares que mais poderiam aproximar-se do General, não facilitou essa aproximação. Lacerda foi uma das vozes que animou a Revolução de 64, e esperou um reconhecimento na alta direcção do Brasil que nunca se verificou. Mas foi em Portugal o embaixador do ideário da Revolução, autor do final juízo condenatório de Getúlio Vargas, e objecto pessoal de um grave atentado atribuído à roda do Presidente que se suicidou. Da família de Luís Trigueiros, este facilitou-lhe a circulação no meio social português mais conservador, contribuiu para fazer esquecer o ataque surpreendente e impróprio que antes fizera na televisão portuguesa ao perseguido Kubitschek de Oliveira, com o qual depois assinou a chamada, salvo erro, *Carta de Lisboa*, que visava uma aliança para amenizar excessos do regime instalado. Mas o mais significativo foi o relacionamento que Trigueiros lhe ajudou a consolidar com Franco Nogueira, o qual lhe entregou em cerimónia pública, com solenidade, a Grã-Cruz de Cristo, sinal da convicção de que o esperava um alto desafio nacional brasileiro.

Lacerda foi um eficaz governador da Guanabara, era um conviva brilhante e cultíssimo, organizou uma editora de prestígio, era um polemista temível, mas o estilo de intervenção pública sempre lhe causou obstáculos definitivos. Muito trabalhou com ele, na área empresarial, Luís Fontoura, que levara para o Brasil a experiência de gestor, a vivência da circulação entre Angola onde nascera, de Portugal onde se formara, e agora do Brasil que olhava com a experiência crítica de director de jornais. Ali continuámos a amizade que dura até hoje, mantendo-se sempre alertado, como fez no Brasil, para a distância entre as políticas anunciadas e o feito.

Foi durante a minha estadia no Brasil que, parecendo embora ter uma saúde inabalável, Lacerda pressentiu o fim dos seus dias, ditou com urgência umas memórias volumosas, e morreu. O des-

A ESPUMA DO TEMPO

tino de Portugal foi uma das suas últimas e autênticas preocupações, inquieto com o extremismo da esquerda que ameaçou o país.

Uma das personalidades que por esse tempo visitou o Brasil foi D. Francisco Maria da Silva, Arcebispo de Braga, meu amigo desde os recuados tempos em que lhe chamavam cónego vermelho pela acção que desenvolvia no Alentejo, e sempre, até ao fim da vida, frequentador do Colégio Universitário Pio XII. Foi quem baptizou o meu filho António na Capela de Grijó, e quando lhe perguntei então se deveria pedir licença ao Bispo de Bragança, lembrou risonho a sua qualidade de Primaz que tinha aquele bispado como sufragâneo.

Um dia tivemos o embaraço de ele, tendo chegado a Lisboa sem aviso, me aparecer em casa pelas dez da noite. Nessa noite tínhamos de visita a minha amiga Beatriz Costa, de alma grande, de generosidade sem limites, e com o estilo de pessoa que a tornou célebre. Tememos uma catástrofe, e afinal foi um triunfo de Beatriz no animado e divertidíssimo diálogo com o Arcebispo.

Recebêmo-lo no Rio com alegria, indo ele visitar os padres da sua diocese que exerciam no Brasil. Tinha sofrido no Aeroporto de Lisboa a humilhação, que no Brasil tinha sido divulgada, de ser revistado e para isso despido, com total falta de respeito.

O Adolfo Block, dono do influente Império da *Manchete*, sabendo da visita, pediu para também o recebermos nesse dia para o jantar. O Arcebispo contou o que passou, e enquadrou a ofensa no ambiente descontrolado que se vivia.

Adolfo Block, naquela linguagem rude que o caracterizava, contou ao Arcebispo o que se passara com a sua família judaica na Crimeia, perseguidos pelo regime soviético, mortos muitos, obrigados a fugir em miséria os que puderam, como lhe aconteceu, tendo então uma dúzia de anos. Subindo de tom, e de indignação, disse ao Arcebispo que a resignação cristã não era remédio para o avanço do esquerdismo, pelo que lhe recomendava que pegasse no Báculo e incitasse o povo de Deus a passar à resistência activa, se queria salvaguardar um estilo de vida europeu e ocidental. Não é de excluir que a conversa tenha ajudado

O DOBRAR DOS SINOS

o Arcebispo a tomar a decisão com que, regressado à sua diocese e templo, intimou um ponto final à deriva que ameaçava a sociedade portuguesa.

A nossa vida no Brasil foi criando habitualidade, os convites para visitar algumas universidades não escassearam, e a presença de amigos que se fixaram, como o João Rosas, ou a Ana Maria Adão e Silva, ou os parentes da Mónica, a visita dos meus pais e da mãe da Mónica, e sobretudo o nascimento da minha filha Isabel, ajudaram a inscrição na sociedade local, sempre vista e sentida como provisória.

O país deste tempo não era o mesmo, do ponto de vista político, daquele do nosso primeiro encontro, sobre o qual escrevi um ensaio de deslumbrado sobre os desencontros da imagem recíproca de Portugal e Brasil. Sobretudo não era o da alegria criadora de Juscelino, das canções de protesto e de esperança, e do apego generalizado à ascendência portuguesa do padrão cultural dominante.

Recordo a primeira viagem a Brasília, que então não era mais do que um conjunto de apontamentos a servirem de referência no vasto Planalto que, à noite, ainda parecia mais anunciador de mistério quanto ao futuro.

Numa construção de madeira, tosca e sem conforto, tinha Juscelino instalado o seu Catetinho, como que a tentar reproduzir o ambiente carente dos pioneiros, agora que ele levara o Brasil do ancoradouro da maritimidade para os desafios da continentalidade. Tinha sido imprevistamente, num debate público, perguntado sobre se no prometido respeito pelos preceitos constitucionais também incluía cumprir finalmente a promessa de levar a capital para o interior, que assumira o compromisso.

Contou-me que vindo a Portugal, naquele período de resguardo que decorria entre a eleição e a tomada de posse, e no qual o eleito inicia contactos exploratórios com os Governos estrangeiros, teve um encontro com Salazar. Falaram largamente do seu programa de Governo, e o sonho de Brasília foi naturalmente desenvolvido, com manifesto interesse e curiosidade do Presiden-

411

A ESPUMA DO TEMPO

te do Conselho. Avaliando o exposto, Salazar comentou que tão rasgado projecto, pelos seus custos e dimensão, era obra para dezenas de anos: ao que Juscelino respondeu que essa cautela era para a unidade do tempo do interlocutor, mas a ele apenas lhe estavam disponíveis quatro anos.

A Revolução de 64 não foi benévola para Juscelino, que encontrei por acaso em Boston, estando ali em serviço, e que tranquilamente se preparava para regressar ao Brasil e enfrentar a acusação dos militares, como é de regra, e nem sempre com fundamento, referente a corrupção com raízes no tempo do seu Governo de Minas Gerais. Foi realmente tratado sem contemplações, mas não lhes foi possível acusá-lo de qualquer facto ilícito.

O nosso comum amigo Embaixador Negrão de Lima, o único dos seus apoiantes que ganhou uma eleição depois da revolta militar, assumindo o Governo de Guanabara, foi-lhe sempre fiel e ajudou-o a enfrentar o saneamento da vida pública, o tempo do exílio que passou em Portugal, e a amargura de lhe proibirem visitas à Brasília da sua inspiração e do destino brasileiro.

Aqui em Lisboa, no tempo em que lhe serviu de abrigo, também recebeu de Fernanda Pires da Silva, grande amiga de Negrão de Lima, apoio e lembrança do tempo em que no Brasil beneficiara do seu apreço e da sua estima e muitas vezes lhe fiz companhia.

Anos antes da revolução que agora era em Portugal, e de sinal contrário à de 64 no Brasil, numa viagem de automóvel que fiz com a Mónica do Rio a Brasília, verifiquei como a lembrança que deixara no povo era fortíssima.

Em Belo Horizonte, almoçando num dia de domingo numa das populares churrasqueiras, um músico de serviço tocou uma canção chamada *Como pode o peixe vivo / viver livre fora de água*. O público numeroso acompanhou entusiástico a canção, e explicaram-me que, sendo impossível vitoriar o antigo Presidente, a canção que usara como hino na sua última eleição substituía referências ao seu nome.

E a Brasília que não lhe deixavam visitar lá estava a crescer, já bem diferente do tempo em que ali visitei o Marechal Castelo Branco, prestigiadíssimo director da Escola de Guerra do Brasil, e que lá esteve de Presidente contrariado, a lembrar-se de que – Brasília não tinha esquinas, e era por isso dificilmente vivível: lembro-me de o confortar dizendo-lhe que as cidades, para terem vida, precisam de já ter cemitérios, e ainda era cedo.

No Rio, a minha relação com a *Manchete*, os cuidados permanentes da Lucy Block com a nossa situação, também implicou que a relação com Juscelino se consolidasse.

O Adolfo Block tinha um fascínio sem falhas pelo seu Presidente, de tal modo que encimava os artigos que escrevia na revista com uma fotografia dos dois abraçados. Também era um grupo dos seus redactores que preparava as Memórias de Juscelino, e este passava temporadas num apartamento existente na sede da *Manchete*, onde encontrava o isolamento de que carecia. O número de pessoas significativas nos meios da literatura, do teatro, da música, das artes, da política, fazia um ambiente extremamente enriquecedor, de quando em vez pontuado pelas intervenções irreverentes e atentas do Adolfo ao desfile das lindas mulheres que povoavam os serviços e os numerosos projectos em curso.

Alguns dos espectáculos no teatro da sede da *Manchete* marcaram a excelência da arte brasileira, que tinha diferente mas igual qualidade no Teatro Redondo em que por exemplo actuavam Vinicius de Moraes com Maria Bethânia, ou do Canecão onde explodiam o ritmo, e a paixão da música e das danças populares.

Jornalistas notáveis como Castelo Branco que seguia o processo político em Brasília, e jornais como *O Globo* ou o *Jornal do Brasil*, ultrapassavam os condicionamentos do regime mantendo uma surpreendente informação mundial e nacional.

O regime político não apagara o brilho e recordação de homens como Chateaubriand, que o jornalista Nasser biografou chamando-lhe – *O Grande Capitão*. Conheci-o na visita ao Brasil

A ESPUMA DO TEMPO

antes da Revolução, rodeado de prestígio e poder que lhe deram a Revista *O Cruzeiro*, largamente divulgada em Angola, e a propriedade da sua Rede de estações radiofónicas que praticamente cobriam o Brasil, numa época em que a Televisão não existia.

Original, foi embaixador do Brasil em Londres, onde achou natural querer oferecer um colar à Rainha, e conseguiu que Churchill aceitasse ser membro da Ordem do Jagunço, que inventara, e ornava os dignificados com o chapéu e demais vestimentas dos cangaceiros. Depois da morte do grande líder da guerra, os biógrafos tiveram dificuldade em saber do que se tratava.

Convidou-me um dia para ir de Lisboa a S. Paulo para ser padrinho do seu avião chamado *Infante D. Henrique*, que viria a cair. E ele próprio, vítima de um acidente circulatório, ficou obrigado ao leito, e com irreversíveis dificuldades da fala. Fui nesse tempo sombrio visitá-lo na sua casa de S. Paulo, e a manifestação de coragem era um exemplo. Tinham-lhe arranjado uns suportes de elásticos onde, sentado na cama, lhe enfiavam os dedos, que deixava cair sobre as teclas de uma máquina de escrever, porque não queria abandonar a presença na sua revista.

Uma enfermeira atenta lia nos seus lábios, porque os sons eram escassos, e não desistia de contar graças, de que se ria com gosto, e que nós entendíamos mais atrasados seguindo a tradução da enfermeira. Mas a explosão da alegria vinha quando o punham numa piscina especialmente preparada, com duas guias onde se apoiava, e manifestava o prazer imenso de a água agitada lhe movimentar as pernas.

Era um defensor das raízes portuguesas do Brasil, e tinha em Teophilo de Andrade um colaborador fiel, não apenas ao Capitão e à empresa, também aos valores portugueses. O próprio Nasser, que de tempos a tempos vinha a Lisboa, quando da crise que enfrentámos na ONU escrevera um livro apologético intitulado – *Portugal, meu avôzinho*. Os críticos numerosos que cresciam, minorizando a importância da relação luso-brasileira, notaram-lhe que o seu sangue árabe não lhe permitia afirmar-se como um

O DOBRAR DOS SINOS

descendente de portugueses: ele respondeu que lhe permitia, em todo o caso, lembrar que os portugueses tinham o seu sangue.

Todavia, na data da Revolução portuguesa de 74, a evolução política do Brasil dava claros sinais de que a relação privilegiada de ambos os países estava em surda reformulação. Na superfície das coisas, a evolução do regime brasileiro de 64 tendeu para ser mais receptiva ao corporativismo findo do que ao incerto revolucionarismo em curso.

O General Castelo Branco, que parecia um presidente contrariado, tinha procurado evitar que a intervenção militar evolucionasse para uma ditadura. Mas nem ele, nem o General Golbery, que foi o pensador castrense da renovação do conceito estratégico do país, resistiram à linha do futuro presidente General Costa Silva, que remeteu a linha militar herdeira de Castelo Branco para o que foi chamado "o canil", usando o famoso (Acto Institucional) AI-5, que autorizava as violações da legalidade consideradas úteis.

O regresso de um dos generais de Castelo Branco à presidência da República, Emílio Garrastazu Medici, luterano, registou várias advertências presidenciais contra as práticas violadoras dos direitos humanos, mas não deixou de lembrar expressamente que "eu tinha o AI-5, podia tudo".

Vozes moderadas como a do Cardeal Paulo Evaristo Arns, doutrinador dos direitos humanos, ou de D. Agnello Rossi que Roma chamara para servir no Vaticano, eram superadas pela intervenção de Paulo VI, já em 1970, a condenar a tortura no Brasil.

Não era fácil ignorar que o historiador Caio Prado Júnior fora condenado a quatro anos e meio de prisão, e que nos EUA o famoso professor Charles Wagley, da Columbia, que também se ocupava do caso português, liderava os académicos que afirmavam ter dúvidas de que, "em qualquer época da História do Brasil, tenha havido tanta falta de humanidade sistemática e generalizada no tratamento de dissidentes políticos".

A ESPUMA DO TEMPO

A importância das mensagens musicais e poéticas na orientação dos sentimentos populares dos brasileiros, não permitia esquecer o exílio voluntário de Chico Buarque da Hollanda, de Caetano Veloso e Gilberto Gil na Itália, ou a aposentação compulsiva de Vinicius de Moraes que, à medida que o álcool lhe matava o corpo, também parecia que lhe libertava a criatividade.

Isso tudo não impediu que o crescimento económico fosse notável dando renome internacional a ministros como Delfim Netto, e que o Presidente Nixon declarasse que, para onde for o Brasil, "para lá irá o resto do continente latino-americano".

No ano anterior à revolução portuguesa Medici anunciou que Geisel seria o seu sucessor, e este ganhou fama de oráculo ao antecipar a vitória do Brasil por 4-1, num anunciado jogo de futebol. Mas as vozes de D. Eugénio Sales ou D. Agnello Rossi, no exterior a repercussão das intervenções de D. Hélder Câmara, o Bispo vermelho do Recife, a crescente influência da Teologia da Libertação, definiam um severo anúncio. Em Paris, perante uma multidão, D. Hélder dissera: "a tortura é um crime que deve ser abolido. Os culpados da traição ao povo brasileiro não são os que falam, mas sim os que persistem no emprego da tortura. Quero pedir-lhes que digam ao mundo todo que no Brasil se tortura. Peço-lhes porque amo profundamente a minha Pátria e a tortura a desonra".

Na envolvente globalista, a visita de Brejnev ao Ocidente, em 1979, não só punha em evidência que se desenvolvia uma linha de entendimento entre Washington-Bona-Paris, orientada pelo desígnio da *entente*, como era um sinal antecipador de que a lei da fadiga dos metais atingia o sovietismo que em 1989 não aguentou o Muro de Berlim.

Mais uma vez, pelas universidades, a busca da racionalização mantinha uma independência que viria a ter presença no regresso à normalidade institucional interrompida em 1964, e que teve um anúncio público evidente com a morte de Kubitschek em 1976. Foi uma noite inesquecível aquela em que, estando em casa de Adolfo Block, com a minha mulher, na companhia da querida

O DOBRAR DOS SINOS

Lucy Block e do escritor Heitor Cony, um dos mais importantes redactores da *Manchete*, e futuro membro da Academia Brasileira de Letras, chegou ali a notícia do brutal desastre.

Quando, pelo telefone, anunciaram ao Adolfo a morte de Juscelino, destruído por um inexplicável embate na estrada, a primeira reacção que teve foi defensiva. Disse que não era a primeira vez que procuraram atormentá-lo com notícia semelhante, e era "trote", que sabia que Juscelino saíra de S. Paulo para a chácara que tinha próximo de Brasília, e por isso não poderia ter ocorrido um desastre a caminho do Rio.

Fui verificando a minha Agenda, e disse-lhe que Juscelino vinha certamente a caminho do Rio, porque tinha marcado encontro urgente comigo na manhã seguinte, para procurar ata-lhar um incómodo jurídico que se desenvolvia em Lisboa, e seria abusivamente usado contra si no Brasil. O Adolfo voltou a pedir mais segura informação e, confirmada a morte, teve uma crise cardíaca que obrigou ao seu transporte de urgência para os cuidados intensivos de um Hospital. No seguinte número da *Manchete*, Cony escrevia uma crónica onde anotava que *Adriano Moreira acabava de entrar na História do Brasil*, e mais de uma vez me pediu um escrito a confirmar o episódio, o que, por esquecimento, só agora aqui fica.

Finalmente, o corpo de Juscelino pôde ser transportado para a Brasília da sua utopia que nunca pudera ver se acontecera, e a despedida que o povo lhe dispensou no aeroporto de Santos Dumont, ao levantar voo do avião que o transportou, o mar de lenços brancos que se agitaram, não parecia um adeus, porque era um gesto colectivo de esperança.

Em todo o caso, não entrara na Academia como desejara, embora ali tivesse fiéis como Montello, uma recusa de monta em vista do prestígio da instituição. Mas ali mesmo, e não apenas na frequência das várias instituições universitárias públicas e priva-das, era evidente que a relação Portugal-Brasil estava a mudar de prospectiva. Ainda pontificavam baluartes da percepção que dava a herança portuguesa por matricial, mas era difícil ignorar as

A ESPUMA DO TEMPO

subtilezas de Houaiss, que organizava o seu notável dicionário da língua, ou as rupturas da, se bem me lembro, chamada Oficina de Literatura.

Sobretudo evidenciava-se a ultrapassagem da linha representada por Pedro Calmon, com as suas *Histórias do Brasil* e da *Sociedade Brasileira*. Estava presente a obra de Faoro, *Os Donos do Poder* (1925), uma referência que apontou para a submissão, alicerce da exploração, como matriz da acção colonizadora. A intervenção de Caio Prado Júnior, bem inscrita nas perspectivas libertadoras da geografia da fome que Josué de Castro definira, viria a ter importância nos centros de estudo Afro-Brasileiros que se multiplicavam, e no corte com a política colonial do Governo de Salazar, que viria a ser feita por Afonso Arinos de Melo Franco já em 1960. O legado português, agora hipotecado ao anticolonialismo da nova circunstância, caminhava para parcela matricial, mas parcela do aglomerado de contribuições italiana, alemã, japonesa, ameríndia, africana. A teatrologia política da língua, da História comum, e das promessas recíprocas dos Estadistas, de um futuro comum sempre adiado, evoluíam para a exigência da intervenção em defesa da consolidação dessa História, por um cimento de acção assumida, a favor de um futuro concretizado em projectos consolidados. A pluralidade de legados convergentes parecia dar ao Brasil um problema idêntico ao português, que era o da meditação sobre a identidade, o regime político, e o futuro.

A peregrinação de José Honório Rodrigues, na extensa obra sobre *Independência – Revolução e Contra-Revolução* (1975), procurara compreender a rápida obtenção da identidade política e da independência, nos escassos anos do reinado de D. João VI, e reinados dos dois imperadores, lembrando palavras de José Bonifácio (1923), que são estas: "as idades vindouras não saberão calcular como, em tão curto espaço de tempo, couberam sucessos tão avultados. Teremos todos conduzido, no tabuleiro escasso de intervenientes na luta pelo poder, e forma de exercício, nos dois

O DOBRAR DOS SINOS

lados do Atlântico, escassa intervenção participativa dos povos, e algum mistério sobre as feridas da sua solidariedade."

Ainda por 1972, Murilo Melo Filho, um dos principais redactores da *Manchete*, e antigo professor de Brasília, ao ocupar-se da realidade brasileira o que lhe ocorreu foi escrever sob o título – *O Milagre Brasileiro*. Talvez seja a ideia de milagre a que une a inquietação de Capristano de Abreu, José Veríssimo, Fernando de Azevedo, Euclides da Cunha, Joaquim Nabuco, Manuel António de Almeida, um milagre não invocado nos ensaios de racionalização por Gilberto.

Foi também a ideia de milagre que pareceu levar João Ubaldo Ribeiro a preferir abordar a questão na forma de romance – *Viva o Povo Brasileiro* (1984) – fazendo por exemplo de Capiroba, Cabloco, o símbolo de uma saga popular um pouco divorciada da direcção política.

O paraíso perdido que parece ter unido Arthur Reis, o grande governador da Amazónia e professor, com Leandro Tocantis e com a memória de Euclides da Cunha, para que Tocantis escrevesse sobre *O Paraíso Perdido* (1968) deste último, invocando estas palavras do mesmo: "quando nos vamos pelos sertões em fora, num reconhecimento penoso, verificamos, encantados, que só podemos caminhar na terra como os sonhadores e os iluminados".

E todavia a geografia da fome de Josué de Castro continuava a desesperar do paraíso, e a doença da globalização, já pressentida, com o aprofundar da distinção e das fronteiras entre sociedades afluentes do Norte e pobres do Sul, entre exportadores de capitais e exportadores de gente, entre países *makers* e *takers* dos avanços, também incitava a reformular perspectivas, métodos, e objectivos, com intervenção de sedes universitárias como a Fundação Getúlio Vargas, ou iniciativas da sociedade civil das quais recordo o Instituto de Estudos Políticos e Sociais – IEPES, que por 1984, vésperas do tempo eleitoral de Tancredo Neves na corrida para a presidência da República, colhia e publicaria o resultado acumulado de esperanças que vinham já do tempo de

A ESPUMA DO TEMPO

Juscelino. Tratava-se ainda e sempre do regime político, e da questão, que Portugal enfrentara em 1974, sobre as condições em que o Brasil veria instaurada uma democracia estável e socialmente responsável num mundo em acelerada mudança. Foram autores do texto *Brasil, Sociedade Democrática*, Hélio Jaguaribe, filho do General Jaguaribe que tanto se notabilizara na protecção dos índios, Francisco Iglesias, Wanderley Guilherme dos Santos, Fábio Comparato, e Vamireh Chacon que ainda hoje se empenha no aperfeiçoamento das relações entre Portugal e Brasil.

Uma relação a redefinir, que a CPLP não conseguiu equacionar e integrar, não obstante os esforços do Embaixador José Aparecido de Oliveira, remetido pela política para o esquecimento, e com esquecimento pela política de que a realidade brasileira é suficientemente complexa para se dar simplificadamente por assente que Portugal é a sua porta para a Europa, ou que o empenhamento na continentalidade, que assumiu com a criação de Brasília, lhe deixa abertura suficiente para regressar rapidamente à maritimidade do Atlântico Sul.

A distância entre os pobres e os ricos, a divisão entre o talvez um terço da população que vivia a sociedade do mercado e da abundância, e o resto que vegetava na maior carência, dava a sensação de que uma explosão social era sempre iminente.

A ditadura pareceu eficaz no sentido de evitar essa catástrofe, mas certamente pelo preço de uma violência que alastrava igualmente por mais de um dos países do sul do continente.

Na *Folha de S. Paulo*, de 23 de Abril de 1995, foi tornado público um documento intitulado *Interrogatório*, vindo do Centro de Informação do Exército, em que se doutrinava que "uma Agência de Informação não é um Tribunal de Justiça", e não faltaram provas de que, como dissera Sartre, "é a tortura que faz o torturador".

Embora nem tudo fosse claro nas relações entre a Igreja e o Estado, a linha crítica tornou-se imparável, sem que defensores do regime, como o impetuoso jornalista Nelson Rodrigues, conseguissem inverter a imagem crítica que se desenvolvia no estrangeiro. A campanha contra D. Hélder Câmara teve o efeito de unir a Igreja na sua defesa, assim como a luta de Alfredo Busaid, o ilustre professor de S. Paulo, e Ministro da Justiça, para fazer acreditar o respeito pela legalidade, foi constantemente enfraquecida pelos factos e pela imagem dos factos. Nos EUA, o Prof. Ralph Cova, da Universidade da Columbia, foi um dos eficazes críticos públicos de abusos do poder. Assim como em Portugal os festejos da celebração do duplo centenário, da independência e da restauração, não deteriam a erosão futura da guerra colonial, o apelo ao patriotismo brasileiro em que se traduziram as comemorações do Sesquicentenário da Independência não deteve a erosão do regime.

Por toda a parte, a curiosidade sobre o processo que se desenvolveu desde a queda de Salazar da cadeira, no Forte do Estoril, até à renúncia de Marcello Caetano no quartel do Carmo, perante a intimativa, cheia de cortesia, de Salgueiro Maia, era permanente, quer da parte dos estudantes, quer da parte da chamada colónia portuguesa inquietíssima com o futuro do país, quer da parte dos brasileiros interessados em meditar sobre a queda dos regimes autoritários.

Sobretudo o processo de escolha do sucessor de Salazar, os critérios, e as perspectivas das várias correntes de interesses ou de opinião, inspiraram respostas criativas sobre candidaturas, conspirações, realidades virtuais, tudo amparado pelo fundo imaginativo e sensacionalista de alguns meios de comunicação.

Por aquelas lonjuras onde, no sentimento de muitos, eram inquietantes as versões do país que ficara entregue à deriva revolucionária, as opiniões sobre se alguém poderia ter conduzido a mudança com menores custos não se decidia com segurança.

Quando se mostrou irreversível a incapacidade de Salazar voltar ao exercício, nem sequer as oposições mais experientes deram sinais de imaginar que o fim do regime tinha nesse facto o seu irremediável ponto final, mais esperado, nas análises correntes, do esgotamento pela luta no Ultramar.

A ESPUMA DO TEMPO

A autoridade constitucional do Presidente da República para designar o novo Presidente do Conselho não foi posta em dúvida nas fileiras da estrutura política, mas não faltaram divergências sobre a escolha mais confiável, ou para manter os padrões, ou para o que viria a chamar-se a mudança na continuidade, conforme as sensibilidades.

O que me pareceu na altura do acidente, que segui de longe porque estava no Brasil, foi que havia apenas três candidatos elegíveis. O primeiro seria o Prof. Antunes Varela que ocupara o Ministério da Justiça vários anos, tinha acumulado intervenções públicas sobre diversas exigências da vida política e social dos portugueses, princípios seguros, credibilidade académica, adesão à doutrina social da Igreja, indicado para um regime de autoridade; o segundo era o Dr. Franco Nogueira, que ganhara o crédito de excelente Ministro dos Negócios Estrangeiros, tinha a imagem de garantir a continuidade hereditária do pensamento e prática salazaristas, ganhara sólidas simpatias no círculo social mais próximo das cúpulas do regime, mas não tivera oportunidade de intervir nas responsabilidades de gestão da sociedade civil e das relações desta com o poder político, ao contrário do Doutor Varela.

Finalmente o Doutor Marcello Caetano, com uma indiscutida autoridade ganha ao longo dos anos pela intervenção doutrinal e gestora em múltiplas facetas do Estado e de sociedade civil, com o crédito de admiração de muitas gerações de estudantes que se dispersavam por todas as estruturas, tendo ganho proeminência sobre todos os que o Presidente da República consultaria para uma decisão.

A adoptada referência que era o legado deixado por Salazar na memória dos envolvidos no processo decisório, face à nova ambição de partilhar o modelo da sociedade afluente e consumista que já despontava no Brasil, e se tornava dominante na Europa que perdeu o Império, tinha dificuldades em servir de padrão à escolha, naquela data, porque o legado incluía esta nota: "devo à Providência a graça de ser pobre; sem bens que valham, por

O DOBRAR DOS SINOS

muito pouco estou preso à roda da fortuna, nem falta me fizeram nunca lugares rendosos, riquezas, ostentações".

Ao seu redor, e não obstante a guerra, não faltaram dispendiosas exibições contrárias, mas se lermos a Oração proferida pelo notável Monsenhor Moreira das Neves, proferida no Mosteiro dos Jerónimos, em 30 de Julho de 1970, fácil será compreender que legado assumiam os mais fiéis. Disse: "Morreu o homem que, no cortejo intérmino dos Grandes Desaparecidos, ficará na História Portuguesa do Século XX como um dos Maiores pela força do seu pensamento e da sua vontade".

As intervenções críticas de Marcello Caetano ao longo das décadas em que esperava assumir o Governo, suscitaram, sempre vista a questão dentro do regime, a desconfiança de críticos activos como Castro Fernandes, ou de fiéis desinteressados como Costa Leite (Lumbralles), ou a vigilância inquieta dos excluídos da sucessão.

Mas poucos parece terem olhado para as colunas de sustentação do regime, sobretudo para a relação dele com as Forças Armadas. E neste ponto, nas frequentes e longas interpelações a que as circunstâncias obrigavam, mais fui inclinado a evidenciar a insegurança progressiva com que Salazar passou a lidar com a instituição que lhe garantira a estabilidade no poder. No episódio Botelho Moniz não se atreveu a usar a autoridade para punir qualquer dos implicados, ao contrário da regra do seu exercício de Governo; no mais grave desafio do General Deslandes recorreu ao beco de honras, e de novo não se atreveu a exercer a autoridade para punir.

Talvez o seu sucessor tenha sido menos lento a apreender o afastamento, mas nenhum deles parece ter-se dado conta do deslizar do centro de decisão das cúpulas para o escalão dos capitães. A impressão é que as oposições também se aperceberam disso apenas perante a eclosão do movimento, por muito que alguns, passando pela espuma do tempo, tenham tocado em migalhas do processo.

A ESPUMA DO TEMPO

Em todo o caso, as inquietações, as perguntas, a curiosidade, as mágoas pelo fim da imagem de grandeza imperial, eram temas da colónia portuguesa fidelíssima à cultivada imagem da Pátria, mas rapidamente foram secundarizadas na opinião pública brasileira, com excesso de intervenções e carências próprias a discutir e resolver.

Ao contrário do que aconteceu com a imigração espanhola que se refugiou na América Latina e ali contribuiu demoradamente para o que se chamou a nova colonização, da elite portuguesa, que chegou ao Brasil por milhares depois de 1974, não foram numerosos os que decidiram ficar.

Dos industriais apenas se destacou António Champalimaud, que recriou um Império a partir do seu talento e sem muitos mais recursos, e o Manuel Bulhosa que todavia se manteria em Paris, e abandonaria a presença activa que de longe mantinha no Brasil, regressando a Lisboa para salvar uma das suas paixões que era a Bertrand.

Dos professores mais seniores destacam-se Antunes Varela que rapidamente viu o seu tratado elevado a *best-seller* no ensino do direito, e Oliveira Ascensão que deixou forte presença no Recife. Raros, ficaram em actividades profissionais, na advocacia ou na gestão, mas um legado renovador julgo que não chegou a constituir-se, havendo também quem, com o sempre amigo João Rosas, decidisse não regressar porque não reconheciam o nosso país que amaram.

Um desses casos, com relevo, foi o do engenheiro agrónomo Camilo de Mendonça, um antigo presidente da TV nacional, antigo técnico do Conselho Corporativo, mas sempre acima de tudo transmontano, autor de numerosos projectos destinados ao desenvolvimento sustentado do Nordeste, e responsável pelo empreendimento do Cachão. Desinteressado de remuneração financeira, comprometeu nessas acções os seus próprios bens, era descuidado do bem-estar, voluntarioso e agreste nos combates cívicos em que se envolveu.

O DOBRAR DOS SINOS

Depois de 74, esgotadas todas as possibilidades de continuar activo em Trás-os-Montes com a dignidade que exigia da vida pública, emigrou para Paris, e foi, suponho, o único português que pediu e obteve o passaporte de Apátrida, tomando luto pelo que entendia ser o desaparecimento de Portugal.

Numa das minhas vindas a Portugal, durante o período de férias do contrato com a Universidade Católica do Rio, a sua notabilíssima mulher, que aguentou a casa agrícola cujo solar era a dois passos de Macedo de Cavaleiros, orientou os filhos, aprendeu as feiras e os mecanismos do comércio, explicou-me que o Camilo se mantinha surdo aos pedidos familiares de regresso, à garantia de que tinham estabilidade financeira, à certeza de que o carinho e as fidelidades familiares e dos amigos lhe reservavam o ambiente que talvez julgasse perdido.

Regressado ao Brasil, fui ao Recife, onde soube que trabalhava como secretário da agricultura do Governo do Estado, e dando aulas numa escola agrícola, para lhe transmitir pessoalmente o apelo. Lá estava, pessimista sobre o futuro português, desleixado consigo, aparentemente de saúde frágil, mas nunca queixoso das suas próprias circunstâncias. Decidido a não voltar, preparado para o sofrimento da separação, certamente descuidado contra as surpresas das doenças.

Foi assim que, tendo eu já regressado, me informou de que desembarcara em Lisboa, doente, e queria ver-me na sua casa de Oeiras. Era fim do dia, e aprazei a visita para o dia seguinte. Já não o encontrei vivo.

Por mim, via aproximar com vagar excessivo o fim das obrigações que assumira na PUC, e desejava regressar, também de acordo com a vontade dos meus, que todos não se sentiam felizes longe, embora o ambiente em que vivíamos fosse da maior estima. Mas nem o facto de ali ter nascido a minha filha Isabel foi suficiente para atenuar a urgência de regressar.

De todos os amigos, o Josué Montello era o mais próximo, ao lado do velho Pinto Coelho que morreria atropelado com cerca dos cem anos de idade, e do Joaquim Bordalo, ambos exemplos

A ESPUMA DO TEMPO

dos velhos portugueses que ali subiram a pulso, sempre fiéis à imagem da terra de origem, e que nos faziam de casa da guarda. E sobretudo Paulo Brás, um médico de comportamento franciscano, que estivera envolvido nos Congressos das Comunidades de Cultura Portuguesa, e não passava dia que não marcasse presença.

Também com um lugar especial no nosso coração, o Luís Vianna Filho que fora Chefe da Casa Civil de Castelo Branco, Governador da Bahia, académico, autor de biografias notáveis em que se destaca a de Eça de Queirós, e que se manteve fiel ao pensamento da força-tarefa que orientara o Marechal, Presidente contrariado.

Sentindo-se ferido, sem perder a atitude de senhor, pela perdida solidariedade do seu protegido António Carlos de Magalhães, que ainda conheci nos tempos da veneração, sanguíneo, enérgico e apressado, subindo os degraus de prefeito, Governador, ministro, Presidente do Senado, intransigente apoiante da ditadura, e depois activo na transição para a democracia que teve a esperança em Tancredo Neves, e a concretização com José Sarney, este o antigo governador de São Luís do Maranhão, poeta, escritor, e político de sucesso, de quem sou amigo, e ainda acompanhei no exercício em São Luís, terra de origem de Josué Montello que ali organizou a Universidade.

Carlos de Magalhães, que parece ter inspirado Jorge Amado para compor a figura do cacique do Nordeste, foi chamado Toninho Malvadeza pelos adversários ou concorrentes que ultrapassou, sobrevivendo, e só no fim da vida perdeu a preferência do eleitorado baiano.

De acordo com uma tradição cultural portuguesa, e por vezes brasileira, depois da morte ganhou virtudes retroactivas, reconhecidas até pelos inimigos.

De regresso a Portugal, em primeiro lugar tinha que lidar com o Conselho da Revolução para arrumar com o saneamento selvagem da função pública, já que sobre o saneamento da ITT,

O DOBRAR DOS SINOS

que pareceu objecto de uma lei de débil inspiração reparadora, o Adelino da Palma Carlos, que se ocupara da questão, mandara--me dizer para o Brasil que o prazo de recurso tinha passado, e que em todo o caso o texto dela não tinha sido de grande esperança.

A discussão com o Conselho da Revolução, a partir do meu antigo texto *Saneamento Nacional*, foi sendo eficaz por decisões sucessivas, até que, finalmente, fui mandado integrar, incluindo nas funções de professor no Instituto Superior Naval de Guerra, do qual a Marinha nunca me tinha aliás excluído.

No entretanto destas diligências, o Adelino da Palma Carlos convidou-me para o acompanhar, com um grupo de notáveis professores saneados, na iniciativa memorável que foi a Universidade Livre, destinada a estabelecer, por decisão de um grupo cívico em que se destacava, dos meus amigos, o Henrique Martins de Carvalho, uma referência de excelência no panorama anárquico da rede pública do ensino superior. Hoje, na sociedade portuguesa, destacam-se em exercício alguns antigos alunos, e foi lamentável que logo ela fosse vítima de um vício, que viria a ter outras manifestações na rede privada de ensino, que entretanto se desenvolveu para suprir a inércia sucessiva dos Governos.

O adoptado modelo cooperativo não funcionou com autenticidade, o êxito financeiro e a força que ganhava na opinião pública desencadeou uma competição demolidora entre os sócios, Palma Carlos abandonou a Reitoria porque não poderia servir sob tal desordem, e com ele fomos saindo os colaboradores que apoiavam a sua liderança académica.

Dos destroços, embaraçados durante longos anos por uma luta judicial interminável, nasceram a Lusíada, a Portucalense que infelizmente sofreria uma grave crise na entrada do milénio, a Internacional que não teve um desenvolvimento feliz, e a Autónoma que estabilizou com a reitoria do Doutor Justino Mendes de Almeida, o qual fora um meu jovem Director-Geral do Ensino do Ultramar.

A ESPUMA DO TEMPO

O regresso ao ensino público, depois da reintegração, pareceu-
-me inteiramente suficiente para uma vida que felizmente incluía
fortes responsabilidades familiares, e que me restituía ao convívio
com a juventude desafiada por uma mudança radical da circunstância do país, da Europa, e do mundo.

No Brasil, o Presidente Figueiredo, pelas funções que teve nos
serviços de segurança, parecia o mais informado sobre a necessidade de regressar à democracia, e por vezes parecia embaraçado
pelo facto de ter declarado que apreciava mais o cheiro dos
cavalos do que o cheiro do povo.

Em Portugal, o regresso a uma normalidade política suficiente
para viabilizar uma sociedade civil pacificada também estava no
horizonte visível: passara o tempo em que pelo Nordeste se
afirmava que até ao Mondego é país, e para baixo é conquista,
assim como a resistência das forças vinculadas ao projecto europeu de Jean Monnet, ao socialismo democrático, e às democra-
cias-cristãs europeias, tinha eliminado a viabilidade do projecto da
ditadura popular com que Cunhal desembarcara em Lisboa, e que
tivera uma resposta não apenas no interior das Forças Armadas,
e não apenas simbólica na Fonte Luminosa com a intervenção
firme e mobilizadora de Mário Soares.

Não estava nas minhas intenções vir a desempenhar qualquer
papel no regime que penosamente se construía, com as lideranças
que se afirmavam, vindas da sociedade civil, com destaque
indiscutível para Sá Carneiro, cuja trágica morte prematura deixou as suas imagem e memória de acção livres da erosão que
acompanha sempre a longa permanência no topo do prestígio e
do poder.

A primeira pessoa que se interessou pelo meu regresso, amiga
da minha amiga e interventora corajosa que era Natália Correia
(*Não percas a Rosa*) foi a jovem, talentosa, e destemida Helena
Roseta, que dirigia um jornal do PPD intitulado *Povo Livre*, ao
qual fiz algumas declarações. Por seu lado, o jovem Amaro da
Costa, que vi pela última vez alguns dias antes do terrível
desastre, com a sua mulher, pedira-me para o ajudar na definição

O DOBRAR DOS SINOS

de um novo pensamento e estrutura para as novíssimas Forças Armadas que pensava organizar. Mas foram Freitas do Amaral e Narana Coissoró, este um firme amigo para todas as circunstâncias, quem me levaram a ultrapassar os motivos que me inclinavam para a total ausência da vida política.

O CDS era o partido ainda assim mais próximo do europeísmo do CEDI em que me envolvi até à sua prática suspensão de actividades, e da Fundação Coudenhove-Kalergi, a que ainda pertenço, e também não estabeleceu nos Estatutos a exclusão de todos os que tivessem exercido funções ministeriais no regime deposto, uma exclusão que outros estatutos inscreveram apenas para os antigos ministros, para não prescindirem de antigos Subsecretários ou Secretários de Estado que admitiam por interesses políticos óbvios, evidentes logo na composição da Junta de Salvação Nacional.

Não conhecia a maior parte daqueles que eram da nova geração que transitara jovem de um para outro regime, mas lembrava alguns deles que tinham pertencido a movimentos altamente conservadores da juventude coimbrã.

Tardiamente organizado, talvez mais por resposta à convicção do General Spínola de que fazia falta um partido à direita, do que pela impossibilidade de o seu fundador, Diogo Freitas do Amaral, poder sentir-se confortável juntando à soma de tendências do PPD a referência às linhas-mestras da democracia-cristã europeia, vista ainda com peso no já anunciado declínio na Europa. Essa tendência democrata-cristã não se articulava aqui facilmente com o passado recente da relação de Igreja Católica com o regime.

A intervenção da hierarquia portuguesa foi sempre, e sem possibilidade de transigências, contra o projecto comunista, mas na área do que seria chamado o Arco Constitucional foi visível a preferência pela social-democracia que acompanhou, na evolução interna do PPD, a herança doutrinária de D. António Ferreira Gomes, e por vezes pelo partido socialista.

A linha duradoira da democracia-cristã ficaria sobretudo referida ao notável Amaro da Costa, de todos os dirigentes o único

A ESPUMA DO TEMPO

que muito justamente ganhou a honra de ser perpetuado entre os bustos que povoam os corredores da Assembleia da República, sempre apoiado na sua fé católica.

Contou-me o seu ilustre pai que apenas depois do desastre que vitimou o filho tomou conhecimento do diário no qual, desde jovem estudante liceal, deixara registo das suas inquietações religiosas e do diálogo permanente com a transcendência.

A minha primeira experiência foi integrar a lista para deputados da Aliança Democrática – AD por Bragança, e ali também recebi a primeira informação de vida do relacionamento de adversários íntimos entre o PPD-PSD e o CDS, com um contabilista (PSD) fogoso a vigiar as precedências, e a distribuir-me as tarefas pelos lugares mais inacessíveis e distantes. Tive porém a satisfação da companhia de Duarte Lima, então jovem, interessado, com a tempera das famílias pobres e fortes do Nordeste. Na primeira intervenção em Bragança, estando presente Freitas do Amaral, provoquei a inquietação da caravana porque comecei por lembrar à minha gente que tinha sido Ministro do Ultramar, e que não esqueceria as amarguras dos retornados que aliás via na assistência. Pareceu-me que a caravana imaginava que não era atinado lembrar o facto antes que os adversários imaginassem que o pretendia fazer esquecer.

Mas o teste mais elucidativo da campanha foi numa aldeia, perto de Vila Flor, onde a reunião de propaganda se verificou na antiga Casa do Povo, inteiramente cheia. Quando acabei a intervenção, acrescentei que estava à disposição para quaisquer perguntas ou contestação. O presidente da mesa pousou a mão sobre o meu braço para me interromper, e declarou o seguinte: "Acabámos de ouvir o neto do Senhor Valentim. Vamos todos votar na AD, e está encerrada a sessão".

Viria depois a ser eleito deputado, pelo método nacional de serem os directórios dos partidos a elaborar as listas de cada círculo, pelo Porto e por Lisboa, sem incidentes de registo. Toda a intervenção está documentada, e dela não me ocuparei agora, ao tratar do tempo de vésperas. Mas refiro alguns tópicos.

430

O DOBRAR DOS SINOS

Durante muito tempo estive sobretudo preocupado com os chamados retornados e com as suas associações, gente valorosa que, enquanto lutava sem grande êxito pela reparação das violações sofridas, também contribuía para dinamizar a recuperação da sociedade civil, multiplicando as iniciativas e os exemplos de não ceder à adversidade, e convidando-me frequentemente para presidir aos seus plenários.

Depois fui-me preocupando com o desafio que a doutrina conciliar trazia ao legado humanista cristão europeu, no sentido de desenvolver os seus pensamento e acção social e política, mantendo de facto independentes as duas faces da moeda.

Aprender a nova definição do estatuto de Portugal, mais resultado colateral do globalismo do que da responsável governação, e ajudar à concretização de um reformulado conceito estratégico nacional, eram os desafios urgentes da cidadania. Assumir responsabilidades no processo era um imperativo absoluto.

Índice de Assuntos

25 de Abril, 71, 75, 119, 120, 128, 141, 159, 168, 198, 306, 367, 371, 372, 375, 376, 378, 379, 384, 388

28 de Maio, 43, 47, 48, 52, 71, 74, 75, 100, 133, 183, 313

3 AAA (Ásia, África, América Latina), 229, 295, 396

A

Academia Brasileira de Letras, 403, 406, 417, 433

Academia das Ciências de Lisboa, 33, 40, 142, 210

Academia Francesa, 308

Academia Internacional da Cultura Portuguesa, 166, 278, 305, 335

Academia Internacional da Cultura Portuguesa e da União das Comunidades de Cultura Portuguesa, 323

Acção colonial, 148

Acção comunista, 388

Acção diplomática, 314

Acção escolar, 60

Acção estadual, 48

Acção Nacional Popular, 357, 358

Acção política, 431

Acção política revolucionária, 48

Acção social, 272, 273, 335, 431

Acção(ões) terroristas, 177, 197

Acordo Missionário, 129, 370

Acordos de Munique, 76

Acordos do Alvor, 271

Açores, 84, 87, 206, 219, 269, 368, 396, 398

Acto Colonial de 1930, 141, 245

Acto de agressão, 220

Aculturação, 319

Administração americana, 395

Administração colonial, 117, 142, 196, 352, 372

África, 40, 44, 125, 142, 156, 160, 165, 171, 178, 183, 191, 192, 200, 203, 209, 229, 237, 244, 249, 254, 264, 265, 289, 295, 306, 308, 313, 315, 329, 337, 361, 375, 385, 390, 394, 396

África do Sul, 39, 121, 182, 244, 245, 246, 248, 249, 316, 328, 401

African Survey, 295

Africanistas, 45, 314

Agência de notícias *Lusitânia*, 126

Agência Geral do Ultramar, 126, 224, 249, 254, 318

Ala Liberal, 352, 371, 372, 376

Aldeia transmontana, 12

Alemanha, 58, 59, 65, 69, 76, 77, 79, 81, 83, 87, 98, 102, 130, 131, 231, 233, 297, 311, 312, 313

Aliados, 58, 82, 83, 86, 87, 89, 125, 140, 315

A ESPUMA DO TEMPO

Aliança Democrática – AD, 430
Aliança inglesa, 85, 159
Alianças de interesses, 64
Ameaça soviética, 64
América, 44, 88, 191, 229, 295, 310, 331, 396
América Latina, 149, 424
Amnistia Internacional, 404
Analfabetismo, 30, 49
Anarquismo, 312
Angola, 117, 133, 144, 155, 170, 174, 175, 176, 177, 178, 180, 190, 193, 194, 197, 199, 202, 204, 205, 206, 208, 212, 224, 226, 234, 237, 238, 239, 241, 242, 247, 248, 251, 254, 255, 256, 257, 259, 260, 262, 263, 265, 266, 269, 271, 272, 273, 281, 313, 315, 316, 329, 361, 363, 364, 381, 390, 393, 395, 396, 397, 400, 401, 409, 414
ANP, 371, 372
Anticlerical/ismo, 14, 18, 33, 200
Anticolonialismo, 174, 223, 264, 418
Anticomunismo, 77
Anticomunista, 76, 352, 357
Antidemocrática, 78
Antiparlamentar, 78
Anti-semitismo, 59, 79
Anti-socialista, 78
Aparelho do Estado, 65, 75, 79
Aparelho(s) ideológico(s), 49
Apartheid, 246
Apátrida, 425
Apoio americano, 396
Arco Constitucional, 429
Argélia, 182, 311, 315, 375, 393, 396, 400
Armas biológicas, 383
Arquivo Histórico Ultramarino, 213, 217

Arsenal atómico, 383
Assalto ao *Santa Maria*, 283
Assembleia da República, 64, 75, 76, 136, 272, 430
Assembleia Geral da ONU, 161, 174, 210, 228, 267, 396
Assembleia Nacional, 54, 108, 117, 139, 218, 314, 320, 355, 356, 366
Associação Académica de Coimbra, 190, 342
Associação Académica do Instituto Superior Técnico, 340, 341
Associação de Estudantes da Faculdade de Direito de Lisboa, 340
Associações académicas, 335, 337, 340
Atitudes liberalizantes, 78
Atlântico Sul, 39, 234, 379, 420
Áustria, 60
Autodeterminação, 178, 181, 183, 192, 245, 265, 288, 315, 369, 370, 372, 396
Automática Eléctrica, 120
Autoridades coloniais, 192
Autoritarismo(s), 58, 61, 64, 80, 354
Avanço soviético, 83

B

Bandeira da democracia representativa, 30
Bandeira legitimista, 30
Bandeira liberal, 30
Bangladesh, 219
Batalha da esperança, 194
Batalha diplomática, 326
Batalha ideológica, 23
BBC, 82
Beiras, 40
Bélgica, 192
Bicefalismo do regime, 355, 376
Bipolarismo, 62, 229

ÍNDICE DE ASSUNTOS

Bissau, 268
BIT, 245, 246, 247
Bloco Ibérico, 87
Bloco Peninsular, 87
Blocos militares, 192, 228, 396
Boletim da Academia, 324
Brasil, 13, 32, 34, 38, 39, 40, 42, 44, 45, 72, 80, 89, 120, 122, 127, 128, 130, 135, 144, 147, 148, 149, 160, 169, 183, 199, 216, 230, 234, 239, 240, 243, 244, 250, 252, 253, 265, 304, 305, 312, 315, 318, 319, 320, 321, 324, 325, 327, 328, 329, 330, 331, 332, 338, 347, 352, 399, 402, 403, 404, 405, 406, 408, 409, 410, 411, 412, 413, 414, 415, 416, 417, 418, 419, 420, 421, 422, 424, 425, 426, 427, 428
Brigada do reumático, 102, 367
Bronze da história, 214, 222
Bulgária, 60
Burguesia internacional, 57

C

Cabo Verde, 74, 263, 264, 266, 268, 269, 270, 271, 272, 274, 340
Caciquismo liberal, 29
Caixa de Crédito Agrícola, 270
Câmara Corporativa, 67, 93, 174, 365
Camarões, 265
Caminho do calvário do Ocidente, 227
Campanha militar, 36
Campolide, 12, 15, 21, 40, 41, 43, 46, 47, 49, 54, 133, 333
Canadá, 319, 328
Canárias, 32
Capitalismo, 57, 81
Capitalistas, 383
Caraíbas, 44

Carta da ONU, 140, 160, 181, 182, 209, 210, 213, 219, 253
Carta de Lisboa, 409
Carta dos direitos do Homem, 228
Cartilha de João de Deus, 17, 42
Casa de Reclusão Militar, 176
Casa do Brasil, 122, 338
Casa do Império, 240, 258, 288
Casas regionais, 27, 40, 321
Caso da Herança Sommer, 122
Catolicismo, 35, 132
Conselho Técnico Corporativo, 274, 286
CCTA – Comissão de Cooperação Técnica em África, 156, 160
CDS, 429, 430
CEDI – Centro Europeu de Informação e Documentação, 42, 206, 229, 230, 231, 232, 233, 234, 235, 300, 402, 429
CEE, 277
Ceilão, 321
Censura, 278, 359, 376
Centenário da Independência do Brasil, 39
Centralismo, 29, 30
Centro de Estudos Afro-Brasileiros, 306
Centro de Estudos da Guiné, 243
Centro de Estudos Políticos e Sociais, 156, 296
Centro monárquico, 128
Centro Nacional de Cultura, 128
Centro Português de Estudos Europeus, 299, 233
Centros de Estudos Universitários, 241, 254
Centros do poder, 38
Ceuta, 306
Checoslováquia, 62, 383
China, 212, 299, 315, 375, 392, 393, 396, 398

435

A ESPUMA DO TEMPO

Cidadania, 264, 266, 307, 337, 431

Ciências Sociais, 73, 143, 147, 148, 155, 156, 167, 258, 294, 295, 296, 297, 298, 317, 326, 339

Civilização, 82, 322

Civismo, 48, 344

Clube Militar Naval, 110

Código Administrativo de Marcello Caetano, 37

Código de Justiça Militar, 112

Código do Direito Canónico, 226, 283, 351

Código do Trabalho Rural, 246

Colégio de Santo António Roma, 370

Colégio de Stº. António, 11, 15, 42, 50

Colégio dos Jesuítas, 21, 40

Colégio Universitário de Bridgport, 330

Colégio Universitário Pio XII de Lisboa, 32, 338, 357, 410

Colheita do Senhor, 16, 29

Colômbia, 265

Colonato(s), 150, 252

Colónia(s), 12, 19, 27, 39, 40, 43, 46, 47, 80, 90, 102, 117, 118, 136, 148, 149, 183, 218, 244, 245, 246, 259, 260, 284, 294, 310, 330, 352, 355, 369, 391, 396, 404, 407, 421, 424

Colónia(s) portuguesa(s), 39, 118, 148, 149, 246, 330, 404, 405, 407, 421, 424

Colonialismo, 72, 219, 404

Colónias europeias, 396

Colónias interiores, 12, 19, 27, 40, 46, 47, 90

Colonização, 116, 146, 184, 243, 244, 315, 404, 424

Colonizadores, 325

Colonizados, 325

Colonos, 181, 245, 315, 357

Combate ideológico, 80

Comemorações Henriquinas, 190, 191

Comissão Económica para a África, 171, 191

Comissão Executiva da Sociedade de Geografia, 329

Comissão Executiva da União Nacional, 373

Comissão Ministerial de Saneamento e Reclassificação do Ministério da Educação e Cultura, 377

Companhia dos Diamantes, 224, 255, 256

Companhia Signoret, 39

Competição, 146, 191, 192, 209, 226, 379, 383, 393, 395, 427

Complexo de Savonarola, 294

Comunidade internacional em mudança, 70, 307, 353, 403

Comunidades da emigração, 15

Comunidades de cultura portuguesa, 323, 426

Comunidades de portugueses, 147

Comunismo, 57, 72, 76, 92, 97, 312

Comunista(s), 23, 48, 57, 74, 76, 77, 78, 101, 102, 113, 130, 149, 213, 226, 271, 366, 376, 387, 388, 392, 402, 429

Comunitário, 30, 31

Comunitarismo, 16

Conceito estratégico nacional, 99, 146, 181, 283, 431

Concepção lusíada do mundo e da vida, 243

Concílio Vaticano II, 77, 130, 200, 254, 369

Concordata, 69, 129, 369

Condição exógena, 143, 182

ÍNDICE DE ASSUNTOS

Confederação de pátrias, 234
Confederação Europeia, 234
Conferência de Bandung de 1955, 311
Conferência de Berlim de 1885, 317
Conferência Inter-africana de Ciências Sociais, 155
Conferência Internacional de Solidariedade com os Povos das Colónias Portuguesas, 369
Conflito bipolar, 210, 315
Congo, 193, 196, 226, 265
Congregação Geral das Comunidades Portuguesas, 319
Congresso da História da Expansão Portuguesa no Mundo, 116
Congresso da Oposição Democrática em Aveiro, 372
Congresso da União Nacional de Coimbra, em 1951, 146
Congresso(s) das Comunidades de Cultura Portuguesa, 122, 252, 426
Congresso das Comunidades Portuguesas, 319
Congresso de Viena de 1815, 398
Congresso do Partido Comunista, 48
Congresso Internacional da História dos Descobrimentos, 191
Congresso Internacional de Escritores e Artistas Negros, 265
Congresso Pan-Europeu, 235
Congressos Republicanos de Aveiro, 183
Conjuntura internacional, 140, 181, 192, 212, 274
Conquistas, 32, 143
Consciência cívica, 212
Consciência política, 47
Conselho Corporativo, 90, 373, 424
Conselho da aldeia, 16

Conselho de Segurança da ONU, 183, 222, 396, 397
Conselho Superior de Disciplina do Ministério do Ultramar, 217
Conselho Superior de Política Ultramarina, 174
Conselho Ultramarino, 155, 167, 174, 217, 239, 278, 282, 356, 366
Conservadorismo, 38, 40, 156
Conspiração de Abril de 1961, 177
Constituição de 1933, 40, 48, 62, 129, 144, 146, 168, 169, 177, 260, 304, 346
Continentalidade, 411, 420
Cooperação reforçada, 234
Corporativismo, 72, 73, 128, 146, 415
Corporação, 19, 20
Corporativista, 373
Costa do Marfim, 265
COTONANG, 175
CPLP, 331, 332, 420
Crise Académica de 1969, 368
Crise colonial, 23, 43, 80, 268, 294
Crise do Ultramar, 287
Crise económica, 56, 59
Crise Leste-Oeste, 253
Crise petrolífera de 1973, 312
Crise ultramarina, 359
Cuba, 393, 397
Cultura cristã, 80
Cultura popular, 35, 102
Curso de Direito, 38, 71, 101, 403

D

Damão, 214, 219, 222
Dar-es-Salam, 289
Decadência ocidental, 320
Defesa do território, 213, 268
Delegação de Compras do Ultramar, 224, 293

A ESPUMA DO TEMPO

Democracia(s), 17, 29, 30, 58, 59 62, 64, 74, 78, 80, 231, 234, 284, 313, 392, 420, 426, 428
Democracia cristã(s), 230
Democracia parlamentar, 58
Democracia política, 80, 284
Democracias cristã(s) europeia(s), 231, 233, 428, 429
Democracias liberais, 59
Democratas, 48
Democratização, 48, 89, 372
Departamentos franceses do Ultramar, 182
Dependência cultural, 395
Desafio iberista, 40
Descendentes de goeses, 217
Descendentes de portugueses, 147, 319, 328
Descobertas, 32, 45
Descolonização, 48, 131, 158, 160, 209, 210, 219, 279, 339, 357, 380, 381, 382, 387, 388, 394, 396, 397, 399, 400
Desenvolvimentismo, 124, 213
Dia do Estudante, 334
Dia Mundial da Paz, 370
Diáspora, 44, 45, 313, 316, 319, 332
Dignidade humana, 96, 125, 146, 190
Diligências diplomáticas, 376
Dimensão multicontinental, 23
Dimensão paroquial, 385
Direcção-Geral de Segurança – DGS, 368, 371
Direito à autodeterminação, 263
Direito Administrativo, 66, 72
Direito Colonial, 66
Direito Constitucional, 69, 72
Direito Corporativo, 66, 72
Direito Criminal, 66, 69, 90, 105
Direito da Família, 66
Direito das Sucessões, 66

Direito Fiscal, 84
Direito internacional, 69, 71, 142, 210, 211, 212, 220, 221
Direito Público, 67, 245
Direito Romano, 69
Direitos do Homem, 192, 228, 360, 383
Direitos Humanos, 288, 415
Direitos Reais, 66
Dispersão lusíada, 327
Dissidentes políticos, 415
Ditadura(s), 60, 75, 89, 312, 354, 392, 415, 420, 426, 428
Diu, 214, 219, 222
Divisão Azul Espanhola, 87
Divisão do trabalho, 30
Doutrina conciliar, 431
Doutrina Social da Igreja, 65, 67, 129, 166, 227, 368, 422
Duplo Centenário da Independência (1140) e da Restauração (1640), 116, 129, 351, 421

E

East India College, 295
East India Company, 295
École National de la France d'Outre Mer, 294
Economia corporativa, 81, 274
Economia de subsistência, 28
Economia familiar, 30
Economia política, 67
Educação cívica, 23
EFTA, 275, 313
Eleições estatutárias, 317
Emigração(ões), 15, 28, 30, 32, 38, 40, 46, 267, 275, 312, 313, 320, 383, 404
Emigração da interioridade, 40
Emigração ideológica, 383
Emigração metropolitana, 46
Emigração política, 311

ÍNDICE DE ASSUNTOS

Emigrante(s), 16, 19, 32, 34, 44, 45, 46, 136, 184, 218, 272, 273, 315, 332

Emissora Nacional, 34

Ensino colonial, 296

Ensino primário, 23

Entente, 416

Escândalo *Ballet Rose*, 367

Escola Colonial, 150, 295, 317

Escola Colonial Superior belga, 295

Escola Médica de Goa, 239

Escola Superior Colonial, 138, 156, 295

Escola Superior de Guerra do Brasil, 330

Escola Superior Politécnica de Angola – ESPA, 241

Escravatura, 44, 228, 264

Escravidão, 243, 246

Espanha, 21, 22, 23, 32, 36, 39, 49, 56, 60, 61, 62, 64, 65, 73, 74, 76, 82, 83, 84, 85, 86, 87, 88, 90, 91, 101, 112, 118, 124, 169, 207, 215, 229, 230, 231, 244, 313, 315, 338, 347, 354, 379, 398

Espuma do tempo, 9, 401, 402, 404, 423

Esquerdismo, 393, 410

Estado corporativo, 60, 143, 223, 364, 368

Estado da Índia, 140, 142, 207, 209, 211, 214, 217, 219, 220, 221, 222, 268, 287, 314

Estado espectáculo, 358

Estado industrial, 308

Estado Novo, 44, 48, 52, 53, 75, 86, 112, 116, 119, 128, 136, 157, 351, 364, 406

Estado social, 338, 368, 372

Estados *Honoris Causa*, 361

Estados ibéricos, 85

Estados Unidos da América – EUA, 34, 86, 87, 88, 140, 141, 158, 178, 180, 184, 191, 192, 212, 263, 265, 270, 271, 273, 315, 317, 319, 321, 354, 393, 394, 396, 397, 398, 401, 408, 415, 421

Estatuto das colónias, 355

Estatuto de Ilhas Adjacentes, 269

Estatuto do Ultramar, 177

Estatutos da OUA, 219

Estatuto dos Indígenas, 80, 242, 245, 246, 248

Estatuto Internacional, 429, 386, 388, 431

Estatuto Missionário, 356

Estónia, 228

Estudos Gerais, 239, 241, 247, 248, 258, 259, 329, 366, 401

ETA, 354

Etiópia, 59, 76, 171, 265

Euromundo/ista, 57, 72, 81, 83, 86, 98 130, 229

Euromundo colonial, 126

Europa, 14, 32, 39, 40, 43, 57, 58, 59, 60, 61, 83, 84, 87, 99, 143, 145, 146, 147, 166, 167, 229, 230, 231, 232, 233, 234, 235, 236, 276, 300, 301, 312, 315, 331, 337, 339, 354, 376, 388, 393, 398, 402, 422, 428, 429

Europa das Pátrias, 234

Europa de Leste, 234

Europeísmo, 143, 301, 429

Europeísta(s), 101, 144, 145, 235

Europeização, 28

Eurotropicalismo, 400

Evangelização, 304, 319, 351

Exílio, 190, 352, 412, 416

Expansão mundial, 381

Expansão portuguesa, 147

Expansão soviética, 231, 374, 382

Expansionismo soviético, 60

Explosão social, 420

Exportadores de capitais, 419

Exportadores de gente, 419
Exposição Colonial, 116, 117
Exposição do Mundo Português, 116
Exposição Histórica da Ocupação, 116

F

Faculdade de Direito de Lisboa, 22, 63, 65, 72, 84, 95, 138, 166, 167, 168, 274, 340, 345
Faculdade de Letras de Coimbra, 191
Fascismo, 39, 80, 81
Fascista(s), 80, 81
Federação das Rodésias, 248
Federalismo europeu, 236
Festas do padroeiro, 36
Festas religiosas, 35
Filosofia dos valores, 67
Fluxos emigratórios, 271
Forças Armadas, 47, 53, 63, 102, 119, 131, 141, 146, 152, 157, 172, 177, 180, 181, 189, 205, 248, 263, 278, 285, 353, 367, 369, 373, 374, 378, 379, 381, 387, 408, 423, 428
Formação Missionária, 191
Formiga Branca, 19
França, 42, 59, 65, 82, 110, 111, 132, 192, 244, 277, 300, 311, 312, 314, 328, 336, 382, 396, 400
Franciscanismo, 35, 303
Franquismo/ta, 48, 65, 354, 404
FRELIMO, 369
Frente de Libertação de Moçambique, 330
Frente Popular, 59, 64, 76, 79, 392
Fronteiras físicas, 379
Função pública, 377, 426
Fundação Calouste Gulbenkian, 75, 135, 318, 405
Fundação Espírito Santo, 261, 318

G

G8, 210
Gabão, 390
Gabinete de Negócios Políticos do Ministério do Ultramar, 160, 173, 276
GATT, 275
Genocídio(s), 210, 219, 220, 382
Genocídio do Biafra, 382
Genocídios dos Grandes Lagos, 219
Geografia da fome, 418, 419
Geração de Maio de 68, 311
Geração dos deslocados, 12
Geração Traída, 189, 192, 227
Gesta lusíada, 383
Gesta mundial, 383
Ghana, 265, 330
Gibraltar, 86
Globalismo/ista, 125, 223, 300, 307, 416, 431
Globalização, 210, 308, 419
Goa, 140, 178, 183, 207, 208, 209, 210, 211, 212, 213, 214, 217, 218, 219, 220, 221, 237, 239, 268, 283, 287, 288, 293, 306, 314, 361, 369, 400
Golpe de Estado, 47, 371
Golpe militar, 102, 176, 283
Governança mundial, 401
Grande Índia, 220, 221
Grécia, 60
Grémio Literário, 128, 372
Greves, 47, 91, 129, 151, 287, 335, 336, 340, 347, 391, 410
Greve académica de 1962, 287
Grijó, 12, 19, 27, 38, 42, 49, 51, 85, 347, 391, 410
Grupo da Choupana, 78
Grupo *Rosa Branca*, 131
Guarda Nacional Republicana – GNR, 335
Guerra Civil de Espanha, 3, 22, 23, 32, 36, 49, 56, 60, 61, 62, 65, 73,

ÍNDICE DE ASSUNTOS

75, 82 83, 84, 85, 86, 112, 115, 118, 229, 231
Guerra colonial, 48, 49, 129, 174, 313, 368, 421
Guerra de 1914-1918, 27, 41, 58, 83, 85, 110, 116, 151
Guerra de 1939-1945, 58, 81, 82, 85, 115, 129, 131, 172, 206, 229, 235, 245, 323
Guerra de África, 313, 337
Guerra do Ultramar, 32
Guerra do Yom Kippur, 398
Guerra Fria, 62, 77, 80, 140, 181, 192, 393, 396
Guerra Mundial, 22, 49, 56, 61, 62, 64, 65, 74, 76, 79, 84, 85, 189, 190, 204, 231, 295, 309, 310, 311, 394, 398
Guerra subversiva, 375
Guerras internas, 395
Guerras locais, 393
Guiana, 265
Guiné, 206, 216, 243, 246, 267, 268, 273, 282, 363, 365, 372

H

Habeas-Corpus, 105
Hagiografia maoísta, 392
Haiti, 265
Hawai, 319, 396
Heranças do cristianismo, 62
Hinduístas, 383
Hindus, 219
Hispanidade, 404
História do Direito Português, 66
Holanda, 101, 124, 220, 273, 313
Holocausto, 64
Home Civil Service, 295
Homem unidimensional, 308
Hong-Kong, 319, 321
Hospital Central de Luanda, 199
Hospital do Ultramar, 252, 273, 275

Hospital Júlio de Matos, 104, 105, 106
Hospital Militar de Lisboa, 107
Humanismo ocidental, 62
Hungria, 228, 382

I

Iberismo, 39
Iberotropicalismo, 400
Ideologia do Estado, 39, 45, 72, 116, 144
Ideologia marxista, 220
Ideologia revolucionária, 382
Igreja Católica, 31, 42, 62, 65, 115, 183, 240, 299, 376, 429
Imigração espanhola, 424
Imperialismo, 145, 219
Império, 45, 46, 52, 65, 83, 85, 86, 93, 98, 102, 118, 120, 122, 126, 130, 141, 145, 146, 167, 171, 173, 174, 181, 184, 195, 196, 200, 207, 217, 219, 230, 232, 233, 240, 242, 244, 250, 258, 264, 283, 288, 290, 294, 301, 302, 303, 304, 306, 307, 311, 341, 352, 369, 394, 396, 400, 410, 422, 424
Império Austro-Húngaro, 232, 233
Império Britânico, 219
Império da Índia, 400
Império do Espírito Santo, 302, 303, 304
Império português, 86, 171, 244, 394
INCIDI – Instituto Internacional das Civilizações Diferentes, 156
Ínclita Geração, 144
Independência do Brasil, 39, 44, 352
Indochina, 182, 383, 400
Indonésia, 220, 221
Industrialização, 120, 151
Inglaterra, 83, 87, 142, 192, 212, 225, 226, 246, 315, 400

A ESPUMA DO TEMPO

Institucionalismo, 67, 72
Instituição Militar, 378
Instituições de crédito, 225, 361, 362
Institut des Hautes Études d'Outre-Mer, 294
Institut International d'Administration Publique, 294, 295
Institut Universitaire des Territories d'Outre-Mer, 295
Instituto das Civilizações Diferentes, 320
Instituto de Altos Estudos Militares, 375, 407
Instituto de Antropologia Social, 295
Instituto de Criminologia de Lisboa, 72
Instituto de Cultura Hispânica, 229
Instituto de Estudos Brasileiros, 147
Instituto de Estudos Políticos de Vaduz, 390
Instituto de Estudos Políticos e Sociais – IEPES, 419
Instituto de Línguas Africanas e Orientais, 297
Instituto de Medicina Tropical, 254, 289, 340
Instituto de Relações Internacionais e Direito Comparado – IRI, 403
Instituto(s) de Serviço Social, 191, 240
Instituto do Trabalho, Previdência e Acção Social, 272, 273
Instituto Internacional Colonial, 156
Instituto Joaquim Nabuco de Pesquisas Sociais, 243
Instituto Lusitânia de Ludlow, 330
Instituto Superior de Ciências Económicas e Financeiras – ISCEF, 73, 142, 286, 297, 336, 442
Instituto Superior de Ciências Sociais e Políticas – ISCSP, 72, 73, 156, 258, 296, 297, 317, 338,

339, 340, 341, 345, 369, 375, 377, 407
Instituto Superior Naval de Guerra, 355, 377, 389, 391, 427
Instituto Superior Técnico, 238, 257, 335, 340, 368
Instrução primária, 15, 30, 36, 49
Integração europeia, 232, 275
Integralismo lusitano, 144, 351
Integridade nacional, 24
Intendência, 386, 388
Intentona de Beja, 375
Intentona de Botelho Moniz, 152
Interdependência(s), 123, 249, 298, 321, 339, 383
Interesses corporativos, 374
Interesses nacionais, 274, 387, 397
Internacionalismo, 387
Internacionalização, 88, 157, 180, 327, 328
Intervenção externa, 395
Invasão de Goa, 213, 218, 283
Invasão de Timor, 83
Invasão islâmica, 171
Invasão japonesa, 83
Invasões francesas, 15, 27
Investimento nacional, 384
Irão, 394
Iraque, 394
ISCSPU, 342
Islamitas, 251
Israel, 316, 398
Itália, 39, 59, 76, 80, 87, 89, 98, 399, 416

J

Japão, 87, 328
Jesuítas, 31, 240
Jogo democrático, 387
Jornal *Diário de Lisboa*, 76, 279
Jornal *Avante*, 74
Jornal *Avanti*, 80

ÍNDICE DE ASSUNTOS

Jornal *Diário da Manhã*, 55
Jornal *Diário de Moçambique*, 200, 250, 358
Jornal *Diário de Notícias*, 39, 135
Jornal do Brasil, 331, 413
Jornal do Congo, 196, 226
Jornal *Expresso*, 359, 407, 408
Jornal *New York Times*, 329, 362
Jornal *Novidades*, 356
Jornal *O Arquipélago*, 270
Jornal *O Globo*, 413
Jornal *Povo da Lousã*, 202
Jornal *Povo Livre*, 428
Jornal *The Washington Post*, 362
Jornal *Vida Mundial*, 341
Jornal *Voz do Operário*, 70
Judeu(s), 59, 79, 130, 131, 132, 308, 321, 324
Junta de Investigações Científicas do Ultramar, 156, 238, 258, 293
Junta de Salvação Nacional, 374, 389, 390
Junta Nacional de Educação, 240, 256, 258, 345
Junta Patriótica do Norte de Antero, 144
Justiça civil, 17
Justiça popular, 37
Justiça social, 146, 200, 223, 245
Juventude coimbrã, 429
Juventude Universitária Católica, 128

L

Legado humanista, 65, 431
Legalismo, 106
Legião Portuguesa, 60
Legitimidade, 52, 60, 128, 187, 220, 228, 233, 237, 283, 373, 378, 380
Legitimidade de exercício, 60, 233, 283

Legitimidade descolonizadora, 228
Legitimistas, 30, 47
Lei da fadiga dos metais, 400, 416
Lei do Indigenato, 385
Lei Orgânica do Ultramar, 366
Leninismo/ta, 57, 58
Leste europeu, 49, 235, 309
Letónia, 228
Liberais, 47, 58, 59, 183, 313, 364, 373
Liberalismo, 59
Liberalização, 92, 358, 368, 369, 371
Liberdade(s), 17, 41, 53, 57, 74, 83, 85, 88, 103, 113, 121, 129, 131, 133, 141, 145, 146, 192, 227, 228, 238, 254, 267, 303, 335, 337, 353, 355, 356, 358, 367, 384, 392
Liberdade religiosa, 355, 356
Libéria, 265
Liceu Camões, 53
Liceu do Carmo [Mitra], 22, 54, 61
Liceu Passos Manuel, 21, 23, 53, 54, 55
Liceu Pedro Nunes, 53
Liderança, 35, 64, 74, 83, 89, 98, 100, 102, 103, 131, 134, 156, 183, 211, 223, 232, 294, 337, 351, 376, 385, 402, 407, 427, 428
Líderes africanos, 205, 288
Liechtenstein, 232, 234
Liga Missionária Académica, 191
Língua Portuguesa, 308
Lituânia, 228
London School of Economics and Political Science, 295, 297
Lusaka, 382
Lusitânia, 126, 127, 244, 330, 433, 442
Lusocentrismo, 144
Luso-descendentes, 323
Lusotropicalismo, 243, 244, 400

M

Macau, 83, 213, 250, 287, 315, 319, 321, 374, 375, 389

Macedo de Cavaleiros, 27, 51, 85, 425

Maçonaria, 207, 226

Macondes, 251

Madagáscar, 265

Maio de 1968, 311, 336, 354, 366, 368

Malaca, 321, 323, 328

Malawi, 248, 249, 321, 390

Maneira de ser português, 144, 300, 307

Maneira portuguesa de estar no mundo, 143, 170, 182, 187, 188, 189, 328

Manifestações, 31, 35, 39, 45, 47, 56, 70, 75, 79, 89, 101, 102, 126, 127, 132, 140, 141, 151, 175, 181, 196, 202, 280, 287, 326, 327, 335, 336, 337, 338, 361, 368, 370, 405, 414, 427

Manifesto Europeu de 1924, 235

Mão Vermelha, 19

Maoísmo/istas, 312, 354, 392

Marcelismo, 92, 286

Marchas Populares, 51

Maritimidade, 411, 420

Martinica, 265

Marxismo, 309, 393

Marxista(s), 59, 60, 61, 118, 120, 244, 267, 298, 336, 399

Massacre nazi, 308

Massacres em Tete, 369

Matérias-primas, 121, 124, 192, 393

Mecanismos democráticos, 29

Meios de comunicação social, 30, 49, 138, 149, 250, 421

Meios de produção, 15, 31

Memorandum Briand, 236

Mercado Único Português, 275, 276, 277

Mestiçagem, 80

México, 122, 361

Migrações, 45, 273

Missão colonizadora, 129

Missão de Estudo de Atracção das Grandes Cidades e de Bem-Estar Rural, 165

Missão de Estudos da Missionologia Africana, 165

Missão de Estudos das Minorias Étnicas, 165

Missão de Estudos do Rendimento Nacional do Ultramar, 165

Missão de Estudos dos Movimentos Associativos em África, 165

Missão ecuménica, 386

Missão evangelizadora, 129

Missão ultramarina, 186

Mísseis intercontinentais, 383

Missionários, 17, 191, 297, 397

Missões católicas, 129

Mitificação da Pátria abandonada, 45

Mitos raciais, 80, 308

Mobilidade da mão-de-obra, 40

Mobilização da opinião mundial, 82

Mobilização das consciências, 227

Mobilização europeia, 58

Mobilização nacional, 59

Mobilização para a guerra do Ultramar, 32

Moçambique, 39, 97, 104, 110, 114, 121, 122, 151, 155, 159, 175, 187, 195, 200, 205, 206, 217, 233, 237, 241, 242, 244, 246, 247, 248, 250, 251, 252, 253, 257, 258, 259, 265, 272, 273, 279, 280, 287, 288, 289, 313, 315, 316, 325, 326, 329, 330, 331, 332, 340, 356, 358, 363, 364, 369, 374, 390, 395, 401

ÍNDICE DE ASSUNTOS

Mocidade Portuguesa, 23, 24, 53, 54, 55, 60, 128
Modelo brasileiro de independência, 130
Modelo colonial português, 274
Modelo(s) democrático(s), 88, 89, 192
Modelo federal, 280
Monarquia absoluta, 29
Monarquia constitucional, 62
Monarquia democrática, 354
Monarquia democratizante, 231
Monte Cassino, 89
Mortalidade infantil, 29
Movimento de Moçambique Livre, 250
Movimento de unidade anticolonial, 102
Movimento dos Capitães, 374
Movimento europeu, 40, 316
Movimento militar, 56, 393
Movimento Nacional Sindicalista, 119
Movimento Pan-Europeu, 235
Movimento para a Nova Democracia, 135
Movimentos cívicos, 118
MPLA, 150, 175, 369, 393
MRPP, 337
Muçulmano(s), 200, 219, 383
MUD – Movimento de Unidade Democrática, 102, 103
Mudança mundial, 118
MUNAF – Movimento de Unidade Nacional Anti-Fascista, 102
Mundialização da economia, 223
Mundo ocidental, 234
Muralha da China, 398
Muro de Berlim, 39, 268, 339, 397, 398, 416

N

Nação, 64, 119, 129, 146, 183, 187, 197, 214, 215, 227, 228, 285, 314, 321, 328, 341

Nacionais-socialistas, 82
Nacional Sindicalismo, 60
Nacional Socialismo, 59
Nacionalista(s), 23, 55, 61, 62, 64, 85, 100, 207, 212, 240, 244, 380
Nagas, 382
Namíbia, 393
NATO, 90, 141, 157, 181, 182, 210, 232, 253, 315, 398
Nazi(s), 65, 82, 125, 308, 309
Nazismo, 79, 80, 82, 83, 125, 131
Negritude, 264, 308
Neocolonialismo, 276
Neomarxistas, 336
Neutralidade, 65, 83, 86, 87, 310, 315, 397
Neutralidade afro-asiática, 315
Neutralidade *colaborante*, 87
Nigéria, 265
Nova colonização, 424
Nova Mensagem de Assis, 200
Novos pobres, 125

O

Obra das Mães pela Educação Nacional, 60
OCDE, 296
Oceano Moreno, 234
Ocidente/ais, 58, 59, 183, 227, 252, 387, 388, 397, 398, 416
Oficina de Literatura, 418
ONU, 89, 140, 141, 150, 157, 158, 159, 160, 165, 171, 178, 181, 183, 209, 210, 213, 219, 220, 222, 228, 229, 245, 253, 266, 267, 268, 269, 288, 315, 324, 396, 397, 403, 408, 414
Operação Barbarroja, 87
Opinião(ões) pública(s), 47, 53, 64, 77, 96, 116, 118, 124, 125, 140, 143, 184, 202, 239, 249, 255, 358, 360, 424, 427

Ordem de Santo António Maria Claret, 32
Ordem do Império, 217, 290
Ordem do Jagunço, 414
Ordem dos Advogados, 94, 101, 111, 137, 403
Ordem dos Pactos Militares (NATO/ /VARSÓVIA), 182, 210
Ordenanças, 194
Ordens, 360
Ordens religiosas, 31
Organização de Unidade Africana – OUA, 172
Organização Mundial de Saúde – OMS, 268
Orquestra Metropolitana de Lisboa, 63

P

Pacifismo, 41, 211, 378
Padrão dos Descobrimentos, 116
Padrões culturais, 45, 320
Paganismo, 31
Pagãos, 383
PAIGC, 150, 175, 369
Países árabes, 316
Países *makers*, 419
Países *takers*, 419
Panorama social português, 32
Partido(s), 10, 75, 76, 77, 99, 100, 385, 430
Partido Comunista Português – PCP, 48, 78, 101, 102, 376, 387, 392, 402
Partido Social Democrata, 71
Partido Socialista, 113, 337, 429
Passado colonial, 129
Pátria(s), 14, 15, 23, 24, 27, 40, 44, 45, 46, 64, 75, 188, 203, 208, 222, 223, 234, 327, 383, 408, 416, 424
Patriarcado, 369, 370 389

Património, 16, 55, 93, 99, 128, 141, 171, 318, 322, 367, 380, 383, 384, 386, 391
Patriotismo, 23, 61, 116, 143, 144, 145, 148, 181, 182, 184, 234, 253, 421
Patriotismo brasileiro, 421
Patriotismo europeísta, 145
Patriotismo histórico, 184
Patriotismo republicano, 23
Paz de 1945, 379, 387
Pearl Harbour, 299
Península Ibérica, 387, 388
Perestroika, 191
Perigo comunista, 388
Perigo espanhol, 85
Período revolucionário, 74, 406
Peste bubónica, 31
PIDE, 73, 92, 104, 110, 111, 133, 199, 340, 341, 368, 371
Plano Intercalar de Fomento, 275
Pluralismo, 48, 53, 62, 148, 235, 298, 301, 388
PNUD, Programa das Nações Unidas para o Desenvolvimento, 192
Pobre(s), 10, 11, 12, 16, 19, 21, 34, 36, 40, 42, 44, 45, 47, 49, 51, 60, 97, 125, 137, 146, 149, 172, 224, 269, 270, 273, 309, 384, 385, 386, 419, 420, 422, 430
Poder central, 29
Poder colonial, 44
Poder de veto, 210
Poder económico, 250
Poder marítimo, 86, 88
Poder militar, 193, 263
Poder nacional, 89
Poder político, 49, 422
Poder revolucionário, 403
Poder total, 192
Poderio naval, 379
Polícia de Choque, 340

ÍNDICE DE ASSUNTOS

Polícia de Segurança Pública – PSP, 19, 20, 38, 71, 85, 110, 176, 193, 194, 284, 337, 375
Polícia Judiciária, 96, 107
Política antidemocrática, 67
Política antiliberal, 67
Política colónia, 174, 280, 313, 367, 418
Política colonial, 365
Política comercial, 59
Política de mendicância, 385
Política democrata-cristã, 232
Política externa, 141, 188, 262, 314, 315, 396
Política financeira, 79
Política governamental, 48, 83, 189, 277
Política Indígena, 156
Política internacional colonial, 165
Política defensiva, 64
Política luso-brasileira, 40
Política luso-espanhola, 87
Política peninsular, 61
Política realista, 83
Política territorial, 59
Política ultramarina, 167, 173, 191, 215, 243, 282, 314, 315, 356, 365
Políticas de hegemonia, 394
Polónia, 60
Pontifícia Universidade Católica do Rio, 330, 331
Portugal, 12, 14, 15, 39, 42, 43, 60, 74, 83, 85, 86, 88, 90, 97, 101, 116, 120, 122, 124, 125, 126, 140, 141, 142, 145, 147, 148, 157, 158, 160, 161, 169, 172, 174, 182, 183, 187, 188, 191, 192, 185, 197, 199, 204, 208, 211, 215, 219, 222, 224, 225, 232, 233, 234, 271, 272, 274, 277, 288, 289, 294, 295, 302, 303, 304, 305, 306, 314, 315, 317, 320, 324, 325, 332, 338, 351, 353, 362, 366, 367, 372, 379, 383, 394, 396, 397, 399, 402, 403, 408, 409, 410, 411, 412, 414, 417, 420, 421, 425, 426, 428, 431
Portugalidade, 303
Portuguesismo, 184, 321, 322
Potência colonizadora, 219
Potências coloniais, 156, 393
Povo maçónico, 141
Povoamento, 28, 46, 262, 267, 273
Povos aborígenes, 45, 191
PPD, 428, 429
PPD-PSD, 367, 430
Prémio Abílio Lopes do Rego, 33, 142
Prémio Nobel, 354, 392
Presidência do Conselho, 279, 282, 366
Presidencialismo, 355
Primavera de Praga, 337, 368
Primavera marcelista, 354, 372
Primeira República, 30, 35, 57, 71, 75
Princípios éticos, 62
Prisão do Aljube, 111, 113, 114
Problema(s) colonial(is), 40, 80, 142, 156, 371
Problema(s) ultramarino(s), 143, 355, 356, 364
Processo Civil, 66, 68
Processo colonizador, 244
Processo de Burgos, 354
Processo reformista, 159, 360
Processo revolucionário português, 306, 404
Procissão(ões), 33, 57, 219
Profissões liberais, 313
Progressistas, 47, 357, 370
Projecto de Reforma do Sistema Prisional do Ultramar, 142
Proletários, 10, 11, 367, 387

A ESPUMA DO TEMPO

Propagação da fé, 200
Propaganda, 23, 54, 57, 102, 126, 165, 171, 430
Protestante(s), 44, 92, 230, 356
Província(s) Ultramarina(s), 141, 166, 183, 247, 272, 273, 277
PUC, 403, 425
Purificação das cóleras, 394

Q

Queda da Constituição Republicana, 47
Queda da Monarquia, 35
Queda de Madrid, 62
Queda de Paris, 65
Queda de Salazar, 169, 421
Queda do Estado Novo, 52
Queda do Euromundo, 98
Queda do Império Austro-Húngaro, 232
Queda do Império português, 394
Queda do Muro de Berlim, 39, 339
Queda dos regimes autoritários, 421
Quénia, 265
Questão colonial, 40, 312
Questão peninsular, 39
Quinto Império, 145, 302, 304

R

Raça, 81, 82
Racismo, 79, 124, 199
Radicais, 76
Rádio *Club*, 250
Rádio Clube Português, 82, 112
Real Gabinete Português de Leitura, 330, 403
Realismo, 44, 67, 78, 82, 86, 147, 181, 190, 252, 315
Reconstrução europeia democrática, 100, 312, 354

Recursos energéticos e mercados, 393
Recursos monetários, 31
Reforma constitucional, 355, 356, 365
Reformista(s), 123, 159, 182, 314, 316, 360, 364
Regeneradores, 47
Regime constitucional, 58
Regime corporativo, 27, 44, 48, 74, 77, 78, 393
Regime republicano, 29, 40
Regime soviético, 410
Regime(s) político(s), 40, 140, 302, 313, 413, 418, 420
Regimento de Bragança, 119
Regimento de D. Pedro IV, 40
Regimes autoritários, 60, 98, 129, 294, 421
Regimes semi-autoritários, 98
Regionalismo cultural, 45
Reich, 86
Reino Unido, 220
Reivindicações escolares, 52
Relação luso-brasileira, 417
Relação patrão-empregado, 305, 417
Repartição Internacional do Trabalho, 268
Republicano(s), 23, 48, 61
Reservas em divisas, 384
Resignação cristã, 16, 410
Resistência(s), 54, 89, 131, 132, 140, 144, 152, 168, 184, 201, 214, 215, 220, 221, 231, 240, 241, 253, 289, 310, 394, 395, 396, 398, 400, 410, 428
Resistência armada, 221, 395, 396
Resistência portuguesa, 231, 253, 398
Responsabilidade criminal, 107, 109
Restauração de 1640, 45, 116, 129, 351, 421
Retornados, 253, 382, 430, 431

ÍNDICE DE ASSUNTOS

Reunião Geral de Alunos – RGA, 340

Revista *Análise Social*, 73, 298

Revista *Brotéria*, 298

Revista *das Comunidades*, 324, 332

Revista *de Estudos Políticos e Sociais*, 166

Revista *de Estudos Ultramarinos*, 166, 264

Revista *Geográfica*, 324, 332

Revista *IBIS*, 341

Revista *Jornal do Foro*, 91

Revista *L'Express*, 359

Revista *Manchete*, 331, 410, 413, 417, 419

Revista *Notícia*, 361

Revista *O Cruzeiro*, 414

Revista *O Direito*, 92

Revista *O Tempo e o Modo*, 129, 132, 359, 372

Revista *Ordem Nova*, 78, 351

Revista *Seara Nova*, 99, 302, 359

Revolta africana, 264

Revolta armada, 156, 310

Revolta das Salamandras, 388

Revolta estudantil, 283, 336

Revolta militar, 44, 260, 412

Revolta nacionalista, 62

Revolta no Ultramar, 283

Revolução, 11, 24, 47, 48, 57, 58, 59, 89, 90, 99, 100, 120, 135, 137, 145, 148, 149, 171, 234, 289, 294, 301, 304, 305, 306, 314, 340, 345, 352, 367, 376, 377, 378, 380, 382, 385, 386, 388, 392, 394, 398, 404, 405, 409, 412, 414, 415, 416, 418, 426, 427

Revolução Americana, 380, 382

Revolução de 1964, 89, 305, 409, 412

Revolução de 1974, 48, 90, 99, 135, 137, 289, 232, 301, 304, 314, 345, 352, 394

Revolução Francesa, 380, 382

Revolução Soviética, 57, 380, 382

Revolucionarismo, 415

Revoluções Neutralistas, 380, 383

Ricos, 19, 210, 212, 420

Rodésia (Zimbabwe), 182, 248, 249, 261, 265, 316, 330

Roménia, 60

Ruanda-Urundi, 265

S

S. Tomé, 207, 272, 273, 293, 367

Sabotagem económica, 384

Sacralização das origens, 45

Salazarista(s), 85, 320, 422

Saneamento(s), 116, 168, 189, 225, 251, 377, 378, 382, 388, 403, 412, 426, 427

Santa Sé, 183, 356, 376

Sebastianismo, 144

Secretariado da Propaganda Nacional, 102

Secretariado Nacional da Informação, 63, 102

Secretariado Nacional da Informação, Cultura Popular e Turismo, 102

Sede do poder, 27, 282, 360, 380

SEDES, 357

Segredo de Estado, 316

Senegal, 265, 273, 308

Serviço militar, 38, 43, 374

Sesquicentenário da Independência, 421

Sindicalismo, 23, 60, 131

Sindicato(s), 10, 341, 360

Singapura, 321

Sistema comunista, 57

Soberania(s), 46, 83, 86, 142, 181, 184, 190, 192, 207, 209, 212, 219, 220, 248, 251, 268, 269, 272, 304, 314, 315, 319, 328, 363, 396, 398

A ESPUMA DO TEMPO

Soberanias coloniais, 394
Soberanias emergentes, 223
Socialismo, 49, 62, 76, 77, 78, 81, 86, 371, 372, 376, 428
Socialista(s), 76, 77, 80, 113, 120, 124, 127, 134, 253, 337, 383, 396, 429
Socialização, 383
Sociedade(s) afluente(s), 308, 419, 422
Sociedade burguesa, 354
Sociedade(s) civil(is), 27, 29, 30, 38, 40, 43, 44, 46, 48, 54, 57, 58, 61, 80, 83, 88, 125, 131, 135, 137, 149, 193, 199, 221, 233, 243, 254, 283, 312, 314, 316, 317, 326, 327, 352, 388, 394, 402, 419, 422, 429, 431
Sociedade consumo/ista, 367, 393
Sociedade da Propaganda de Portugal – *Touring Club*, 126, 127
Sociedade das Nações – SDN, 172
Sociedade de Geografia de Lisboa, 40, 50, 55, 140, 142, 144, 198, 295, 316, 317, 319, 323, 329, 332, 391, 408
Sociedade do mercado, 420
Sociedade globalista, 125
Sociedade Portuguesa de Escritores, 336
Sociedade tecnocrata, 125
Sociedades de guerra, 193, 210
Société Pierre Teilhard de Chardin, 299
Solidariedade comunitária, 16
Solidariedades transfronteiriças, 327
Solidariedades transnacionais, 327
Solução final, 59, 79
Soluções políticas, 394, 400
Somália, 265
SONEFE, 152, 153

Soviético(s), 58, 76, 77, 83, 93, 118, 125, 229, 367, 379, 387, 393, 410
Sovietismo, 39, 59, 60, 72, 76, 78, 80, 86, 88, 125, 207, 309, 376, 387, 392, 416
Standard Eléctrica (ITT), 63, 84, 101, 114, 116, 120, 126, 389, 402
Submarinos nucleares, 383
Subvenção nacional, 12
Subversão europeia, 60
Subversão marxista, 60
Sudão, 265, 381
Superioridade ética, 382
Superpotências, 209, 228, 394, 396
Supremo Tribunal Militar, 278

T

Talibãs, 393
Tanganica, 265
Teatro Redondo, 148, 413
Tecido comunitário, 31
Tempo de vésperas, 347, 430
Teologia da Libertação, 416
Teologia de mercado, 223, 354, 393
Terceira via, 59
Terceiro milénio, 145, 401
Terceiro mundo, 145, 182
Terceiro-mundismo/ista, 220, 228, 268
Territórios coloniais, 156, 219, 233, 297, 382
Territórios colonizados, 181, 393
Territórios estrangeiros, 40, 184
Territórios ultramarinos, 14, 86
Timor, 83, 137, 220, 221, 287, 321
Togo, 265
Totalitário, 81, 125, 312
Totalitarismo(s), 49, 58, 59, 61, 62, 64, 65, 67, 80, 124, 131, 227
Trabalho infantil, 30
Tradição cultural, 426

450

ÍNDICE DE ASSUNTOS

Trafaria, 106, 107

Transmontano(s), 12, 19, 29, 39, 46, 55, 119, 134, 135, 136, 144, 200, 252, 279, 288, 424

Trás-os-Montes, 13, 27, 36, 40, 107, 120, 276, 425

Tratado de Amizade e Não-Agressão (17/03/39), 88

Tratado de Simulambuco, 269

Tratados de paz, 401

Tribunal de Nuremberga, 89

Tribunal internacional, 127

Tropas portuguesas, 216

Tumulto popular republicano, 13

Turquia, 321

U

Ultimatum, 142, 143, 398

Ultimatum de 1890, 252, 317

Último Plenário do Conselho Ultramarino, 239, 278

Ultramar, 23, 32, 48, 117, 121, 126, 129, 139, 140, 142, 147, 150, 151, 152, 155, 156, 160, 165, 167, 170, 173, 174, 176, 177, 178, 179, 181, 182, 187, 189, 191, 198, 202, 206, 208, 217, 218, 221, 224, 225, 233, 237, 238, 239, 241, 246, 249, 251, 252, 254, 255, 258, 259, 260, 261, 266, 268, 273, 274, 275, 276, 277, 278, 279, 280, 283, 284, 286, 287, 290, 293, 296, 305, 315, 317, 318, 319, 330, 338, 340, 355, 356, 357, 358, 363, 364, 366, 371, 374, 375, 391, 394, 397, 402, 421, 427, 430

UNESCO, 231, 298, 308

União das Comunidades da Cultura Portuguesa, 332

União Europeia, 269

União Indiana, 140, 183, 211, 212, 218, 219, 220, 221, 222, 382

União nacional, 54, 92, 112, 113, 117, 119, 146, 358, 373

Unidade nacional, 45, 102, 184, 363

Unidade no pluralismo, 235

Universidade Autónoma, 427

Universidade Católica do Rio, 403, 425

Universidade de Boston, 330

Universidade de Brasília 304

Universidade de Coimbra, 75, 100, 166, 190, 257, 337, 340, 368

Universidade de Évora, 308

Universidade de Harvard, 330

Universidade de Lisboa, 336, 366

Universidade de Los Angeles, 330

Universidade de Madrid, 402

Universidade de Montreal, 330

Universidade de Munique, 131

Universidade de Santa Catarina, 306

Universidade de Siena, 330

Universidade do Maranhão, 330

Universidade do Minho, 301

Universidade do Porto, 139, 340

Universidade Federal do Rio de Janeiro, 330

Universidade Gama Filho, 406

Universidade Internacional, 427

Universidade Livre, 427

Universidade Lusíada, 427

Universidade Nova, 40

Universidade Portucalense, 427

Universidade Técnica, 240, 243, 257, 258, 294, 296, 321, 335, 338, 389

UPA, 175

Urais, 354

URSS, 57, 58, 76, 77, 86, 87, 89, 98, 158, 191, 192, 232, 379, 387, 393, 396, 401

Uruguai, 265

Utopias totalitárias, 57

A ESPUMA DO TEMPO

V

Vale Benfeito, 12, 51
Valor da democracia, 30
Valores cívicos, 19
Valores da história portuguesa, 54
Valores internacionais, 395
Valores liberais, 58
Valores nacionais, 302, 385
Valores ocidentais, 86, 98
Vaticano, 77, 130, 200, 254, 316, 369, 415
Vencidos da Vida, 68
Venezuela, 319, 404

Via diplomática, 220
Vida comunitária, 31
Vida pública, 24, 71, 73, 97, 138, 157, 169, 280, 286, 287, 355, 363, 378, 412, 425,
Vida rural, 38
Vietname, 311, 354, 393, 397
Vontade nacional, 187, 188
Vontade popular, 185, 186

W

Weimar, 58

Índice Onomástico

A

Abecassis, Carlos Krus, 171, 230, 238, 258, 272
Abecassis, Nuno, 254
Abel, João, 264
Abreu, Capristano de, 419
Abreu, Eridano de, 91
Abreu, Lopo C. Cancela de, 323
Adenaeur, Konrad, 232, 235, 315
Afonso XIII [de Espanha], 39, 60
Aga Khan, 251
Agesta, Luiz Sánchez, 233
Aguiar, Padre Joaquim António de, 32, 333, 338, 401
Aguirre, Emiliano de, 300
Albuquerque, Afonso de, 60 218
Albuquerque, Martim de, 168
Albuquerque, Mouzinho de, 119, 143, 205, 244, 249, 252
Alcântara, Osvaldo, 265
Aldrin, Edwin, 354
Alegre, Costa, 264
Aleixo, Jazem, 198
Alexandre [primo], 17, 33, 51
Almada, José de, 159
Almeida, Leopoldo de, 116
Almeida, António de [professor], 139, 156, 318
Almeida, António José [presidente], 39

Almeida, Ferreira de, 247
Almeida, João de, 240, 256, 258, 259, 286
Almeida, Justino Mendes de, 427
Almeida, Manuel António de, 419
Almeida, Manuel Lopes de, 247, 286, 335
Alpoim, Amâncio, 78
Althusser, Louis, 312
Alvarez, Jesús Fueyo, 233
Alves, Leopoldina do Céu [mãe], 19, 20, 27, 33, 34, 42, 52, 133, 304, 339, 391, 411
Alves, Lopes, 157, 173, 174, 175, 176, 177, 178, 214
Alves, Mário de Lima, 102, 111, 112, 113
Alves, Moreira, 208
Alves, Valentim [avô materno], 13, 14, 19, 27, 34, 36, 38, 49, 430
Alvim, D. Custódio, 332
Amado, Fernando, 128
Amado, Jorge, 148, 149, 267, 381, 426
Amaral, Diogo Freitas do, 429, 430
Amaral, Ferreira do, 19, 20, 85, 110
Amaral, Fonseca, 264
Amaral, João do, 127, 128, 166
Amaral, Mota, 371, 372
Ameal, João, 167, 300

Ameal, Leonor, 199
Amery, L. S., 235
Amora, Soares, 267
Amorim, Pessoa de, 84, 85, 110, 111, 112, 113
Amzalak, Moisés, 73, 166, 240, 257, 297, 318, 345
Andrade, Adolfo de, 111
Andrade, Banha de, 168
Andrade, Bernardino Freire de, 207
Andrade, Mário de, 266
Andrade, Mário Pinto de, 288
Andrade, Teophilo de, 414
André, António Alberto Santos, 21, 50
António [filho], 20, 347, 410
Antunes [S. J.], Padre Manuel, 298
Aragão, [comandante], 222
Aragão, Raymond Moniz de, 327, 331
Araújo, Francisco Jacinto Sarmento Correia de, 257
Araújo, Gomes de, 187, 188, 256, 260, 263
Armstrong, Neil, 354
Arns, Cardeal Paulo Evaristo, 415
Aron, Raymond, 308, 309, 312, 366
Arouca, Domingos, 297
Arriaga, Kaúlza de, 178, 179, 180, 193, 195, 197, 364, 365, 407
Arriaga, Maria do Carmo Kaúlza de, 193, 364
Arruda, Roberto, 330
Artajo, Alberto Martín, 42, 230, 231
Ascensão, Oliveira, 424
Athaide, Austragésilo, 403
Ávila, Padre Fernando Bastos, 330
Azevedo, Ario de, 247
Azevedo, Fernando de, 419
Azevedo, Pinheiro de, 168, 374, 389, 391, 403

B

Baez, Joan, 148
Baião, Rodrigo, 197, 198
Baker, Noël, 235
Balandier, Georges, 296
Balbo, Ítalo, 59
Balsemão, Francisco Pinto, 330, 331, 371, 407
Banda, Hastings, 248, 249
Bandeira, Manuel, 267
Bandeira, Sá da, 246
Baptista, Alçada, 128, 129
Baptista, Augusto de Sousa, 321
Baptista-Bastos, 376
Barata, Martins, 116
Barata, Óscar Soares, 155, 168, 230, 297, 318
Barbosa, António Manuel Pinto, 73, 286, 298
Barbosa, Daniel, 96, 127
Barbosa, Jorge, 264, 266, 267
Barreto, Bissaya, 285
Barros, Correia de, 237
Barros, João de, 53, 346
Barros, Monteiro de, 114
Barros, Paulo de, 154
Barros, Teresa Queirós de, 353
Barthélemy, Madeleine, 300
Baudrillart, Jean, 393
Bauer, Otto, 59
Beatles, 149, 311
Beck, José, 60
Beckett, Samuel, 354
Belo, João, 244, 245
Bénés, Édouard, 235
Benoliel, 324
Bernanos, Georges, 62
Bernhard, Georg, 81
Bhen, Sosthens, 114
Bispo de Silves, 145

ÍNDICE ONOMÁSTICO

Block, Adolfo, 410, 413, 416, 417
Block, Lucy, 331, 403, 413, 417
Blum, Léon, 79
Boleira, Maria, 13
Boncour, Paul, 235
Bonifácio, José, 418
Bordalo, Joaquim, 425
Borges, França, 218
Borges, Saraiva, 208
Boris III [rei da Bulgária], 60
Botelho, Afonso, 128
Botelho, Carlos, 116
Braga, Jack, 321
Braga, Teófilo, 49
Bragança, D. Duarte Nuno de, 67, 128, 324
Bragança, Lopo de [duque de Lafões], 73
Branco, Camilo Castelo, 45
Branco, Castelo [jornalista], 413
Branco, Castelo [general], 89, 413, 415
Branco, Correia, 330
Brandão, Mário Cal, 103
Brás, Paulo, 426
Brasillach, Robert, 98
Brayner, Tomás de Melo, 316
Brejnev, Leonid, 416
Briand, Aristid, 235, 236
Brito, José de Sousa, 168, 297
Brito, Mexia de, 55
Brito, Raquel Soeiro de, 166, 296
Broch, Herman, 59
Brun, André, 306
Bueno, Cunha, 331
Bugalho, Alexandre, 403
Bulhosa, Manuel, 120, 318, 401, 402, 424
Bull, Benjamim Pinto, 372
Bull, Pinto, 372
Bullit, William, 236
Busaid, Alfredo, 421

C

Cabeçadas, Mendes, 47, 99, 103, 104, 105, 112
Cabral, Alexandre, 266
Cabral, Amílcar, 264, 268, 288, 363
Cabral, Pina, 356
Cabral, Sacadura, 39, 45
Caetano, Ana Maria, 115, 353
Caetano, Marcello, 37, 66, 72, 78, 80, 102, 109, 110, 112, 113, 115, 129, 134, 135, 137, 138, 139, 141, 146, 154, 159, 169, 179, 180, 230, 245, 253, 257, 258, 279, 280, 285, 286, 294, 334, 335, 336, 337, 346, 351, 352, 364, 368, 371, 373, 376, 398, 406, 421, 422, 423
Caetano, Teresa, 115
Calhariz, Conde do, 44
Caillaux, Joseph, 235
Caio, Horácio, 202
Caldicott, J. M., 249
Calmon, Pedro, 330, 403, 418
Camacho, Brito, 39
Câmara, D. Hélder, 416, 421
Câmara, Filomeno da, 260
Câmara, João Bettencourt da, 297
Camões, Luís Vaz de, 45, 49, 53, 244, 399, 408
Campos, Esequiel de, 99, 123
Camus, Albert, 310
Canetti, Elias, 307
Caraça, Bento de Jesus, 73, 297
Cardoso, Edgar, 254
Cardoso, António Maria, 111
Cardoso, Carlos, 50
Cardoso, Fernando Henrique, 243, 399
Carlos V, 231, 233
Carlos, Adelino da Palma, 427
Carlos, Manuel João da Palma, 55, 94, 122

A ESPUMA DO TEMPO

Carlos Alberto, 198
Carlucci, Frank C., 399
Carmo, Oliveira e, 208, 222
Carmona, Alda, 63
Carmona, Maria do Carmo, 63
Carmona, Óscar Fragoso Carmona, 52, 63, 64, 103, 104, 114, 141, 195, 371
Carneiro, Condessa Pereira, 331
Carneiro, Francisco Sá, 371, 428
Carol II [rei da Roménia], 60
Carvalho Silva, Jimmy, 306
Carvalho, Abílio Lima de, 168, 297
Carvalho, Henrique de [tio avô], 34
Carvalho, Henrique Martins de, 128, 158, 159, 296, 318, 427
Carvalho, Herculano de, 146, 257, 331
Carvalho, Proença de, 122
Carvalho, Saraiva de, 402
Carybé, 150
Castilho, António Garcia, 199
Castro, Augusto de, 39, 40, 116, 129, 263, 318
Castro, D. João de, 53, 218, 345
Castro, Ferreira de, 44
Castro, Fidel, 311, 393
Castro, Gama e, 113
Castro, Josué de, 418, 419
Castro, Mário de, 94, 103, 135
Castro, Melo e, 323
Catela, 110, 111
Caymmi, Dorival, 150
Cela, Camilo José, 125
Celestino, António Simões, 149, 330
Celine, Louis-Ferdinand, 307
Cerejeira, D. Manuel Gonçalves, 130, 200, 253, 369
Cértima, Arminda, 285
Cervantes, Miguel de, 244
Césaire, Aimé, 308
César, Ângelo, 112
Chacon, Vamireh, 420

Chagas, Pinheiro, 143
Champalimaud, António, 120, 122, 361, 424
Chantre, Manuel, 340
Chardin [S. J.], Padre Pierre Teilhard de, 298, 299
Chateaubriand, François René de, 413
Chauchard, Paul, 300
Chorão, João Bigotte, 145
Chu-en-Lai, 213
Churchill, Winston, 98, 229, 235, 236, 414
Cícero, 95, 351
Cidade, Hernâni, 302
Ciliga, Anton, 77
Cintra, Lindley, 337
Claret, Santo António Maria, 32
Claudel, Paul, 62, 235
Clementina [tia], 33
Coelho, Francisco Adolfo, 295
Coelho, Horácio Pinto, 330
Coelho, José Gabriel Pinto, 68
Coelho, Luís Pinto, 69, 207, 425
Cohn-Bendit, 311
Coimbra, Leonardo, 144, 302
Coissoró, Narana Sinai, 168, 297, 340, 341, 346, 365, 429
Colaço, Magalhães, 67
Comparato, Fábio, 420
Conceição [tia], 14
Condé, José, 330
Cony, Heitor, 417
Cordeiro, Luciano, 74, 140, 144, 295, 317
Correia, Araújo, 123
Correia, Eduardo, 72
Correia, Ferrer, 72, 75, 95, 96, 127
Correia, Magalhães, 126
Correia, Mendes, 139, 142, 155, 156, 165, 295
Correia, Miguel Anacoreta, 272
Correia, Natália, 127, 135, 428

ÍNDICE ONOMÁSTICO

Correia, Peixoto, 267, 282
Cortesão, Armando, 144, 249
Cortesão, Jaime, 78, 99, 144, 157, 302, 303, 304
Costa, Afonso, 99
Costa, Afonso [filho], 102
Costa, Amaro da [pai], 238
Costa, Amaro da, 230, 234, 428, 429
Costa, Beatriz, 410
Costa, Bruto da, 212, 287
Costa, Ferreira da, 204
Costa, José Manuel da, 115
Costa, Gomes da, 47, 100
Costa, Santos, 101, 107, 109, 112, 113, 114, 119, 135, 151, 182, 286
Costa, Sousa, 196
Cotta, Almeida, 280
Couceiro, Paiva, 205
Coudenhove-Kalergi, Richard de, 233, 234, 235, 236, 429
Coutinho, Gago, 39, 40, 45
Coutinho, Pereira, 107
Couto, Maria Joana, 265
Cova, Ralph, 421
Cruber, 131
Cruz, Braga da, 140, 257
Cruz, Fernando Magalhães, 316
Cruz, Tomás Vieira da, 265
Cruz, Viriato, 265
Cunha, Monsenhor Alves da, 199
Cunha, Euclides da, 419
Cunha, Joaquim da Silva, 91, 280
Cunha, Luz, 407
Cunha, Maria Amélia, 210
Cunha, Paulo, 66, 139, 140, 158, 160, 210, 211, 220, 221
Cunha, Silva, 55, 165, 168, 259, 319, 329, 340
Cunhal, Álvaro, 74, 174, 376, 428
Curto, Ramada, 76, 94
Cuyers, Hubert, 299

D

D. Ernesto, 254
D. Eurico, 200
D. João II, 45, 144, 254, 324
D. João IV, 45
D. João VI, 418
D. Manuel II, 99
D. Pedro IV, 40
d'Orey, Sampaio, 165
d'Ossietzky, 82
Dantas, Júlio, 39, 40, 116
Dantas, Sousa, 330
Dante, Alighieri, 399
Darms, Louis, 299
De Gasperi, 232
De Gaulle, Charles, 98, 229, 236, 308, 311, 312, 315, 354, 366
Debord, Guy, 307
Delgado, Humberto,138, 151, 154, 183, 283, 371, 373
Deslandes, Venâncio, 179, 205, 237, 241, 259, 260, 262, 367, 376, 423
Deus, João de, 17, 42, 49
Dias, António Jorge, 230
Dias, Ferreira, 101, 123, 151
Dias, Jorge, 165, 166, 167, 251, 267, 296, 297, 318, 323
Dias, Quintanilha, 239, 287, 288
Dinis, Júlio, 49
Dollfuss, Engelbert, 60
Domingues, Joaquim Afonso, 195
Dostoievski, Fedor Mikhaïlovitch, 49, 57, 82
Duarte, Teófilo, 117
Dubcek, Alexandre, 337, 368
Duguit, Léon, 67
Dumont, Santos, 417
Dutra, Tarso, 327
Dylan, Bob, 148

E

Eanes, Manuela, 169
Eanes, António Ramalho, 168, 169, 405
Einstein, Albert, 235
Eisenhower, Dwight, 141, 354
Elbrick, 396, 397
Eliseu, José, 202
Emília [menina], 50
Emília [tia], 10
Encarnação, Deolindo Augusto da, 321
Enes, António, 249
Espírito Santo [família], 120
Espírito Santo, Ricardo, 123, 285
Estaline, José, 57, 59
Estrela, Edite, 346

F

Fabião, Carlos, 407
Fabre-Luce, Alfred, 236
Faoro, Raymundo, 418
Faria, António de, 240
Faure, Edgar, 336
Felicidade, Padre, 389
Fernandes, Almeida,178
Fernandes, António Alves de Carvalho, 101, 124, 389
Fernandes, Castro, 373, 423
Fernandes, Florestan, 243, 297
Ferrão, Abranches, 91, 103, 132
Ferraz, Beleza, 177
Ferreira, Carmindo, 91, 139
Ferreira, Cavaleiro de, 65, 69, 105, 110, 135, 137, 138, 139
Ferreira, Cunha, 128
Ferreira, Fernando Cruz, 254
Ferreira, Manuel, 266
Ferreira, Vasco Taborda, 91, 111, 139
Ferreira, Tito Lívio, 323, 330
Ferrero, Guglielmo, 235
Ferro, António, 63, 116, 129, 147

Feteira, Tomé, 406
Feyo, Barata, 116
Fiadeiro, Joaquim, 257
Figueiredo [presidente brasileiro], 428
Figueiredo, Fausto de, 225
Figueiredo, Jaime de, 266
Figueiredo, Maria Antónia de Sá Miranda, 224
Figueiredo, Mário de, 108, 117, 118, 225, 285
Filho, Luís Vianna, 306, 426
Filho, Murilo Melo, 419
Filho, Odyllo de Costa, 149
Filipes [reis], 270
Fink, George, 12
Fino, Holbeche, 260
Fiscal, Manuel, 18
Flora, Joaquim de, 145, 303, 304
Fonseca, Aguinaldo, 264, 265
Fonseca, Coelho da, 391
Fonseca, Jaime da, 375, 407
Fonseca, José Soares da, 285
Fontmichel, Hervé de, 233
Fontoura, Luís, 230, 409
Forjaz, António Pereira, 54
Formigo, Eduardo, 22
Formigo, Maria, 50
Fortuna, Vasco, 165
Fragoso, José Manuel, 158, 159
França, António Pinto da, 259
França, Arnaldo, 264
France, Anatole, 79
Franch, Surgranyes de, 300
Franco, Afonso Arinos de Melo, 324, 418
Franco, Francisco, 116
Franco, Generalíssimo, 42, 62, 86, 87, 90, 169, 206, 207, 229, 231
Frank, Anne, 124
Frank, Bruno, 59
Frei Bartolomeu dos Mártires, 17, 29
Freire, António Siqueira, 316

ÍNDICE ONOMÁSTICO

Freire, Natércia, 135, 318
Freitas, Albuquerque de, 179
Freitas, João da Costa, 168, 173, 208,
  261, 318, 329
Freud, Sigmund, 81
Freymond, Jacques, 288
Freyre, Gilberto, 136, 148, 150, 230,
  243, 244, 267, 303, 320, 330,
  331, 399
Frutuoso, 405
Fulbright, J. William, 236

G

Galbraith, John Kenneth, 308
Galvão, Henrique, 117, 183, 373
Gama,Vasco da, 45, 249, 326
Gameiro, Roque, 11
Gandhi, Mahatma, 140, 219, 220,
  310
Garcia, D. José dos Santos, 332
Garin, Vasco, 158
Gaspar, José Maria, 168
Gaudêncio, Amadeu, 114
Geisel, 416
Gentil, Francisco, 70, 94, 200
Gheorghiu, Virgil, 125
Giap, Vo Nguyen, 203, 308
Gide, André Paul Guillaume, 77
Gil, Gilberto, 416, 419
Giscard d'Estaine, Henri, 277
Glaser, Ernst, 81
Godinho, José Garcia Marques, 103,
  104, 105, 106, 107, 108, 109,
  112, 113, 114
Godinho, Magalhães, 166, 296
Golbery, 415
Gomes, D. António Ferreira, 130,
  151, 154, 367, 376, 429
Gomes, Francisco da Costa, 169, 178,
  212, 214, 221, 361, 367, 373, 390
Gomes, Luís, 321
Gomes, Mário de Azevedo, 78

Gonçalves, Jorge Jardim, 198
Gonçalves, José Júlio, 168, 318
Gonçalves, Vasco, 392, 4002
Gouveia, Acácio de, 91
Gouveia, D. Teodósio, 200
Gouveia, Jaime de, 69, 90
Grandes, Munõz, 215
Grosser, Alfred, 82
Guedes, Armando Marques, 73, 166,
  345, 377
Guerra, Miller, 371, 372
Guerra, Padre, 297
Guerra, Rui Teixeira, 274, 316
Guevara, Che, 310
Guimarães, Bandeira, 158, 159
Guimarães, Vale, 183
Guinot, Claude, 300
Guterres, António, 127

H

Haas [S. J.], Adolf, 300
Habib-Deloncle, Michel, 230
Habsbourg, Otto de, 230, 231, 232,
  233, 234
Hadik, Laszlo, 233
Haeckel, 150
Hailé-Selassié, Négus, 171, 172
Hamon, 49
Hauser, 296
Hegel, Georg Wilhelm Friedrich, 113
Herdade, Níveo, 194, 273
Herriot, Éduard, 235
Hiernaux, Jean, 299
Hilberg, 308
Hitler, Adolf, 58, 59, 62, 77, 81, 98,
  131, 235, 236
Ho Hin, 213, 375
Hoagland, Jim, 362, 363, 365
Hollanda, Chico Buarque da, 416
Horta, Silva, 330
Horthy, Nicolas, 235
Houaiss, Antônio, 418

A ESPUMA DO TEMPO

Howe, Marvin, 362
Hugo, Vítor, 49
Huxley, Aldous, 131
Huxley, Julien, 300

I

Ianni, Octavio, 243
Ibsen, 309
Iglesias, Francisco, 420
Infante D. Henrique, 45, 122, 127, 145, 191, 330, 414
Ionesco, Eugène, 309
Iribarne, Manuel Fraga, 206, 230, 402
Isabel [filha], 411, 425
Isaías, [profeta], 145
Isidro, Irene, 65

J

Jaguaribe, [general], 148, 420
Jaguaribe, Hélio, 147, 148, 420
Jardim, Jorge, 78, 195, 197, 216, 217, 218, 248, 249, 279, 329, 362, 373, 390
Jardim, Vera, 126, 127
Jaspers, Karl, 301
Jesus, Quirino de, 99
João Paulo II, 130, 200, 299, 401
João XXIII, 265, 339
Jordana, Conde de, 85, 87
Jorge VI, 226
Jouvenel, Henry de, 235
Jünger, Ernst, 131, 307
Júnior, Caio Prado, 415, 417
Júnior, José de Almeida Santos, 264
Júnior, Moreira, 295
Júnior, Rodrigues, 266
Junqueiro, Guerra, 16, 36, 39, 49, 143

K

Kalungano, 265
Kastner, 81

Kelsen, Hans, 67
Kennedy, John F., 191, 218, 397
Kennedy, Jacqueline, 218
Kerstiens, 300
King, Luther, 310
Kisserling, Herman, 147
Kissinger, Henry, 393, 398, 399
Knoftli, Rui, 266
Kolkhoze, 77

L

Labourdette, 300
Lacerda, Carlos de, 407, 409
Ladrière, Paul, 300
Lara, Alda, 264
Larraona, Cardeal, 339
Lazard, 299, 301
Leal, Cunha, 70, 71, 100, 151, 152, 153, 211
Leão, Cunha, 302
Leão, Nara, 148
Leite, Aureliano, 323
Leite, João Pinto da Costa [Lumbralles], 374, 423
Leite, José Pedro Pinto, 371, 372
Lemâitre, Henri, 132
Lemos, Eugénio de, 204
Lenine, Vladimir Ilitch, 39, 57, 396
Lessa, Almerindo, 147, 150, 167, 199, 267, 296, 299, 305, 308, 331, 340
Lessa, João de Mucaba, 199
Levy, Sam, 323
Leys, Simon, 392
Leza, Eugénio Tavares e, 267
Libório, Monteiro, 206
Lima, Duarte, 440
Lima, Negrão de, 327, 412
Lima, Pires de, 69
Lima, Veva de, 68
Lino, Raúl, 116
Listopad, Georg, 230, 297

ÍNDICE ONOMÁSTICO

Lobato, Alexandre, 324
Loebe, Paul, 235
Loff, Vicente, 22, 71
Lopes, Baltazar, 266, 267, 273, 274
Lopes, Craveiro, 141, 151, 152, 281, 283, 285, 371
Lopes, Gouveia, 193
Lopes, Manuel, 265, 266
Lopes, Norberto, 136, 279
Lopes, São José, 199
Lorca, Garcia, 62
Loucher, Louis, 235
Lourenço, Agostinho, 92
Lourenço, Eduardo, 45
Lubac, Henri de, 300
Ludwig-Kohn, 81
Lupi, Luís, 126
Luxemburgo, Rosa, 59
Lyautey, Hubert, 200

M

Macedo, Jorge Borges de, 23, 51, 56
Machado, Bernardino, 99
Machado, Pinto, 371
Machado, Vieira, 102, 293
Maciel, Artur, 323
Macintyne, Donald, 249
Mackinder, Halford, 295
Madariaga, Salvador de, 235
Madaule, 300
Magalhães, António Carlos de [Toninho Malvadeza], 426
Magalhães, Celso de, 103, 104, 105, 114
Magalhães, Cristiano Adolfo Seabra de, 72, 95, 96, 97
Magalhães, José Calvet de, 316
Magalhães, José de, 302
Maia, António, 103
Maia, Salgueiro, 421
Malraux, André, 312
Malta, Eduardo, 116

Maluda, 135
Mandela, Nelson, 246
Manghezi, Nadia, 289
Mann, Heinrich, 81, 235
Mann, Thomas, 235
Mao Tsé-tung, 205, 392
Marcel, Gabriel, 125
Marcuse, Herbert, 308, 366
Margarido, Alfredo, 266, 297
Maria [professora], 11
Maria [tia], 17, 42
Maria Antónia [tia], 14
Maria Bethânia, 148, 413
Maria de Vasconcelos [pintora], 404
Maria Eugénia [tia], 14
Maria Eugénia [viúva de Agostinho Neto], 270
Maria Helena, 50
Mariano, Gabriel, 264
Maritain, Jacques, 129
Marques, Jaime Silvério, 374, 389
Marques, Oliveira, 141
Marques, Silvino Silvério, 263, 272, 374, 389, 407
Marques, Xavier da Cunha, 257
Martins, Alberto, 337
Martins, Ives Gandra da Silva, 323
Martins, Oliveira, 78, 144
Martov, Julius, 59
Marx, Karl, 72, 81
Marzano, Eneas, 330
Massu, Jacques, 366
Mathias, Marcello, 324
Matos, Luís de, 167, 296
Matos, Norton de, 83, 99, 102, 119, 141, 146, 371
Matta, José Caeiro da, 157
Matteotti, 59
Maurras, Charles, 79
Mayer, Carlos, 68
Mayer, Duarte, 370
Mayer, Nuno, 370

A ESPUMA DO TEMPO

Medeiros, Cardeal, 404
Medeiros, Tomás, 265
Medici, Emílio Garrastaz, 415, 416
Meireles, Quintão, 100, 371
Mello, Celso de Albuquerque, 403
Mello, Jorge de, 230
Mellos [família], 120, 123
Melo, Barbosa de, 75
Melo, Sá e, 116
Melo, Sampaio e, 156
Mendes, Afonso, 168, 273
Mendes, Orlando, 265
Mendonça, Camilo de, 78, 136, 424, 425
Meneses, Euripedes Cardoso de, 331
Menon, Krishna, 222
Mergulhão, Humberto, 251
Merkatz, Hans-Joachim von, 230, 233
Mesquitela, Clotilde [Tildica], 250
Mesquitela, Gonçalo, 250
Metaxas, 60, 235
Miaja, 61
Michelet, M. Edmond, 230, 234
Miguéis, José Rodrigues, 44, 99
Mina, José da [tio], 13
Miranda, Cupertino de, 361, 362
Miranda, Jorge de, 71
Miranda, Nuno, 267
Mitterrand, François, 396
Moncada, Cabral de, 65
Mondlane, Eduardo, 288, 289, 297
Mondlane, Janet, 288, 289
Mónica [filha], 95
Moniz, Botelho, 82, 111, 112, 152, 157, 176, 177, 178, 179, 180, 182, 190, 193, 238, 263, 283, 374, 375, 396, 423
Monnet, Jean, 428
Monteiro, Adolfo Casais, 78
Monteiro, Armindo, 56, 83, 84

Monteiro, Domingos, 134, 135, 318, 406
Monteiro, Júlio, 266
Monteiro, Pardal, 116
Montello, Josué, 330, 403, 417, 425, 426
Montenegro, 69
Moog, Viana, 330, 331, 403
Moraes, Vinicius de, 148, 413, 416
Morais, Trigo de, 252
Morato, Xavier, 257
Morawsca, Anna, 300
Moreira, Acácio [avô paterno], 13, 30, 36
Moreira, Adriano, 167, 196, 200, 202, 204, 230, 233, 289, 323, 417
Moreira, Alves, 68
Moreira, António José [pai], 13, 19, 20, 27, 36, 38, 42, 43, 52, 55, 85, 110, 133, 193, 194, 411
Moreira, Carlos, 55
Moreira, Mónica, 333, 347, 411, 412
Moreira, Thiers Martins, 330
Morgenthau, Hans J., 89
Moscardó, 61
Mota, Guilhermo, 243
Mota, Magalhães, 371
Mota, Teixeira da, 249
Mounier, 129
Moura, Francisco Pereira de, 286, 297
Murteira, Mário, 297
Mussolini, Benito, 39, 59, 80, 81, 172, 235

N

Nabuco, Joaquim, 243, 419
Nasser, Gamal Abdel, 311, 413, 414
Navarro, André, 257
Negreiros, Almada, 116, 128
Negreiros, Joaquim Trigo de, 27, 33, 135, 136, 137, 138, 152, 155

ÍNDICE ONOMÁSTICO

Negreiros, Maria Olímpia, 136
Nehru, Jawaharlal, 211, 212, 213, 220, 221
Nemésio, Vitorino, 302, 303, 306
Nenning, Günther, 233
Neto, Agostinho, 264, 271, 272, 288, 381
Neto, Alberto Carvalho, 224, 226
Neto, João Pereira, 168, 230, 318
Neto, Joaquim da Costa Pinto, 323
Neto, Padre Alberto, 333, 370
Netto, Delfim, 416
Neves, Beja, 331
Neves, José Maria, 274
Neves, Padre Moreira das, 93, 356, 423
Neves, Tancredo, 419, 426
Nietzsche, Friedrich Wilhelm, 49, 58
Nitti, Francesco, 235
Nixon, Richard, 354, 368, 397, 398, 416
Nobre, Padre Sousa, 330
Nóbrega, 240
Nogueira, Alberto Franco, 158, 159, 188, 239, 261, 262, 314, 329, 409, 422
Nogueira, D. Eurico Dias, 332
Nogueira, Sá, 155
Noronha, Rui de, 265
Norton, Mendes, 119
Nosolini, José, 318, 319, 326, 333
Nossa Senhora de África, 254
Nosso Senhor da Cana Verde, 33
Nunes, Adérito Sedas, 73, 297, 298
Nunes, D. José da Costa, 219, 370
Nunes, Manuel Jacinto, 286, 298
Nunes, Mário de Carvalho, 44

O

Oliveira, Arantes e, 262, 335, 364
Oliveira, Hermes de Araújo, 230, 375

Oliveira, José Aparecido de, 331, 420
Oliveira, José Gonçalo Correia de, 216, 226, 274, 276, 279
Oliveira, José Osório de, 267
Oliveira, Juscelino Kubitschek de, 234, 304, 305, 403, 409, 411, 412, 413, 416, 417, 420
Oliveira, Lopes de, 53, 54, 55
Oliveira, Mário António Fernando de, 230, 265
Olívia [avó materna], 14, 34
Olívia [irmã], 20, 42, 52
Ortega y Gasset, José, 235, 385
Overloop, Jean, 299
Owens, Es, 249

P

Pacheco, Carneiro, 67
Pacheco, Duarte, 41
Pais, Sidónio, 41, 117
Palach, Jan, 336, 354
Palmerston, Lord, 246
Palmira [de Campolide], 50
Paradela, 134
Pascoaes, Teixeira de, 144, 302
Paton, Alan, 125
Pattee, Richard, 331
Paulo VI, 229, 369, 415
Paulo [tio], 14
Perdigão, Azeredo, 75, 76, 94, 318, 325, 405
Perdigão, Soares, 247
Pereira, António Nogueira, 253
Pereira, Manuel Gonçalves, 22, 142, 318
Pereira, Octávia, 303
Pereira, Teotónio, 78, 275, 286, 351
Pessa, Fernando, 82, 204
Pessoa, Epitácio, 39
Pessoa, Fernando, 45, 144, 302
Petain, Filipe, 76, 98
Pilsudski, José, 60, 235

A ESPUMA DO TEMPO

Pina, Câmara, 177, 325, 357
Pina, Leonor da Câmara, 199
Pina, Luís, 323
Pinto, D. Manuel Vieira, 200
Pinto, Joaquim da Costa, 122, 230, 338
Pinto, Leite, 73, 297, 335
Pinto, Supico, 160, 282, 285, 365
Pinto, Luís Teixeira, 158, 160, 276, 286
Pinto, Vaz, 361
Pio XII, 32, 65, 129, 130, 338, 357, 410
Poliakov, 308
Politis, Nicola, 235
Pombal, Marquês de, 239
Pompidou, Georges, 368
Poncet, André François, 82
Possolo, Luís, 318
Preste João, 173
Prestes, Carlos, 149
Preto, Rolão, 23, 47, 119
Proença, Raúl, 99, 302

Q

Quadros, António, 145, 302
Queiró, Afonso Rodrigues, 72, 365, 366
Queiroz, Eça de, 143, 144, 426
Quental, Antero de, 78, 143
Quibeto, Lucas, 195

R

Radcliffe-Brown, 295
Rademaekers, William, 362, 365
Rato, Moreira, 238
Rau, Virgínia, 318
Rebelo, Pequito, 144
Rebelo, Sá Viana, 374
Redinha, José, 266
Régio, José, 44, 78
Rego, Abílio Lopes do, 33, 142
Rego, Luís do, 267

Rego, Raúl, 280
Rego, Silva, 165, 296, 323, 331
Reis, Albino dos, 285, 358
Reis, Arthur, 419
Reis, Ivone, 194
Remarque, Erich-Maria, 81
Reparaz, Gonçalo de, 330
Resende, D. Sebastião de, 130, 200, 240, 242, 247, 248, 253, 369, 401
Resende, Pinto, 206
Reynold, Gonzague de, 301
Reys, Câmara, 99
Ribeiro, António, 63, 101, 104, 108, 112, 113, 114
Ribeiro, D. António, 166, 296, 369
Ribeiro, D. Felix Nisa, 332
Ribeiro, Darcy, 243, 267, 304, 399
Ribeiro, João Ubaldo, 419
Ribeiro, Orlando, 166, 297
Ribeiro, Teixeira, 72
Rita, Santa, 156
Rito, Sidónio Pereira, 122, 139
Rocha, Manuel, 254, 330
Rochelle, Drieu la, 98
Rodgers, John, 230
Rodó, Lopez, 354
Rodrigues, Amália, 127, 134
Rodrigues, António Pedro, 330
Rodrigues, D. António Reis, 332
Rodrigues, Fernando Pedroso, 22
Rodrigues, José Honório, 418
Rodrigues, Madeira, 90, 92
Rodrigues, Manuel Maria Sarmento, 39, 40, 68, 121, 136, 138, 142, 150, 187, 206, 216, 221, 226, 230, 233, 237, 243, 247, 251, 252, 279, 280, 281, 287, 318, 320, 400
Rodrigues, Manuel [ministro], 63, 101, 112
Rodrigues, Nelson, 420
Rodrigues, Rodrigo Leal, 323

ÍNDICE ONOMÁSTICO

Rogers, Francis, 330
Romains, Jules, 235
Rondó, 148
Rosa, Eduardo, 302
Rosa, Machado da, 330, 331
Rosa, Paulo, 195
Rosas, João Dias, 22, 79, 91, 277, 411, 424
Roseta, Helena, 428
Rossi, D. Agnello, 415, 416
Roux, Dominique de, 390
Ruas, Henrique Barrilaro, 145
Ruffié, Jacques, 267
Ruivo [sapateiro], 10, 11

S

S. António de Apipucos, 243
S. Francisco Xavier, 215, 219
S. João Baptista de Ajudá, 207, 209, 211
S. Thomas Moore, 222, 401
S. Tiago, 21
Sá, Victor de Matos e, 265
Sacramento, Mário do, 183
Salazar, António de Oliveira, 52, 56, 62, 63, 64, 65, 66, 67, 70, 71, 79, 84, 85, 86, 87, 89, 92, 100, 102, 103, 109, 112, 113, 114, 115, 118, 119, 123, 128, 129, 141, 151, 154, 158, 159, 160, 165, 167, 169, 170, 175, 177, 178, 179, 180, 181, 182, 187, 188, 189, 190, 204, 205, 207, 211, 212, 213, 214, 216, 221, 225, 237, 239, 240, 242, 248, 253, 256, 258, 260, 261, 262, 263, 269, 274, 275, 279, 280, 285, 286, 287, 314, 316, 319, 320, 324, 333, 334, 335, 338, 355, 357, 358, 359, 367, 370, 371, 372, 374, 375, 398, 400, 411, 412, 418, 421, 422, 423

Salazar, Abel, 167
Sales, D. Eugénio, 416
Salgueiro, D. Manuel Trindade, 95, 200, 201
Salisbury, Lord, 90
Salvamini, Gaitano, 235
Sampaio, Padre Joaquim, 369
Sanchez-Bella, Alfredo, 206, 229
Santa Filomena, 254
Santa Maria Madalena, 32
Santo António, 32, 45
Santos, Delfim, 147
Santos, Almeida, 136, 399
Santos, Ary de Almeida, 264
Santos, Augusto dos, 264
Santos, Beleza dos, 65, 72
Santos, Boaventura Sousa, 191
Santos, Délio Nobre, 257
Santos, José António Ribeiro dos, 368
Santos, José Carvalho dos, 133
Santos, Lopes dos, 213
Santos, Maria Fernanda Carvalho dos, 133, 134, 402
Santos, Nuno Rodrigues dos, 71
Santos, Regina Carvalho dos, 134
Santos, Ribeiro dos, 337
Santos, Teófilo Carvalho dos, 91, 102, 126, 132, 318, 402
Santos, Wanderley Guilherme dos, 420
Saraiva, José Hermano, 168, 339, 345, 346, 368
Saraiva, Rocha, 69, 70, 71
Sardinha, António, 144
Sarney, José, 426
Sarraut, Albert, 76
Sartre, Jean-Paul, 244, 264, 310, 420
Schaseidmen, Witney W., 394
Schuman, Robert, 232
Schumann, Maurice, 236
Schuschnigg, Chanceler Kurt, 236
Seabra, Adriano, 405

A ESPUMA DO TEMPO

Seabra, António, 128
Seabras [família], 135
Seipel, Ignaz, 235
Selvagem, Carlos, 103
Sena, 197
Sena, Hermínio, 269
Senghor, Leopold Sider, 308, 372
Senhor do Calvário, 18, 33, 35, 347
Senhora da Assunção, 35
Sérgio, António, 74, 75, 99, 302
Serrão, Joaquim Veríssimo, 406
Sforza, Conde, 235
Shaw, Bernard, 235
Silva, Agostinho da, 144, 302, 304, 305, 331
Silva, Alfredo da, 120, 123
Silva, Ana Maria Adão e, 135, 318, 411
Silva, António, 202, 251
Silva, Armando Adão e, 102
Silva, Augusto Paes de Almeida e, 133
Silva, Baltazar Lopes da, 266
Silva, Banha da, 318
Silva, Bustorff, 94
Silva, C. da, 323
Silva, Costa, 415
Silva, Cristino da, 116
Silva, D. Francisco Maria da, 324, 331, 332, 347, 410
Silva, Fernanda Pires da, 404, 412
Silva, Hermínia, 127
Silva, José da, 371, 372
Silva, Lopes da, 101
Silva, Maria da Conceição Tavares da, 168, 297
Silva, Maria(sinha) Espírito Santo, 318
Silva, Mário, 179, 239, 313, 375
Silva [S. J.], Padre Lúcio Craveiro da, 301
Silva, Reboredo e, 318
Silva, Vassalo e, 213, 218, 221, 222

Silveira, Onésimo, 274
Simão, José Veiga, 257, 329, 331, 337, 389, 408
Simões, Hélio, 267
Soares, Gualter, 264
Soares, Ivo, 329
Soares, Mário, 113, 134, 367, 372, 376, 428
Soares, Raymundo, 265, 266
Soares, Torquato, 330
Soeiro, Esmeralda, 21
Soljenitsine, Alexandre, 58, 125, 354, 392
Sommer, 122
Sorel, 49
Soromenho, Castro, 266
Sousa, Alfredo de, 168, 297
Sousa, Álvaro Pedro de, 225
Sousa, Baltazar Rebelo de, 55, 115, 390
Sousa, Judith Beatriz de, 265
Sousa, Mário Luís de, 225
Sousa, Marnoco e, 76
Sousa, Noémia de, 265
Sousa, Pombeiro de, 321
Sousa, Teixeira de, 266
Souto, Augusto Pinto do, 91
Spaak, Paul-Henri, 315
Spengler, Oswald, 58
Spínola, António de, 363, 367, 373, 374, 375, 376, 389, 407, 408, 429
Steed, Wickham, 235
Stevenson, Adlai, 397
Stresmann, Gustav, 235
Sukarno, Ahmed, 220
Suñer, Serrano, 85
Supico, Cecília, 285

T

Tavares, Francisco de Sousa, 68, 128, 219
Tavares, Silva, 205, 206

ÍNDICE ONOMÁSTICO

Taylor, 295
Teixeira, Luís, 323
Teixeira, Roy, 321
Teles, Galvão, 140, 339
Teles, Miguel Galvão, 169
Telmo, Cottinelli, 116
Tenreiro, Francisco José, 166, 264, 296, 405
Tenreiro, Henrique, 127
Themido, João Hall, 316
Thomaz, Américo, 337, 352, 371
Tim [tio], 14
Tocantis, Leandro, 419
Tolstoi, Alexis, 244
Tomás, 405
Torres, Adelino, 276
Torres, Camilo, 310
Torres, Garrido, 331
Towers, Madaule Bernard, 300
Toynbee, Arnold, 300
Trigueiros, Luís Forjaz, 127, 230, 409
Trigueiros, Maria Helena, 127
Trotski, Lev Davidovitch Bronstein, 59, 81, 205
Truman, Harry, 88
Tucholsky, Kurt, 81, 82

U

Ulrich, Rui, 67, 72, 198
Unamuno, Miguel de, 144, 235

V

Valdeiglesias, Marquês de, 230
Valéry, Paul, 235, 301
Varela, Antunes, 241, 365, 366, 422, 424
Vargas, Getúlio, 409, 419

Vasconcelos, Faria de, 99
Vasconcelos, Teixeira de, 295
Vaz, Lopo, 295
Velasco, André, 55
Veloso, Caetano, 416
Ventura, Raúl, 142, 150, 151, 152, 153, 154, 155, 156
Veríssimo, José, 419
Veríssimo, Manuel, 197
Verne, Júlio, 50
Victor, Geraldo Bessa, 264, 265
Videira, Carlos, 49
Vidigal, Manuel, 153, 154
Vieira, Padre António, 145, 198, 302
Vilhena, Henrique de, 224, 400
Vilhena, Luísa Manoel de, 318
Vinhas, Manuel, 306
Virgínia [de Campolide], 50
Vital, Fezas, 67
Voyenne, 301

W

Wagley, Charles, 415
Weber, Max, 89, 394
Weil, Simone, 131
Welensky, Sir Roy, 249
Wespin, Dominique de, 299
West, Morris, 299
Williams, Mennen, 191
Wilson, Bryan, 233
Wolft, Theodor, 81
Wright, Richard, 308

Z

Zenha, Salgado, 122, 137, 356
Zunini, Sebastián, 300
Zweig, Arnold, 59

Índice

I – Uma Simples Carta (Abril de 1974) 7

II – A Vida Habitual 25

III – O Toque dos Clarins 163

IV – Entre o Tempo Ganho e o Tempo Perdido 185

V – O Tempo Íntimo 291

VI – O Dobrar dos Sinos 349

Imagens de:

Adriano Moreira

Alberto Santos. Lisboa

Alves Pinto. Lisboa

Campúa, Reportagens Gráficas, Serviço de Prensa. Madrid

Centro de Informação de Angola, Gabinete Cine-Fotográfico

Companhia Nacional Editora

Estúdio Reicar. Lisboa

Foto Anabela. Luso

Fotografia Actualidade António Verdugo Sanchez. Madrid

J. Grandela Aires, Foto Repórter. Lisboa

L-Ossercatore romano. Città Del Vaticano, Servizio Fotográfico
 (Fotocornista A. Mari)

Leo Rosenthal. New York

Ramos Maia. Sá da Bandeira

S.I.A.F.F., Lda. Lisboa